Springer-Lehrbuch

Friedrich L. Bauer   Gerhard Goos

Informatik 2

Eine einführende Übersicht

Vierte Auflage
bearbeitet von F. L. Bauer und W. Dosch

Mit 135 Abbildungen, 4 Tabellen
und zahlreichen Programmbeispielen

Springer-Verlag

Berlin Heidelberg New York
London Paris Tokyo
Hong Kong Barcelona
Budapest

Dr. rer. nat. Dr. ès sc. h. c. Dr. rer. nat. h. c. FRIEDRICH L. BAUER
Professor emeritus der Mathematik und Informatik
an der Technischen Universität München
Institut für Informatik
Arcisstraße 21, W-8000 München 2

Dr. rer. nat. GERHARD GOOS
Professor der Informatik an der Universität Karlsruhe
Institut für Programmstrukturen und Datenorganisation
Vincenz-Priessnitz-Straße 1, W-7500 Karlsruhe

Dr. rer. nat. WALTER DOSCH
Professor der Informatik an der Universität Augsburg
Institut für Mathematik
Universitätsstraße 2, W-8900 Augsburg

Die früheren Auflagen erschienen in der Reihe
„Heidelberger Taschenbücher".

Computing Reviews Classification (1991): A.1, D.3, E.1, F.3-4

Mathematics Subject Classification (1991): 68-02, 68A05, 68A10,
68A25, 68A30

ISBN 3-540-55567-6 Springer-Verlag Berlin Heidelberg New York
ISBN 3-540-13121-3 3. Aufl. Springer-Verlag Berlin Heidelberg New York

Die Deutsche Bibliothek – CIP-Einheitsaufnahme
Informatik: eine einführende Übersicht / Friedrich L. Bauer; Gerhard Goos. –
Berlin; Heidelberg; New York; London; Paris; Tokyo; Hong Kong; Barcelona; Budapest:
Springer. (Springer-Lehrbuch)
NE: Bauer, Friedrich L.; Goos, Gerhard;
[Lehrbuch]. Teil 2. - 4. Aufl. / bearb. von F. L. Bauer und W. Dosch. - 1992
ISBN 3-540-55567-6 (Berlin ...)

© Springer-Verlag Berlin Heidelberg 1971, 1974, 1984, 1992
Printed in Germany

Satzarbeiten: Zechnersche Buchdruckerei, Speyer.
45/3140 - 5 4 3 2 1 0 – Gedruckt auf säurefreiem Papier

Dem Gedächtnis an

Heinz Rutishauser 1918–1970
Klaus Samelson 1918–1980

gewidmet

Vorwort zur dritten Auflage

Die Neubearbeitung des zweiten Teils der „Informatik" behält die Kapiteleinteilung der zweiten Auflage bei, hebt jedoch den Leitgedanken „Strukturen", der das Grundthema „Algorithmen" des ersten Teils ergänzt, stärker hervor.

Das fünfte Kapitel wurde gestrafft und auf die strukturellen Züge von Programmen, insbesondere auf die Blockstruktur, ausgerichtet. Das sechste Kapitel beginnt mit der Untersuchung der Struktur von (Hintergrund-)Speichern und führt auf allgemeine Datenstrukturen. Das siebte Kapitel behandelt formale Systeme; es erhielt einen relationentheoretischen Unterbau. Diese drei Kapitel werden abgerundet durch das achte Kapitel über Syntax und Semantik algorithmischer Sprachen, das den heutigen Stand der Theorie berücksichtigt und die oft nur informellen Erklärungen des ersten Teils präzisiert.

Wie schon im ersten Teil widerstand ich der Versuchung, abstrakte Typen an die Spitze zu stellen und Algorithmen aus dem Begriff des Termaufbaus heraus zu entwickeln. Abstrakte Typen werden dementsprechend nur in einem Schlußabschnitt behandelt, der Einfachheit halber im wesentlichen unter Beschränkung auf totale Operationen. Nach wie vor ist das Buch also eine Einführung, an die sich Spezialvorlesungen anschließen müssen, und die den Weg zu Monographien erleichtern soll. Angesichts der ungleichmäßigen Vorbildung der Studienanfänger konnte auch auf ein Mindestmaß an Propädeutik nicht verzichtet werden.

Im übrigen kann der Dozent die in sich relativ abgeschlossenen Kapitel 5 bis 7 permutieren, insbesondere das fünfte und das sechste.

Wie schon aus dem ersten Teil der kurze Abschnitt über den Aufbau einer Rechenanlage und ihr Befehlssystem hinausgedrängt wurde, entfiel nunmehr auch der bisherige Abschnitt über Betriebssysteme. Diese Gegenstände werden heute als Unterbau der Systemprogrammierung besser in Verbindung mit dieser gelehrt* (vgl. G. SEEGMÜLLER, Einführung in die Systemprogrammierung [62]). Zusammen mit einem hypothetischen dritten Teil, der unter dem Leitgedanken „Maschinen" steht, deckt diese Einführung in die Informatik die heute weithin verbreitete viersemestrige Einführungsvorlesung ab und bietet die Grundlage für die bereits auf dem Anfängerniveau so überaus wichtigen Programmierpraktika.

Der Anhang zur Geschichte der Informatik wurde beibehalten. Unverändert gilt, was im Vorwort der ersten Auflage stand, daß nämlich eine so junge Wissenschaft wie die Informatik nur in ihren geschichtlichen Bezügen ganz verstanden werden kann.

Am Ende des Buches finden sich Syntaxdiagramme für die verwendeten ALGOL 68- und PASCAL-ähnlichen Notationen. Ihnen liegt die Sprache CIP-L zugrunde, für die im Rahmen des Projekts CIP von A. LAUT, T. A. MATZNER und R. OBERMEIER ein Compiler auf PASCAL-Basis entwickelt wurde.

Für Anregungen und kritische Hinweise habe ich wieder zu danken den Freunden und Kollegen, die schon im Vorwort zur dritten Auflage des ersten Teils aufgeführt sind, sowie G. GOOS, P. DEUSSEN, W. BRAUER, M. BROY, M. WIRSING, G. SCHMIDT, R. GEROLD, F. PEISCHL, H. KUSS, TH. STRÖHLEIN und Mitarbeitern der Arbeitsgruppe CIP – R. BERGHAMMER, C. DELGADO KLOOS, F. ERHARD, R. GNATZ, U. HILL-SAMELSON, A. HORSCH, A. LAUT, T. A. MATZNER, W. MEIXNER, B. MÖLLER, H. PARTSCH, P. PEPPER, R. OBERMEIER, R. STEINBRÜGGEN und nicht zuletzt H. WÖSSNER. Herrn Oberstudienrat W. DOSCH danke ich erneut für seine unschätzbare Hilfe bei der Ausarbeitung und Korrektur des Manuskripts.

Neben HEINZ RUTISHAUSER ist dieser Band meinem unvergeßlichen Freund KLAUS SAMELSON, geb. 21. Dezember 1918, gest. 25. Mai 1980, gewidmet. SAMELSON gehörte zu den ersten, die dem Begriff der algorithmischen Sprache Inhalt gaben und damit halfen, die Informatik eigenständig zu machen.

München, Ostern 1984   F. L. BAUER

---

* Lediglich die Programmierung paralleler Prozesse sollte wohl künftig nicht in den engen Rahmen der Maschinenorientierung gepreßt werden. Es ist zu hoffen, daß die stürmische Entwicklung auf dem Gebiet der Maschinenarchitektur einen diesbezüglichen Klärungsprozeß mit sich bringt.

Aus dem Vorwort zur ersten Auflage

Der vorliegende zweite Teil der „Informatik" schließt die einführende Übersicht ab. Er ist HEINZ RUTISHAUSER, geb. 30. Januar 1918, gest. 10. November 1970, gewidmet. RUTISHAUSER gehörte zu den ersten, die die über die Numerik hinausreichenden Fähigkeiten der digitalen Rechenanlage erkannten und nutzten – und damit halfen, das Gesicht der Informatik zu formen.

München und Karlsruhe, im Frühjahr 1971   F. L. BAUER · G. GOOS

Vorwort zur zweiten Auflage

Die zweite Auflage konnte in vielen Einzelheiten verbessert werden. Für die zahlreichen Anregungen, die wir erhielten, bedanken wir uns sehr. Der Abschnitt 6.2 über Datenverwaltung wurde unter Einbeziehung des bisherigen Abschnitts 6.1.3 vollständig neu gefaßt. Einigen Kollegen, insbesondere Herrn P. C. LOCKEMANN, danken wir für zahlreiche kritische Diskussionen bei dieser Neufassung. Schließlich wurde ein Abschnitt über die Programmiersprache PASCAL und ein Anhang über Datenendgeräte neu aufgenommen.

München und Karlsruhe, im Frühjahr 1974   F. L. BAUER · G. GOOS

Inhaltsverzeichnis

Vorbemerkung 1

5. Blockstruktur und dynamische Speicherverteilung 3

5.1 Blöcke und Speicherverteilung 3
   5.1.1 Blockstruktur 5
   5.1.2 Pulsierende Speicherverteilung 8
   5.1.3 Wortorganisierte Speicher 11
   5.1.4 Relative Adressierung 12
   5.1.5 Felder mit dynamisch errechneten Indexgrenzen 13
   5.1.6 Abschließende Bemerkungen 16

5.2 Prozeduren und Blockstruktur 17
   5.2.1 Einbeziehung von Prozeduren in die Blockstruktur 17
   5.2.2 Ergänzung des Blockstrukturbaums durch Aufrufpfeile 20
   5.2.3 Dynamischer Blockstrukturbaum 24
   5.2.4 Statische und dynamische Verweisketten 26
   5.2.5 Dynamische Speicherverteilung im Falle des Vorkommens von
       Prozeduren 27

**6. Hintergrundspeicher und Verkehr mit der Außenwelt,
Datenstrukturen, Speicherorganisation** 29

6.1 Technische Charakteristika von Hintergrundspeichern und
   E/A-Geräten 30
   6.1.1 Speicher mit direktem Zugriff 30
   6.1.2 Speicher mit indirektem Zugriff 31
   6.1.3 Transport- und Übertragungseinheiten 33

6.2 Funktionelle Beschreibung von Hintergrundspeichern und
   E/A-Geräten 36
   6.2.1 Lochkarten und Lochkartenstöße, Lochstreifen / Nicht
       wiederverwendbare Medien 36

6.2.2 Magnetbandspeicher mit Blöcken wechselnden Umfangs /
Wiederverwendbare Medien mit sequentiellem Zugriff auf
Blöcke wechselnden Umfangs 39
6.2.3 Magnetband- und Scheibenspeicher mit fester Blockeinteilung /
Wiederverwendbare Medien mit sequentiellem Zugriff auf fest
eingeteilte Blöcke, organisierte Speicher 44
6.2.4 Magnetplattenspeicher / Wiederverwendbare Medien mit
rotierendem Zugriff 45

6.3 Einführung neuer Rechenstrukturen 45
6.3.1 Teilstrukturen 46
6.3.2 Operative Anreicherung 48
6.3.3 Paar- und Tupelbildung 51
6.3.4 Variantenbildung 56
6.3.5 Rekursive Definition von Rechenstrukturen: Rekursive Datenstrukturen 58
6.3.5.1 Stapel 59
6.3.5.2 Beblätterte Binärbäume 60
6.3.5.3 Bezeichnete Binärbäume 61
6.3.5.4 Allgemeine beblätterte Bäume 61
6.3.5.5 Algorithmen auf rekursiven Datenstrukturen 63
6.3.6 Terme und Diagramme 63
6.3.6.1 Aufbau und Auswertung von Termen 64
6.3.6.2 Kantorovic-Bäume und Gabelbilder 64
6.3.6.3 Terme und Schachteldiagramme 68
6.3.6.4 Benutzung des Assoziativgesetzes 69

6.4 Datenorganisation: Listen und Zeiger 71
6.4.1 Listen 71
6.4.1.1 Referenzen 71
6.4.1.2 Unendliche Listen 74
6.4.2 Organisierte Speicher 78
6.4.2.1 Errechnete Variablenbezeichnungen 78
6.4.2.2 Der Übergang von zusammengesetzten Objekten zu
organisierten Speichern 82
6.4.2.3 Gleichbesetzungs-Tabu, Seiteneffekte 84
6.4.3 Zeiger 84
6.4.3.1 Zeigergeflechte 85
6.4.3.2 Deklaration einer Zeigersorte 87
6.4.3.3 Schaffung von Variablen und Zeigern 88
6.4.3.4 Gleichheit von Zeigern 90
6.4.4 Geflechtbildende Variabelensätze 90

6.5 Zeiger-Implementierungen organisierter Speicher 93
    6.5.1 Implementierung von Stapeln 93
        6.5.1.1 Stapel als Einweg-Listen 93
        6.5.1.2 Verkettung zweier Einweg-Listen 94
        6.5.1.3 Prozeduren des Moduls *KELLER* 96
    6.5.2 Implementierung von Sequenzen 98
        6.5.2.1 Sequenzen als lineare Zweiweg-Listen 99
        6.5.2.2 Kopieren von linearen Zweiweg-Listen 102
        6.5.2.3 Prozeduren mit Sequenz-Variablen 104
    6.5.3 Implementierung von beblätterten Bäumen 104
        6.5.3.1 Beblätterte Binärbäume als Listen mit varianten
                Zeigern 104
        6.5.3.2 Allgemeine beblätterte Bäume als Listen mit varianten
                Zeigern 106

6.6 Implementierung organisierter Speicher mittels linearer Speicher . 110
    6.6.1 Gestreute Speicherung 110
    6.6.2 Sequentielle Speicherung 110

7. **Formale Sprachen** 113

7.1 Relationen und formale Systeme 113
    7.1.1 Dyadische Relationen und gerichtete Graphen 114
        7.1.1.1 Mengeneigenschaft der Relationen 115
        7.1.1.2 Das Produkt zweier Relationen 116
        7.1.1.3 Die konverse Relation 117
        7.1.1.4 Maximale und größte, minimale und kleinste
                Elemente 118
        7.1.1.5 Reflexivität 118
        7.1.1.6 Transitivität 119
        7.1.1.7 Hüllen 121
        7.1.1.8 Äquivalenzklassen 123
    7.1.2 Noethersche und konfluente Relationen 124
        7.1.2.1 Wege 125
        7.1.2.2 Noethersche Relationen und Graphen 125
        7.1.2.3 Hüllen einer Noetherschen Relation 126
        7.1.2.4 Irreduzible Elemente, terminierende Wege 127
        7.1.2.5 Der nichtdeterministische Ersetzungsalgorithmus . . . 127
        7.1.2.6 Konfluente Relationen, eindeutige Normalformen . . 129
        7.1.2.7 Church-Rosser-Eigenschaft 130
    7.1.3 Formale Sprachen – allgemeine Begriffe 132

7.2 Formale Sprachen über Zeichenfolgen 133
    7.2.1 Kompatible Ersetzungssysteme 133

7.2.2 Semi-Thue-Systeme 135
7.2.3 Semi-Thue-Algorithmen 138
7.2.4 Chomsky-Sprachen und -Grammatiken 140
    7.2.4.1 Kontext-sensitive Chomsky-Grammatiken 141
    7.2.4.2 Kontextfreie Chomsky-Grammatiken 144
    7.2.4.3 Reguläre Grammatiken 150
    7.2.4.4 Endliche Grammatiken 154
7.2.5 Backus-Notation und erweiterte Backus-Notation 155
    7.2.5.1 Varianten 155
    7.2.5.2 Syntax-Diagramme 156
    7.2.5.3 Replikationsstern 157
    7.2.5.4 Verallgemeinerte Syntax-Diagramme 158
    7.2.5.5 Adjunktion und Elimination von Hilfszeichen 160
7.2.6 Reguläre Ausdrücke 162
7.2.7 Substitution von Grammatiken 165

7.3 Strukturgraph und Strukturbaum eines Ersetzungswegs 167
7.3.1 Bipartite Graphen 167
7.3.2 Strukturgraphen und Strukturbäume 167
7.3.3 Konstruktion des Strukturgraphen 170
7.3.4 Eindeutigkeit 171
7.3.5 Ein Eindeutigkeitskriterium 174
7.3.6 Die Strukturgrammatik einer Grammatik 176

7.4 Das Zerteilungsproblem 177
7.4.1 Sackgassen 178
    7.4.1.1 Abschneiden von Sackgassen 178
    7.4.1.2 Kontext-sensitive Grammatiken mit konfluenter
    Ersetzungsrelation 180
    7.4.1.3 Sackgassen in regulären Grammatiken 181
7.4.2 Sequentielle Zerteilungsverfahren für reguläre Grammatiken 181
    7.4.2.1 Zustands-Übergänge 182
    7.4.2.2 Der Äquivalenzsatz von KLEENE 185
    7.4.2.3 Endliche Automaten 188
7.4.3 Sequentielle Zerteilungsverfahren für kontextfreie
    Grammatiken 189
    7.4.3.1 Kellerzustands-Übergänge 189
    7.4.3.2 Keller-Automaten 191
    7.4.3.3 LR(k)-Grammatiken 193
7.4.4 Sequentielle zielbezogene Zerteilungsverfahren 194
    7.4.4.1 Konverse Zustandsübergänge 195
    7.4.4.2 LL(k)-Grammatiken 196
7.4.5 Verfahren des rekursiven Abstiegs 197

7.5 Berechenbarkeit und Entscheidbarkeit 200

8. Syntaktische und semantische Definition algorithmischer Sprachen . 205

8.1 Syntax algorithmischer Sprachen 206
    8.1.1 Syntaktische Beschreibung zusammengesetzter Objekte 210
    8.1.2 Syntaktische Beschreibung von Kantorovic-Bäumen 213

8.2 Operative Semantik 214
    8.2.1 Aufbau und Berechnung von Formeln 215
    8.2.2 Partielle Definiertheit 218
    8.2.3 Nicht-strikte Operationen 219
    8.2.4 Nichtdeterminismus 221
    8.2.5 Semantik der Parameterübergabe bei Rechenvorschriften . . 221
    8.2.6 Operative Semantik der Rekursion 223
    8.2.7 Reduktionsmaschinen 226

8.3 Zustandssemantik 226
    8.3.1 Zustandskalkül nach McCARTHY 226
    8.3.2 Zusicherungskalkül nach FLOYD, HOARE und DIJKSTRA . . . 229
        8.3.2.1 Das Zuweisungsaxiom 230
        8.3.2.2 Das Zusammensetzungsaxiom 232
        8.3.2.3 Die Fallunterscheidungs-Axiome 233
        8.3.2.4 Das Wiederholungs-Axiom 235
        8.3.2.5 Allgemeine Regeln 238
        8.3.2.6 Verifikation von Programmen 239
        8.3.2.7 Sprünge und Schleifeninvarianten 242

8.4 Mathematische Semantik 242
    8.4.1 Fixpunkttheorie 244
        8.4.1.1 Fixpunkttheorie der Rekursion 244
        8.4.1.2 Fixpunkttheorie im wp-Kalkül 246
        8.4.1.3 Rekursive Definition der Semantik einer
                algorithmischen Sprache 246
    8.4.2 Abstrakte (Daten-)Typen 247
        8.4.2.1 Der Signaturgraph 248
        8.4.2.2 Die Termalgebra eines abstrakten Typs 250
        8.4.2.3 Rechenstrukturen als endlich erzeugte Modelle eines
                abstrakten Typs 252
        8.4.2.4 Beispiele polymorpher Typen 254
    8.4.3 Abstrakte Typen und die Charakterisierung primitiver
        Rechenstrukturen 257
    8.4.4 Abstrakte Typen und die Charakterisierung der Syntax und
        Semantik von Programmiersprachen 260

Anhang C: Korrespondenzen und Funktionen 268

C.1 Spezielle Eigenschaften von Korrespondenzen 268
    C.1.1 Funktionen 268
    C.1.2 Abbildungen 270
    C.1.3 ,Mehrdeutige' Funktionen 270
    C.1.4 Darstellungen von Korrespondenzen und Funktionen 270
C.2 Diagramme für Korrespondenzen und Funktionen 271
C.3 Mengenpotenzierung 274

Anhang D: Datenendgeräte 275

D.1 Anforderungen und Möglichkeiten 275
D.2 Ausgabe 276
    D.2.1 Zeichendrucker 276
    D.2.2 Zeilendrucker 277
    D.2.3 Zeichengeräte 279
    D.2.4 Bildschirmgeräte 280
    D.2.5 Sprachausgabe 281
D.3 Eingabe 282
    D.3.1 Tastaturen 282
    D.3.2 Positionseingabe am Bildschirm 283
    D.3.3 Markierungsleser 284
    D.3.4 Belegleser 284

Anhang E: Zur Geschichte der Informatik 288

E.1 Einleitung 288
    E.1.1 LEIBNIZ 289
    E.1.2 Die Wurzeln der Informatik 290
E.2 Geschichte des Rechnens mit Ziffern und Symbolen 291
    E.2.1 Das Ziffernrechnen 291
        E.2.1.1 Mechanisierung des Rechnens 291
        E.2.1.2 Das Rechnen im Dualzahlsystem 293
        E.2.1.3 Gleitpunktrechnung 294
    E.2.2 Das Rechnen mit Symbolen 294
        E.2.2.1 Kryptologie 295
        E.2.2.2 „Künstliche Intelligenz" 297
        E.2.2.3 Das logische Rechnen 299
E.3 Geschichte des Signalwesens 300
    E.3.1 Nachrichtenübertragung 300
    E.3.2 Das Prinzip der Binärcodierung 301

    E.3.3 Codierungs- und Informationstheorie,
           Prädiktionstheorie 302
    E.3.4 Regelung 303
E.4 Automaten und Algorithmen 303
    E.4.1 Das Automatenprinzip 304
    E.4.2 Programmsteuerung 304
    E.4.3 Algorithmen 305
    E.4.4 Algorithmische Sprachen 306
    E.4.5 Rekursivität 307

Ergänzende Literatur 309

Namen- und Sachverzeichnis 312

Syntaxdiagramme für die im Buch verwendeten Varianten
von ALGOL 68 und PASCAL 327

Vorbemerkung

„So ist es sogar dem ausgezeichneten Logiker
TURING passiert, daß er aus der Nichtbeobacht-
barkeit des Nichtdenkens der Maschine auf das
Denken der Maschine schließt."

H. ZEMANEK (1962)

Was man vor zwanzig Jahren nur ahnen konnte, ist eingetroffen: der
Rechner, das bloße Gerät, ist gegenüber dem Algorithmus, dem Programm,
in den Hintergrund getreten. Vom weltweiten Gesamtumsatz der Datenverar-
beitungsindustrie in Höhe von derzeit jährlich um die 250 Mrd. DM entfallen
85% auf die „Software". Wird die *software* uns eines Tages beherrschen?
Werden Rechner für uns denken? Steht MEYRINKs Golem vor der Tür?

1949 erregte ein Buchtitel Aufsehen: *"Giant Brains, or Machines that
Think"*. Der Verfasser, EDMUND C. BERKELEY, war nicht der erste, der im
Zusammenhang mit (elektronischen) Rechenanlagen anthropomorphe Rede-
weisen verwandte: Schon 1945 hatte VON NEUMANN, möglicherweise unter
dem Einfluß der Arbeiten von PITTS und MCCULLOCH über Nervennetze,
"memory" (‚Gedächtnis') statt *"storage"* (‚Speicher') gebraucht. TURING
sprach 1950 über *"Computing Machinery and Intelligence"*.

Ob Rechenmaschinen denken können, ob es eine „künstliche Intelligenz"
gibt – oder besser, was diese Benennungen bedeuten sollen – war seitdem
Gegenstand vieler Kontroversen und Mißverständnisse.

Inzwischen sind Taschenrechner in jedermanns Hand, und der Laie muß
gewärtig sein, daß ihm schnelle, umfangreiche und insbesondere kompli-
zierte Prozesse durch Vergleich mit dem *computer* erklärt werden (ZDF, 8. 7.
1983, 21:30 Uhr: In einer Sendung über „Gefühlserregungen von Pflanzen"
wird der Fangmechanismus der Venusfliegenfalle (*Dionaea muscipula*) als
„grüner Computer" bezeichnet).

Welch ein Wandel! Ob es ein Fortschritt ist, mag dahingestellt bleiben:
Vergleiche hinken zu allen Zeiten.

Jedenfalls ist Vorsicht vor dem Überschwang geboten. Dem Laien wird
nur allzuleicht suggeriert, *computer* könnten alles. Seit aber in den dreißiger
und vierziger Jahren Logiker wie GÖDEL, CHURCH, TURING, KLEENE und
POST gezeigt haben, daß es Funktionen gibt, die zwar eindeutig definierbar,

aber nicht berechenbar sind, sind auch Grenzen der Algorithmisierbarkeit aufgezeigt (*"limitations of the mathematicizing power of Homo sapiens"*, was POST ein Naturgesetz nennt). Diese Grenzen genauer zu umreißen, ist ebensosehr eine Aufgabe für den Informatiker, wie innerhalb solcher Grenzen die Landschaft der Algorithmen, der Strukturen und der abstrakten Maschinen besser verstehen zu lernen.

Der Logiker HERMES schrieb schon 1961:

„Die schematische Durchführung eines vorgegebenen allgemeinen Verfahrens bietet einem Mathematiker kein besonderes Interesse. Wir können also die bemerkenswerte Tatsache feststellen, daß ein schöpferischer Mathematiker durch die spezifisch mathematische Leistung der Entwicklung einer allgemeinen Methode den durch diese Methode beherrschten Bereich gewissermaßen mathematisch entwertet."

Er hätte ebensogut ‚Informatiker' statt ‚Mathematiker' sagen können.

5. Kapitel

Blockstruktur und dynamische Speicherverteilung

"One day
a mad poet with little to say
gave a poem away
that started: One day
a mad poet with little to say
gave a poem away
that started: One day
⋮

In diesem Kapitel werden auf der Ebene des linearen, adressierten Speichers Fragen des 3. Kap., die dort unter dem Stichwort „dynamische Speicherverteilung" offen geblieben sind, wieder aufgenommen. Aufbauend auf dem Begriff des Bindungs- bzw. Gültigkeitsbereichs wird die Speicherplatzreservierung für vereinbarte Größen auf Blöcke beschränkt und diesbezüglich die Blockstruktur näher untersucht. Anschließend an die Behandlung von Zwischenergebnissen und Programmvariablen wird die kompliziertere Speicherverteilung für rekursive Rechenvorschriften und Prozeduren und für Felder mit dynamisch errechneten Indexgrenzen diskutiert.

5.1 Blöcke und Speicherverteilung

Wir betrachten zunächst Abschnitte, die außer Formeln und Zuweisungen Vereinbarungen für lokale **Größen** (Zwischenergebnisbezeichnungen und Variable) enthalten können. Die Begriffsbestimmung l o k a l besagt, daß die (frei wählbare) Bezeichnung außerhalb des Abschnitts, in dem sie vereinbart und damit gebunden ist, keine Bedeutung besitzt. Um auch den Fall zu erfassen, daß ein Abschnitt, in dem ein Bezeichner vereinbart ist, eingebettet wird in einen größeren Abschnitt, in welchem der gleiche Bezeichner nochmals vereinbart ist, haben wir festgelegt (2.5.2.2):

Der G ü l t i g k e i t s b e r e i c h einer frei wählbaren Bezeichnung ist der kleinste Abschnitt, in dem sie vereinbart ist, mit Ausnahme aller inneren Abschnitte, die eine weitere Vereinbarung derselben Bezeichnung enthalten. Dies gilt auch für die Bezeichnungen der (formalen) Parameter einer Rechenvorschrift, die den betreffenden Abschnitt als Rumpf besitzt. Gültigkeitsbereich und Bindungsbereich einer Bezeichnung stimmen also gelegentlich nicht überein: der Bindungsbereich umfaßt jedoch stets den Gültigkeitsbereich. Ein ‚Loch' im Gültigkeitsbereich einer Bezeichnung entsteht, wenn sie durch eine gleichlautende weiter innen vereinbarte verschattet wird.

Für Anweisungen, die Vereinbarungen für lokale Größen (Zwischenergebnisbezeichnungen und Variablen) enthalten, gilt entsprechendes. Solche Anweisungen und Abschnitte fassen wir von nun an in dieser Hinsicht unter der gemeinsamen Benennung **Blöcke** zusammen.

Als Anweisungen treten dabei auf
– Zuweisungen
– bedingte und bewachte Anweisungen
– bedingte Wiederholungen
– gezählte Wiederholungen.

Wir wollen jedoch zunächst annehmen, daß in den zu wiederholenden Anweisungen (wie es in PASCAL der Fall ist) keine Vereinbarungen vorkommen.

Ein Block ist also (von Winkelklammern oder gleichwertigen Wortsymbolen begrenzt) eine Anweisung oder ein Abschnitt, worin normalerweise mindestens ei ne Größe vereinbart wird.

Beispiel (i):

Abb. 142 zeigt einen Block innerhalb eines Blocks. In der vorletzten Zeile sind die Zuweisungen (unter der Voraussetzung, daß in ∿∿ keine Zuweisung an s vorkommt) gleichwertig mit

$$s:=2; \quad x:=4 ,$$

da die Zuweisung $s:=5$ im inneren Block das ‚innere' s betrifft. Die durch das ‚äußere' s bezeichnete Variable ist im Bindungsbereich des inneren s zwar vorübergehend verschattet, aber trotzdem noch gebunden. Durch die Zuweisung $x:=s$ wird der Variablen x jedoch der Wert der durch das ‚innere' s bezeichneten Variablen zugewiesen.

Übrigens bedeutet diese Behandlung einer mehrfach auftretenden Bezeichnung wie s nur, daß gleichbezeichnete Größen mit überlappendem Bindungsbereich durch (unsichtbare) Merkmale unterschieden werden. Man erreicht dies auch durch eine **konsistente Umbezeichnung** gleicher Bezeichner.

Das Beispiel (Abb. 59) der Berechnung von $fac(3)$ zeigt, daß auch die Formularmaschine für jede Inkarnation einer rekursiven Rechenvorschrift konsistente Umbezeichnung unterstellt; als unsichtbares Merkmal kann die Inkarnationsnummer dienen. Keine Probleme bietet die doppelte Verwendung der gleichen Bezeichnung, wenn die Bindungsbereiche der beiden Bezeichnun-

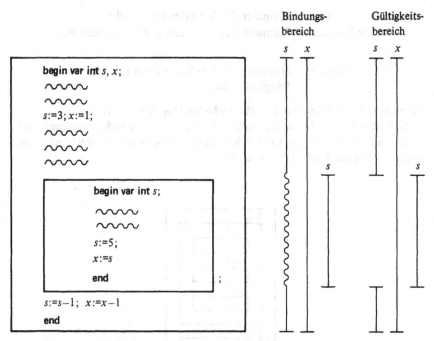

Abb. 142.   Beispiel für durch Verschattung eingeschränkten Gültigkeitsbereich

gen nicht ineinander geschachtelt sind. Wir sagen in diesem Fall, daß die betreffenden Blöcke (**statisch**) **disjunkt** liegen.

Notationell unterdrückte Abschnittsklammern müssen bei der Blockstruktur beachtet werden: in

$$\lceil\ \text{int } x \equiv 3;\ \text{int } y \equiv 5;\ x+y\ \rfloor$$

ist der Bindungsbereich von y der Abschnitt

$$\lceil\ \text{int } y \equiv 5;\ x+y\ \rfloor$$

Anders ist es bei kollektiven Vereinbarungen

$$\lceil\ (\text{int } x,\ \text{int } y) \equiv (3\ ,\ 5);\ x+y\ \rfloor$$

Für Vereinbarungen von Programmvariablen gilt entsprechendes.

5.1.1 Blockstruktur

Wir müssen zunächst das Schachtelungsverhalten von Blöcken genauer kennzeichnen. Hierzu ordnen wir jedem Block eine fortlaufende Nummer, die sog. **Blockzählnummer** BZN, zu (Durchzählen der **begin**s) und charakterisieren den Block dann durch ein n-Tupel von Nummern, wobei $n-1$ gleich der Anzahl der den Block echt umfassenden Blöcke ist, nämlich

n-te   Nummer = Nummer des betreffenden Blocks
$(n-1)$-te Nummer = Nummer des unmittelbar umfassenden Blocks
⋮

1-te   Nummer = Nummer des Blocks, der das gesamte
                 Programm darstellt.

Die Zahl n bezeichnen wir als **Blockschachtelungstiefe** BST.

Das den Block charakterisierende n-Tupel heißt **Blocknummerung** BN. Stellt man die Blockstruktur durch ineinandergeschachtelte Rechtecke dar, so ergibt sich ein Bild wie in Abb. 143.

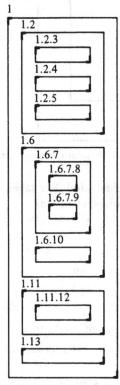

Abb. 143.   Beispiel für eine Blockstruktur

Aus der Anzahl der Nummern in einer Blocknummerung läßt sich also sofort die Blockschachtelungstiefe ablesen. Überdies gibt die letzte Nummer die Blockzählnummer des Blocks wieder. Mehr noch: die Blocknummerungen aller den gegebenen Block echt umfassenden Blöcke erhält man, indem

man dessen Blocknummerung eins ums andere von hinten her kappt[1]; und die Blocknummerungen aller vom gegebenen Block umfaßten – also inneren – Blöcke beginnen alle wie die des gegebenen Blocks.
    Es gilt also:

Block A umfaßt Block B

genau dann, wenn gilt:

BN(A) ist Anfang von BN(B).

Ferner sind zwei Blöcke A und B genau dann disjunkt, wenn weder BN(A) Anfang von BN(B) noch BN(B) Anfang von BN(A) ist.
    Die Relation „ist Anfang von" auf der Menge von Blocknummerungen eines Programms legt eine Darstellung durch einen Baum nahe, den (**statischen**) **Blockstrukturbaum**. Abb. 144 zeigt ihn für das Beispiel von Abb. 143.

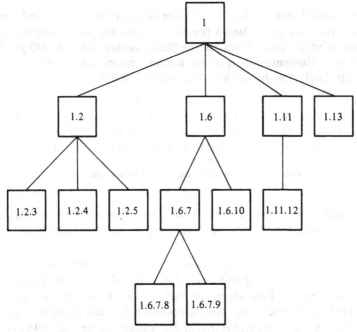

Abb. 144. Beispiel eines Blockstrukturbaums

---

[1] durch iterierte Anwendung von *lead*, wenn die Blocknummerung als Zeichenfolge aufgefaßt wird.

In einem Programm ohne Verschattung von Bezeichnern verstehen wir unter dem **Bindungsraum** BR eines Blocks die Menge der in dem Block ge- bundenen Bezeichnungen. Der Bindungsraum eines Blocks umfaßt somit alle in diesem Block und in ihn umfassenden Blöcken ve r e i n b a r t e n Bezeich- nungen einschließlich der Bezeichnungen formaler Parameter. Umfaßt Block A einen Block B, so gilt $BR(A) \subseteq BR(B)$. Es gilt z. B. (konsistente Umbezeich- nung vorausgesetzt)

$$BR(1.6.7.8) = VM(1) \cup VM(6) \cup VM(7) \cup VM(8),$$

wobei $VM(i)$ die Menge der im Block mit der Blockzählnummer i vereinbar- ten Bezeichnungen ist.

Offensichtlich genügt im Falle einer Verschattung bereits die Angabe der Blockschachtelungstiefe zur eindeutigen Unterscheidung der mehrfach ver- einbarten Bezeichnungen.

5.1.2 Pulsierende Speicherverteilung

Durchmustert man die Blöcke nach der Blockzählnummer, so *pulsiert* der Bindungsraum: mit jedem **begin** erweitert er sich, mit jedem **end** verengt er sich. Dies wird illustriert durch die zur Blockstruktur von Abb. 143 gehörige Abfolge von ‚Momentaufnahmen des Bindungsraums' (Abb. 145) – verkürzt dargestellt durch Angabe der jeweils beteiligten Blöcke.

1	1	1	1	1	1	1	1	1	1	1	1	1	1	1	1	1	1	1	1	1	1	1	1
1.2	1.2	1.2	1.2	1.2	1.2	1.2		1.6	1.6	1.6	1.6	1.6	1.6	1.6	1.6	1.6		1.11	1.11	1.11		1.13	
	1.2.3		1.2.4		1.2.5				1.6.7	1.6.7	1.6.7	1.6.7	1.6.7		1.6.10				1.11.12				
										1.6.7.8		1.6.7.9											

Abb. 145.   Momentaufnahmen des Bindungsraums

Eine **Speicherverteilung** ist (vgl. 3.6.4) eine Folge injektiver Abbildungen der Momentaufnahmen des Bindungsraums in ein Feld indizierter Varia- blen.

Sie kann, wie im 3. Kap., unabhängig von den Momentaufnahmen und damit umkehrbar eindeutig sein: zu jedem Index des Speicherfeldes gehört dann genau eine (im Falle einer Verschattung durch Umbezeichnung wohl- unterschiedene) Bezeichnung. Normalerweise haben die Bezeichnungen da- bei die Reihenfolge ihres Auftretens in der Aufschreibung. Das Bild des Bin- dungsraums eines Blocks heißt der zum Block gehörige **Speicherblock**.

Die Speicherverteilung kann jedoch auch den Momentaufnahmen des Bindungsraumes folgen. Der Speicher wird dann mehrfach genutzt, indem man Bezeichnungen, deren Bindungsbereiche sich nicht überlappen, die also

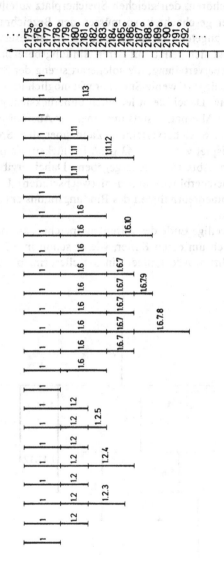

Abb. 146. Pulsierende Speicherverteilung zur Blockstruktur von Abb. 143. Dabei ist (willkürlich) angenommen: der Beginn des Speichers bei 2175_0 und der Bedarf von 4 Variablen für Block 1, 3 solcher für Block 1.2, 4 solcher für Block 1.2.3, 5 solcher für Block 1.2.4 usw.

zu disjunkten Blöcken gehören, den gleichen Speicherplatz zuteilt. Sind die Blöcke jedoch ineinander geschachtelt, so müssen den Bezeichnungen verschiedene Speicherplätze zugeteilt werden. Die Speicherplatzreservierung für eine Bezeichnung erstreckt sich genau auf deren Bindungsbereich.

Eine **pulsierende Speicherverteilung**, die solcherart streng der Struktur der Blocknummerung folgt, belegt so wenig Speicher wie möglich und nur so viel wie schlimmstenfalls nötig. Dabei bleibt lediglich unberücksichtigt, daß von den beiden Zweigen einer Alternative stets nur einer zur Ausführung kommt.

Auch eine pulsierende Speicherverteilung kann über den Speicher gestreut sein. Eine zum Beispiel von Abb. 143 gehörige lückenlose pulsierende Speicherverteilung ist in Abb. 146 wiedergegeben. Dabei ergibt sich die Länge der einzelnen Speicherblöcke aus dem (wechselnden) Umfang des Bindungsraums. Den Momentaufnahmen des Bindungsraums entspricht nun der pulsierende **Adreßraum**.

Ein **Pegel** gibt das jeweilige Ende des verteilten Speichers an; der Arbeitsweise nach handelt es sich um einen Keller, wie er schon in 3.7.2 für Zwischenergebnisse eingeführt wurde (‚allgemeines Kellerprinzip‘, SAMELSON 1959).

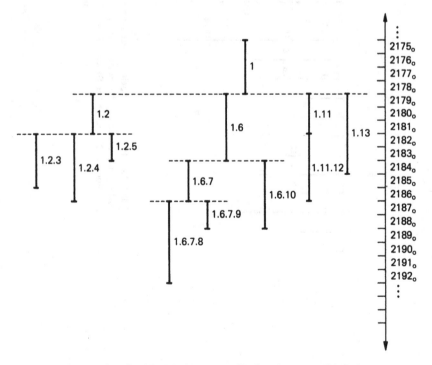

Abb. 147.   Speicherblockbaum zur Blockstruktur von Abb. 143

Abb. 146 zeigt, daß die Zuordnung von Bezeichnungen zu Adressen bei Mehrfachausnutzung des Speichers keineswegs umkehrbar eindeutig ist. Nacheinander kann eine Adresse verschiedenen Bezeichnungen entsprechen, diese werden selbstverständlich nicht miteinander identifiziert. Übersichtlicher als ein Satz von Momentaufnahmen der Speicherverteilung ist deren Zusammenfassung zu einem Baum, der im Aufbau genau dem Blockstrukturbaum entspricht. Es ergibt sich so der **Speicherblockbaum** (Abb. 147).

5.1.3 Wortorganisierte Speicher

Werden, wie in 4.2 erörtert, die Objekte durch Binärworte dargestellt, so liegt der Speicherverteilung ein Feld von Variablen für Binärworte, ein Feld von **Speicherzellen**, zugrunde; die Indizes des Feldes sind (3.6.4) die **Adressen** dieser Speicherzellen. Nicht immer wird dabei für ein Objekt genau eine Speicherzelle notwendig werden. Für einfache Objekte der Sorten **int** oder **real** ist in jeder bestimmten Anlage eine sortenspezifische Anzahl von

Tabelle 17. Sortenspezifischer Bedarf an Speicherzellen

Sorte	Maschinenwortlänge			Anzahl der ausgenutzten Bits
	48	24	8	
int	1	1	4	24 bzw. 48 bzw. 32
real	1	2	2	48 bzw. 16
bool	1	1	1	1
bit	1	1	1	1
bits	1	2	4	48 bzw. 32
char	1	1	1	8
string	4	8	24	192
lisp	4	8	24	192

Worten vorgesehen. Für zusammengesetzte Objekte, etwa der Sorten **string**, **bits** und **lisp**, wird häufig lediglich eine begrenzte Anzahl von Worten verfügbar gemacht[2]. Für **bool**, **bit** und **char** wäre kein ganzes Wort erforderlich; wegen der mit dem Packen mehrerer Objekte in ein Wort verbundenen Komplikationen verzichtet man häufig auf eine solche Einsparung. Einige Beispiele zeigt Tabelle 17.

---

[2] Insbesondere für Zahlen bedeutet dies natürlich eine spürbare Einschränkung. Für die Arithmetik mit beschränkter Stellenzahl vgl. 4.2.3.

Die pulsierende Speicherverteilung geschieht dann auf dem Adreßraum eines Felds von Speicherzellen. Der zu den einzelnen Blöcken gehörige Speicherbedarf kann aus dem Programmtext ein für allemal berechnet werden – er ist weiterhin statisch.

5.1.4 Relative Adressierung

Die Adresse, die bei pulsierender Speicherverteilung einer Bezeichnung (Parameterbezeichnung, lokale Zwischenergebnisbezeichnung oder lokale Variable) zugeteilt wird, hängt von der Speicherverteilung für die umfassenden Blöcke ab. Jedoch besitzt jede Größe eine feste Lage relativ zum Anfang des Speicherbereichs für den Block. Beginnt man also in jedem zu einem Block gehörigen Speicherteil – in jedem Speicherblock – die Zählung erneut mit 1, so erhält man die **Relativadresse**. Die durch die **absolute Adresse** bezeichnete wahre Lage im Speicher ergibt sich, wenn man zur Relativadresse eine für den Speicherblock B spezifische absolute Adresse, die **Basisadresse** oder **Basis** des Speicherblocks, hinzuzählt[3]:

$$\text{(absolute) Adresse} = \text{Relativadresse} + \text{Basisadresse}(B)$$

Dabei ist, falls man die Relativadressen mit 1 zu zählen beginnt, die Basisadresse des Speicherblocks B die absolute Adresse zur Zelle unmittelbar vor der ersten Zelle des Speicherblocks, also die **Endadresse** des unmittelbar umfassenden Speicherblocks, falls ein solcher existiert:

$$\text{Basisadresse}(B) = \text{Endadresse}(lead(B)),$$

wobei als Endadresse von $lead(1)$ etwa die Endadresse des unmittelbar vorher gespeicherten Maschinenprogramms dienen mag.

Um die absoluten Adressen aller in einem Block vorkommenden Bezeichnungen zu erhalten, ist also neben ihren Relativadressen nur die Kenntnis der Basisadressen aller umfassenden Blöcke erforderlich.

Es ist üblich, auch den ganzen Adreßraum eines Programms nur relativ zu einer Programmanfangsadresse aufzufassen.

---

[3] Relativadressen bedeuten also eine Verschiebung der Skala der absoluten Adressen: man kann zu einer absoluten Adresse eine Relativadresse addieren und erhält wiederum eine (absolute) Adresse. Zwei Relativadressen ergeben addiert wieder eine Relativadresse. Zwei absolute Adressen dagegen können nicht addiert werden. Absolute und Relativadressen entsprechen in dieser Hinsicht Punkten und Vektoren in der Geometrie. Zur Unterscheidung werden absolute Adressen, wenn nötig, durch eine angehängte tiefgesetzte Null gekennzeichnet.

5.1.5 Felder mit dynamisch errechneten Indexgrenzen

Die Speicherzuteilung für die Komponenten eines (evtl. mehrstufigen) Feldes erfolgt (vgl. 3.6.4) durch Reservierung konsekutiver Zellen für die Komponenten des zugehörigen einstufigen Feldes. Im übrigen hat sich auch die Speicherzuteilung für Felder nach der Blockstruktur zu richten. Weil die in der Praxis vorkommenden Felder oft beträchtliche Länge haben, ist die Mehrfachausnutzung des Speichers durch pulsierende Speicherverteilung gerade für Felder von erheblicher Bedeutung.

Die Anzahl der benötigten Feldkomponenten stellt sich aber in vielen Fällen erst während der Rechnung heraus. Die in PASCAL vorgesehenen Felder erlauben nicht, das zu berücksichtigen. Dies führt dazu, daß Felder vereinbart werden müssen, die groß genug sind, um den höchsten in einem Programmlauf möglicherweise auftretenden Bedarf an Feldkomponenten decken zu können. Abgesehen davon, daß es schwierig sein kann, den Höchstbedarf zu bestimmen, und in manchen Fällen von der Aufgabenstellung her keine Schranke besteht, führt dies dazu, daß in der Regel erheblich Speicherplatz verschwendet wird. Betrachten wir z. B. ein Programm zur Berechnung der Inversen einer nichtsingulären $n \times n$-Matrix. Wird ein zweistufiges Feld von 50×50 Komponenten zur Speicherung der Ausgangsmatrix vereinbart, so können nur Matrizen bis zur Dimension 50 invertiert werden. n kann innerhalb der Grenzen $1 \leq n \leq 50$ veränderlich gehalten werden. Bearbeitet man nun nur eine 3×3 Matrix, so sind $50^2 - 3^2 = 2491$ Komponenten überflüssig.

Das oben erwähnte Programm zur Invertierung einer Matrix beginnt mit dem Einlesen der Matrixelemente etwa in folgender Form:

```
begin var int n:= «eingelesene Dimensionszahl ≤50»;
    [1..50, 1..50] var real a;
    for i from 1 to n do
        for k from 1 to n do
            a[i, k]:= «eingelesenes Matrixelement» od od;
            ⸸
end
```

Selbstverständlich kann man die angeführten Schwierigkeiten vermeiden, wenn man (vgl. 3.6.1) als Indexgrenzen Formeln zuläßt, die ein Ergebnis der Art int liefern. Die Auswertung der Formeln kann jetzt normalerweise erst während des Programmablaufs, und zwar zum Zeitpunkt der Abarbeitung der Feldvereinbarung stattfinden. Dies erfordert, daß die in die Indexgrenzen eingehenden Größen (Variablen und Zwischenergebnisbezeichnungen) vor der Feldvereinbarung in einem umfassenden oder im gleichen Block vereinbart wurden und im Ablauf zuvor Werte zugewiesen bekamen.

Das obige Programm ließe sich also in ALGOL 68 so abändern:

```
begin var int n := «eingelesene Dimensionszahl» ;
  begin [1..n, 1..n] var real a ;
    for i from 1 to n do
      for k from 1 to n do
        a [i, k] := «eingelesenes Matrixelement» od od ;
                    ⸞
  end
  end
```

Übrigens wäre
begin var int n := 50, [1..n, 1..n] **var real** a ; ⌇⌇
nicht zulässig, weil es gegen die Kollateralität verstößt.

Die Erarbeitung der unteren und oberen Indexgrenzen erfolgt kollateral, ebenso wie die Erarbeitung der durch Kommata getrennten Indexgrenzenpaare. Im übrigen müssen die Felder dann, wie in 3.6.3 dargelegt, auf einstufige, etwa mit dem Index 1 beginnende reduziert werden.

Wenn Felder mit errechneten Indexgrenzen zugelassen werden, ist statische, d. h. ausschließlich am Programmtext orientierte, (pulsierende) Speicherverteilung unmöglich. Die Erarbeitung der Indexgrenzen erlaubt aber im betreffenden Block die Zuteilung von Speicher genau im benötigten Umfang. Die Speicherverteilung wird natürlich nunmehr vor Beginn der Rechnung nicht bekannt sein, sie muß also während der Rechnung erfolgen (**dynamische Speicherverteilung**); auch wird sie für wechselnde Programmabläufe nicht immer die selbe sein. Es ist also nicht ein für allemal eine Zuordnung von Adressen zu Größen möglich – die im Platzbedarf wechselnden ‚dynamischen‘ Felder verschieben auch die absolute Speicherlage aller nachfolgenden Größen, beispielsweise von einfachen Variablen und ‚statischen‘ Feldern.

Wird nunmehr eine während der Rechnung erfolgende Speicherverteilung nötig, so kann man auch für die im Ablauf nicht eingeschlagenen Zweige von Fallunterscheidungen auf Speicherzuteilung verzichten und damit erreichen, daß (vgl. 5.1.2, Ende) *stets* nur soviel Speicher wie nötig verteilt wird.

Unter diesem Gesichtspunkt spricht man von der **Lebensdauer** einer vereinbarten Größe als dem Intervall des Ablaufs, in dem der zugehörige Speicherplatz reserviert ist. Während der Bindungsbereich und Gültigkeitsbereich auf die Aufschreibung bezogene Begriffe sind, ist die Lebensdauer ein ablaufbezogener Begriff. Insbesondere hängt die Lebensdauer einer vereinbarten Größe von der Durchführung des Ablaufs ab.

Beispiel (i):
Multiplikation zweier unterer Dreiecksmatrizen $a := a \times b$. Das Programm (ein Block) mag lauten

1

```
begin
var int n ;
«Eingeben der Dimensionszahl n» ;
var real s ;
[1..n, 1..n] var real a, b ;
«Eingeben der unteren Dreiecksmatrizen a, b» ;
```

    1.2

```
  for i from 1 to n do
```

       1.2.3

```
    [1..i] var real h ;
```

         1.2.3.4

```
      for k from 1 to i do
      s := 0 ;
```

           1.2.3.4.5

```
        for j from k to i do
        s := s + a[i, j] × b[j, k]
                                od ;
        h[k] := s                        od ;
```

         1.2.3.6

```
      for k from 1 to i do
      a[i, k] := h[k]              od
```

```
                                       od        ;
«Ausgeben der unteren Dreiecksmatrix a»
                                              end
```

Abb. 148 zeigt (für $n = 2$) eine zugehörige dynamische Speicherverteilung. Im Block 1.2.3 ist der Platzbedarf nicht konstant, die Adressen für die Bezeichnungen k und j, die anschließen, verschieben sich von Durchlauf zu Durchlauf.

1. Durchlauf ($i = 1$)

$$
1 \quad
\begin{bmatrix}
n \\
s \\
a[1,1] \\
a[1,2] \\
a[2,1] \\
a[2,2] \\
b[1,1] \\
b[1,2] \\
b[2,1] \\
b[2,2]
\end{bmatrix}
\quad
\begin{aligned}
2031_0 &= 1 + 2030_0 \\
2032_0 &= 2 + 2030_0 \\
2033_0 &= 3 + 2030_0 \\
&\;\;\vdots \\
\\
\\
\\
\\
\\
2040_0 &= 10 + 2030_0
\end{aligned}
$$

1.2	i	$2041_0 = 1 + 2040_0$
1.2.3	$h[1]$	$2042_0 = 1 + 2041_0$
1.2.3.4	k	$2043_0 = 1 + 2042_0$
1.2.3.4.5	j	$2044_0 = 1 + 2043_0$

2. Durchlauf ($i = 2$)

$$
1 \quad
\begin{bmatrix}
n \\
s \\
a[1,1] \\
a[1,2] \\
a[2,1] \\
a[2,2] \\
b[1,1] \\
b[1,2] \\
b[2,1] \\
b[2,2]
\end{bmatrix}
\quad
\begin{aligned}
2031_0 &= 1 + 2030_0 \\
2032_0 &= 2 + 2030_0 \\
2033_0 &= 3 + 2030_0 \\
&\;\;\vdots \\
\\
\\
\\
\\
\\
2040_0 &= 10 + 2030_0
\end{aligned}
$$

1.2	i	$2041_0 = 1 + 2040_0$
1.2.3	$h[1]$	$2042_0 = 1 + 2041_0$
	$h[2]$	$2043_0 = 2 + 2041_0$
1.2.3.4	k	$2044_0 = 1 + 2043_0$
1.2.3.4.5	j	$2045_0 = 1 + 2044_0$

Abb. 148. Dynamische Speicherverteilung zum Beispiel der Multiplikation zweier unterer Dreiecksmatrizen ($n = 2$). Momentaufnahmen jeweils zum Zeitpunkt nach Abarbeitung der Anweisung

$$s := s + a[i, j] \times b[j, k]$$

5.1.6 Abschließende Bemerkungen

Bei dynamischer Speicherverteilung erscheint es zweckmäßig, den Pegelstand, die jeweilige Endadresse des im Ablauf bereits zugeteilten pulsierenden Speichers, in einer eigenen Zelle oder besser in einem speziellen Register, genannt **EBS** (Ende belegter Speicher), zu halten.

Im Hinblick auf 3.7.2 darf im übrigen angenommen werden, daß der dortige Zwischenergebniskeller jeweils unmittelbar anschließend an den belegten Speicher (also beginnend mit der Adresse **EBS** + 1) gelegt wird.

Für das weitere wird wichtig sein, schon an dieser Stelle festzuhalten: Einem Objekt entspricht nach konsistenter Umbezeichnung (vgl. 5.1) das Paar (Blockschachtelungstiefe, Bezeichnung), in maschinenorientierter Sprache das Paar (Blockschachtelungstiefe, Relativadresse), in der Maschine schließlich das Paar (Blockbasis, Relativadresse).

In PASCAL ist eine Blockschachtelung, wie sie in diesem Abschnitt besprochen wurde, nicht vorgesehen; sie kann nur durch Verwendung von Prozeduren (vgl. 5.2) erreicht werden. Auch sind Felder mit errechneten Indexgrenzen nicht vorgesehen, ein bedauerlicher Rückschritt gegenüber ALGOL 60.

5.2 Prozeduren und Blockstruktur

5.2.1 Einbeziehung von Prozeduren in die Blockstruktur

Bisher konnte man in einfacher Weise stets die Blockstruktur eines Programms erkennen und zu einem Block die Blockzählnummer angeben. Beziehen wir jedoch Rechenvorschriften und Prozeduren ein, so macht die Feststellung Schwierigkeiten, sobald im Programm enthaltene Aufrufe nicht mehr durch vorheriges Einkopieren des Rumpfes der Prozedur unter Ersetzung der Parameter ('offener Einbau') erledigt werden – oder nicht mehr erledigt werden können, wie bei rekursiven Rechenvorschriften und Prozeduren. Hier würden wir im allgemeinen zu unendlich vielen Blöcken geführt werden.

Obschon wir uns in diesem Kapitel vornehmlich mit Prozeduren beschäftigen, gilt *cum grano salis* entsprechendes stets auch für Rechenvorschriften.

Da auch für die formalen Parameter einer Prozedur Speicher zugeteilt werden muß, wird es notwendig sein, Prozeduren in die Blockstruktur einzubeziehen. Dazu kann man für jede Prozedur genau einen Block vorsehen, mit folgender Maßgabe:

a. Eine Prozedurvereinbarung wird als Block an der Stelle der Aufschreibung aufgefaßt – dieser Block umfaßt den Rumpf der Prozedur und enthält insbesondere die Vereinbarungen für die formalen Parameter. Blockzählnummer und Blockschachtelungstiefe werden auf die Stelle der Aufschreibung bezogen, für ihre Festlegung haben die Aufrufe keine Bedeutung.

b. Ist eine in einem Rumpf vorkommende Bezeichnung keine lokale, in der Prozedur vereinbarte Bezeichnung und kein formaler Parameter, so gilt für sie diejenige Vereinbarung, in deren Bindungsbereich die Stelle der Aufschreibung der Prozedur liegt (*"static scoping"*).

c. Bei der Abarbeitung werden rekursive Prozeduren und ihre untergeordneten Blöcke neben der Blocknummerung weiterhin durch die jeweilige Inkarnationsnummer unterschieden.

Beispiel (i) (nicht rekursiv):

1

$$
\begin{array}{l}
\textbf{begin var int } i, k\,; \\
\qquad 1.2 \\
\end{array}
$$

```
begin var int i, k ;
              1.2
                            1.2.3
    proc p ≡   (int n):    begin int l ≡ i+n; k:= l × l end    ;

    i:= 0 ;
    p(5) ;
    1.4
    begin var int i:= 2 ;
        p(2)
                    end   ;

    p(3)
                                                          end
```

Beispiel (ii) (rekursiv):

1

```
begin
              1.2
    funct fac ≡    (int n co n ≧ 0 co) int :
                   if n = 0 then 1
                            else n × fac(n − 1)   fi    ;
    fac(4)                                     end
```

Die im ersten Beispiel mit p bezeichnete Prozedur bekommt die Blocknummerung 1.2, die im zweiten Beispiel mit *fac* bezeichnete Rechenvorschrift ebenfalls.

Als Konsequenz dieser Regelung wird offensichtlich das der Blockstruktur bisher zugrundeliegende, der Aufschreibung entsprechende Schachtelungsprinzip beim Programmablauf durchbrochen: Im obigen ersten Beispiel führt der Aufruf $p(2)$ aus der Blockschachtelungstiefe 2 auf einen Block gleicher und nicht, wie erwartet, höherer Blockschachtelungstiefe. Das scheint ein hoher Preis zu sein, insbesondere da jede Inkarnation der Prozedur nach wie vor eigenen Speicherbedarf hat.

Jedoch würde auch eine dynamische, auf den Aufruf abgestellte Festlegung der Blockstruktur (*"dynamic scoping"*) Probleme hinsichtlich der Verschattung mit sich bringen, da nämlich dann ein und dieselbe Prozedur wie bei offenem Einbau eine Fülle verschiedener Blocknummerungen bekäme, im obigen Beispiel (ii) 1.2, 1.2.3, ..., 1.2.3.4.5.6.

Außerdem erhebt sich die Frage: Welche Variable i ist es, deren Wert im Beispiel (i) bei den verschiedenen Aufrufen zur Berechnung von l benutzt wird? Bei offenem Einbau ist es beim Aufruf $p(2)$ ein anderes i als beim ersten und dritten Aufruf, nämlich das im Block 1.4 zu 2 initialisierte i, das das mit 0 besetzte, außerhalb deklarierte i verschattet.

Daß wir die Verschattung einer Bezeichnung durch eine andere zugelassen haben, hätte also bei naivem Einkopieren zur Konsequenz, daß (den globalen Größen) ein und derselben Prozedur bei verschiedenen Aufrufen verschiedene Bedeutungen beigelegt werden müßten. Genaugenommen müßten wir für jede Prozedur mindestens so viele verschiedene Exemplare unterscheiden, wie es verschiedene Blöcke gibt, in denen sie aufgerufen werden kann.

Nach statischer Auffassung bedeutet der im Rumpf 1.2.3 von p vorkommende Bezeichner i stets die im Block 1 vereinbarte, mit 0 besetzte Größe.

Es mag nützlich sein, die Verschattung von Bezeichnungen im Falle des Auftretens von Prozeduren noch am folgenden Beispiel zu erläutern.

Beispiel (iii) :

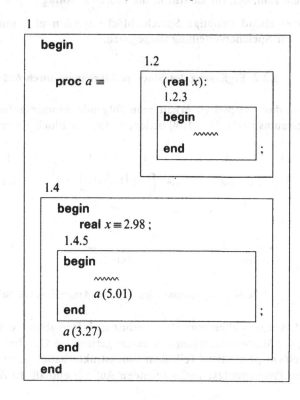

Während der Abarbeitung des Blocks 1.4 erfolgt der Aufruf $a\,(3.27)$ der Prozedur a, d. h. des Blocks 1.2 mit gleicher Blockschachtelungstiefe wie der aufrufende Block 1.4.

Der Bindungsbereich der in 1.4 vereinbarten Zwischenergebnisbezeichnung x umfaßt nicht 1.2; in 1.2.3 ist nicht dieses x gebunden, sondern der formale Parameter x von a. Während des Aufrufs $a\,(3.27)$ ist also von den zwei konkurrierenden Blöcken mit gleicher Blockschachtelungstiefe 1.4 **verdeckt**, erreichbar sind nur in 1.2 gültige Größen.

Verdeckung ergibt sich auch im rekursiven Fall: Im Beispiel (ii) erfolgt ein Aufruf der Rechenvorschrift *fac* im Block 1.2. Dabei legt die Formularmaschine ein neues Formular für eine neue Inkarnation von *fac* an. Damit werden aber alle in 1.2 gebundenen Bezeichnungen von Größen (hier also der Parameter n) zeitweilig, d. h. bis zur Rückkehr aus der aufgerufenen Rechenvorschrift, verdeckt.

Für den Bindungsraum und damit für die Speicherverteilung gilt in Verbindung mit Prozeduren folgender Grundsatz:

d. Nach Abarbeitung einer Prozedur muß der Bindungsraum wiederhergestellt sein, der vor Eintritt in die Prozedur vorlag.

Vorübergehend unnötige Speicherblöcke werden also nur verdeckt, aber nicht zur Speicherverteilung freigegeben.

5.2.2 Ergänzung des Blockstrukturbaums durch Aufrufpfeile

Für das Beispiel (i) erhält man folgende Momentaufnahmen des Bindungsraums (Abb. 149). [1.4] bedeutet, daß der Block 1.4 verdeckt ist.

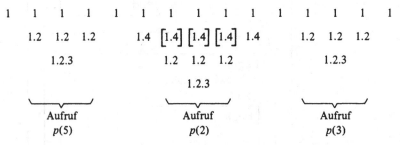

Abb. 149. Momentaufnahmen des Bindungsraums von Beispiel (i)

Wiederum ist – allerdings unter Verlust an Information – eine Zusammenfassung der Momentaufnahmen zu einem gerichteten Graphen möglich, der neben einem ‚statischen‘ Teil, dem Blockstrukturbaum, auch **Aufrufpfeile** für die im Programmtext vorkommenden Aufrufe enthält. In Abb. 150 entspre-

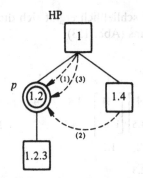

Abb. 150. Durch Aufrufpfeile ergänzter Blockstrukturbaum von Beispiel (i)

chen den gestrichelt gezeichneten Kanten von 1, von 1.4 und wieder von 1
nach 1.2 die drei Aufrufe von p.
(Beachte, daß prinzipiell ein Aufruf von p aus allen Blöcken erfolgen kann,
die Unterblöcke des den Block p unmittelbar umfassenden Blockes sind –
nämlich im Bindungsbereich des Bezeichners p).

Für das zweite Beispiel ergeben sich folgende Momentaufnahmen des
Bindungsraums (Abb. 151):

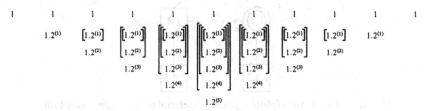

Abb. 151. Momentaufnahmen des Bindungsraums von Beispiel (ii)

Der zugehörige gerichtete Graph besteht aus dem Blockstrukturbaum, ergänzt durch einen Aufrufpfeil von 1 auf 1.2 und, dem rekursiven Aufruf entsprechend, von 1.2 auf sich selbst (Abb. 152).

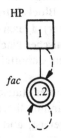

Abb. 152. Durch Aufrufpfeile ergänzter Blockstrukturbaum von Beispiel (ii)

Für das dritte Beispiel schließlich ergibt sich die Folge von Momentaufnahmen des Bindungsraums (Abb. 153):

$$
\begin{array}{cccccccccccc}
1 & 1 & 1 & 1 & 1 & 1 & 1 & 1 & 1 & 1 & 1 & 1 & 1 \\
& 1.4 & 1.4 & \begin{bmatrix}1.4\end{bmatrix} & \begin{bmatrix}1.4\end{bmatrix} & \begin{bmatrix}1.4\end{bmatrix} & 1.4 & 1.4 & \begin{bmatrix}1.4\end{bmatrix} & \begin{bmatrix}1.4\end{bmatrix} & \begin{bmatrix}1.4\end{bmatrix} & 1.4 \\
& & 1.4.5 & \begin{bmatrix}1.4.5\end{bmatrix} & \begin{bmatrix}1.4.5\end{bmatrix} & \begin{bmatrix}1.4.5\end{bmatrix} & 1.4.5 & & 1.2 & 1.2 & 1.2 \\
& & & 1.2 & 1.2 & 1.2 & & & & 1.2.3 \\
& & & & 1.2.3
\end{array}
$$

Abb. 153. Momentaufnahmen des Bindungsraums von Beispiel (iii)

Der zugehörige durch Aufrufpfeile ergänzte Blockstrukturbaum sieht folgendermaßen aus (Abb. 154):

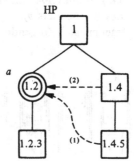

Abb. 154. Durch Aufrufpfeile ergänzter Blockstrukturbaum von Beispiel (iii)

Den einen Block *B* im Programmtext (unmittelbar) umfassenden Block *A* bezeichnet man als (unmittelbaren) **statischen Vorgänger** von *B*, umgekehrt *B* als einen (unmittelbaren) **statischen Nachfolger** von *A*. Eine Inkarnation *A* eines Blocks jedoch, die im Programmablauf durch Aufruf eines (Prozedur-) Blocks oder durch gewöhnlichen Blockeintritt zu einer Inkarnation *B* eines Blockes führt, heißt (unmittelbarer) **dynamischer Vorgänger** von *B*, umgekehrt *B* ein (unmittelbarer) **dynamischer Nachfolger** von *A*. Für einen Block, der kein Prozedurblock ist, fallen unmittelbare statische und dynamische Vorgänger zusammen.

Im Graphen werden unmittelbarer statischer Vorgänger und Nachfolger durch eine ausgezogene Linie, unmittelbarer dynamischer Vorgänger, der nicht zugleich statischer Vorgänger ist, und Nachfolger durch einen gestrichelten Pfeil verbunden.

Auch in eine Momentaufnahme des Bindungsraums und damit der Speicherverteilung kann man die statischen und dynamischen Nachfolgebeziehungen einzeichnen (Abb. 155).

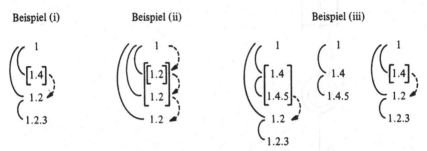

Abb. 155. Bindungsraum mit Nachfolgerbeziehungen

Der umfassendste Block mit der Blocknummerung 1 wird oft auch Hauptprogramm HP genannt. Für den extremen Fall, daß alle Blöcke außer dem Hauptprogramm paarweise disjunkt sind, wird der statische Teil trivial; was dynamisch verbleibt, ist der **Aufrufgraph** eines Systems von Prozeduren, wie in dem Beispiel des Rumpfes einer Rechenvorschrift *ispos*, vgl. 3.4.1:

Beispiel (iv):

```
1
┌─────────────────────────────────────────────────────────────────┐
│ begin       1.2                                                   │
│ funct ispos ≡  (string s) bool:                                   │
│             ┌───────────────────────────────────────────────────┐│
│             │ 1.2.3                                             ││
│             │ ┌───────────────────────────────────────────────┐ ││
│             │ │ begin                                         │ ││
│             │ │         1.2.3.4                               │ ││
│             │ │ funct isp ≡  (string m) bool:                 │ ││
│             │ │         if m = ◇ then true                    │ ││
│             │ │              else if first(m) = "−" then isn(rest(m))│
│             │ │                 ▯ first(m) = "+" then isp(rest(m)) fi fi ,│
│             │ │         1.2.3.5                               │ ││
│             │ │ funct isn ≡  (string m) bool:                 │ ││
│             │ │         if m = ◇ then false                   │ ││
│             │ │              else if first(m) = "−" then isp(rest(m))│
│             │ │                 ▯ first(m) = "+" then isn(rest(m)) fi fi ;│
│             │ │ isp(s)                                    end │ ││
│             │ └───────────────────────────────────────────────┘ ││
│             └───────────────────────────────────────────────────┘│
│ ispos("+ + −")                                               end  │
└─────────────────────────────────────────────────────────────────┘
```

Abb. 156 zeigt den Blockstrukturbaum und den Aufrufgraphen für das System (*ispos*, *isp*, *isn*).

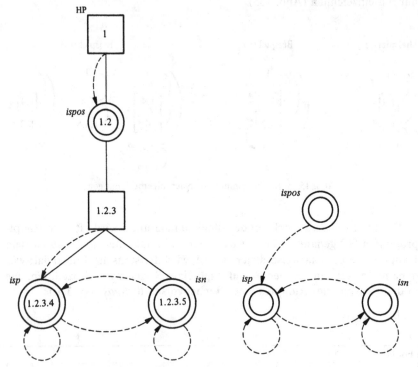

Abb. 156. Durch Aufrufpfeile ergänzter Blockstrukturbaum für Beispiel (iv) und Aufrufgraph des Systems (*ispos*, *isp*, *isn*)

5.2.3 Dynamischer Blockstrukturbaum

Der durch die Aufrufpfeile bestimmte Aufrufgraph hat keinen baumartigen Aufbau mehr. Man kann nämlich auf mehreren Wegen zu einem Knoten gelangen. Der Knoten charakterisiert im Ablauf somit nicht mehr eindeutig den Bindungsraum und damit die Speicherverteilung. Für einen speziellen Programmablauf gelangt man jedoch wieder zu einem Blockstruktur*baum*, wenn man den Aufrufgraphen den Aufrufpfeilen entlang ‚abrollt'.

Im Beispiel (i) ergibt sich: Jeden aktuellen Aufrufpfeil von einem Block *B* zu dem Prozedurblock 1.2 ersetzt man durch Anhängen einer Kopie des zu 1.2 gehörenden Teilbaums an den Block *B*. Abb. 157 zeigt das Vorgehen.

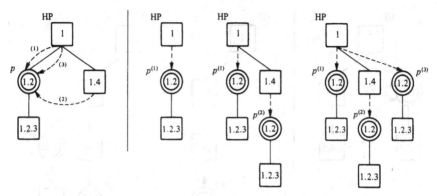

Abb. 157. Entwicklung des dynamischen Blockstrukturbaums für das Beispiel (i)

Allgemein gilt: Sobald in einem Block B ein Aufruf eines Prozedurblocks P erfolgt, wird eine Kopie des genau zu P gehörenden Teilgraphen an den des Blocks B angehängt. Dieser Prozeß terminiert, falls das Hauptprogramm terminiert. Schließlich werden alle zu Prozedurblöcken gehörenden ursprünglichen Teilgraphen entfernt (Abb. 158, 159).

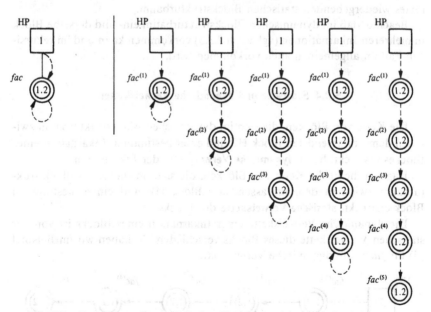

Abb. 158. Entwicklung des dynamischen Blockstrukturbaums für das Beispiel (ii)

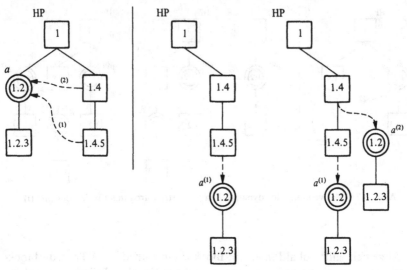

Abb. 159.   Entwicklung des dynamischen Blockstrukturbaums für das Beispiel (iii)

Die Entwicklung des Blockstrukturbaums erfolgt also ‚dynamisch' während des Ablaufs des Programms. Man spricht daher von einem **dynamischen Blockstrukturbaum** – im Gegensatz zu dem die Blockstruktur des Programmtextes wiedergebenden statischen Blockstrukturbaum.

Beachte, daß im dynamischen Blockstrukturbaum ein- und derselbe Block in mehreren Inkarnationen (vgl. auch 2.3.3) vorkommen kann und im rekursiven Fall im allgemeinen auch vorkommen wird.

5.2.4 Statische und dynamische Verweisketten

Die Kette von Blöcken, die sich im dynamischen Blockstrukturbaum zwischen dem umfassendsten Block HP und einer bestimmten Inkarnation eines Blockes erstreckt, heißt **dynamische Verweiskette** der Inkarnation.

Dagegen heißt die Kette von Blöcken, die sich im statischen Blockstrukturbaum zwischen dem umfassendsten Block HP und einem bestimmten Block erstreckt, **statische Verweiskette** des Blocks.

Die dynamische Verweiskette einer Inkarnation eines Blocks ist von der statischen Verweiskette dieses Blocks verschieden. So haben wir im Beispiel (ii) für $fac^{(5)}$ die dynamische Verweiskette und für *fac* die statische Verweiskette

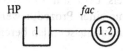

Im Beispiel (iii) haben wir für den zweiten Aufruf von *a* die dynamische Verweiskette

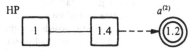

für *a* selbst die statische Verweiskette

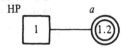

5.2.5 Dynamische Speicherverteilung im Falle des Vorkommens von Prozeduren

Ein dynamischer Blockstrukturbaum spiegelt die Speicherverteilung wider und ergibt unmittelbar den Speicherblockbaum (5.1.2) auch im Falle des Vorkommens von Prozeduren.

Die dynamische Verweiskette einer Blockinkarnation enthält alle Informationen über die Rückkehrverpflichtungen aus Prozeduraufrufen; die Blöcke, die sie umfaßt, spannen den Bindungsraum bzw. den Adreßraum der zugehörigen Speicherverteilung auf.

Die statische Verweiskette eines bestimmten Blocks dagegen umfaßt genau diejenigen Blöcke, die **sichtbare** (d. h. nicht verdeckte) Inkarnationen besitzen. Die Blockschachtelungstiefe bestimmt den Block in der statischen Verweiskette bereits eindeutig, für die Adressierung birgt das Paar (BST, Relativadresse) ausreichend Information, wenn die der Blockschachtelungstiefe entsprechenden Basen festgehalten worden sind. Die Anzahl der *gleichzeitig* erforderlichen Basen ist also statisch durch die höchste vorkommende Blockschachtelungstiefe begrenzt – die Anzahl der insgesamt festzuhaltenden Basen allerdings nun dynamisch durch die Anzahl der notwendig werdenden Inkarnationen.

Bei normalem Eintritt in einen Block oder beim Aufruf einer Prozedur ist die zugehörige Basisadresse aus dem Pegelstand **EBS** des Speichers (vgl. 5.1.5) zu entnehmen.

Beim Austritt aus einem normalen Block stimmen der statische und der dynamische Vorgänger überein. Aus einem Prozeduraufruf erfolgt die Rückkehr zum dynamischen Vorgänger. In beiden Fällen ist Speicher freizugeben durch Einstellung des Pegels **EBS** auf die Basisadresse des verlassenen Blocks. Bei der Rückkehr aus einer Prozedur werden i. a. verdeckte Blöcke sichtbar, die zugehörigen Basen müssen also bereitgestellt werden.

⋮

to bring his mad poem
to some sort of close
were the words that the poet finally chose
to bring his mad poem
to some sort of close
were the words that the poet finally chose
to bring his mad poem
to some sort of close."

MARTIN GARDNER

6. Kapitel

Hintergrundspeicher und Verkehr mit der Außenwelt, Datenstrukturen, Speicherorganisation

"In the beginning was the word,
but it wasn't a fixed number of bits."

R. S. BARTON

Die im dritten und fünften Kapitel behandelten Methoden zur Speicherverwaltung für Daten und Programmstücke setzen ein Feld von Variablen voraus. Ein solcher Speicher ist aus adressierten Speicherzellen für Binärworte aufgebaut (5.1.3) und kann über diese Adressen direkt zellenweise angesprochen werden.

Häufig gelingt es nicht, alle benötigten Daten (und Programme) im kostspieligen Speicher unterzubringen. Man verwendet dann zur Lagerung von Daten (und Programmen) billigere Speichermedien, **Hintergrundspeicher**, und bringt nur die für die momentanen Verarbeitungsschritte notwendigen Informationen in den (Haupt-)Speicher. Der Zugriff auf Hintergrundspeicher kann dabei weniger komfortabel sein und auch länger dauern. Der Verkehr mit Hintergrundspeichern unterscheidet sich vom E/A-Verkehr[1] mit der Außenwelt über **Eingabegeräte** und **Ausgabegeräte** insofern, als auf Hintergrundspeichern Nachrichten in m a s c h i n e n i n t e r n e r (binärer) Form codiert bleiben können, Geräte für den Verkehr mit der Außenwelt, wie Schreiblocher, (Fern-)Schreibmaschinen und Bildschirmgeräte, jedoch in der Regel optische, gelegentlich auch akustische oder taktile Nachrichtenübermittlung vom und zum Menschen involvieren (vgl. 1.2) und auch eine besondere *Formatierung* der Daten verlangen. E/A-Geräte kommen häufig in Paaren vor (z. B. Lochkartenstanzer/-leser), die einen geschlossenen maschinellen Datenverkehr erlauben und damit, wie insbesondere auch Magnetbänder und Magnetplatten, als **Langzeitspeicher** dienen können.

---

[1] Ein- und Ausgabe wird meist abgekürzt zu E/A.

In diesem Kapitel stellen wir zunächst die technischen und betrieblichen Eigenschaften von Hintergrundspeichern sowie Ein- und Ausgabegeräten zusammen. Anschließend besprechen wir die Datenstrukturen, die (als Folge technologischer Zwänge) auf Hintergrundspeichern und E/A-Geräten vorzufinden sind, und diskutieren formale Mittel zu ihrer Beschreibung und Handhabung, die sich auch allgemein als geeignet zur Charakterisierung problemorientierter Rechenstrukturen erweisen. Sodann werden allgemeine Fragen der Speicherorganisation, insbesondere unter Verwendung von Zeigern, behandelt unter Hinführung zur Systemprogrammierung.

6.1 Technische Charakteristika von Hintergrundspeichern und E/A-Geräten

Ob die Speicherung eines Bits durch ein Flipflop in Halbleitertechnik, magnetisch oder auf andere Weise erfolgt, ist im folgenden wenig bedeutsam. Von größerer Bedeutung sind jedoch alle Eigenschaften von Speichermedien, welche den Zugriff zu den einzelnen Speicherzellen beeinflussen. Allen zu besprechenden Speichermedien gemeinsam ist die Tatsache, daß sie mit einem Schriftträger (1.1.2) arbeiten (**Schriftträgerspeicher**), etwa im Unterschied zu früher gelegentlich verwendeten **Laufzeitspeichern**. Bei diesen wurden Schallwellen oder elektromagnetische Wellen als Nachrichtenträger verwendet. Die Speicherung erfolgte allerdings nur für die Zeitspanne vom Senden bis zum Empfang der Welle. Längeres Speichern erforderte ein periodisches Wiederaussenden der empfangenen Nachricht.

6.1.1 Speicher mit direktem Zugriff

Wir sprechen von **Speichern mit direktem Zugriff** oder **Hauptspeichern**, wenn eine direkte Übertragung von Nachrichten zwischen Speicherzellen und Rechnerkern vorgesehen ist. **Halbleiterspeicher** (elektronische Flipflopspeicher) haben heute **Magnetkernspeicher** völlig zurückgedrängt. Sie kamen bisher wegen ihres Preises – um 1 DM pro K [2] (Stand 1981) – hauptsächlich für Hauptspeicher in Betracht; zum Vergleich: Magnetbänder sind etwa um den Faktor 10^4 billiger, Magnetscheiben um den Faktor 10^3. Bis 1988 darf ein Preisrückgang auf 0.1 DM pro K erwartet werden.

---

[2] 1 K $\triangleq$ 1024 Bit

6.1.2 Speicher mit indirektem Zugriff

Im Gegensatz hierzu werden bei **indirektem Zugriff** Nachrichten nur zwischen dem Speichermedium und dem Hauptspeicher übertragen. Große, aber langsamere Halbleiterspeicher, sogenannte **Massenspeicher**, weisen oft unabhängig voneinander die Möglichkeit zum direkten und zum indirekten Zugriff auf.

Abgesehen von Massenspeichern liegt der Nachrichtenübertragung bei indirektem Zugriff heute stets ein Bewegungsvorgang zugrunde, der beim ‚Schreiben‘ auf den Schriftträger bzw. beim ‚Lesen‘ vom Schriftträger notwendig wird. Wir sprechen von **bewegtem Zugriff**. Meist bewegt sich der Schriftträger in bezug auf die ruhende Schreib- bzw. Leseeinrichtung (**Schreib-** bzw. **Lesekopf**). Jedoch haben wir es gelegentlich auch mit bewegten Schreib- und Leseköpfen zu tun, wobei dann der Schriftträger entweder ruht oder zusätzlich bewegt wird.

Im einzelnen unterscheiden wir bei bewegtem Zugriff zwischen **rotierendem** und **sequentiellem Zugriff**. Bei Geräten mit rotierendem Zugriff ist der Schriftträger (Magnetschicht) auf einer Platte oder Trommel aufgebracht, die sich mit konstanter Winkelgeschwindigkeit dreht. In beiden Fällen sind die Nachrichten in kreisförmigen Spuren angeordnet. Während die (veralteten) **Trommeln** für jede Spur je einen Schreib- und Lesekopf besitzen, befinden sich bei **Plattentürmen** die Schreib- und Leseköpfe meist auf einem schwenkbaren **Kamm**, und jeder Kopf ist mehreren Spuren zugeordnet (Abb. 160 (a)). Die übereinanderliegenden, mit derselben Kammstellung erreichbaren Spuren bilden zusammen den **Zylinder** des Plattenstapels. Die **Zugriffsverzögerung**, das ist die Zeit zwischen dem Auftreten eines Übertragungswunsches und dem tatsächlichen Übertragungsbeginn, hängt bei rotierenden Speichern ab vom Winkel zwischen Lese- bzw. Schreibkopf und Beginn der Nachricht im Augenblick des Auftretens des Übertragungswunsches. Dieser von der Winkelstellung abhängige Anteil der Zugriffsverzögerung heißt auch **Latenzzeit**; er ist im Mittel gleich der halben Umdrehungszeit. Bei Plattenspeichern kommt die meist wesentlich größere Zeit für eventuelle Stellungsänderungen des Kamms hinzu. Plattenspeicher enthalten entweder fest installierte oder auswechselbare Plattentürme (**Festplattenspeicher**, **Wechselplattenspeicher**), erstere mit meist wesentlich größerem Fassungsvermögen. Hingegen sind Trommeln stets fest installiert. Im Vordringen sind **Scheibenspeicher** (*"floppy disk"*), die eine einzige, auswechselbare Platte handlicher Größe (Durchmesser 0.2 m) besitzen und relativ billig sind.

Sequentielles Zugriffsverhalten zeigen **Magnetbandkassettenspeicher**. Das Speichermedium ist ein in einer auswechselbaren Kassette gefaßtes Magnetband, das sich an ruhenden Schreib- und Leseköpfen vorbeibewegt.

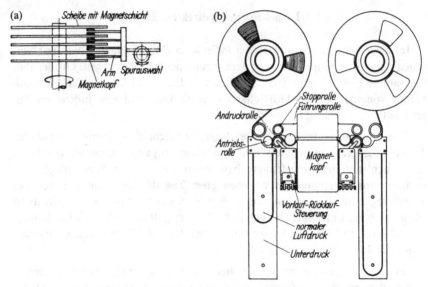

Abb. 160.   Magnetplattenspeicher (a) und Magnetbandgerät (b)

Sequentielles Zugriffsverhalten zeigen auch übliche **Magnetbandspeicher**
(Abb. 160 (b)), ferner die unter dem Begriff **langsame E/A-Geräte** oder **peri-
phere Geräte** zusammengefaßten Geräte wie Lochkartenleser und -stanzer,
Lochstreifenleser und -stanzer, Drucker und Belegleser.

Während die ersteren mit einem wiederverwendbaren Speichermedium
arbeiten, benützen die letzteren d a u e r h a f t e Speicherung auf einem nur einmal verwendbaren Medium.

Charakteristisch für alle Geräte mit sequentiellem Zugriff ist, daß nochmaliges Lesen bereits gelesener Nachrichten sowie eventuell nochmaliges Beschreiben einer bereits beschriebenen Speicherstelle nicht, bzw. nur block-
weise nach vorangehender Umkehr der Bewegungsrichtung möglich ist. Die
Bewegungsrichtung läßt sich jedoch nur bei Magnetbandspeichern durch
einfachen Befehl ändern.

Speicher mit sequentiellem Zugriff haben gemeinsam, daß sowohl der
Schriftträger als auch die Lese- bzw. Schreibköpfe ruhen, solange kein Zugriffswunsch existiert. Die Zugriffszeit hängt daher nicht vom Zeitpunkt des
Zugriffswunsches ab. Das ständige Anfahren und Abbremsen bei dieser Be-
triebsart bedingen einen erhöhten Verschleiß der mechanisch bewegten Teile.
Es mindert die Störungsanfälligkeit der Geräte, wenn man die Größe der zu
übertragenden Nachrichteneinheiten maximiert oder Ort und Zeitpunkt für
den nächsten Zugriff so wählt, daß dieser ohne zwischenzeitliches Abbremsen durchgeführt werden kann (,Durchstartbetrieb').

Magnetplatten und -scheiben werden unterteilt in **Blöcke**, welche Nachrichten festen, in der Regel gleichen Umfangs aufnehmen können. Die Blöcke werden durch ebenfalls festgelegte **Blocklücken** getrennt. Diese feste Einteilung bewirkt, daß die Blöcke unabhängig voneinander beschrieben und gelesen werden können. Bei gewöhnlichen Magnetbandspulen und bei den neuerdings aufkommenden Magnetbandkassetten liegt eine solche feste Einteilung meist nicht vor. Die Blöcke können dann nur in sequentieller Reihenfolge vom Bandanfang an beschrieben werden. Dabei bewirkt das Neuschreiben des m-ten Blockes, daß kein Block mit Nummer $n > m$ mehr gelesen werden kann. Im übrigen ist Schreiben nur bei Vorwärtslauf des Bandes zulässig. Bei Rückwärtslauf ist, abgesehen vom Rückspulen (mit erhöhter Geschwindigkeit) an den Anfang, höchstens Lesen möglich.

Scheibenspeicher, Plattenspeicher, Magnetbandkassetten und Magnetbandspulen lassen ein alsbaldiges Wiederlesen der geschriebenen Information zu. Dies und die vergleichsweise kurzen Zugriffszeiten qualifizieren diese Speichermedien als Hintergrundspeicher zur intermediären Lagerung von Daten und Programmstücken. Lochkarten- und Lochstreifengeräte sowie Drucker und Belegleser lassen hingegen immer nur eine Übertragungsrichtung zu, entweder Lesen oder Schreiben. Lochkarten, Lochstreifen und bedrucktes Papier eignen sich daher nur bedingt als Hintergrundspeicher.

Im Fall elektrischer (Fern-)Schreibmaschinen liegen beim Schreiben und Lesen verschiedene Arten der Nachrichtenübertragung (taktil – optisch) vor. Auch sonst muß man die beiden Übertragungsrichtungen streng unterscheiden: Sind Sende- und Empfangsteil (Tastatur und Schreibwerk) mit getrennten (Zweidraht-)Leitungen angeschlossen, so kann gleichzeitig und unabhängig voneinander gelesen und geschrieben werden (‚Duplexbetrieb'). Bei nur einer (Zweidraht-)Leitung werden sämtliche zu lesende Daten sofort geschrieben, die Schreibmaschine befindet sich im Zustand »Senden«; erst der Abschluß des Lesevorgangs bewirkt den Übergang zum Zustand »Empfangen«, in dem die Tastatur gesperrt ist (‚Halbduplexbetrieb').

6.1.3 Transport- und Übertragungseinheiten

Bei Speichern mit direktem Zugriff können wir annehmen, daß mit einem Zugriff der Inhalt einer Speicherzelle, also **ein** Binärwort, übertragen wird. Zur Erhöhung der **Übertragungsgeschwindigkeit** könnte die **Transporteinheit**, d.h. die Anzahl der zusammen übertragenen Bits, allerdings auch größer sein, ohne daß dies bei der Programmierung in Erscheinung tritt. Bei Hintergrundspeichern und langsamen E/A-Geräten ist die Transporteinheit üblicherweise verschieden von der Wortlänge. Bei rotierenden Speichern, Magnetband oder Lochstreifen wird in mehreren Spuren parallel gespeichert (8-

Spur-Magnetband[3], 8-Spur-Lochstreifen). Die Transporteinheit wird hier auch **Sprosse** genannt. Bei Lochkarten wird in 80 Spuren gleichzeitig gestanzt. Beim Lesen arbeitet man spaltenweise (Transporteinheit 12 Bits) oder zeilenweise (Transporteinheit 80 Bits).

---

[3] Eine neunte Spur wird zur Codesicherung (B.2.4) verwendet.

Tabelle 18.   Übersicht über

Schriftträger nach DIN 66001 Sinnbild	Gerät	Speicher-medium	Zugriffs-eigen-schaften	Schrift-träger	aus-wechsel-bar	Schreib-dichte [Bit/mm]	Spur-abstand [mm]
	Halbleiter-speicher sehr schnell mäßig schnell langsam	Halbleiter-Flipflops	direkt	–	nein	–	–
	Kernspeicher	magnetische Ringkerne	direkt	–	nein	–	–
	Trommel-speicher	Magnet-trommel	indirekt rotierend	Magnet-schicht	nein	40 in der Spur	0.5
	Platten-speicher	Magnet-platten-turm	indirekt rotierend	Magnet-schicht	nein/ja	400 in der Spur	0.05
	Scheiben-speicher	Magnet-scheiben	indirekt rotierend	Magnet-schicht	ja	40 in der Spur	0.5
	Magnetband-gerät	Magnetband-spule (750 m)	indirekt sequentiell	Magnet-schicht	ja	≤256 in der Spur	
	Lochkarten -stanzer -leser	Lochkarten-stoß	indirekt sequentiell	Papier	ja		
	Lochstreifen stanzer leser	Lochstreifen-spule	indirekt sequentiell	Papier	ja	0.25 in der Spur	
	Schnell-drucker Belegleser	gefaltete Papierbahn Papierrolle Formularstoß	indirekt sequentiell	Papier	ja		

Auch beim Lesen von Lochkarten ist die Übertragung erst beendet, wenn die gesamte Karte gelesen ist. Ein Zugriffswunsch kann also nur auf eine **Übertragungseinheit** lauten, die ein Vielfaches der Transporteinheit ist. Ähnliches gilt auch für Magnetbänder und rotierende Speicher. In beiden Fällen ist die Übertragungseinheit variabel, aber i. a. nicht gleich der Transporteinheit. Beim Drucker und beim Lochkartenstanzer sind die Übertragungsein-

Geräte und Speichermedien

mittl. Zugriffszeit	Laufgeschwindigkeit	Übertragungsgeschwindigkeit [Bit/sec]	Transporteinheit	Übertragungseinheit	Kapazität [Bit]	Bemerkungen
10–500 nsec	–	$\leq 10^9$	–	Wort	Wort	$\leq 50 \cdot 10^6$	
10–50 nsec		10^9	(25–50 Bit)			$\leq 8 \cdot 10^5$	"cache memory"
150–200 nsec		$2.5 \cdot 10^8$				$\leq 25 \cdot 10^6$	
300–500 nsec		10^8				$\leq 50 \cdot 10^6$	Massenspeicher
0.? ? ...		10^8	12–128 Bit	Wort	$\leq 16 \cdot 10^6$	veraltet
5–20 msec	5000–20000 U/min	10^6	1 Bit bei Massenspeichern 12–60 Bit bei Arbeitsspeichern	Blöcke meist fester Länge	$\leq 10^9$	veraltet
20–150 msec	1000–3600 U/min	10^7	1 Bit	Blöcke meist fester Länge	$\leq 10^{10}$ pro Laufwerk	
ca. 80 msec	360 U/min	$5 \cdot 10^5$	1 Bit	Blöcke fester Länge	10^7	"floppy disk"
<300 sec für Rückspulen	1–3 m/sec	10^6/Spur	7–9 Bit (eine Sprosse)	Blöcke variabler Länge	$\leq 10^8 - \leq 10^6$ pro Meter	
	4/sec	8000	960 Bit	Karte	960 pro Karte	
	20/sec	30000	12 oder 80 Bit			
	0.6 m/sec	300/Spur	5–8 Bit (eine Sprosse)	eine od. mehrere Sprossen	≤ 2000 pro Meter	
	1–8 m/sec	1000/Spur				
		mechanisch $2.5 \cdot 10^4$ Laser $1.5 \cdot 10^5$	1 Zeile (80–160 Zeichen)	Zeile		15 Zeilen/sec 300
		$< 10^5$		Beleg		

heit und die Transporteinheit identisch (eine Zeile, eine Karte). Bei Lochstreifen ist dies zwar technisch möglich, aber aus Gründen des mechanischen
Verschleißes unerwünscht.

Tabelle 18 gibt eine Übersicht über die verschiedenen Speicher und Geräte. Deutlich ist mit ansteigender Zugriffszeit und abnehmender Übertragungsgeschwindigkeit eine Zunahme der Kapazität zu bemerken.

6.2 Funktionelle Beschreibung von Hintergrundspeichern
und E/A-Geräten

Für die funktionellen Eigenschaften von Hintergrundspeichern und E/A-
Geräten sind, wie sich im vorigen Abschnitt gezeigt hat, weitgehend die Be-
sonderheiten der verwendeten Schriftträger verantwortlich. Wir unterteilen
dementsprechend die Diskussion nach Schriftträgern, die nur einmal verwendbar sind, und solchen, die wiederverwendbar sind. Ein anderes Unter-
scheidungsmerkmal betrifft die geometrische *Konfiguration*: unter den eindimensionalen Konfigurationen gibt es feste, einseitig unbeschränkte, zweiseitig unbeschränkte und ringförmige Anordnungen. Daneben kommen auch
zweidimensionale feste und in einer Dimension einseitig unbeschränkte Anordnungen praktisch vor.

6.2.1 Lochkarten und Lochkartenstöße, Lochstreifen /
Nicht wiederverwendbare Medien

Lochkarten in ursprünglicher Verwendung erlauben eine eindimensionale,
feste Anordnung von Dezimalzahlen, heute erweitert auf einen Zeichensatz
V von $2^6 = 64$ Zeichen (Abb. 26), der – abgesehen von Kleinbuchstaben – fast
alle Zeichen des ISO-7-Bit-Codes umfaßt. Eine einzelne Lochkarte trägt also
eine 80-stellige Dezimalzahl, allgemeiner eine Zeichenfolge der festen Länge
80. Die einzelnen Zeichen einer Lochkarte sind im Lochkartenleser nicht
adressierbar, der Zugriff erfolgt stets auf eine ganze Lochkarte; auf einzelne
Zeichengruppen kann erst nach Überführung in den adressierten Hauptspeicher zugegriffen werden. Entsprechendes gilt für den Lochkartenstanzer. Das
Speichermedium – Karton von 0.2 mm Stärke – ist nicht wiederverwendbar.
Die Abmessungen einer Karte sind 187.3 mm × 82.55 mm. Die Speicherdichte
beträgt $0.3 \cdot 10^9$ Bit/m³, das Speichergewicht 0.0025 g/Bit (2.5 kg für 10^6 Bit).
In einer Sonderverwendung, die nur im geschlossenen Datenverkehr brauch-
bar ist, kann eine Lochkarte als 960-stelliges Binärwort aufgefaßt werden.

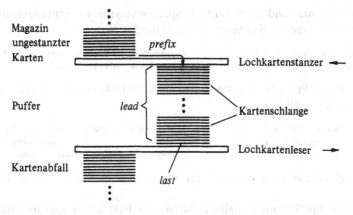

Abb. 161. Zusammenwirken von Lochkartenstanzer und -leser

Lochkartenleser und -stanzer sind jedoch so eingerichtet, daß sie nicht nur einzelne Lochkarten, sondern ganze Lochkartenstöße lesen und stanzen können. Als Datenträger dienen also normalerweise Kartenfolgen (2.1.3.4). Der Lochkartenleser kann jeweils nur die vorderste Lochkarte lesen; diese wird abgelegt, und es verbleibt ein restlicher Stoß im Leser. Der Lesevorgang für einen Lochkartenstoß *a*, aufgefaßt als nichtleere Kartenfolge, liefert also *last*(*a*) ab und hinterläßt *lead*(*a*). Ein maschineller Zugriff zu einer anderen als der untersten Karte ist nicht möglich. Der Stanzvorgang hingegen fügt einem bereits vorhandenen Lochkartenstoß *a* eine Lochkarte *X* am ‚oberen‘ Ende hinzu, es handelt sich also um ein Anfügen des Lochkartenstoßes, *prefix*(*X*, *a*). Solche Lochkartenstöße sind einseitig unbeschränkt[4].

Wenn für Zeichenfolgen über einem Zeichenvorrat – hier handelt es sich um einen Zeichenvorrat, der alle $(2^6)^{80}$ möglichen[5] Lochkombinationen umfaßt – lediglich die Operationen *last, lead* und *prefix* (oder symmetrisch dazu *first, rest* und *postfix*) verfügbar sind, so sprechen wir von **Schlangen** von Zeichen.

Allgemeiner bezeichne **queue** χ bzw. *queue of* χ die Sorte von Schlangen über einer beliebigen Grundsorte χ. Kartenstöße als Datenträger haben den funktionellen Charakter der *Rechenstruktur QUEUE*(*A*) der Schlangen über einer Grundrechenstruktur *A*.

6.2.1.1 Ein Lochkartenstanzer und ein Lochkartenleser können als Hintergrundspeicher zusammenwirken (Abb. 161). Der Lochkartenstoß zwischen

---

[4] Im allgemeinen sind Kartenfolgen sogar zweiseitig unbeschränkt.
[5] 2^{960} bei der oben angeführten Sonderverwendung.

Lochkartenstanzer und -leser kann als Speichervariable für Schlangen aufgefaßt werden. Dabei ist das Stanzen eine Prozedur *push*:

proc *push* ≡ (var **queue** *a*, χ *X*):   procedure *push* (var *a* : *queue of* χ ; *X* : χ);
    a := *prefix* (*X*, *a*)   begin *a* := *prefix* (*X*, *a*) end

das Lesen eine Prozedur *bip*, die *last* (*a*) einer Variablen *v* zuweist und außerdem *a* := *lead* (*a*) bildet:

proc *bip* ≡ (var **queue** χ *a*, var χ *v*   procedure *bip* (var *a* : *queue of* χ ; var *v* : χ
            co *a* ≠ ◊ **co**):   {**not** *isempty* (*a*)});
    (*a*, *v*) := (*lead* (*a*), *last* (*a*))   begin (*a*, *v*) := (*lead* (*a*), *last* (*a*)) end

ihr Aufruf ist nur zulässig, wenn der Wert von *a* nicht die leere Schlange ist.

Variable für Schlangen heißen **Puffer**, ein Paar von Lochkartenstanzer und -leser ist also ein **Lochkartenpuffer**. *push* und *bip* sind ‚charakteristische‘ Prozeduren auf Puffern, hinzu tritt die Prozedur *rewrite*, die einem Puffer *a* die leere Schlange zuweist:

proc *rewrite* ≡ (var **queue** χ *a*):   procedure *rewrite* (var *a* : *queue of* χ);
    a := ◊   begin *a* := *empty* end

Der Satz (*rewrite*, *push*, *bip*) von Prozeduren, ergänzt durch die Operationen *isempty* und ggf. *last*, bildet einen mit *PUFFER* bezeichneten **Modul**.

6.2.1.2 Eine Zwischenspeicherung mittels Lochkartenpuffern war in den frühen fünfziger Jahren, als Speicher kostspielig und knapp waren, häufig. RUTISHAUSER stellte einen Umwälzalgorithmus zur Invertierung einer Matrix darauf ab; dies ist ein frühes Beispiel einer Anpassung der Entwicklung von Algorithmen an die Eigenheiten der zu verwendenden Datenstrukturen.

Für Lochstreifen gilt funktionell das für Lochkartenstöße Gesagte – es handelt sich wieder um Zeichenfolgen über einem Zeichenvorrat von $2^6 = 64$ Zeichen (Abb. 25). Der Lochstreifen zwischen einem Lochstreifenstanzer und einem Lochstreifenleser bildet wieder einen Puffer (**Lochstreifenpuffer**). Lochstreifenpufferung wurde nicht nur in der Informationsverarbeitung, sondern auch auf Übertragungswegen verwendet.

Lochstreifen können aufgespult werden, erst nach dem Rückspulen ist ein erneutes Lesen möglich. Zum Ring geklebte Lochstreifen erlauben zyklisch wiederholtes Lesen – eine Verwendung, die bereits in den vierziger Jahren mancherorts zu finden war. Auch ein Kartenstapel kann von Hand erneut in den Kartenleser eingelegt werden.

Funktionell fällt auch die Verwendung von Papier für Drucker und Belegleser unter Pufferung. Die hier auftretenden Probleme der Anordnung (*"layout"*) auf einem Blatt fester Größe oder einer einseitig unbeschränkten Papierbahn erfordern gesonderte Überlegungen (Formatierung).

6.2.2 Magnetbandspeicher mit Blöcken wechselnden Umfangs / Wiederverwendbare Medien mit sequentiellem Zugriff auf Blöcke wechselnden Umfangs

Ein Magnetband ist, im Gegensatz zu Lochkarten und Lochstreifen, ein wiederverwendbares Medium. Rückspulen, welches für jene nur erneutes Lesen ermöglicht, erlaubt nun auch erneutes Beschreiben (,Überschreiben') und hilft damit erheblich, Kosten zu sparen. Auch Magnetbandgeräte können als E/A-Geräte verwendet werden zum Beschreiben oder Lesen eines Bandes, das physikalisch transportiert wird. Bei einer Speicherdichte von 10^{12} Bit/m^3 und einem Speichergewicht von $2 \cdot 10^{-6}$ g/Bit (2 g für 10^6 Bit) sind Bänder dazu geeigneter als Papiermedien. Hauptsächlich werden Magnetbänder jedoch als Hintergrundspeicher verwendet.

Da Schreib- und Leseeinrichtung nicht getrennt sind – üblicherweise dienen dieselben Magnetköpfe für beide Zwecke – entfällt eine Verwendung als Puffer.

Ein beschriebenes Magnetband stellt ebenfalls eine Zeichenfolge dar, Einzelzeichen sind hierbei (6.1.2) die durch Blocklücken getrennten Blöcke[6]. Der jeweils zuletzt geschriebene Block kann gelesen werden, dabei wird das Band um einen Block zurückgesetzt. Außerdem kann stets ein Block angefügt werden. Verfügbar sind somit, anders als bei Lochkarten und Lochstreifen, die Operationen *first* und *rest*, dazu *prefix*.

Wenn für Zeichenfolgen über einem Zeichenvorrat lediglich die Operationen *first, rest* und *prefix* (oder symmetrisch dazu *last, lead* und *postfix*) verfügbar sind, spricht man von **Stapeln** von Zeichen.

Allgemeiner bezeichne **stack** χ bzw. *stack of* χ die Sorte von Stapeln über einer beliebigen Grundsorte χ. Magnetbänder haben den funktionellen Charakter der *Rechenstruktur STACK (A)* der Stapel über einer Grundrechenstruktur *A*.

6.2.2.1 Realistischerweise muß ein Magnetband aber als eine Speichervariable für Stapel angesehen werden. Dabei tritt wieder die Prozedur *push* auf:

proc *push* ≡ (**var stack** χ *a*, χ *X*) : *a* := *prefix* (*X*, *a*)	**procedure** *push* (**var** *a* : *stack of* χ ; *X* : χ) ; **begin** *a* := *prefix* (*X*, *a*) **end**

aber nunmehr statt *bip* die Prozedur *pop*, die am ‚oberen' Ende arbeitet:

proc *pop* ≡ (**var stack** χ *a*, **var** χ *v*
     co *a* ≠ ◇ **co**) :
 (*a*, *v*) := (*rest* (*a*), *first* (*a*))
	procedure *pop* (**var** *a* : *stack of* χ ; **var** *v* : χ
	     {**not** *isempty* (*a*)}) ;
	 begin (*a*, *v*) := (*rest* (*a*), *first* (*a*)) **end**

vorausgesetzt, der Wert von *a* ist nicht der leere Stapel.

---

[6] Der Umstand, daß solche Bänder endliche Länge haben (üblicherweise 750 m), bedeutet, daß sie nicht einseitig unbeschränkt sind und damit nur beschränkte Zeichenfolgen darstellen können. Für die Praxis ist das gelegentlich nicht unerheblich.

Variable für Stapel sind die schon in 3.7.2 eingeführten *Keller*, ein Magnetbandgerät ist also ein **Magnetbandkeller**. *push* und *pop*, zusammen wieder mit *rewrite* und der Prüfung, ob ein Keller leer ist, sind ‚charakteristische' Prozeduren auf Kellern.

Der Satz (*rewrite, push, pop*) von Prozeduren, ergänzt durch die Operationen *isempty* und ggf. *first*, bildet einen Modul *KELLER*.

6.2.2.2 Das Zurücksetzen um einen Block erfordert einen (mit Lesen verbundenen) Rückwärtslauf des Magnetbandes. Bei neueren Geräten, bei denen nur mehr ein schnelles Rückspulen des Bandes möglich ist, fehlt es; man muß sich vom zurückgespulten Band aus erst wieder „voranarbeiten". Dies führt zu einer anderen funktionellen Charakterisierung eines Magnetbandes als *Paar* von Stapeln: ein Stapel links vom Schreib-/Lesekopf, ein Stapel rechts davon. Anschauliche Modelle bieten das Umbeigen von Holzstapeln, eine Transparentfolie zusammen mit der Aufrollvorrichtung in einem Schreibprojektor, ein Aktenordner, Ringbuch oder Spiralheft.

Wir führen dazu die Rechenstruktur $(A^{\circ\circ}, A)$ ein, mit einer als **file** χ bzw. *file of* χ bezeichneten Sorte von **Geheften** (engl. *file*), nämlich von Paaren von Stapeln, und dazu die nachfolgend definierten Operationen *advance, open, eof, righttop, rightreplace, emptyfile*. Dabei bedeuten

funct *advance* ≡ (**file** χ *a* **co** ⌐ *eof(a)* **co**) **file** χ :	**function** *advance* (*a* : *file of* χ {**not** *eof(a)*}) : *file of* χ ;

«das Geheft, das entsteht, wenn das oberste Element vom rechten (nichtleeren) Stapel weggenommen und dem linken Stapel von *a* hinzugefügt wird»,

funct *open* ≡ (**file** χ *a*) **file** χ :	**function** *open* (*a* : *file of* χ) : *file of* χ ;

«das Geheft, dessen linker Stapel leer ist, und dessen rechter Stapel durch Aufstocken des linken Stapels von *a* auf den rechten Stapel von *a* entsteht».

Ferner wird das Prädikat *eof* (*"end of file"*) eingeführt,

funct *eof* ≡ (**file** χ *a*) **bool** :	**function** *eof* (*a* : *file of* χ) : *Boolean* ;

«der rechte Stapel von *a* ist leer» .

Gehefte, für die *eof* wahr ist, entsprechen den Stapeln von oben.

Sowohl *advance* wie *open* machen aus einem Geheft wieder ein Geheft, und zwar *advance* in umkehrbarer (‚reversibler') Weise. Anschaulich bedeutet *advance* das Umblättern eines Blattes im Geheft; *advance*(*a*) kann nur ausgeführt werden, wenn *eof(a)* falsch ist.

Hat man (durch Umblättern) das gewünschte Blatt als das oberste Element des rechten Stapels gefunden, so kann man es ‚lesen':

funct *righttop* ≡ (**file** χ *a* | **function** *righttop* (*a* : *file of* χ
     co ⌐ *eof*(*a*) **co**) χ : | {**not** *eof*(*a*)}) : χ ;

«das oberste Element des rechten Stapels von *a*»,

vorausgesetzt, daß der rechte Stapel nicht leer ist – *eof*(*a*) also falsch ist.

Das ‚Schreiben' erfolgt dadurch, daß der rechte Stapel des Gehefts durch den einzubringenden Stapel ersetzt wird:

funct *rightreplace* ≡ (**file** χ *a*, | **function** *rightreplace* (*a* : *file of* χ ;
       χ *X*) **file** χ : | *X* : χ) : *file of* χ ;

«das Geheft mit dem linken Stapel von *a* als linkem Stapel und dem einelementigen Stapel ⟨*X*⟩ als rechtem Stapel».

Das Schreiben ist eine irreversible Operation, es ‚zerstört' einen Teil des Gehefts, wenn nicht der rechte Stapel ohnehin leer ist; im letzteren Fall handelt es sich um das ‚Einheften' eines Blattes am Ende des Geheftes, der Operation *prefix* entsprechend. Schließlich braucht man, um mit dem Aufbau von Geheften beginnen zu können, ein leeres Geheft

funct *emptyfile* ≡ **file** χ : | **function** *emptyfile* : *file of* χ ;

«das Geheft mit leerem linken Stapel und leerem rechten Stapel».

6.2.2.3 Eine Variable für ein Geheft nennen wir auch ein **Band**. Wiederum muß man realistischerweise bedenken, daß beim Arbeiten mit Magnetbändern keine vollständig neuen Objekte geschaffen, sondern nur die Speicherung abgeändert wird. Entsprechend wird das Umblättern sich als Prozedur *a* := *advance*(*a*) darbieten, das Zurücksetzen als *a* := *open*(*a*), wobei *a* ein Band ist. Dabei wird jedoch nicht umgespeichert, sondern nur u m o r g a n i s i e r t : das Magnetband wird bewegt, die Schreib-/Leseköpfe trennen es an anderer Stelle in zwei Stapel.

Schließlich stellt sich das Schreiben als

$$a := rightreplace\,(a,\ X)$$

dar, wobei *X* von der Grundsorte χ ist. Dabei ist zu beachten, daß in *a* := *rightreplace*(*a*, *X*) das Geheft, das Wert des Bandes *a* ist, nur t e i l w e i s e abgeändert wird (**selektive Änderung** eines Objekts, siehe 6.4.2.2): der rechte Stapel des Gehefts, das Wert von *a* ist, wird durch ⟨*X*⟩ ersetzt, der linke Stapel bleibt unverändert. Diese selektive Änderung wird hier realisiert durch eine **selektive Umbesetzung** (engl. *selective updating*) des Speichermediums: das Magnetband wird von der momentanen Position des Schreib-/Lesekopfes ausgehend beschrieben.

6.2.2.4 Die hier beschriebenen Gehefte treten in PASCAL als *"file"* in einem standardmäßigen Modul auf. In PASCAL ist ferner vorgesehen, daß mit *jeder* Variablen a für Gehefte vom Typ **file of** χ implizit eine mit $a\uparrow$ bezeichnete Variable für Objekte des Grundtyps χ vereinbart ist („Puffervariable'). Dann steht in PASCAL *put*(a) für

$$a := rightreplace\,(a,\,a\uparrow)\,;\ a := advance\,(a)$$

genauer[7]

> **procedure** *put* (**var** a : **file of** $\chi\,\{eof(a)\}$);
> **begin** $a := rightreplace\,(a,\,a\uparrow)$;
> $a := advance\,(a)$; $a\uparrow := \omega$
> **end**

Eine typische Kombination ist

$$a\uparrow := X\,;\,put\,(a)$$

die direkt als

$$a := rightreplace\,(a,\,X)\,;\ a := advance\,(a)$$

zu schreiben ist:

> **procedure** *write* (**var** a: **file of** χ; X: $\chi\,\{eof(a)\}$);
> **begin** $a := rightreplace\,(a,\,X)$;
> $a := advance\,(a)$; $a\uparrow := \omega$
> **end** ·

write $(a,\,X)$ entspricht *push* $(a,\,X)$ auf Kellern.
  Zum Modul gehören ferner

> **procedure** *reset* (**var** a: **file of** χ);
> **begin** $a := open\,(a)$;
>   **if** $a \neq emptyfile$
>   **then** $a\uparrow := righttop\,(a)$
>   **else** $a\uparrow := \omega$
> **end**

> **procedure** *rewrite* (**var** a: **file of** χ);
> **begin** $a := emptyfile$; $a\uparrow := \omega$ **end**

> **procedure** *get* (**var** a: **file of** $\chi\,\{$**not** $eof(a)\}$);
> **begin** $a := advance\,(a)$;
> $a\uparrow := righttop\,(a)$
> **end**

---

[7] ω bedeute ein belangloses Objekt ("the value of $a\uparrow$ is left undefined" [09]).

Nach $put(a)$ wie nach *rewrite*(a) ist $eof(a)$ wahr. Auch für den Aufruf $put(a)$ wird in PASCAL einschränkend verlangt, daß (s. o.) $eof(a)$ wahr ist – daß also das Schreiben kein Überschreiben ist. Nach $get(a)$ und *reset*(a) ist $eof(a)$ i. a. falsch, nämlich falls der rechte Stapel des sich ergebenden Bands nicht leer ist.

Auch die Kombination

$$c := a\uparrow;\; get(a)$$

wird abgekürzt:

```
procedure read (var a: file of χ; var c: χ {not eof(a)}) ;
    begin c:= a↑;
        get (a)
    end
```

Der Satz von Prozeduren (*put, get, reset, rewrite*), ergänzt durch die Operation *eof*, bildet den Modul **FILE**. Nur in den Kombinationen *write* und *read* ist die Puffervariable verborgen.

6.2.2.5 In orthodoxem PASCAL dürfen als Parameter von Rechenvorschriften nur Variable für *"files"* auftreten. Dies zeigen die folgenden Beispiele für Algorithmen mit Geheften in PASCAL:
(i) Bestimmung der Anzahl Komponenten eines Gehefts A

```
function length (var a : file of real) : integer ;
    var l : integer ;
    begin l:= 0 ; reset (a) ;
        while not eof(a) do
            begin l:= l + 1 ; get (a)
            end          {eof(a)} ;
        length ⇐ l
    end
```

(ii) Schema der Bildung eines Gehefts zur Tabellierung der iterierten Funktionswerte $F^i(X)$ einer reellen Funktion F in Abhängigkeit von einer Bedingung B:

```
procedure table (X : real; var a : file of real) ;
    var x : real ;
    begin rewrite (a) ; x:= X ;
        while B(x) do
            begin write (a, x) ;
                x := F(x)
            end
    end
```

6.2.3 Magnetband- und Scheibenspeicher mit fester Blockeinteilung / Wiederverwendbare Medien mit sequentiellem Zugriff auf fest eingeteilte Blöcke, organisierte Speicher

Schon in 6.1.2 wurde erwähnt, daß auf Magnetbändern in üblichen Magnetbandgeräten der Zugriff eingeschränkt ist, weil aus praktischen Erfordernissen Blöcke wechselnden Umfangs zugelassen werden. Bei Magnetbändern mit fester Blockeinteilung entfallen diese Beschränkungen. Nach wie vor kann *advance* und *open* rein ‚organisatorisch', also ohne Umspeicherung, bewirkt werden. Eine selektive Änderung ist jetzt auch inmitten des Magnetbandes durch selektive Umbesetzung realisierbar.

Magnetbänder mit fester Blockeinteilung, wie sie insbesondere in Kassetten vorliegen, sowie Scheibenspeicher brauchen daher nicht mehr als Variable für Gehefte von Blöcken aufgefaßt werden, sondern können als eine feste Anordnung von Variablen für Blöcke angesehen werden. Damit sind wir schon nahe an den Feldern des 3. Kap. - sie waren indizierte Mengen von Variablen für eine Grundsorte χ und wurden auch lineare Speicher genannt. Sie sind damit ein Spezialfall ‚organisierter Speicher', nämlich eines Satzes von Variablen mit bestimmten Zugriffseigenschaften (6.4.2.2). Die einzelnen Blöcke eines Magnetbands mit fester Blockeinteilung sind zwar nicht direkt durch Indizes ansprechbar - sie sind nicht adressiert - aber mittels *open* und *advance* kann jeder Block angesteuert werden, *righttop* liefert dann diesen Block - sofern *eof* falsch ist -, *rightreplace* wird ersetzt durch

funct *topreplace* ≡ (**file** χ *a*, χ *X*
    co ¬*eof*(*a*) **co**) **file** χ :
	function *topreplace* (*a* : *file of* χ ; *X* : χ
	    {**not** *eof*(*a*)}) : *file of* χ ;

«das Geheft, das aus *a* entsteht, indem das oberste Element des rechten Stapels von *a* durch *X* ersetzt wird».

Auch *emptyfile* muß ersetzt werden durch

funct *init* ≡ **file** χ :	**function** *init* : *file of* χ ;

«ein Geheft mit leerem linken und belanglosem rechten Stapel».

Die neue Sorte von Objekten - wir wollen sie **Buch** nennen - soll sich überdies von Geheften dadurch unterscheiden, daß die Gesamtanzahl von Elementen im linken und im rechten Stapel - der Gesamtanzahl von eingeteilten Blöcken entsprechend - konstant ist. Dadurch wird *advance* erst recht zu einer partiellen Operation; Bücher sind nicht mehr einseitig unbeschränkt.

Variable für Bücher nennen wir entsprechend auch **Scheiben**.

Durch besondere Zählprozeduren kann natürlich auch auf einem Magnetband mit fester Blockeinteilung bereits ein Feld simuliert werden: ein solches Magnetband ist *im Prinzip* adressierbar.

6.2.4 Magnetplattenspeicher / Wiederverwendbare Medien mit rotierendem Zugriff

Geräte mit rotierendem Zugriff haben fast immer feste Blockeinteilung, für sie gilt *cum grano salis* das im vorigen Abschnitt Gesagte. Von den Geräten mit rotierendem Zugriff sind Trommeln häufig durch technische Einrichtungen adressierbar, andernfalls und im Regelfall bei Magnetplattenspeichern gelten die funktionellen Charakteristika von Büchern. Dabei erfordert die Operation *open* bedeutend weniger Zeitaufwand als bei Bändern – maximal eine Umdrehung. Zurücksetzen um einen Block fehlt selbstverständlich.

Die vorstehend besprochenen Grundoperationen mit Geheften (*"files"*) und Büchern, sowie die sich anschließenden Grundprozeduren für Bänder und Scheiben, sind für das Arbeiten mit den wichtigsten Hintergrundspeichern von fundamentaler Bedeutung. Puffer, Keller und die nahe verwandten Bänder und Scheiben decken zusammen mit Feldern den gesamten Umfang der aus *gerätetechnischen Gründen* relevanten Variablen für zusammengesetzte Datenstrukturen ab.

6.3 Einführung neuer Rechenstrukturen

In 2.1.3 wurden einige Rechenstrukturen als grundlegend eingeführt. Wir wollen in diesem Abschnitt aufzeigen, wie man, ausgehend von bereits gegebenen Rechenstrukturen, zu neuen gelangt.

Zeichenfolgen waren in 2.1.3.4 über einem festen Alphabet V definiert. Es hat sich aber (vgl. 6.2) als zweckmäßig erwiesen, als Alphabet selbst wieder eine beliebige Sorte – die ganzen Zahlen, die numerisch-reellen Zahlen, Wahrheitswerte, ja sogar Zeichenfolgen und selbst Blöcke – zuzulassen. In dieser Verallgemeinerung sprechen wir von **Folgen** über einer **parametrischen Grundsorte** χ, wobei die Menge der Folgen zur Unterscheidung auch **definierte Sorte** genannt wird. Nimmt man als Grundsorte z. B. **char** oder **bit**, so ergeben sich Zeichenfolgen bzw. Binärworte. Mit der Grundsorte werden auch sämtliche Operationen auf der Grundsorte „eingebracht"; die parametrisierte Rechenstruktur (A^*, A) der Folgen stützt sich auf eine Grundrechenstruktur A, auf deren Grundsorte χ als Alphabet zumindest die Prädikate .=., .⧧., .≦., .>., .<., .≧. definiert sind. Die Rechenstruktur $SEQU(A)$ der **Sequenzen** über der Grundrechenstruktur A umfaßt neben der (importierten) Sorte χ von A und den darauf definierten Operationen von A die definierte Sorte **sequ** χ bzw. *sequ of* χ und die Operationen *conc, rest, lead, prefix, postfix, first, last, empty* sowie die Prädikate .=., .⧧., .≦., .>., .<., .≧. und *isempty*, vgl. Tabelle 7.

Die Rechenstruktur (A^*, A) der Folgen von Elementen aus A unterscheidet sich von der der Sequenzen insofern, als sie auch noch zwei gemischte (partielle) Operationen

funct(sequ χ, nat) χ *sel*	**function** *sel* (*sequ of* χ ; *nat*) : χ
funct(sequ χ, nat, nat)	**function** *slice* (*sequ of* χ ; *nat* ; *nat*) :
sequ χ *slice*	*sequ of* χ

umfaßt, wobei *sel*(a, i) unter der Zusicherung $1 \leq i \leq length(a)$ das i-te Element der Folge liefert (2.1.3.7) und *slice*(a, i, j) unter der Zusicherung $1 \leq i \leq j \leq length(a)$ diejenige Teilfolge der Folge a, die mit dem i-ten Element beginnt und mit dem j-ten Element endet. Man nimmt dann zweckmäßigerweise auch noch *length* als Grundoperation hinzu und die Ausweitung ⟨.⟩ (2.1.3.4).

6.3.1 Teilstrukturen

Die Einführung der Rechenstrukturen Schlange und Stapel in 6.2.1 und 6.2.2 geschah als **Teilstruktur** von $SEQU(A)$: die neue Rechenstruktur umfaßt nur eine Teilmenge der (Sorten und/oder) Operationen.

Es gibt auch noch andere interessante Teilstrukturen, etwa eine, die durch Weglassen von *conc* allein (**Deck**, engl. *deque*, "*double-ended queue*") entsteht. Abb. 162 gibt ein suggestives Bild über den Zusammenhang zwischen den Teilstrukturen $DECK(A)$, $STACK(A)$ und $QUEUE(A)$ von $SEQU(A)$. Eine weitere wichtige Teilstruktur der Sequenzen, die ‚Verkettungshalbgruppe‘ $WORD(A)$, erhält man, wenn man sich auf die Operationen *conc* und *empty* beschränkt.

In ALGOL 68 findet man als Teilstruktur der Folgen die Rechenstruktur $ROW(A)$ der **Reihungen** (engl. *row*), die *conc, sel, slice, empty* und *length* umfaßt. Dabei schreibt man $a+b$ für *conc*(a, b), $a[i]$ für *sel*(a, i), $a[i:j]$ für *slice*(a, i, j), sowie **upb** a für *length*(a); vgl. Anm. [a] zu Tabelle 7 und 2.1.3.7.

Tabelle 19 gibt eine Übersicht über die behandelten Teilstrukturen der Rechenstruktur (A^*, A) der Folgen.

Weitere Beispiele von Teilstrukturen sind:

Die Teilstruktur $\mathbb{Z}^\pm$ der Rechenstruktur $\mathbb{Z}$ der ganzen Zahlen (Tab. 5), die neben den ganzen Zahlen nur Addition und Subtraktion, sowie Nachfolger und Vorgänger, das Negativum und die ausgezeichneten Elemente 0 und 1 umfaßt. Die ‚additive Gruppe‘ $\mathbb{Z}^+$ der ganzen Zahlen ist ihrerseits eine Teilstruktur von $\mathbb{Z}^\pm$.

Die Teilstruktur der Rechenstruktur der numerisch-reellen Zahlen (2.1.3.3), die nur Multiplikation und Division und die ausgezeichneten Elemente 1 und 0 umfaßt (abgesehen von der Null die ‚multiplikative Gruppe‘ der numerisch-reellen Zahlen).

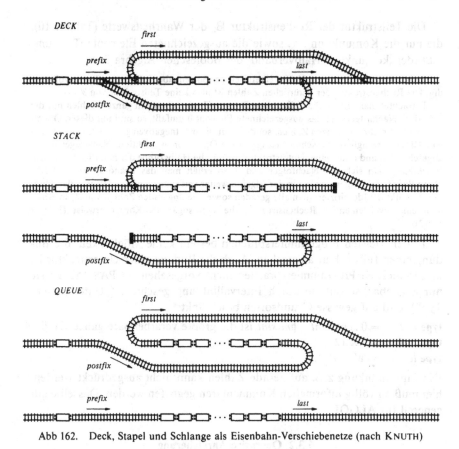

Abb 162.   Deck, Stapel und Schlange als Eisenbahn-Verschiebenetze (nach KNUTH)

Tabelle 19.   Übersicht über Teilstrukturen der Rechenstruktur (A^*, A) der Folgen

		sel	slice	conc	rest	lead	prefix	postfix	first	last	empty	isempty	length	⟨.⟩
(A^*, A)	Folgen	×	×	×	×	×	×	×	×	×	×	×	(×)	×
$ROW(A)$	Reihungen	×	×	×					×	×	×	×	×	×
$SEQU(A)$	Sequenzen		×	×	×	×	×	×	×	×	×	×	(×)	
$DECK(A)$	Decks				×	×	×	×	×	×	×	×	(×)	
$STACK(A)$	Stapel				×		×		×		×	×	(×)	
						×		×		×	×	×	(×)	
$QUEUE(A)$	Schlangen				×			×	×		×	×	(×)	
						×	×			×	×	×	(×)	
$WORD(A)$	Worte			×								×		(×)

Die Teilstruktur der Rechenstruktur $\mathbb{B}_2$ der Wahrheitswerte (Tabelle 10), die nur die Konjunktion $.\wedge.$ sowie die ausgezeichneten Elemente {T, F} umfaßt (der ‚konjunktive Halbverband‘ der Booleschen Algebra $\mathbb{B}_2$).

Teilstrukturen umfassen u. U. nur einen Teil der Sorten, aber jede dieser Sorten vollständig. Die Rechenstruktur der natürlichen Zahlen ist also keine Teilstruktur von $\mathbb{Z}$.

Betrachtet man jedoch die Teilstruktur $\mathbb{Z}^+$ von $\mathbb{Z}$, die neben den ganzen Zahlen nur die Addition, Nachfolger und das ausgezeichnete Element 0 umfaßt, so sind mit diesen Operationen nicht mehr alle ganzen Zahlen, sondern nur die nichtnegativen ganzen Zahlen erzeugbar. Dieser ‚erzeugbare Ausschnitt‘ ist gegen die Operationen Addition, Nachfolger und 0 abgeschlossen und bildet eine ‚Unterstruktur‘ von $\mathbb{Z}$, die Halbgruppe der natürlichen Zahlen. Beschränkt man sich auf Nachfolger und 0, so erhält man das Peano-System (2.1.3.2). Diese Begriffsbildungen werden in der Algebra weiter verfolgt, ebenso der Begriff der ‚Quotientenstruktur‘: Identifiziert man alle geraden sowie alle ungeraden Zahlen von $\mathbb{Z}$, so erhält man eine zweielementige Rechenstruktur, die sich sogar als Körper erweist (Körper $GF(2)$).

In den meisten Programmiersprachen besteht keine Möglichkeit, die Bildung einer Teilstruktur anzugeben. Auch die Bildung einer Unterstruktur ist in den meisten Programmiersprachen nicht vorgesehen; in PASCAL ist sie nur angebbar, soweit sie durch Intervallbildung geschieht („Unterbereich-Typ“), und auf gewisse Grundsorten beschränkt:

type *nat* $= 0 .. maxint$ {*maxint* ist die größte verarbeitbare ganze Zahl}
type *monat* $= 1 .. 12$
type *letter* $= 'a' .. 'z'$

Die Einschränkung z. B. auf gerade Zahlen kann nicht ausgedrückt werden, hier muß zu völlig informellen Kommentaren gegriffen werden. Dasselbe gilt generell für ALGOL.

6.3.2 Operative Anreicherung

Eine neue Rechenstruktur entsteht auch, wenn man zu einer Rechenstruktur A (Sorten und) Operationen hinzunimmt.

Nimmt man nur Operationen hinzu, die sich, gestützt auf die vorhandenen, algorithmisch formulieren lassen, so spricht man von einer **operativen Anreicherung**.

Beispielsweise kann man zu den Operationen von $STACK(A)$ *lead, last, postfix* hinzunehmen und erhält $DECK(A)$, oder noch *conc* und erhält $SEQU(A)$.

Sind dies operative Anreicherungen? Nicht jede Teilstruktur kann operativ wieder zur Ausgangsstruktur angereichert werden: läßt man alle Operationen weg, so hat man noch eine Teilstruktur, aber keine Operationen mehr, auf die man sich stützen könnte.

$DECK(A)$ ist aber in der Tat eine operative Anreicherung von $STACK(A)$: beispielsweise kann man mittels *first* und *rest* definieren

funct *last* ≡ (**stack** χ *a*
        co *a* ≠ ◇ **co**) χ :

  if *rest* (*a*) = ◇
  then *first* (*a*)
  else *last* (*rest* (*a*))   **fi**

---

function *last* (*a* : *stack of* χ
          {**not** *isempty* (*a*)}) : χ ;
begin
  if *isempty* (*rest* (*a*))
  then *last* ⇐ *first* (*a*)
  else *last* ⇐ *last* (*rest* (*a*))
end

sowie mittels *first, rest* und *prefix*

funct *lead* ≡ (**stack** χ *a*
        co *a* ≠ ◇ **co**) **stack** χ :

  if *rest* (*a*) = ◇
  then ◇
  else *prefix* (*first* (*a*),
            lead (*rest* (*a*)))   **fi**

---

function *lead* (*a* : *stack of* χ
        {**not** *isempty* (*a*)}) : *stack of* χ ;
begin
  if *isempty* (*rest* (*a*))
  then *lead* ⇐ *empty*
  else *lead* ⇐ *prefix* (*first* (*a*),
             lead (*rest* (*a*)))
end

und schließlich mittels *first, rest* und *prefix*

funct *postfix* ≡ (**stack** χ *a*,
        χ *X*) **stack** χ :

  if *a* = ◇
  then *prefix* (*X*, ◇)
  else *prefix* (*first* (*a*),
       postfix (*rest* (*a*), *X*)) **fi**

---

function *postfix* (*a* : *stack of* χ ;
          X : χ) : *stack of* χ ;
begin
  if *isempty* (*a*)
  then *postfix* ⇐ *prefix* (*X*, *empty*)
  else *postfix* ⇐ *prefix* (*first* (*a*),
         postfix (*rest* (*a*), *X*))
end

Ähnlich wie *postfix* kann man auch *conc* über *STACK* (*A*) definieren, *SEQU* (*A*) ist ebenfalls eine operative Anreicherung von *STACK* (*A*).

    Genausogut kann man auch *QUEUE* (*A*) zu *DECK* (*A*) operativ anreichern.

    Über *QUEUE* (*A*) läßt sich *conc* auf einfachere Weise (repetitive Rekursion) definieren:

funct *conc* ≡ (**queue** χ *a*, *b*)
        queue χ :

  if *b* = ◇
  then *a*
  else *conc* (*postfix* (*a*,
       first (*b*)), *rest* (*b*))   **fi**

---

function *conc* (*a*, *b* : *queue of* χ) :
           queue of χ ;
begin
  if *isempty* (*b*)
  then *conc* ⇐ *a*
  else *conc* ⇐ *conc* (*postfix* (*a*,
          first (*b*)), *rest* (*b*))
end

Nicht so einfach sind die Algorithmen, um $WORD(A)$ operativ zu $SEQU(A)$ anzureichern. Man muß hier zur Exhaustion greifen, nämlich alle Worte der Reihe nach produzieren und mit einem vorgelegten Wort vergleichen, um etwa dessen vorderstes Element festzustellen. Dazu muß die Menge der Sequenzen aufzählbar sein, d.h. es muß eine umgekehrt eindeutige Abbildung der natürlichen Zahlen auf die Sequenzen algorithmisch angegeben werden. Ein Aufzählalgorithmus ist nicht schwierig zu finden, wenn die Sorte von A endliche Kardinalität hat (vgl. 2.1.3.4, Ende); bereits für $SEQU(\mathbb{N})$ ist jedoch ein Aufzählalgorithmus verwickelter, und es gibt sogar keinen Algorithmus, der für beliebiges A das Gewünschte leistet (GÖDEL).

Wie man $ROW(A)$ zu (A^*, A) anreichert, wurde schon in Tabelle 7 erwähnt: man erhält mit einer Ausweitung $\langle . \rangle : A \to A^*$ (in orthodoxem ALGOL 68 $[1..1] \chi(.)$)

$$
\left.
\begin{array}{ll}
rest(a) & \text{als } slice(a, 2, length(a)) \\
lead(a) & \text{als } slice(a, 1, length(a) - 1)
\end{array}
\right\} \text{ falls } \quad length(a) \geqq 2
$$

$$
\begin{array}{ll}
prefix(X, a) & \text{als } \langle X \rangle + a \\
postfix(a, X) & \text{als } a + \langle X \rangle \\
first(a) & \text{als } sel(a, 1) \\
last(a) & \text{als } sel(a, length(a)) \quad .
\end{array}
$$

Um dagegen $SEQU(A)$ zu (A^*, A) auszuweiten, muß man sel, vgl. 2.3.2 (g) und $slice$ rekursiv definieren (für $length$ vgl. 2.3.2 (e)):

```
funct sel ≡ (sequ χ a, int I                   function sel (a : sequ of χ ; I : integer
   co 1 ≤ I ∧ I ≤ length (a) co) χ :                {(1 ≤ I) and (I ≤ length (a))}) : χ ;
                                                begin
   if I = 1                                        if I = 1
   then first (a)                                  then sel ⇐ first (a)
   else sel (rest (a), I − 1)      fi              else sel ⇐ sel (rest (a), I − 1)
                                                end
```

```
funct slice ≡ (sequ χ a, int I, J              function slice (a : sequ of χ ; I, J : integer
   co 1 ≤ I ∧ I ≤ J ∧ J ≤ length (a) co)            {(1 ≤ I) and (I ≤ J) and (J ≤ length (a))}) :
                            sequ χ :                                          sequ of χ ;
                                                begin
   if I = 1 ∧ J = length (a)                        if (I = 1) and (J = length (a))
   then a                                           then slice ⇐ a
   ▯ I > 1                                          ▯ I > 1
   then slice (rest (a), I − 1, J − 1)              then slice ⇐ slice (rest (a), I − 1, J − 1)
   ▯ J < length (a)                                 ▯ J < length (a)
   then slice (lead (a), I, J)                      then slice ⇐ slice (lead (a), I, J)
                            fi                  end
```

6.3.3 Paar- und Tupelbildung

Der Übergang zu Teilstrukturen und die operative Anreicherung ist in den gängigen Programmiersprachen, so auch in ALGOL und PASCAL, „zwischen den Zeilen" zu lesen, besondere Ausdrucksmittel können entbehrt werden. Anders ist es bei der Bildung neuer Sorten durch Tupelbildung.

6.3.3.1 **Paarbildung** als Mittel zur Gewinnung neuer Sorten und Rechenstrukturen ist uns bei den Geheften (6.2.2) und Büchern (6.2.3) schon begegnet; dort handelte es sich um geordnete Paare von Stapeln. Paare ganzer oder numerisch-reeller Zahlen können zur Darstellung ganzer komplexer (Gaußscher) Zahlen oder numerisch-komplexer Zahlen benutzt werden.

Dazu schreibt man etwa in ALGOL 68 eine **Artvereinbarung** für Tupel („Verbunde") aus zwei Elementen[8]

$$\text{mode compl} \equiv \text{struct (real } re, \text{ real } im) \quad , [8]$$

auch abgekürzt

$$\text{mode compl} \equiv \text{struct (real } re, im)$$

oder in PASCAL eine **Typvereinbarung** für *"records"*

$$\text{type } compl = \text{record } re : real ; im : real \text{ end} \quad ,$$

auch abgekürzt

$$\text{type } compl = \text{record } re, im : real \text{ end} \quad .$$

re und *im* sind frei wählbare, den **Komponenten** zugeordnete Bezeichner, genannt **Selektoren**; mit ihrer Hilfe gewinnt man aus dem Paar, dem **zusammengesetzten Objekt**, die einzelnen Komponenten zurück (s. u.).

Ein zusammengesetztes Objekt einer vereinbarten Sorte wird unter Verwendung der vereinbarten Sortenbezeichnung durch eine **Konstruktoroperation** aufgebaut, in ALGOL-artiger Schreibweise

$$\text{compl (3.448, 2.175)} \quad .$$

Solche Objekte können insbesondere auf Parameterposition sowie in Zwischenergebnisvereinbarungen oder auf der rechten Seite von Zuweisungen vorkommen[9], z. B.

---

[8] In orthodoxem ALGOL 68 = statt ≡.

[9] In diesen Fällen kann in ALGOL 68 die explizite Angabe des Konstruktors entbehrt werden.

compl $a \equiv$ **compl** (3.448, 2.175)
var compl $z :=$ **compl** (3.448, 2.175)

oder

var compl z ;	**var** $z : compl$;
$z :=$ **compl** (3.448, 2.175)	**begin** $z := compl$ (3.448, 2.175) **end**

Die einzelnen Komponenten gewinnt man durch **Selektoroperationen** unter Verwendung der in der Vereinbarung eingeführten Selektoren,

re **of** a + *im* **of** a	
re **of** z + *im* **of** z	$z.re + z.im$

In orthodoxem PASCAL fehlt eine explizite Konstruktoroperation[10]. Nach einer (nicht initialisierten) Variablenvereinbarung ist die Zuweisung komponentenweise zu schreiben[11]:

var $z : compl$;
begin $z.re := 3.448$; $z.im := 2.175$ **end**

6.3.3.2 Der Paarbildung entsprechend verfährt man bei der Bildung von n-Tupeln ($n \geq 2$). Hierfür finden sich in ‚nicht-numerischen' Anwendungsbereichen viele Beispiele, etwa

mode datum $\equiv$ **struct** (**int** *tag*,	**type** *datum* = **record** *tag* : 1..31 ;
int *monat*,	*monat* : 1..12 ;
int *jahr*)	*jahr* : 0..2000
	end

mode anschrift $\equiv$	**type** *anschrift* =
struct (**string** *strasse*,	**record** *strasse* : *string* ;
int *hausnummer*,	*hausnummer* : 1..999 ;
int *postleitzahl*,	*postleitzahl* : 1000..9999 ;
string *wohnort*,	*wohnort* : *string* ;
string *land*)	*land* : *string*
	end

In den PASCAL-Beispielen ist dabei *integer* jeweils auf einen passenden Unterbereich-Typ (6.3.1) eingeschränkt.

---

[10] Den Konstruktor verwendet N. WIRTH jedoch in seinem an PASCAL orientierten Buch „Algorithmen und Datenstrukturen" [65], S. 38.
[11] In PASCAL verbirgt sich dahinter bereits die Einführung organisierter Speicher (6.4.2). Fürs erste kommt es jedoch darauf nicht an; die Typvereinbarung kann „objektiv" interpretiert werden.

Die Bildung von *n*-Tupeln kann auch **mehrstufig** geschehen:

mode person ≡	**type** *person* =
struct (string *name,*	**record** *name* : *string* ;
string *vorname,*	*vorname* : *string* ;
anschrift *wohnung,*	*wohnung* : *anschrift* ;
datum *geburtstag,*	*geburtstag* : *datum* ;
bool *verheiratet,*	*verheiratet* : *Boolean* ;
string *bezugsperson*)	*bezugsperson* : *string*
	end

Auf dieser Rechenstruktur zusammengesetzter Objekte können wieder neue Rechenstrukturen aufgebaut werden. Zu deren Operationen gehören ohne weitere Erwähnung die Konstruktor- und die Selektoroperationen.

Typische ‚lesende' Operationen auf solchen zusammengesetzten Objekten sind Prädikate, die in Fallunterscheidungen und als Wiederholungsbedingungen auftreten können, wie

funct *warnung* ≡ (**datum** *a*) **bool** :
jahr **of** *a* > 1984

function *warnung* (*a* : *datum*) :
　　　　　　　　　　Boolean ;
begin *warnung* ⇐ *a.jahr* > 1984
end

Auf der Sorte **datum** bzw. *datum* ist etwa auch der Vergleich nützlich:

funct *früher* ≡ (**datum** *a,b*) **bool** :

if *jahr* **of** *a* < *jahr* **of** *b*
then true
elsf *jahr* **of** *a* = *jahr* **of** *b*
then if *monat* **of** *a* < *monat* **of** *b*
　　then true
　　elsf *monat* **of** *a* = *monat* **of** *b*
　　then if *tag* **of** *a* < *tag* **of** *b*
　　　　then true
　　　　else false　　**fi**
　　else false　　　　**fi**
else false　　　　　　**fi**

function *früher* (*a, b* : *datum*) : *Boolean* ;
begin
if *a.jahr* < *b.jahr*
then *früher* ⇐ *true*
else if *a.jahr* = *b.jahr*
　　then if *a.monat* < *b.monat*
　　　　then *früher* ⇐ *true*
　　　　else if *a.monat* = *b.monat*
　　　　　　then if *a.tag* < *b.tag*
　　　　　　　　then *früher* ⇐ *true*
　　　　　　　　else *früher* ⇐ *false*
　　　　　　else *früher* ⇐ *false*
　　　　else *früher* ⇐ *false*
end

Hier kann die innerste Alternative noch vereinfacht werden.
Typisch für ‚schreibende' Operationen auf solchen Zusammensetzungen ist das Weiterzählen des Datums, das wegen der ungleichen Länge der Monate und des Auftretens von Schaltjahren umfängliche Fallunterscheidungen erfordert. Wichtig sind solche selektive Änderungen auch in folgendem (vereinfachten) Beispiel:

```
mode paar ≡ struct (person mann,          type paar = record mann : person ;
                    person frau  )                       frau : person
                                           end


funct heirat ≡ (person a, b               function heirat (a, b : person
  co ¬verheiratet of a ∧                        (not a.verheiratet and
     ¬verheiratet of b co) paar :                not b.verheiratet)) : paar ;
                                           begin heirat ⇐
paar (person (name of a,                   paar (person (a.name,
              vorname of a,                              a.vorname,
              wohnung of a,                              a.wohnung,
              geburtstag of a,                           a.geburtstag,
              true,                                      true,
              name of b),                                b.name),
      person (name of b,                         person (b.name,
              vorname of b,                              b.vorname,
              wohnung of b,                              b.wohnung,
              geburtstag of b,                           b.geburtstag,
              true,                                      true,
              name of a))                               a.name))
                                           end
```

1-Tupel sind wenig interessant, aber aus Gründen der Vereinheitlichung kaum entbehrlich. Auch das 0-Tupel, das ‚leere Tupel‘, muß gelegentlich betrachtet werden; wir werden darauf in 6.3.5 bei den rekursiven Datenstrukturen zurückkommen.

In der Mathematik findet man die Tupelbildung unter der Bezeichnung ‚kartesisches Produkt‘.

6.3.3.3 Hierarchisch strukturierte Daten, wie etwa Organisationspläne, sind durch mehrstufige Tupelbildung gekennzeichnet. Wenn dabei die Tupel ein- und derselben Stufe jeweils gleich gebaut sind, handelt es sich um eine **homogene Struktur.** Die Gliederung von Behörden oder Universitäten erfolgt häufig nach diesem Schema:

> Postministerium, Oberpostdirektion, Postamt
> Universität, Fakultät, Institut, Lehrstuhl.

Prototypen solcher Strukturen findet man beim Militär.

Oft ergeben sich jedoch mit homogenen Strukturen Schwierigkeiten, etwa in der Kommunalgliederung: dort gibt es

> Land, Regierungsbezirk, Große Kreisstadt oder Landkreis,
> Gemeinde oder Markt oder Stadt.

6.3.3.4 Eine praktisch wichtige Aufgabe ist das **Formatieren:** Zusammengesetzte Objekte sollen – zum Zwecke menschlichen Lesens – in besonderer Form zusammengesetzt werden. Dahinter steht ein Übergang von einer Datenstruktur zu einer anderen. So führt etwa die Aufgabe, einen Adressenaufkleber zu ‚komponieren', auf einen Algorithmus, der ein Objekt der Sorte **person** bzw. *person* in ein Objekt, bestehend aus einem Quintupel von Zeichenfolgen beschränkter Länge überführt, das alle relevanten Angaben enthält:

mode aufkleber ≡
  struct (string *erste, zweite,*
               dritte, vierte, fünfte
  co Länge jeder Zeichenfolge ≦25 **co)**

type *aufkleber* ≡
  record *erste, zweite,*
       dritte, vierte, fünfte: string
  {Länge jeder Zeichenfolge ≦25}
  end

Er lautet [12] etwa in ALGOL

    funct *formatieren* ≡ (**person** *a*) **aufkleber** :
    aufkleber
    (*"HERRN/FRAU"*,
       slice(*name* **of** *a* +⟨*","*⟩+ *vorname* **of** *a*, 1, 25),
       slice(*strasse* **of** *wohnung* **of** *a* +⟨*"␣"*⟩ +
             convert(*hausnummer* **of** *wohnung* **of** *a*), 1, 25),
       slice(*convert*(*postleitzahl* **of** *wohnung* **of** *a*)
            + *"␣␣"*+ *wohnort* **of** *wohnung* **of** *a*, 1, 25),
       slice(*land* **of** *wohnung* **of** *a*, 1, 25)   )

und in PASCAL als Prozedur

    procedure *formatieren* (*a* : *person*; **var** *x* : *aufkleber*);
    begin
    x. erste := *'HERRN/FRAU'*;
     x. zweite := *slice*(*conc*(*postfix*(*a.name*, *','*), *a.vorname*), 1, 25);
     x. dritte := *slice*(*conc*(*postfix*(*a.wohnung.strasse*, *'␣'*),
                convert(*a.wohnung.hausnummer*)), 1, 25);
     x. vierte := *slice*(*conc*(*conc*(*convert*(*a.wohnung.postleitzahl*),
                '␣␣'), *a.wohnung.wohnort*), 1, 25);
     x. fünfte := *slice*(*a.wohnung.land*, 1, 25)
    end

Für eine Schreibmaschine bedeutet dann jede Komponente eine Zeile, an deren Ende Wagenrücklauf und Zeilenvorschub zu geben sind.

---

[12] Die Operation *convert* dient zur Codierung ganzer Zahlen als Zeichenfolgen in Dezimalschreibweise. *slice* soll notfalls mit Zwischenräumen auffüllen.

Für Schnelldrucker ist eine Formatierung in Zeilen fester Länge (etwa 25 Zeichen) vorzuziehen, zur Auffüllung durch Zwischenräume ist das Abzählen der Länge der Zeilen nötig.

In manchen Programmiersprachen werden starre Formatierungsvorschriften in Zusammenhang mit der Ein-/Ausgabe angeboten; ihr Wert wird oft überschätzt.

6.3.4 Variantenbildung

Die Bildung einer neuen Sorte kann auch dadurch erfolgen, daß Objekte einer ersten und Objekte einer zweiten Sorte zu einer neuen Sorte zusammengenommen werden. Bei dieser **Variantenbildung** spricht man in ALGOL 68 von *"union"*, in PASCAL von *"Varianter Recordstruktur"* [65]; auch die Schreibweisen sind verschieden: in orthodoxem ALGOL wird etwa für das Zusammennehmen von ganzzahligen und Wahrheitswerten die Artvereinbarung

$$\textbf{mode } v \equiv \textbf{union (int, bool)}$$

geschrieben – wir schreiben hierfür kürzer die Variantenbildung

$$\textbf{mode } v \equiv \textbf{int} \,|\, \textbf{bool}$$

In PASCAL wird dies[13] ausgedrückt durch die diskriminierende Typvereinbarung:

```
type d = (int, bool);
   v = record case diskr : d of
            int : (i : integer);
            bool : (b : Boolean)
   end  .
```

Variantenbildung tritt besonders in Verbindung mit Tupelbildung auf, etwa wenn nebeneinander Rechtwinkel- und Polarkoordinaten benutzt werden:

```
mode pkt ≡ struct (real x, y)          type v = (cart, polar);
         | struct (real r, phi)            pkt = record case diskr : v of
                                                 cart : (x, y : real);
                                                 polar : (r, phi : real)
                                           end
```

Die im obigen Beispiel überladen wirkende Schreibweise von PASCAL macht sich bezahlt: Will man fragen, ob ein Objekt der Art **pkt** bzw. des Typs

---

[13] In orthodoxem PASCAL ist als Diskriminatortyp nur ein Typbezeichner zugelassen.

pkt in Polar- oder in Rechtwinkelkoordinaten aufgenommen ist, so stehen dafür die besonders eingeführten Bezeichner *polar* und *cart* zur Verfügung. Wir treffen damit auf die **Diskrimination** von Varianten. Es handelt sich dabei um Prädikate, die in PASCAL unter Verwendung der vereinbarten **Diskriminatoren** wie *int, bool* oder *cart, polar* geschrieben werden[14]:

$$k.\ diskr = int \quad \text{(wobei } k \text{ vom Typ } v\text{)},$$
$$x.\ diskr = polar \quad \text{(wobei } x \text{ vom Typ } pkt\text{)};$$

in ALGOL muß bei der Diskrimination die betreffende Variantenart angegeben werden (**Artentest**):

$$k :: \textbf{int}$$

Natürlich kann man auch in ALGOL für die Varianten explizit neue Artbezeichnungen einführen, etwa

> **mode cart** ≡ **struct** (**real** *x, y*),
> **mode polar** ≡ **struct** (**real** *r, phi*),
> **mode pkt** ≡ **cart** | **polar**

und hat dann die Diskrimination

$$x :: \textbf{polar}$$

Objekte der Varianten können beispielsweise durch

> **cart** (4.0, 3.0)   bzw.
> **polar** (5.0, 0.643496)

unterschieden werden;

> **pkt** (**cart**(4.0, 3.0))   bzw.
> **pkt** (**polar**(5.0, 0.643496))

bezeichnen dann Objekte der *"union"*.

Besondere Bedeutung kommt der Variantenbildung im Zusammenhang mit Tupelbildung jedoch erst zu, sobald man zu rekursiven Definitionen neuer Sorten übergeht.

   Als Grenzfall der Variantenbildung für den Fall einelementiger Arten kann man die Einführung einer neuen Sorte durch Aufweisung der Menge ansehen. In PASCAL wurde das oben schon benützt, es wird ausgedrückt durch Vereinbarungen wie

---

[14] Die PASCAL-Schreibweise legt nahe, daß die Diskrimination durch eine zusätzliche, allen Varianten gemeinsame Komponente mit dem Selektor *diskr* geschieht.

$$\textbf{type } d = (int, bool)$$
$$\textbf{type } v = (cart, polar)$$

oder auch

$$\textbf{type } farbe = (rot, gelb, grün)$$
$$\textbf{type } Boolean = (false, true) \quad .$$

Eine solche Vereinbarung eines *"skalaren Typs"* führt nicht nur eine Typ-Indikation ein, sondern auch (frei wählbare) Bezeichner für die (notwendigerweise endlich vielen) Elemente des Typs.

6.3.5 Rekursive Definition von Rechenstrukturen: Rekursive Datenstrukturen

Im Beispiel der zusammengesetzten Sorte **person** bzw. *person* in 6.3.3.2 war als Komponente auch eine Zeichenfolge angegeben, die eine Bezugsperson festhält – etwa eine Person, die in Unglücksfällen zu benachrichtigen ist. Häufig wird es notwendig sein, die Adresse dieser Bezugsperson zu kennen, vielleicht auch ihr Alter, d. h. es wird sich empfehlen, auch die Angaben zur Bezugsperson nach der Struktur von **person** zu gliedern. Dies ergibt in der Vereinbarung

mode person1 ≡	**type** *person1* =
struct (**string** *name*,	**record** *name* : *string* ;
string *vorname*,	*vorname* : *string* ;
anschrift *wohnung*,	*wohnung* : *anschrift* ;
datum *geburtstag*,	*geburtstag* : *datum* ;
bool *verheiratet*,	*verheiratet* : *Boolean* ;
person1 *bezugsperson*)	*bezugsperson* : *person1*
	end

einen Rückgriff von der Beschreibung **person1** bzw. *person1* auf sich selbst, eine rekursive Situation[15]. Allgemein kann ein Objekt Teilobjekte des gleichen Aufbaus enthalten.

Dieser Rückgriff ist völlig natürlich, auch wenn er möglicherweise *ad infinitum* führt. So bekommt ein verheiratetes Paar durch die Rechenvorschrift *heirat* Personaldaten, die über den Selektor *bezugsperson* einen wechselseitigen Rückgriff enthalten. Jedoch treten in Verbindung mit rekursiven Datenstrukturen häufig Variantenbildungen auf, die ein ‚Terminieren' des

---

[15] In orthodoxem ALGOL 68 und PASCAL muß das rekursive Vorkommen des vereinbarten Typs besonders angezeigt werden. Den dahinter steckenden Implementierungsmechanismus mittels Referenzen (‚Zeigern') werden wir in 6.4.3 kennenlernen. Wir beschränken uns zunächst auf die ALGOL-artige nichtorthodoxe Notation.

Aufbaus von Objekten ermöglichen – in Analogie zu Fallunterscheidungen, die ein Terminieren rekursiver Rechenvorschriften ermöglichen. Das obige Beispiel könnte etwa dahingehend modifiziert werden, daß eine Bezugsperson auch fehlen darf.

Wir werden im weiteren Verlauf des Abschnitts 6.3 nur Datenstrukturen betrachten, die durch Formeln bezeichenbare, also *endlich aufgebaute* Objekte erlauben (Erzeugungsprinzip, 2.1.1.1).

6.3.5.1 *Stapel*

Αἰὲν ἀριστεύειν καὶ ὑπείροχον ἔμμεναι ἄλλων
„Immer der erste sein und die anderen überragen"
HOMER, Ilias VI, 208

Als erstes Beispiel greifen wir die Rechenstruktur (V*, V) der Zeichenfolgen von 2.1.3.4 (Tabelle 7) auf. Hier kommt die leere Zeichenfolge vor, die einem 0-tupel entspricht. Die Sorte **string** bzw. *string* der Zeichenfolgen wird über der Sorte **char** bzw. *char* der Zeichen einleuchtend verbal definiert:

„Eine Zeichenfolge ist

entweder die leere Zeichenfolge

oder ein Paar aus einem Zeichen (*"item"*, Selektor *i*) und einer Zeichenfolge (*"trunk"*, Selektor *t*)".

Dies ergibt die rekursive Definition eines Systems

> **mode string** ≡ **empty**|**struct** (**char** *i*, **string** *t*)
> **mode empty** ≡ **struct** ()

mit **string** als definierter Sorte.

Für **string** (**empty** (())), das (einzige) Element der Variante **empty**, ist eine besondere Standardbezeichnung angebracht; wir wählten dafür in ALGOL ◇ (Tabelle 7). Da die Art **empty** einelementig ist, kann die Diskrimination *a* :: **empty** durch den Vergleich *a* = ◇ ersetzt werden.

Von den in Tabelle 7 aufgelisteten Operationen sind *rest, first, prefix, prefix* (· , *empty*), *empty* und das Prädikat *isempty* – d. h. genau die Teilstruktur der Stapel – direkt mittels der Selektoren, Konstruktoren und Diskriminatoren von **string** ausdrückbar:

> **funct** *empty* ≡ **string** : **empty** (())
> **funct** *isempty* ≡ (**string** *a*) **bool** : *a* = *empty*
> **funct** *first* ≡ (**string** *a* **co** ¬*isempty* (*a*) **co**) **char** : *i* **of** *a*
> **funct** *rest* ≡ (**string** *a* **co** ¬*isempty* (*a*) **co**) **string** : *t* **of** *a*
> **funct** *prefix* ≡ (**char** *X*, **string** *a*) **string** : **string** (*X, a*)

Die übrigen Operationen lassen sich, wie in 6.3.2 gezeigt, durch operative Anreicherung gewinnen.

Analog definiert man die Rechenstruktur *STACK*(*A*) mit der definierten Sorte der Stapel **stack** χ über einer Grundrechenstruktur *A* mit der Grundsorte χ:

mode stack $\chi \equiv$ **empty** | **struct**(χ *i*, **stack** χ *t*)

mode empty $\equiv$ **struct**( )

6.3.5.2 *Beblätterte Binärbäume*

Als weiteres Beispiel ziehen wir die Rechenstruktur ($\mathbb{V}^{\curlywedge}$, $\mathbb{V}$) der beblätterten Binärbäume von 2.1.3.5 (Tabelle 8) heran. Die Sorte **lisp** bzw. *lisp* der beblätterten Bäume wurde dort über der Sorte **char** bzw. *char* der Zeichen einleuchtend verbal definiert:

„Ein beblätterter Binärbaum ist

  entweder ein Zeichen (‚Atom') – atomarer Baum

  oder ein (geordnetes) Paar beblätterter Binärbäume".

Dies ergibt die rekursive Definition[16]

mode lisp $\equiv$ **char** | **struct** (**lisp** *l*, **lisp** *r*)

Die in Tabelle 8 aufgeführten Operationen sind im wesentlichen die Diskriminator-, Selektor- und Konstruktoroperationen dieser Vereinbarung:

funct *isatom* $\equiv$ (**lisp** *a*) **bool** : *a* :: **char**

funct *car* $\equiv$ (**lisp** *a* **co** $\neg$*isatom*(*a*) **co**) **lisp** : *l* of *a*

funct *cdr* $\equiv$ (**lisp** *a* **co** $\neg$*isatom*(*a*) **co**) **lisp** : *r* of *a*

funct *val* $\equiv$ (**lisp** *a* **co** *isatom*(*a*) **co**) **char** : **char**(*a*)

funct *cons* $\equiv$ (**lisp** *a*, *b*) **lisp** : **lisp**(*a*, *b*)

funct *mkatom* $\equiv$ (**char** *X*) **lisp** : **lisp**(*X*)

Analog definiert man die Rechenstruktur ($A^{\curlywedge}$, *A*) der beblätterten Binärbäume mit der definierten Sorte **lisp** χ über einer Grundrechenstruktur *A* mit der Grundsorte χ:

mode lisp $\chi \equiv \chi$ | **struct**(**lisp** χ *l*, **lisp** χ *r*)

---

[16] Die gelegentlich zu findende Definition

mode lisp1 $\equiv$ **struct** (**char** | **lisp1**, **char** | **lisp1**)

ist strukturell nicht gleichwertig: **lisp1** umfaßt keine atomaren Bäume.

6.3.5.3 *Bezeichnete Binärbäume*

Ein weiteres Beispiel einer rekursiv definierten Rechenstruktur sind die **bezeichneten Binärbäume** oder **binären Kaskaden**, bei denen sich in jedem Knoten (und nicht nur in Blättern, d.h. in Endknoten) ein Element der Grundsorte befindet. Prinzipiell kann man sie auf beblätterte Binärbäume zurückführen, indem man – etwas künstlich – Zwischenelemente einhängt (Abb. 163).

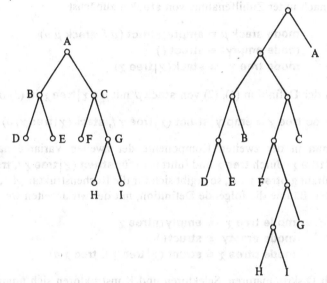

Abb. 163.   Eine Zurückführung von bezeichneten Binärbäumen auf beblätterte Binärbäume

Natürlicher ist es wohl, bezeichnete Binärbäume unmittelbar als Datenstruktur einzuführen durch die Definition

mode casc χ ≡ **empty** | **struct** (**casc** χ *left*, χ *node*, **casc** χ *right*)

Kantorovic-Bäume für Formeln mit ausschließlich zweistelligen Operationen führen auf bezeichnete Binärbäume.

6.3.5.4 *Allgemeine beblätterte Bäume*

Nunmehr können wir auch geordnete Binärbäume auf beliebig vergabelte geordnete Bäume verallgemeinern. Die (**allgemeinen**) **beblätterten Bäume** umfassen die binären; im Spezialfall der einstufigen Bäume müssen wir im wesentlichen Folgen zurückerhalten, insbesondere Zeichenfolgen, wenn die Grundsorte **char** ist.

Wir nehmen die einleuchtende verbale Definition:

„Ein allgemeiner beblätterter Baum ist eine Folge von Zweigen, wobei ein Zweig

entweder von der Grundsorte χ

oder selbst wieder ein beblätterter Baum ist.“

Es wird vorerst ausreichen, mit Stapeln statt Folgen zu arbeiten. Wir definieren danach unter Zuhilfenahme von **stack** μ zunächst

(1)   **mode stack** μ ≡ **empty** | **struct** (μf, **stack** μ o)

(2)   **mode empty** ≡ **struct** ()

(3)   **mode tree** χ ≡ **stack** (χ | **tree** χ)

Einsetzen der Definition (1), (2) von **stack** μ mit $\mu \triangleq \chi$ | **tree** χ in (3) liefert

mode tree χ ≡ **empty** | **struct** (χ | **tree** χf, **stack** (χ | **tree** χ) o)

Ersetzt man in der zweiten Komponente der zweiten Variante nach (3) **stack** (χ | **tree** χ) durch **tree** χ und führt man für **struct** (χ | **tree** χf, **tree** χ o) eine Abkürzung **ptree** χ ein, so ergibt sich für die Rechenstruktur $(A^\curlywedge, A)$ der beblätterten Bäume die folgende Definition, mit der wir arbeiten werden

mode tree χ ≡ **empty** | **ptree** χ
mode empty ≡ **struct** ()
mode ptree χ ≡ **struct** (χ | **tree** χf, **tree** χ o)

Die durch Diskriminatoren, Selektoren und Konstruktoren sich unmittelbar ergebenden Operationen der Rechenstruktur $(A^\curlywedge, A)$ sind

funct *emptytree* ≡ **tree** χ : **tree** χ (**empty** (()))
funct *isemptytree* ≡ (**tree** χ a) **bool** : a = *emptytree*
funct *isatom* ≡ (**tree** χ a **co** $\neg$ *isemptytree* (a) **co**) **bool** :
       f **of** a :: χ ∧ *isemptytree* (o **of** a)
funct *val* ≡ (**tree** χ a **co** *isatom* (a) **co**) χ : χ (f **of** a)
funct *firstbranch* ≡ (**tree** χ a **co** $\neg$ *isemptytree* (a) **co**) (χ | **tree** χ) : f **of** a
funct *otherbranches* ≡ (**tree** χ a **co** $\neg$ *isemptytree* (a) **co**) **tree** χ : o **of** a
funct *join* ≡ (**tree** χ a, **tree** χ b) **tree** χ : **tree** χ (**ptree** χ ((χ | **tree** χ) (a), b))
funct *append* ≡ (χ X, **tree** χ b) **tree** χ : **tree** χ (**ptree** χ ((χ | **tree** χ) (X), b))

Speziell Folgen erhält man, wenn man auf den Gebrauch der Operation *join* verzichtet.

Beliebig vergabelte beblätterte Bäume dienen vorzüglich zur Darstellung homogener hierarchischer Strukturen (vgl. 6.3.3.3) und solcher, deren Vergabelungsgrad auch innerhalb einer Stufe wechselt. Dabei geht jedoch die

„Farbigkeit" der Gliederung verloren. Deshalb haben auch beliebig vergabelte bezeichnete Bäume, in deren Knoten man zusätzliche Information
(‚Attribute') unterbringen kann, große praktische Bedeutung in der *Systemprogrammierung*.

6.3.5.5 Algorithmen auf rekursiven Datenstrukturen

Der strukturelle Aufbau zusammengesetzter Objekte spiegelt sich häufig
im Rekursionsverhalten der Algorithmen wieder, die auf ihnen arbeiten. Der
Aufgabe, festzustellen, ob ein zusammengesetztes Objekt a ein Element X
enthält, dienen folgende Algorithmen
für komplexe Zahlen (nicht-rekursiv)

> **funct** *contains* ≡ (**compl** a, **real** X) **bool** : *re* **of** $a = X$ ∨ *im* **of** $a = X$

für Zeichenfolgen (linear rekursiv)

> **funct** *contains* ≡ (**string** a, **char** X) **bool** :
> **if** $a = \Diamond$
> **then false**
> **else** i **of** $a = X$ ∨ *contains* (t **of** a, X) **fi**

für beblätterte Binärbäume (kaskadenartig rekursiv)

> **funct** *contains* ≡ (**lisp** a, **char** X) **bool** :
> **if** a :: **char**
> **then char** $(a) = X$
> **else** *contains* (l **of** a, X) ∨ *contains* (r **of** a, X) **fi**

6.3.6 Terme und Diagramme

'CONS should not evaluate its arguments.'
D. P. FRIEDMAN, D. S. WISE

Sofern nicht, wie bei Zahlen und Zeichenfolgen, besondere Standard-Be-
zeichnungen verfügbar sind, müssen die Objekte von Sorten, die durch eine
Artvereinbarung oder eine Typvereinbarung eingeführt worden sind, operativ
aufgebaut, d.h. durch eine Formel endlich beschrieben werden. Die Auf-
schreibungen solcher zusammengesetzten Objekte heißen **Terme**.
Beispiel: Term für
(i) einen Stapel der Sorte **stack** χ,
   $s \triangleq prefix (D, prefix (C, prefix (B, prefix (A, empty))))$
(ii) einen beblätterten Binärbaum der Sorte **lisp** χ,
   $d \triangleq cons (cons (mkatom (A), mkatom (B)), cons (mkatom (C), mkatom (D)))$

(iii) einen allgemeinen beblätterten Baum der Sorte **tree** χ,

$l \triangleq append\,(A,\ append\,(B,\ join\,($
$\quad append\,(D,\ append\,(E,\ append\,(F,\ emptytree))),\ append\,(C,\ emptytree))))$

(iv) einen zu (iii) ‚verwandten‘ beblätterten Binärbaum

$b \triangleq cons\,(mkatom\,(A),\ cons\,(mkatom\,(B),\ cons\,($
$\quad cons\,(mkatom\,(D),\ cons\,(mkatom\,(E),\ mkatom\,(F))),\ mkatom\,(C))))$

von Grundobjekten $A,\ B,\ C,\ D,\ E,\ F$ aus χ.

6.3.6.1 *Aufbau und Auswertung von Termen*

Die ‚Auswertung‘ eines Terms, der ein zusammengesetztes Objekt aufbaut – der also eine dominierende Operation (2.2.2.1) hat, die auf eine durch eine Vereinbarung eingeführte Sorte führt – ergibt in der Regel selbst wieder einen (‚vereinfachten‘) Term.

Beispiel: Die Auswertung der Terme

$prefix\,(first\,(prefix\,(A,\ empty)),\ prefix\,(B,\ empty)), \qquad rest\,(prefix\,(B,\ empty))$

aufgrund der für Stapel gültigen Gesetze (2.1.3.4) liefert die vereinfachten Terme

$prefix\,(A,\ prefix\,(B,\ empty)), \qquad\qquad empty$

Ein Term heißt in **Normalform**, wenn (wie oben *s, d, l, b*) seine Auswertung ihn unverändert läßt, weil er nicht vereinfacht werden kann.

Für Terme in Normalform fällt also ‚Aufbau‘ und ‚Auswertung‘ unter dem Stichwort *Berechnung* zusammen.

Zum Aufbau zusammengesetzter Objekte kann man sich auf Terme beschränken, die in Normalform sind – in den obigen Fällen sind es solche, die nur Konstruktoroperationen wie *prefix, cons, append* und *join* enthalten. Solche Terme dienen als o p e r a t i v e   B e z e i c h n u n g e n für die betreffenden Objekte.

6.3.6.2 *Kantorovic-Bäume und Gabelbilder*

Die bisher schon informell gebrauchten ‚Gabelbilder‘ sind nichts als stilisierte Kantorovic-Bäume (2.2.2.2) der als operative Bezeichnungen gebrauchten Terme. Dies zeigt die Abb. 164.

Häufig vorgenommene Vereinfachungen sind

- das Weglassen von *empty* etc. (‚Abbrechen‘ der Gabelzinke)

- das Weglassen von Operationsbezeichnungen, sofern diese eindeutig ergänzt werden können
- das Unterdrücken der (monadischen) Artausweitung als Operation.

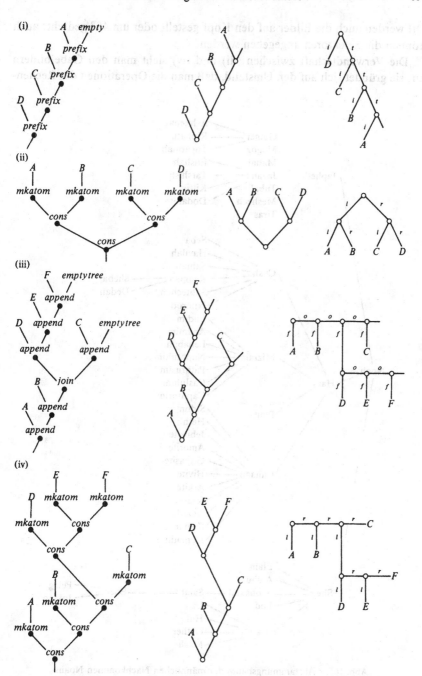

Abb. 164. Kantorovic-Bäume und Gabelbilder für strukturierte Objekte

Oft werden auch die Bilder auf den Kopf gestellt oder um 45° gedreht; auch können die Selektoren angegeben werden.

Die Verwandtschaft zwischen (iii) und (iv) sieht man den Gabelbildern an; sie gründet sich auf den Umstand, daß man die Operationen der Rechen-

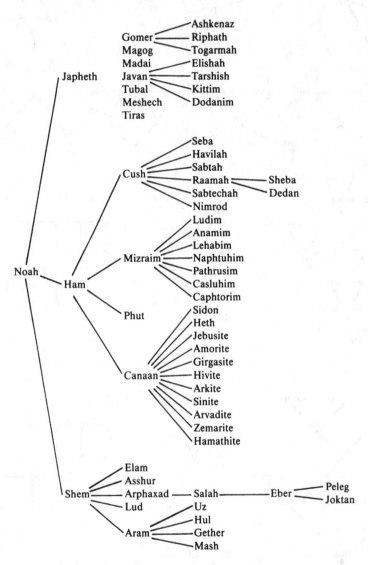

Abb. 165.   Abstammungsbaum der männlichen Nachkommen Noahs
(Genesis 10: 1–25). Aus [02]

struktur $(A^{\wedge}, A)$ durch diejenigen von $(A^{\wedge}, A)$ ausdrücken kann und umgekehrt: Es entsprechen sich nämlich

$$append\,(X, emptytree) \quad und \quad mkatom\,(X),$$
$$append\,(X, l) \quad und \quad cons\,(mkatom\,(X), l),$$
$$join\,(l, m) \quad und \quad cons\,(l, m),$$

wie im übrigen auch

$$otherbranches\,(l) \quad und \quad cdr\,(l).$$

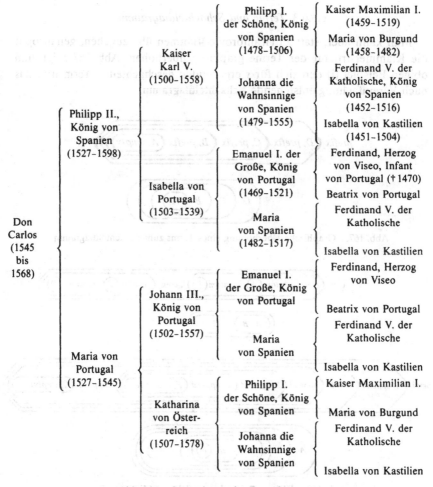

Abb. 166. Stammbaum des DON CARLOS

firstbranch(*l*) entspricht, wenn es einen Baum liefert, *car*(*l*), andernfalls *val*(*car*(*l*)). Lediglich das isolierte *emptytree* von $A^{\curlywedge}$ hat in $A^{\curlywedge}$ keine Entsprechung.

In der Genealogie ist die Verwendung von beliebig vergabelten Bäumen so geläufig, daß die Terminologie für Bäume häufig genealogisch geprägt ist: statt von Zweigen spricht man von Abkömmlingen, statt *firstbranch* und *otherbranches* könnte man auch *firstson* und *othersons* sagen. Von einem solchen Abstammungsbaum (Abb. 165), engl. *lineal chart*, ist zu unterscheiden der Stammbaum einer Person (engl. *pedigree*), typischerweise ein binärer Baum (Abb. 166).

6.3.6.3 *Terme und Schachteldiagramme*

Man kann aber, statt zu (Kantorovic-)Bäumen überzugehen, genausogut die Klammerstruktur der Terme graphisch überhöhen. Abb. 167 zeigt zum obigen Beispiel (i) den sich für *s* ergebenden geschachtelten Term und das nach Vereinfachung entstehende **Schachteldiagramm**.

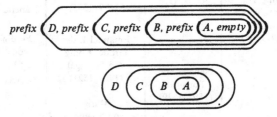

Abb. 167. Graphische Überhöhung eines Terms zum Schachteldiagramm

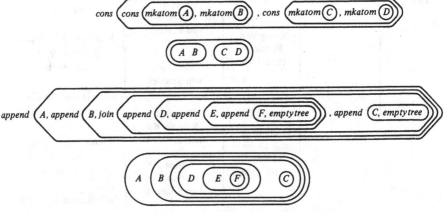

Abb. 168. Weitere Beispiele von Schachteldiagrammen

Für die weiteren Beispiele finden sich die Schachteldiagramme in Abb. 168. Das verkürzte Schachteldiagramm zu b fällt mit dem zu l in 6.3.6 zusammen.

6.3.6.4 Benutzung des Assoziativgesetzes

Folgen wir der Definition in 6.3.5.4 wörtlich und definieren wir beliebig vergabelte Bäume mittels Folgen, so haben wir die assoziative (jedoch nicht kommutative) Operation der Konkatenation zur Verfügung und erhalten eine kompaktere Schreibweise der Terme von $(A^{\curlywedge}, A)$ sowie Gabelbilder, die direkt Vielfachvergabelungen aufweisen: Unter unvollständiger Klammerung und Verschmelzung von *join* und *append* zu .+.[17] schreibt man dann den Term von Beispiel (iii) als

$$l' \triangleq (A + B + (D + E + F) + C)$$

Abb. 169 zeigt das zugehörige Gabelbild. Mit ( ) wird offensichtlich der leere Baum zu bezeichnen sein. „Überflüssige" Klammern bedeuten eingliedrige Vergabelungen. Abb. 170(a) zeigt das Gabelbild zum Term

$$m \triangleq ((A + B + C) + ( ) + (((R)) + S) + W)$$

den man unter Beseitigung leerer Bäume und eingliedriger Vergabelungen zu

$$m' \triangleq ((A + B + C) + (R + S) + W)$$

reduzieren kann, wenn die Sachlage es nahelegt (Abb. 170(b)). Überdies stehen die Operationen *sel* und *slice* zur Verfügung, die ein ‚Aussuchen' eines Teilbaums und ein ‚Ausblenden' erlauben: in der Notation von ALGOL 68 gilt

$$l[3] \triangleq (D + E + F) \quad l[4] \triangleq C \quad l[3, 2] \triangleq E$$
$$l[2:3] \triangleq (B + (D + E + F)) \quad l[2:3, 2, 3] \triangleq F$$

sowie

$$m[1] \triangleq (A + B + C) \quad m[2] \triangleq ( ) \quad m[3, 1, 1] \triangleq (R)$$
$$m[3:4] \triangleq ((((R)) + S) + W).$$

Läßt man die Operationszeichen fort, so kommt man zu einer sehr kompakten Codierung der allgemeinen Bäume, wenn man auch die unspezifischen runden Klammern durch zwei spezifische Sonderzeichen $\langle$ und $\rangle$ ersetzt:

$$l \triangleq \langle AB\langle DEF\rangle C\rangle \quad m \triangleq \langle\langle ABC\rangle\langle\rangle\langle\langle\langle R\rangle\rangle S\rangle W\rangle \quad m' = \langle\langle ABC\rangle\langle RS\rangle W\rangle ,$$

vgl. 4.2 und 2.1.3.5.

---

[17] Bei KNUTH [02] (*"List"* mit großem *L*) ist das Verknüpfungszeichen + durch ein Komma (‚Listenkomma') ersetzt: $(A, B, (D, E, F), C)$, ebenso bei SEEGMÜLLER [62] (‚Listen').

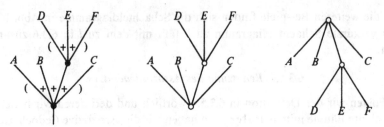

Abb. 169. Kantorovic-Baum und Gabelbild für den beblätterten Baum *l'*

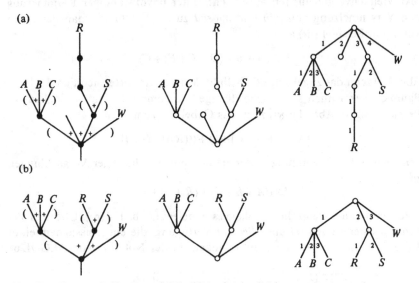

Abb. 170. Kantorovic-Bäume und Gabelbilder für den beblätterten Baum *m* mit ausgearteten Vergabelungen (a) und seine Reduzierung *m'* (b)

Selbstverständlich lohnt es auch für andere Fälle, die Operation *sel* einzuführen, z. B. für binär vergabelte Bäume (6.3.5.2), wobei in ALGOL-Notation .[1] den linken bzw. .[2] den rechten Teilbaum auswählt, also mit *car*(.) bzw. *cdr*(.) zusammenfällt.

Das eben behandelte notationelle Problem zeigt, daß eine Definition beliebig vergabelter beblätterter Bäume als rekursive Datenstruktur noch gewisse unbefriedigende Züge hat. Was man braucht, ist in der verbalen Definition absichtlich als Folge und nicht als Stapel bezeichnet; man möchte insbesondere die (assoziative) *beliebig-stellige Konkatenation* verfügbar haben (siehe 8.4.3.3).

6.4 Datenorganisation: Listen und Zeiger

6.4.1 Listen

Der Aufbau von zusammengesetzten Objekten durch Tupel- und Variantenbildung führt gemäß dem Erzeugungsprinzip auf Objekte mit nur endlich vielen Bestandteilen. Die Verallgemeinerung zu Listen erlaubt sowohl Abkürzungen für gemeinsame Teilobjekte, wie auch die Beschreibung von Objekten mit (abzählbar) unendlich vielen Bestandteilen.

6.4.1.1 *Referenzen*

Beim Aufbau von Objekten mittels Termen in Normalform (6.3.6) können gemeinsame Teilterme auftreten.

Beispiel (i): Der Term r der Sorte **lisp** (mit $\langle.\rangle$ kurz für *mkatom* (.))

$$r \triangleq cons\,(cons\,(\langle A\rangle, cons\,(\langle A\rangle, \langle B\rangle)), cons\,(\langle A\rangle, cons\,(\langle A\rangle, \langle B\rangle)))$$

enthält zwei Vorkommnisse des Teilterms

$$s \triangleq cons\,(\langle A\rangle, cons\,(\langle A\rangle, \langle B\rangle)).$$

Durch eine Zwischenergebnis-Vereinbarung wird erreicht, daß dieser Teilterm nur *einmal* aufgeschrieben (und beim Aufbau bzw. bei der Auswertung *einmal* berechnet) wird: es ergibt sich der Abschnitt (vgl. 3.1.1.1)

$$\lceil \textbf{lisp}\ s \equiv cons\,(\langle A\rangle, cons\,(\langle A\rangle, \langle B\rangle))\,;\ cons\,(s, s)\rfloor \quad .$$

Abb. 171 zeigt (a) das baumartige Rechenformular des Terms und (b) das netzartige (3.1.1.1) zur ‚Berechnung' des Abschnitts.

In den meisten Programmiersprachen, die auf konventionelle Maschinen abgestellt sind – orthodoxes ALGOL 68 und PASCAL nicht ausgenommen – will man den Unterschied zwischen einem durch einen vollen Term und einem abgekürzt berechneten (d. h. aufgebauten) zusammengesetzten Objekt festschreiben. Man sagt im letzteren Fall, man benutze zwei **Referenzen** oder **Verweise**[18] *auf ein und dasselbe Teilobjekt.* Dabei sind Referenzen nichts anderes als *Zwischenergebnisbezeichnungen für Terme in Normalform.* Man sucht dadurch „Speicherplatz zu sparen", was insbesondere von Belang ist, wenn es sich um ein vielfach vorkommendes oder um ein recht umfangreiches Teilobjekt handelt. Eine solche Situation kann z. B. bei Stammbäumen vorliegen (Abb. 166).

---

[18] engl. *link, pointer, reference* (KNUTH). Die Idee geht zurück auf A. NEWELL, J. C. SHAW und H. A. SIMON (1956).

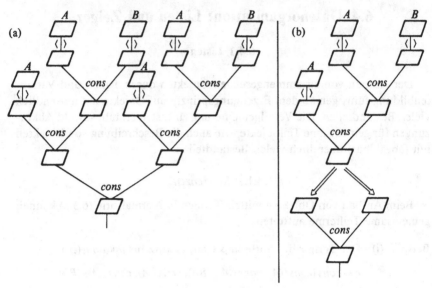

Abb. 171.   Rechenformulare für einen Termaufbau

Referenzen dienen auch im Alltag als ökonomisches Mittel: Um z. B. nicht jedem Staatsbürger ein Exemplar eines gewissen Buches – das er vermutlich gar nicht liest – in die Hand drücken zu müssen, kann man stattdessen jedem einen Zettel geben, auf dem steht, wo das einzige Exemplar dieses Buches in

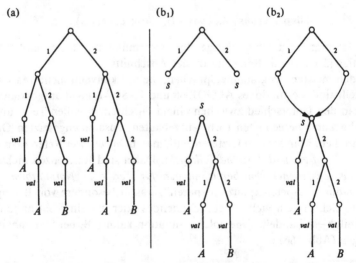

Abb. 172.   Gabelbilder für ein Objekt, links nach dem vollen Term, rechts abgekürzt durch Referenzen (ohne und mit eingezeichneten Bezugspfeilen)

der öffentlichen Bibliothek zu finden ist. Dieses **Zettelmodell** der Referenzen soll im folgenden zunächst unterstellt werden, bis in 6.6 der Übergang zu Adressen (vgl. 3.6.4 und 5.1.3) durchgeführt ist.

Abb. 172 zeigt die Abb. 171 entsprechenden Gabelbilder für die aufgebauten Objekte, wobei in (b_2) die Referenzen durch gewöhnliche Pfeile (**Bezugspfeile**) ausgedrückt sind. Der bisher baumartige Charakter der Gabelbilder geht bei diesem Übergang zu einem Netz (vgl. 3.1.1.1) verloren. Man achte auch auf die Umkehrung der Pfeilrichtung, beim Übergang vom Einsetzungspfeil $\Leftarrow$ zum Bezugspfeil $\rightarrow$, die einen Auffassungswechsel anzeigt. Beachte ferner, daß das linke Objekt den Haufen[19]

$$\{ A , A , A , A , B , B \}$$

von elementaren Bestandteilen hat, das rechte jedoch den Haufen

$$\{ A , A , B \}.$$

Für das Objekt s, vereinbart durch

$$\textsf{lisp } s \equiv cons(\langle A \rangle, cons(\langle A \rangle, \langle B \rangle))$$

finden wir

$$s[1] \triangleq \langle A \rangle \quad s[2,1] \triangleq \langle A \rangle$$

Dieses Zusammenfallen der Ergebnisse zweier Selektionen ist „zufällig"; für das ähnlich aufgebaute Objekt t:

$$\textsf{lisp } t \equiv cons(\langle A \rangle, cons(\langle C \rangle, \langle B \rangle))$$

ist

$$t[1] \neq t[2, 1].$$

Jedoch gilt für das Objekt p mit $\quad$ **lisp** $p \equiv cons(s, s) \quad$ stets $\quad p[1]=p[2]$, unabhängig davon, welche Zwischenergebnis-Vereinbarung für das Teilobjekt s der Sorte **lisp** besteht: Der frei wählbare Bezeichner s bedeutet, wie schon bisher, an jeder Stelle seines gebundenen Vorkommens das selbe.

Schließlich kann man in s auch für die Blätter je eine frei wählbare Bezeichnung einführen und erhält (Abb. 173)

$$\textsf{lisp } s \equiv cons(a, cons(a, b))$$

ergänzt durch

$$(\textsf{lisp } a, \textsf{lisp } b) \equiv (\langle A \rangle, \langle B \rangle)$$

---

[19] Ein **Haufen** besteht aus Kopien von Elementen einer Menge, wobei deren Häufigkeit berücksichtigt wird. Ein Haufen ohne wiederholte Elemente ist eine Menge. Für eine abstrakte Definition siehe 8.4.2.5.

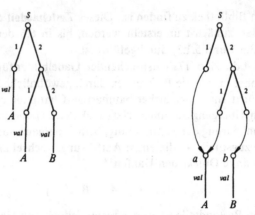

Abb. 173.   Beblätterte Bäume mit Referenzen auf Blätter

Beachte, daß auch operativ ein Unterschied besteht zwischen den Abschnitten

$$⌜(\textbf{lisp } a, \textbf{ lisp } b) ≡ (⟨A⟩, ⟨B⟩); cons(a, cons(a, b))⌟$$

und

(*) $$⌜(\textbf{char } a, \textbf{ char } b) ≡ (A, B) ; cons(⟨a⟩, cons(⟨a⟩, ⟨b⟩))⌟$$

Gleiches erreicht man natürlich, wenn man zu Rechenvorschriften übergeht (3.1.1.1):

$$\textbf{funct } P ≡ (\textbf{lisp } s) \textbf{ lisp} : cons(s, s)$$

mit dem Aufruf $P(cons(⟨A⟩, cons(⟨A⟩, ⟨B⟩)))$ oder

$$\textbf{funct } S ≡ (\textbf{lisp } a, \textbf{ lisp } b) \textbf{ lisp} : cons(a, cons(a, b))$$

mit dem Aufruf $S(⟨A⟩, ⟨B⟩)$.

6.4.1.2 *Unendliche Listen*

Als **Listen** bezeichnet man nicht nur solche Terme zum Aufbau von Objekten, die (wie auf der rechten Seite der Vereinbarungen für *s* oder *p* bzw. im Rumpf der Rechenvorschriften *S* oder *P*) frei wählbare Bezeichnungen bzw. Parameter als Operanden enthalten dürfen, sondern man erlaubt auch, daß sie Referenzen auf sich selbst als Teillisten enthalten.[20]

Um die Terminierung des Aufbaus einer Liste nicht zu gefährden, wird die Berechnung niemals weiter geführt, als zur Ausführbarkeit einer Nicht-

---

[20] „Listen können sich selbst als Bestandteil enthalten. Auf mehreren Positionen einer Liste ... kann ein und dasselbe Element stehen" (SEEGMÜLLER 1974).
"The big difference between Lists and trees is that Lists may overlap (i. e., sub-Lists need not be disjoint) and they may even be recursive (may contain themselves)" (KNUTH 1968).

Konstruktor-Operation auf einer Liste zwecks Herstellung der Normalform
nötig ist (**träge Auswertung**).

Beispiel (i): Die rekursive Zwischenergebnis-Vereinbarung mit unterstellter
träger Auswertung (vgl. 6.3.5.1)

string $a \equiv prefix(\mathbf{O}, prefix(\mathbf{O}, prefix(\mathbf{L}, a)))$

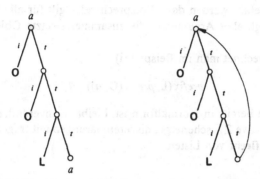

Abb. 174. Dualbruchdarstellung von $\frac{1}{7}$ als unendliche Liste

beschreibt die Dualbruchdarstellung von $\frac{1}{7}$, was mißverständlich mittels
der berüchtigten drei Pünktchen

$$\frac{1}{7} = .\mathbf{OOLOOL}\ldots,$$

korrekt mit Angabe der Periode, üblicherweise durch Überstreichen
(DIN 1333)

$$\frac{1}{7} = .\overline{\mathbf{OOL}}$$

geschieht. Abb. 174 zeigt das zugehörige Gabelbild, rechts mit einge-
zeichneter Referenz.

Eine Liste, die eine Referenz auf sich selbst oder auf eine (echte) Teilliste
enthält, soll **unendliche Liste** genannt werden. Im obigen Beispiel ist der
Haufen ihrer Bestandteile (**Komponenten**) eine unendliche Menge (von Kopien der Grundelemente) – trotz der endlichen Aufschreibung der Liste.

Wie berechnet man nun im Beispiel (i) etwa

$$first(rest(a))$$

(das sich intuitiv zu **O** ergeben sollte)? Durch einmaliges Einsetzen erhält
man

$$first(rest(prefix(\mathbf{O}, prefix(\mathbf{O}, prefix(\mathbf{L}, a))))) \quad.$$

Dieser Term kann bereits vereinfacht (‚ausgewertet') werden und ergibt zunächst

$$first\,(prefix\,(\mathbf{O},\,prefix\,(\mathbf{L},\,a)))\quad,$$

sodann **O**.

Träge Auswertung ist im Falle unendlicher Listen unabdingbar. Sie zieht, wie das Beispiel zeigt, nach sich, daß (im Gegensatz zur bisherigen Annahme, 2.2.2.3) dann *prefix* (bzgl. des zweiten Operanden) nicht mehr als eine strikte Operation aufgefaßt werden darf. Entsprechendes gilt für alle Konstruktoroperationen bzgl. aller Argumente, die zusammengesetzte Objekte bezeichnen.

Und wie berechnet man im Beispiel (i)

$$prefix\,(\mathbf{L},\,prefix\,(\mathbf{O},\,a))\quad?$$

Da dieser Term bereits in Normalform ist, bleibt er unverändert.

Durch kollektive Zwischenergebnisvereinbarungen mit träger Auswertung entsteht ein **Geflecht** von Listen.

Beispiel (ii):

$$(\mathbf{string}\ b,\ \mathbf{string}\ a)\equiv(\,prefix\,(\mathbf{L},\,prefix\,(\mathbf{O},\,a)),$$
$$prefix\,(\mathbf{O},\,prefix\,(\mathbf{O},\,prefix\,(\mathbf{L},\,a))))$$

wo b eine Dualdarstellung für $\frac{15}{28}=.\mathbf{LO\overline{OOL}}$ liefert[21] (Abb. 175 li.).

Abb. 175 re. zeigt die sich nach Einführung von Referenzen ergebende **Ringliste** mit aufsitzender ‚linearer' Liste.

Neben solchen Listen haben große Bedeutung ‚vergabelte' Listen:

Beispiel (iii):

$$(\mathbf{casc}\ k,\ \mathbf{casc}\ l)\equiv(\mathbf{casc}\,(l,\,''A'',\,k),\,\mathbf{casc}\,(l,\,''B'',\,k))$$

Nunmehr ist

$l[1]$ gleich l, aber auch gleich $l[1, 1]$, $l[3, 1]$, $l[1, 3, 1]$, $l[3, 1, 1]$ usw.

---

[21] Nur rationale Zahlen haben eine periodische Dualbruchdarstellung, die sich durch Listen erfassen läßt. Die zu irrationalen Zahlen wie $\sqrt{2}$ oder π gehörigen Dualbruchdarstellungen, z. B.

$$\frac{\pi}{4}=.\mathbf{LLOOL\ OOLOO\ OOLLL\ LLLOL}\ \ldots$$

führen zu unendlichen Folgen, die sich nicht durch Listen darstellen lassen. Auch der Dualbruch, der zu der berechenbaren, aber transzendenten Liouvilleschen Zahl $\sum_{i=0}^{\infty}(1/2^{(i!)})$ gehört, kann nicht durch eine (unendliche) Liste der Sorte **string** dargestellt werden.

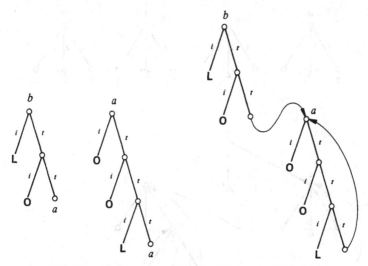

Abb. 175.   Dualbruchdarstellung von $\frac{15}{28}$ als unendliche Liste

Abb. 176 zeigt das Gabelbild mit eingezeichneten Referenzen, sowie eine durch einmaliges Einsetzen von k in l entstehende Variante.

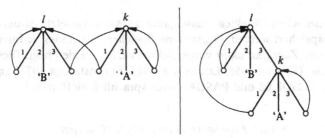

Abb. 176.   Gabelbild eines unendlichen Listenpaares

Beispiel (iv):

$$(\textbf{casc } a, \textbf{ casc } z, \textbf{ casc } s, \textbf{ casc } r) \equiv (\textbf{casc}(z, \text{"A"}, s),$$
$$\textbf{casc}(z, \text{"Z"}, s),$$
$$\textbf{casc}(r, \text{"S"}, z),$$
$$\textbf{casc}(s, \text{"R"}, r) \ )$$

Abb. 177 zeigt das zugehörige Geflecht von vier unendlichen Listen a, z, s und r sowie ein durch Einsetzen entstehendes Gabelbild mit Referenzen.

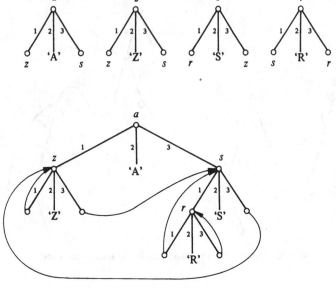

Abb. 177.   Gabelbild eines Geflechts

6.4.2 Organisierte Speicher

Neben einfachen Objekten müssen auch zusammengesetzte, strukturierte Objekte gespeichert werden. Organisierte Speicher leisten dies dadurch, daß auf ihnen eine *Zugriffsstruktur* vorgezeichnet ist. Sie werden begrifflich häufig verwendet (KNUTH 1968, LUCAS u. a. 1968, SEEGMÜLLER 1974) und lassen sich in ALGOL 68 und PASCAL auch sprachlich einführen.

6.4.2.1 *Errechnete Variablenbezeichnungen*

Ersetzt man wie in 6.4.1.1 (∗) alle Grundobjekte eines zusammengesetzten Objekts durch Referenzen auf Grundobjekte, also etwa

$$\ulcorner(\textbf{char } a,\ \textbf{char } b,\ \textbf{char } c) \equiv ("B", "A", "R")\ ;\ cons(\langle a\rangle, cons(\langle b\rangle, \langle c\rangle))\urcorner$$

so ist das zusammengesetzte Objekt zerlegt in sein **Struktur-Schema** $cons(\langle a\rangle, cons(\langle b\rangle, \langle c\rangle))$ über den frei wählbaren Bezeichnern a, b, c und deren Besetzung durch Grundobjekte (Abb. 178).

In Algorithmen werden zusammengesetzte Objekte häufig auf- und abgebaut. Nicht selten wird jedoch auch ein unverändertes Struktur-Schema mit ganz oder teilweise wechselnder Besetzung benutzt.

Beispiel: Die I-te Komponente einer Zeichenfolge a ist in das Zeichen X abzuändern. Gestützt auf *first, rest* und *prefix* geschieht das folgendermaßen durch selektive Änderung:

```
funct alt ≡ (string a, int I, char X
    co 1 ≦ I ∧ I ≦ length (a) co) string :

if I = 1
then prefix (X, rest (a))
else prefix (first (a),
                alt (rest (a), I − 1, X))  fi
```

```
function alt (a : string; I : integer; X : char
        {(1 ≦ I) and (I ≦ length (a))}) : string ;
begin
    if I = 1
    then alt ⇐ prefix (X, rest (a))
    else alt ⇐ prefix (first (a),
                    alt (rest (a), I − 1, X))
end
```

Die Verfügbarkeit der Operation *sel* nützt nichts, da die I-te Komponente ja nicht gelesen werden soll.

Geht man aber, wie in 3.2 von Zwischenergebnisbezeichnungen zu Variablen, von Referenzen mit festen zu solchen mit wechselnden Bezugsobjekten über, so kann durch die Operation *sel* die I-te Referenz aufgesucht und sodann als neues Objekt X zugeordnet werden.

Auf diese Weise erhält man einen Satz von (wohlunterschiedenen) Variablen zusammen mit einem Struktur-Schema. Letzteres legt fest, wie man eine einzelne Variable durch Selektion bestimmt, also ihre Bezeichnung ,errechnet', und organisiert damit den Satz von Variablen.

Abb. 179 zeigt im Vergleich zu Abb. 178 den begrifflichen Wandel.

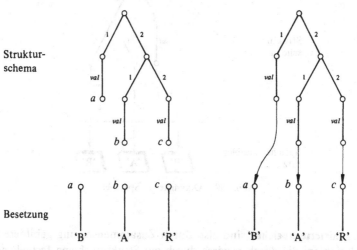

Abb. 178.   Zerlegung eines zusammengesetzten Objekts in Struktur-Schema und Besetzung der Zwischenergebnisbezeichnungen

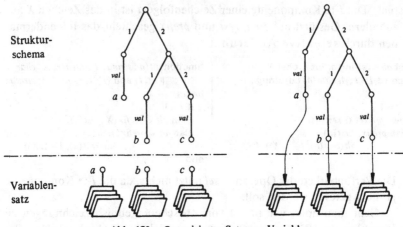

Abb. 179.   Organisierter Satz von Variablen

In Abb. 180, die im übrigen Abb. 179 entspricht, ist schließlich der Übergang zu einem Satz von Speichervariablen (3.6.4, ‚überschreibbarer Schriftträger') vorgenommen. Bei Verwendung eines linearen Speichers (3.6.4) spricht man auch von Speicherzellen, insbesondere bei wortorganisierten Speichern (5.1.3).

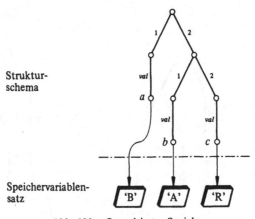

Abb. 180.   Organisierter Speicher

Organisierte Speicher sind also durch Zusammensetzung gebildete Sätze von Variablen, die durch gewisse durch ein Strukturschema festgelegte Zugriffseigenschaften charakterisiert sind. Wir haben also insbesondere zu tun

mit Stapeln, mit Schlangen und mit Sequenzen von Variablen für Objekte der
Sorte μ:

stack var μ, **queue var** μ, **sequ var** μ

aber auch mit beblätterten und bezeichneten Binärbäumen von Variablen

lisp var μ, **casc var** μ

und mit allgemeinen beblätterten Bäumen von Variablen

tree var μ

Typisch sind jeweils Operationen, die solche Zusammensetzungen aufbauen
oder abbauen. Beispielsweise gewinnt man aus einem Stapel von Variablen
durch *first* die ‚erste' Variable; aus einer Variablen $\tilde{u}$ und einem Stapel von
Variablen $\tilde{a}$ entsteht durch *prefix* ein neuer Stapel von Variablen;

$$first\ (prefix(\tilde{u}, \tilde{a}))$$

ist die erste Variable $\tilde{u}$ in diesem Stapel, wobei

$\tilde{u}$ von der Sorte **var int**
$\tilde{a}$ von der Sorte **stack var int**

vereinbart ist.

Die hier auftretenden Terme mit Variablenbezeichnern, die zur ‚Errech-
nung' einer Variablen dienen, heißen auch **Variablenformen**.

Angesteuerte (‚errechnete') Variablen können wie gewöhnliche Variablen
verwendet werden; es kann ihnen ein Objekt zugewiesen werden:

$$first\ (prefix(\tilde{u}, \tilde{a})) := 3$$

ist gleichbedeutend mit $\tilde{u} := 3$ (falls $\tilde{u}$ im Stapel $\tilde{a}$ nicht vorkommt).

Sätze von Variablen (Abb. 181) werden in ALGOL 68 als Zusammensetzungen wie sonst vereinbart: für

mode vcpl ≡ **struct** (**var real** *re*, **var real** *im*)

etwa durch die Vereinbarung **vcpl** *z*.

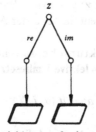

Abb. 181. Variablenpaar für komplexe Zahlen

Während Zusammensetzungen von Objekten in PASCAL (vgl. 6.3.3.1) streng genommen nicht vorkommen, können Sätze von Variablen vereinbart werden, und obiger Vereinbarung entspricht tatsächlich die Vereinbarung **var** $z : compl$, wobei

$$\textbf{type } compl = \textbf{record } re : real \,;\, im : real \textbf{ end}$$

6.4.2.2 Der Übergang von zusammengesetzten Objekten zu organisierten Speichern

Indizierte Variable, die in 3.6.1 eingeführt wurden, reihen sich in dieses Bild ein: ihr Struktur-Schema ist im wesentlichen das der Folgen *fester Länge*, mit ganzen Zahlen als Selektoren; die Erstreckung dieser Indizes wird als Intervall vorgegeben. Abb. 182 zeigt die Darstellung eines Feldes von acht indizierten Variablen $a[5]$, $a[6]$, ..., $a[12]$ als organisierter Speicher.

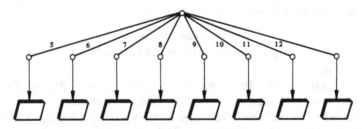

Abb. 182.   Ein Feld $[5 .. 12]$ **var int** a indizierter Variablen als organisierter Speicher

Anders organisierte Speicher sind uns in 6.2 begegnet: Puffer, Keller, Bänder, Scheiben. Sie waren dort eingeführt worden als Variable für Schlangen, Stapel, Gehefte und Bücher. Sie erfahren jetzt eine Umdeutung als Sätze von Variablen, organisiert mit dem Struktur-Schema von Schlangen, Stapeln, Geheften, Büchern.

Von einer Variablen r der Art **var** $[5 .. 12]\chi$ für eine ganze Reihung geht man also über zu einer Reihung $\bar{r}$ der Art $[5 .. 12]$ **var** χ von einzelnen Variablen für Grundobjekte der Art χ; von einer Variablen a der Art **var stack** χ für einen ganzen Stapel zu einem Stapel $\bar{a}$ der Art **stack var** χ von einzelnen Variablen für Grundobjekte.

Operationen, die das Strukturschema erhalten, werden zu Umbesetzungen einzelner Variablen (**selektive Umbesetzung**, engl. *selective updating*). Die Zuweisung[22]

$$a := alt\,(a, I, X)$$

---

[22] Beachte, daß *alt* (6.4.2.1) einen Ab- und Aufbau involviert.

des in der I-ten Komponente selektiv zu X abgeänderten Inhalts der Stapelvariablen a an die Stapelvariable a kann jetzt ersetzt werden durch die einfache selektive Umbesetzung

$$\tilde{a}\,[I] := X$$

innerhalb des als Stapel organisierten Speichers $\tilde{a}$.

Angenommen, der Stapel $\tilde{a}$ umfasse drei (wohl unterschiedene) Variable.
Die Zuweisung

$$a := prefix\ (X,\ prefix\ (Y,\ prefix\ (Z,\ empty)))$$

geht über in die kollektive Zuweisung

$$(first\,(\tilde{a}),\ first\,(rest\,(\tilde{a})),\ first\,(rest\,(rest\,(\tilde{a})))) := (X,\ Y,\ Z).$$

Beachte, daß auf der linken Seite der Zuweisung durch Variablenformen bestimmte Variable vorkommen; eine gleichwertige Schreibweise ist

$$(\tilde{a}[1],\ \tilde{a}[2],\ \tilde{a}[3]) := (X,\ Y,\ Z).$$

Auch kann der Wert solcher errechneter Variablen an Variable zugewiesen
werden. So bewirkt z. B. die Zuweisung

$$(\tilde{a}[1],\ \tilde{a}[2],\ \tilde{a}[3]) := (\tilde{a}[2],\ \tilde{a}[3],\ \tilde{a}[1])$$

einen Ringtausch der Speicherinhalte.

Die Verwendung organisierter Speicher ist zwar begrifflich schwerfälliger,
praktisch oft aber auch effizienter; die selektive Umbesetzung (vgl. 6.2.2)

$$first\,(rest\,(rest\,(\tilde{a}))) := Z$$

insbesondere der ‚verstecktesten‘ Stapelvariablen leistet bereits so viel wie die
umfängliche Schaffung und Zuweisung eines ganz neuen Stapels

$$a := prefix\,(\,first\,(a),\ prefix\,(\,first\,(rest\,(a)),\ prefix\,(Z,\ empty))).$$

In orthodoxem ALGOL 68 wird der Unterschied zwischen der (Stapel-)Variablen a und
(dem Stapel von Variablen) $\tilde{a}$ verwischt; in PASCAL sind von vornherein Variable für zusammengesetzte Objekte identisch mit organisierten Speichern aus Variablen (s. 6.4.2.1).

Referenzen, die in einem Struktur-Schema vorkommen, werden in PAS-
CAL **Zeiger** genannt und haben als unveränderliches Bezugsziel Speichervariable.

In ALGOL 68 dagegen ist bei Referenzen grundsätzlich ein wechselndes Bezugsobjekt
erlaubt; auch Programmvariable werden dort auf Referenzen zurückgeführt – eine Vereinheitlichung, die wenig Anklang gefunden hat.

Wir werden deshalb im weiteren Verlauf in der Behandlung organisierter Speicher – un-
beschadet der Notation – der PASCAL-Auffassung von Zeigern folgen.

6.4.2.3 *Gleichbesetzungs-Tabu, Seiteneffekte*

Da nunmehr Variable mittels Variablenformen errechnet werden können, ist die Überprüfung der Einhaltung des Gleichbesetzungs-Tabus, wie schon am Ende von 3.6.1 erwähnt, nicht mehr durch bloße Betrachtung des Programmtextes möglich. Ist etwa $\bar{s}$ eine Sequenz von Variablen, so bezeichnen *first* $(\bar{s})$ und *last* $(\bar{s})$ ein und dieselbe Variable, sobald die Länge der Sequenz 1 beträgt.

Eine sorglose selektive Umbesetzung kann also unbeabsichtigte nichtlokale Auswirkungen („Seiteneffekt‘) haben. Deshalb verlangt man neuerdings häufig, daß etwa durch Zusicherungen gewährleistet wird, daß ein und dieselbe Variable nicht unter zwei verschiedenen Bezeichnungen ansprechbar ist (**Alias-Verbot**)[23].

In PASCAL verbietet man deshalb auch, verschieden bezeichnete Referenzen für das selbe Bezugsziel zu benutzen. Man schließt überdies durch sprachliche Einschränkungen aus, daß ein und dieselbe Variable beim Aufbau eines organisierten Speichers mehrfach eingebaut wird.

6.4.3 Zeiger

Charakteristisch für die Behandlung organisierter Speicher in den vergleichsweise maschinennahen Programmiersprachen PASCAL und ALGOL 68 ist der Umstand, daß die Struktur-Schemata vollständig mittels Referenzen aufgebaut werden müssen. Dabei können auf linearen Speichern (3.6.4) Bezugsadressen als Referenzen verwendet werden. Es werden dann auch für Zeiger, also für strukturbestimmende Referenzen, Speichervariable

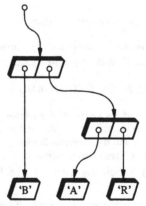

Abb. 183.   Beblätterter Binärbaum als Geflecht von Variablensätzen

---

[23] Insbesondere sollte also die Gleichheitsvereinbarung von ALGOL 68 für Variable nicht gebraucht werden.

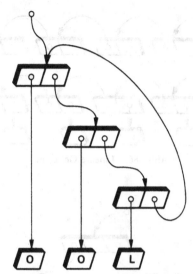

Abb. 184.   Unendliche Liste als Geflecht von Variablensätzen

eingeführt (**Leitvariable**[24], 3.6.4); der organisierte Speicher wird samt dem Struktur-Schema aus einzelnen **Variablensätzen** („Verbunde", „*records*") auf- gebaut, die durch Zeiger miteinander verflochten sind. Abb. 183, 184 zeigen dies für die Beispiele der Abb. 180, 174.

6.4.3.1 *Zeigergeflechte*

Zeiger richten sich im allgemeinen auf einen Satz von Speichervariablen, im Grenzfall auch auf eine einzige oder keine Variable. Der **leere Zeiger**, der Zeiger auf den leeren Satz, wird universell mit **nil** bzw. *nil* bezeichnet.

Als Bezugsziel eines Zeigers ist aber nicht nur die Variable oder die Zu- sammensetzung von Variablen anzusehen, auf die sich der Zeiger unmittelbar richtet, sondern die Gesamtheit aller Variablen oder Zusammensetzungen von Variablen, die indirekt über weitere Zeiger ansprechbar ist; diese Ge- samtheit bildet das durch den Zeiger erreichbare **Zeigergeflecht** (Abb. 185).

Weitere informelle Beispiele für Zeigergeflechte sind in den Abb. 186 und 187 zu finden. Dabei werden Zeiger durch kleine Kreise symbolisiert, ein da-

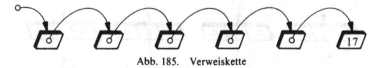

Abb. 185.   Verweiskette

---

[24] Bei Verwendung eines wortorganisierten linearen Speichers (5.1.3) spricht man auch von **Leitzellen** für Adressen.

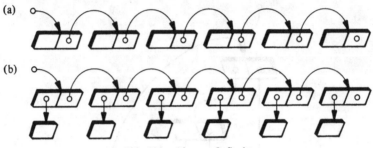

(a)

(b)

Abb. 186.   Lineare Geflechte

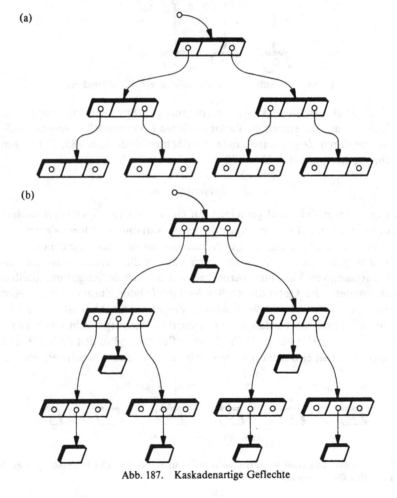

(a)

(b)

Abb. 187.   Kaskadenartige Geflechte

von ausgehender Pfeil führt zum Bezugsobjekt. Kästchen mit einem kleinen Kreis bezeichnen Leitvariable, Kästchen ohne solchen Eintrag gewöhnliche Variable. Ein kleiner Kreis, von dem kein Pfeil ausgeht, soll den leeren Zeiger darstellen.

6.4.3.2 Deklaration einer Zeigersorte

Auch Zeiger sind sortenspezifisch: Wir schreiben

ref var μ | $\uparrow\mu$

für die Sorte der Verweise auf Variable der Sorte μ, wobei μ in der Regel eine zusammengesetzte Sorte ist.

In ALGOL 68 wie in PASCAL können durch Deklarationen neue Indikationen für Zeigersorten eingeführt werden, etwa[25]

mode ptint ≡ **ref var int**	**type** *ptinteger* = ↑*integer*
mode ptfeld ≡ **ref** [0 .. 10] **var int** oder gleichwertig	
mode ptfeld ≡ **ref feld**, wobei	**type** *ptfeld* = ↑*feld* ;
mode feld ≡ [0 .. 10] **var int**	*feld* = **array** [0 .. 10] **of** *integer*
mode ptstack ≡ **ref stack var char**	**type** *ptstack* = ↑*stack of char*
mode ptvcpl ≡ **ref vcpl**, wobei	**type** *ptcompl* = ↑*compl* ;

mode vcpl ≡ **struct** (**var real** *re*,
                  var real *im*)
	compl = **record** *re* : *real* ;
	        im : *real* **end**

Variable für Zeiger, d. h. Leitvariable, werden wie auch sonst vereinbart[26]:

var ptint *gg* oder	**var** *gg* : *ptinteger*
var ref var int *gg*	
var ptfeld *ff* oder	**var** *ff* : *ptfeld*
var ref [0 .. 10] **var int** *ff*	
var ptvcpl *hh*	**var** *hh* : *ptcompl*

---

[25] In orthodoxem PASCAL müssen Zeigersorten sogar eigens bezeichnet werden, sofern sie z. B. als Parameter- oder Ergebnissorte bei Rechenvorschriften oder Prozeduren auftreten. In orthodoxem ALGOL ist die Einführung einer Bezeichnung für die Zeigersorte nicht nötig.

[26] Das erste **var**-Symbol wird in orthodoxem ALGOL wieder unterdrückt.

6.4.3.3 *Schaffung von Variablen und Zeigern*

In PASCAL wird grundsätzlich ein Zeiger nur eingeführt (**geschaffen**) in unmittelbarer Verbindung mit der Schaffung eines (nichtleeren) Satzes von Variablen, auf die sich der Zeiger richtet. Bei der Schaffung eines Satzes von Variablen werden diese Variablen vereinbart, ohne ihnen eine besondere Bezeichnung zu geben (namenlose, **anonyme**[27] Variable). Bei Verwendung eines linearen Speichers wird dazu eine geeignete Speicherverteilung vorgenommen; als Zeiger steht dann etwa eine Bezugsadresse für den Satz von Variablen zur Verfügung. (Gründe für die Anonymität der durch Zeiger erreichbaren Variablen werden weiter unten ersichtlich.)

In PASCAL ist ferner auch der geschaffene Zeiger ohne Bezeichnung, er kann und muß unter einer Zeigervariablen festgehalten werden.

In ALGOL 68 drückt man durch **newvar** die Schaffung einer Variablen und durch **newpt** die Schaffung eines Zeigers aus[28] und schreibt etwa[29]

$$gg := \textbf{newpt var int} \succ= \textbf{newvar int} := 3$$

für die Zuweisung von 3 an eine anonyme Variable und die Speicherung eines auf diese Variable gerichteten Zeigers in der vereinbarten Zeigervariablen *gg*. Das Zeichen $\succ=$ richtet dabei den Zeiger auf das Bezugsobjekt.

Ähnlich schreiben wir

$$ff := \textbf{newpt feld} \succ= [0 \,..\, 10] \textbf{ newvar int} := (1,2,4,8,15,30,60,125,250,500,1000)$$

für die kollektive Zuweisung der ganzen Zahlen 1, 2, 4, 8, 15, 30, 60, 125, 250, 500, 1000 an die neugeschaffenen ganzzahligen Variablen [0 .. 10] **newvar int** (etwa mit den Adressen $1024_0 \,..\, 1034_0$) und die Zuweisung eines neugeschaffenen auf dieses Feld gerichteten Zeigers (etwa die Bezugsadresse 1024_0) an die Zeigervariable *ff*.

Ein weiteres Beispiel ist

$$hh1 := \textbf{newpt vcpl} \succ= \textbf{vcpl}(\textbf{newvar real} := .5, \textbf{ newvar real} := \quad .866)$$
$$hh2 := \textbf{newpt vcpl} \succ= \textbf{vcpl}(\textbf{newvar real} := .5, \textbf{ newvar real} := -.866)$$

---

[27] Bei anonymen Variablen ist die Bezeichnungsersparnis (3.2.1) zum Extrem getrieben.

[28] In orthodoxem ALGOL 68 werden **newpt** und **newvar** durch **heap** ersetzt, für Felder und Tupel sind die nachfolgend gebrauchten Schreibweisen nicht erlaubt.

[29] In orthodoxem ALGOL 68 wird $\succ=$ durch := ersetzt; auch kann hier (und im weiteren) eine „Referenzstufe" eingespart werden:
$$gg := \textbf{heap int} := 3$$
$$ff := \textbf{heap feld} := (1,2,4,8,15,30,60,125,250,500,1000)$$
$$hh1 := \textbf{heap vcpl} := (.5, .866)$$

oder mit einer kollektiven Zuweisung

$hh1 :=$ **newpt vcpl** $\succ\!=$ **vcpl** **(newvar real, newvar real)** $:= (.5, \quad .866)$
$hh2 :=$ **newpt vcpl** $\succ\!=$ **vcpl** **(newvar real, newvar real)** $:= (.5, -.866)$

Den zu einem Zeiger gehörigen Satz von Variablen bekommt man in ALGOL 68 dadurch, daß man seine Art **erzwingt** durch Anwendung χ (.) der betreffenden Indikation χ:

$$\textbf{var int}\,(gg) := 5$$
$$([0 .. 10]\ \textbf{var int}\,(\mathit{ff}\,))[5] := 16$$
$$\textbf{im of vcpl}\,(hh2) := .866 \quad .$$

In PASCAL wird die gekoppelte Schaffung eines Zeigers und einer (Zusammensetzung von) Variablen in e i n e r Prozedur *new* versteckt, die auch das Festhalten des Zeigers unter einer als Parameter anzugebenden Zeigervariablen bewirkt. Eine Initialisierung der geschaffenen Variablen ist nicht möglich, stattdessen müssen Zuweisungen nachgeholt werden; die Schaffung der Variablen und ihre Besetzung sind getrennt.

Die Operation .$\uparrow$ liefert den Variablensatz, auf den der Zeiger weist, der unter der Zeigervariablen gespeichert ist:

$$new\,(gg)\,;\ gg\!\uparrow := 3$$
$$new\,(\mathit{ff}\,)\,;\mathit{ff}\!\uparrow[0] := 1\,;\mathit{ff}\!\uparrow[1] := 2\,;\ldots;\mathit{ff}\!\uparrow[10] := 1000$$
$$new\,(hh1)\,;\ hh1\!\uparrow.re := 0.5\,;\ hh1\!\uparrow.im := 0.866$$
$$new\,(hh2)\,;\ hh2\!\uparrow.re := 0.5\,;\ hh2\!\uparrow.im := -0.866$$

In rekursiven Situationen wird in jeder Inkarnation ein der Inkarnation eigentümlicher Zeiger geschaffen; wir werden darauf sogleich zurückkommen.

Abschließend ein Beispiel für eine Prozedur zum zyklischen Vertauschen der Werte eines Feldes von Variablen, mit einer Zeigervariablen als Parameter:

```
proc ring ≡ (var ptfeld pp):

⌈int X ≡ ([0 .. 10] var int(pp))[0];
 for i from 0 to 9 do
   ([0 .. 10] var int(pp))[i] :=
     ([0 .. 10] var int(pp))[i + 1] od;
 ([0 .. 10] var int(pp))[10] := X      ⌋
```

```
procedure ring (var pp : ptfeld);
  var i, x : integer;
begin x := pp↑[0];
  for i := 0 to 9 do
    pp↑[i] := pp↑[i + 1];
  pp↑[10] := x
end
```

Dafür ließe sich auch eine Prozedur mit einem Feld von Variablen als Parameter schreiben: Die Verwendung e i n e s Zeigers als Parameter statt zehn Variablen ist selbstverständlich eine maschinennahe, durch die Parameterübergabe per Adresse (vgl. 3.6.4.3) verwirklichte Version.

6.4.3.4 *Gleichheit von Zeigern*

Insbesondere für den Vergleich mit dem universellen Zeiger, der auf den leeren Satz von Variablen zeigt, benötigt man den Vergleichsoperator für Zeiger. In ALGOL 68 dient dazu **nicht** das gewöhnliche Gleichheitszeichen:

ptvcpl(*hh*) **is nil**   oder auch   **ptvcpl**(*hh*):=:**nil** | *hh* = *nil*

ptfeld (*ff*) **isnt nil**   oder auch   **ptfeld** (*ff*):≠:**nil** | *ff* ≠ *nil*

Verglichen wird dabei der Wert der Zeigervariablen mit dem leeren Zeiger. Intuitiv sind zwei Zeiger genau dann gleich, wenn sie auf ein- und denselben Satz von Variablen zeigen. Aus

ptvcpl(*hh3*) **is ptvcpl**(*hh4*) | *hh3* = *hh4*

folgt also sicher

(**ptvcpl**(*hh3*) **is nil** ∧ **ptvcpl**(*hh4*) **is nil**) ∨ | ((*hh3* = *nil*) **and** (*hh4* = *nil*)) ∨
(*re* **of vcpl**(*hh3*) = *re* **of vcpl**(*hh4*) ∧ | ((*hh3*↑.*re* = *hh4*↑.*re*) **and**
im **of vcpl**(*hh3*) = *im* **of vcpl**(*hh4*)) | (*hh4*↑.*im* = *hh4*↑.*im*))

Die Umkehrung ist natürlich nicht richtig: der Zeigervergleich

ptvcpl(*hh1*) **is ptvcpl**(*hh2*) | *hh1* = *hh2*

fällt für die in 6.4.3.3 besetzten Zeigervariablen *hh1, hh2* auch dann als falsch aus, wenn die Werte der beiden Variablenpaare übereinstimmen, etwa weil vorher die Zuweisung

im **of vcpl**(*hh2*):= .866 | *hh2*↑.*im* := 0.866

vorgenommen wurde. Hier sind zwei Exemplare ein und desselben Objekts .866 unter verschiedenen Zeigern erreichbar; eine eventuelle Abänderung innerhalb des einen Satzes von Variablen stört den anderen nicht.

6.4.4 Geflechtbildende Variablensätze

Die geflechtbildenden Sätze von Variablen werden in ALGOL 68 und in PASCAL durch Vereinbarungen für **Grundelemente** eingeführt, die denen für Objekt-Tupel (6.3.4) *mutatis mutandis* entsprechen.

6.4.4.1 Für das lineare Geflecht von Abb. 186(a) liefert

mode listel ≡ | **type** *listel* =
  struct (**var char** *i*, | **record** *i* : *char* ;
       var ref listel *t*) | *t* : ↑ *listel*
                      | **end**

das Grundelement; man vergleiche diese Vereinbarung mit der von **string** in 6.3.5.1.

Die Geflechte, die man mit diesem Grundelement aufbauen kann, umfassen neben abbrechenden (Abb. 186(a)) auch unendliche **monadische Listen** (**Einweg-Listen**, Abb. 188).

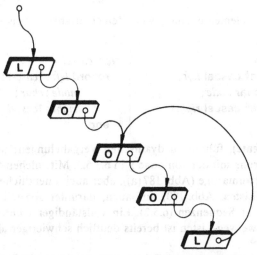

Abb. 188.   Dualbruchdarstellung von $\frac{15}{28}$ mittels einer Ring-Einweg-Liste (vgl. Abb. 175)

Insbesondere gibt es **zusammenlaufende Einweg-Listen**, mit der Eigenschaft, daß ein- und derselbe Zeiger mehrfach vorkommt und damit mehrere Leitvariable auf den selben Satz zeigen, also gemeinsame Teilobjekte (6.4.1.1) dargestellt werden.

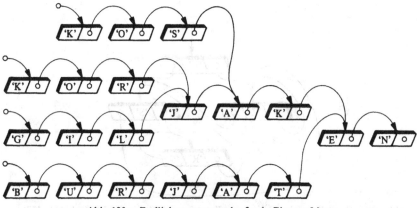

Abb. 189.   Endliche zusammenlaufende Einweg-Liste

Dies ist sowohl bei der unendlichen Liste von Abb. 188 wie bei der endlichen von Abb. 189 der Fall.

Das allgemeinste zusammenhängende Geflecht, das mit Sätzen der Sorte **listel** bzw. *listel* aufgebaut werden kann, ist eine zusammenlaufende Einweg-Liste oder eine Ringliste mit aufsitzenden zusammenlaufenden Einweg-Listen.

6.4.4.2 Grundelemente mit zwei Zeigervariablen, beispielsweise der Sorte

mode cascel $\equiv$	**type** *cascel* $=$
struct (**var ref cascel** *left*,	**record** *left* : $\uparrow$*cascel* ;
var char *node*,	*node* : *char* ;
var ref cascel *right*)	*right* : $\uparrow$*cascel*
	end

(**Kaskadenelemente**), führen zu dyadischen Vergabelungen; man vergleiche diese Vereinbarung mit der von **casc** χ in 6.3.5.3. Mit solchen Grundelementen kann man baumartige (Abb. 187(a)), aber auch unendliche **dyadische Listen** (**Zweiweg-Listen**, Abb. 190) aufbauen, darunter speziell symmetrische Darstellungen für Sequenzen (6.5.2). Ein vollständiger Überblick über den Aufbau aller Zweiweg-Listen ist bereits deutlich schwieriger als für Einweg-Listen.

Das allgemeinste von einem Zeiger aus erreichbare Geflecht aus Kaskadenelementen kann als **bezeichneter Baum mit Rückführungen** ausgelegt werden. Dazu verfolgt man, von dem durch den Zeiger aufgezeigten Kaskadenelement als Wurzel ausgehend, alle durch *left* und *right* angesprochenen weiteren Kaskadenelemente baumartig solange, bis ein bereits vorgekommenes Kaskadenelement erneut aufgezeigt wird. Abb. 190 zeigt ein Beispiel, das als

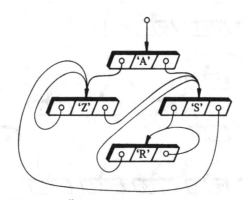

Abb. 190. Darstellung eines Übergangsdiagramms als Zweiweg-Liste (vgl. Abb. 177)

Übergangsdiagramm (vgl. 7.4.2.1) eines Automaten mit binärem Zeichenvorrat und Anfangszustand 'A' als Wurzel gedeutet werden kann (vgl. Abb. 243).

6.4.4.3 Aus praktischen Gründen strebt man manchmal **reinrassige** geflechtbildende Variablensätze an, die nur aus Zeigervariablen bestehen (HOARE 1965). Beispielsweise kann man im Einweglistenelement als erste Komponente eine Variable für einen Zeiger auf ein Zeichen nehmen, und man erhält

<table>
<tr><td>

mode listel1 ≡
   struct (**var ref var char** i,
           var ref listel1 t)

</td><td>

type *listel1* =
   record i : ↑*char* ;
         t : ↑*listel1*
   end

</td></tr>
</table>

Ein Beispiel dafür liefert Abb. 186(b). Ebenso gibt es ein reinrassiges Zweiweglistenelement

<table>
<tr><td>

mode cascel1 ≡
   struct (**var ref cascel1** *left*,
           var ref var char *node*,
           var ref cascel1 *right*)

</td><td>

type *cascel1* =
   record *left* : ↑*cascel1* ;
       node : ↑*char* ;
       right : ↑*cascel1*
   end

</td></tr>
</table>

In Abb. 187(b) ist dieses Element verwendet.

6.5 Zeiger-Implementierungen organisierter Speicher

6.5.1 Implementierung von Stapeln

Wird für Stapel von Zeichen (6.3.6.1) eine Implementierung durch organisierte Speicher gesucht, so liegt die Verwendung von Zeigern und geflechtbildenden Grundelementen der Sorte **listel** bzw. *listel* nahe.

6.5.1.1 *Stapel als Einweg-Listen*

Nachfolgend werden die Grundoperationen für Stapel in der Implementierung (6.4.4.1)

<table>
<tr><td>

mode stack ≡ **ref listel**

</td><td>

type *stack* = ↑*listel*

</td></tr>
</table>

angegeben:

```
funct empty ≡ ref listel : nil                    function empty : stack ;
                                                  begin empty ⇐ nil end

funct isempty ≡ (ref listel s) bool :             function isempty (s : stack) : Boolean ;
ref listel (s) is nil                             begin isempty ⇐ s = nil end

funct first ≡ (ref listel s co ¬isempty(s) co) char :   function first (s : stack |not isempty(s)|) : char ;
    i of listel (s)                               begin first ⇐ s↑.i   end

funct rest ≡ (ref listel s co ¬isempty(s) co) ref listel :   function rest (s : stack |not isempty(s)|) : stack ;
    copy(t of listel (s))                         begin rest ⇐ copy(s↑.t)   end

funct prefix ≡ (char C, ref listel s) ref listel :   function prefix (C : char ; s : stack) : stack ;
                                                      var h : stack ;
newpt listel ⟩—                                   begin new (h) ;
    listel (newvar char := C,                         h↑.i := C ;
        newvar ref listel := copy (s))                h↑.t := copy (s) ;
                                                      prefix ⇐ h
                                                  end
```

Dabei stellt die Hilfsfunktion *copy* eine Kopie des aktuellen, durch den Zeiger *s* aufgewiesenen Geflechts her:

```
funct copy ≡ (ref listel s) ref listel :          function copy (s : stack) : stack ;
                                                      var h : stack ;
                                                      begin
    if s is nil                                       if s = nil
    then s                                            then copy ⇐ s
    else newpt listel ⟩—                              else begin new (h) ;
        listel (newvar char := i of listel (s),           h↑.i := s↑.i ;
            newvar ref listel := copy (t of listel (s)))    h↑.t := copy (s↑.t) ;
                                           fi               copy ⇐ h
                                                          end
                                                      end
```

prefix und *rest* liefern als Ergebnis einen Zeiger auf ein Geflecht, das mit dem ursprünglichen keine einzige Variable gemeinsam hat; wird es selektiv abgeändert, so ist das ohne Auswirkung auf die Argumente von *prefix* und *rest*. Ohne das Kopieren wäre ein solcher Seiteneffekt, der dem funktionalen Charakter von Rechenvorschriften widerspricht, möglich.

Die Rechenvorschrift *copy* ist linear rekursiv, aber nicht repetitiv. Ihr Ablauf führt zunächst zum Durchmustern des ganzen Geflechts bis zum (Terminierung liefernden) leeren Zeiger und sodann zum Nachklappern der hängenden Operationen, d. h. zum (rückwärts erfolgenden) Aufbau der Kopie.

Einfacher ist die repetitive Herstellung einer Kopie unter Umkehr der Aufbaurichtung.

6.5.1.2 Verkettung zweier Einweg-Listen

Die Verkettung zweier Stapel, d. h. das Anfügen aller Komponenten des einen („linken") Stapels an den anderen unter Erhalt der Reihenfolge ist definiert durch die Rechenvorschrift

funct *conc* ≡ (**stack** *l*, **stack** *r*) **stack** :

  if *l* = ◇
  then *r*
  else *prefix* (*first* (*l*),
        conc (*rest* (*l*), *r*)) **fi**

function *conc* (*l* : *stack* ; *r* : *stack*) : *stack* ;
begin
  if *isempty* (*l*)
  then *conc* ⇐ *r*
  else *conc* ⇐ *prefix* (*first* (*l*),
             conc (*rest* (*l*), *r*))
end

wie das nachfolgende Bild veranschaulicht

$$\underbrace{l_1 \underbrace{l_2 \ldots l_n}_{\uparrow}}_{l} \quad \underbrace{r_1 r_2 \ldots r_m}_{r}$$

$$\begin{array}{c} rest\,(l) \\ \uparrow \\ first\,(l) \end{array}$$

Daraus ergibt sich eine Rechenvorschrift für die Verkettung von Einweg-Listen

funct *conc* ≡ (**ref listel** *l*, *r*) **ref listel** :

  if *l* **is nil**
  then *copy* (*r*)
  else newpt listel ⟩=
    listel(**newvar char**:= *i* **of listel**(*l*),
      newvar ref listel:=
        conc (*t* **of listel** (*l*), *r*))
             fi

function *conc* (*l*, *r* : *stack*) : *stack* ;
  var *h* : *stack* ;
begin
  if *l* = *nil*
  then *conc* ⇐ *copy* (*r*)
  else begin *new* (*h*) ;
    h↑.*i* := *l*↑.*i* ;
    h↑.*t* := *conc* (*l*↑.*t*, *r*) ;

      conc ⇐ *h*
    end
end

Als Ergebnis entsteht ein neues Geflecht (Abb. 191), dessen rechter Teil eine Kopie von *r* und dessen linker Teil eine Kopie von *l* – bis auf eine Ersetzung des leeren Verweises durch einen Verweis auf den rechten Teil – ist.

Würde in einer modifizierten Rechenvorschrift *conc1 r* nicht kopiert, so ergäbe sich eine zusammenlaufende Einweg-Liste (Abb. 192). Damit hätte eine mögliche spätere selektive Umbesetzung des verketteten Geflechts eine Rückwirkung auf *r*, einen bei Rechenvorschriften unerwünschten Seitenef-

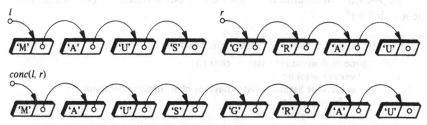

Abb. 191. Konkatenation zweier Einweg-Listen mit vollständigem Kopieren

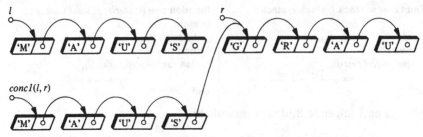

Abb. 192.   Konkatenation zweier Einweg-Listen mit teilweisem Kopieren

fekt. Einen solchen erhielte man überdies auch, wenn man der Effizienz wegen nicht eine Kopie von *l* aufbauen, sondern *l* einfach durchmustern würde bis zum leeren Verweis und dann diesen durch den Verweis *r* ersetzen würde (*conc2*(*l*, *r*), Abb. 193). Dabei würde *l* zerstört.

vorher:

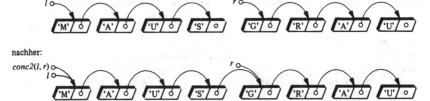

nachher:

Abb. 193.   Konkatenation zweier Einweg-Listen ohne Kopieren

Ist in der Rechenvorschrift *conc* der erste („linke‘) Operand einelementig, erhält man im wesentlichen die Operation *prefix* zurück; ist der zweite („rechte‘) Operand einelementig, entsteht eine neue Fassung für

$$postfix(s, C) = conc(s, prefix(C, empty))$$

(vgl. 6.3.2) durch Einsetzen.

6.5.1.3 *Prozeduren des Moduls KELLER*

Die wichtigsten Grundprozeduren des Moduls *KELLER* (vgl. 6.2.2.1) ergeben sich zu[30]

---

[30] Selbstverständlich kann auch in ALGOL derart wie in PASCAL detailliert werden:

```
proc push ≡ (var ref listel m, char C):
  ⌈var ref listel q ;
   q := newpt listel ⟩═ listel(newvar char, newvar ref listel) ;
   i of listel(q):= C ;
   t of listel(q):= m ;
   m := q                                                         ⌋
```

```
proc push ≡ (var ref listel m, char C):          procedure push (var m : stack ; C : char);
                                                     var q : stack ;
   m := newpt listel )=                           begin new (q);
     listel(newvar char:= C,                         q↑.i := C ;
       newvar ref listel := m)                       q↑.t := m ;
                                                      m := q
                                                 end
```

```
proc pop ≡ (var ref listel m, var char v         procedure pop (var m : stack ; var v : char
               co ⌐isempty (m) co):                          {not isempty (m)}) ;
   (m, v):= (t of listel (m), i of listel (m))   begin (m, v):= (m↑.t, m↑.i) end
```

Als Prozedur kann nun auch ein effizienter, durchmusternder Algorithmus zur Verkettung zweier Einweg-Listen geschrieben werden,

```
proc lcon ≡ (var ref listel l, ref listel r):    procedure lcon (var l : stack ; r : stack);
                                                     var k : stack ;
   if ref listel (l) is nil                       begin if l = nil
   then l:= r                                      then l:= r
   else var ref listel k:= l ;                     else begin k:= l ;
     while ref listel (t of listel(k)) isnt nil      while k↑.t ≠ nil
     do k:= t of listel(k) od ;                      do k:= k↑.t ;
     t of listel(k):= r                     fi       k↑.t := r
                                                     end
                                                 end
```

Die Arbeitsweise veranschaulicht Abb. 194.

In lcon ist l ein transienter, r ein gewöhnlicher Parameter. Daß l verändert wird, kann also nicht irreführen. Nach Beendigung eines Aufrufs von lcon

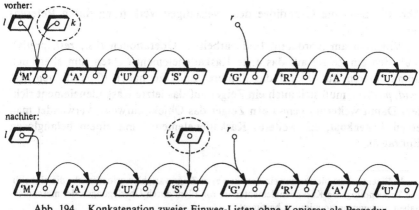

Abb. 194. Konkatenation zweier Einweg-Listen ohne Kopieren als Prozedur

hat man ein Geflecht, das sowohl *l* wie *r* enthält. Solche Gemeinbenutzung (*"sharing"*), vgl. Abb. 193, von Teilen des Geflechts ermöglicht erst die effiziente Durchführung. Sie führt aber auch dazu, daß eine selektive Umbesetzung von *r* das Geflecht *l* inhaltlich ändert.

Allgemein kann man sagen: Auf dem prozeduralen Niveau stehen sich Gemeinbenutzung von Teilen eines Geflechts und selektive Umbesetzung gegenseitig im Weg. Selektive Umbesetzung in einem durch einen Zeiger angesprochenen Geflecht ist nur gefahrlos, wenn kein weiterer Zeiger sich auf dieses Geflecht oder ein Teilgeflecht richtet.

Bei Gemeinbenutzung eines Geflechts ist auch das Alias-Verbot – keine Variable ist unter zwei verschiedenen Bezeichnungen erreichbar – verletzt. Zur Überprüfung auf Einhaltung des Besetzungstabus genügt also nicht mehr die Feststellung der Verschiedenheit der Bezeichnungen.

Will man nicht entweder auf selektive Änderung oder auf Gemeinbenutzung verzichten, will man also auf äußerste Effizienz achten, so erfordert das Arbeiten mit Zeigern besondere Sorgfalt. Neben dem Überschreiben von Variablen (vgl. 3.3.4) ist das Verstümmeln von Geflechten ein häufiger Programmierfehler.

6.5.2 Implementierung von Sequenzen

Mit geflechtbildenden Kaskadenelementen (6.4.4.2) lassen sich nicht nur bezeichnete Binärbäume und unendliche dyadische Listen aufbauen, sondern auch in symmetrischer Weise Sequenzen als **lineare Zweiweg-Listen**

mode sequ ≡ ref cascel | **type** *sequ* = ↑*cascel*

Abb. 195 zeigt die Grundidee der zweiseitigen Verkettung durch Referenzen.

Will man am ‚vorderen‘ Ende arbeiten (Operationen *first, rest, prefix*), muß sich ein Zeiger auf das erste Kaskadenelement richten; um aber auch unmittelbaren Zugriff auf das ‚hintere‘ Ende zu haben (Operationen *last, lead, postfix*), muß sich auch ein Zeiger auf das letzte Kaskadenelement richten. Damit weiterhin genau ein Zeiger das Objekt aufweist, verwendet man einen **Listenkopf**, ein weiteres Kaskadenelement[31] mit einem belanglosen Eintrag *ω*.

---

[31] Eigentlich ist hierfür nur ein Satz von zwei Zeigervariablen erforderlich; die einheitliche Verwendung von Kaskadenelementen ist vor allem durch Überlegungen der maschinennahen Systemprogrammierung bestimmt.

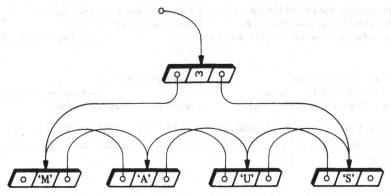

Abb. 195.   Lineare Zweiweg-Liste mit Listenkopf

Beachte, daß die leere Sequenz durch ein nichtleeres Geflecht dargestellt wird, nämlich durch den bloßen Listenkopf mit leeren Verweisen (Abb. 196). Interessant ist auch die Darstellung der einelementigen Sequenz (Abb. 197).

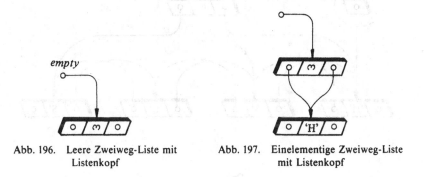

Abb. 196.   Leere Zweiweg-Liste mit   Abb. 197.   Einelementige Zweiweg-Liste
Listenkopf   mit Listenkopf

6.5.2.1 *Sequenzen als lineare Zweiweg-Listen*

Für die Operationen *empty, isempty* und *first* erhält man

```
funct empty ≡ ref cascel :

  newpt cascel ≻═
    cascel(newvar ref cascel:= nil,
           newvar char:= ⌀,
           newvar ref cascel:= nil)
```

```
function empty : sequ ;
  var h : sequ ;
begin new (h) ;
    h↑.left := nil ;
    h↑.node := ⌀ ;
    h↑.right := nil ;
    empty ⇐ h
end
```

funct *isempty* ≡ (**ref cascel** *x*) **bool** :
  ref cascel (*left* **of cascel**(*x*)) **is nil**
  co ∧ **ref cascel** (*right* **of cascel**(*x*)) **is nil co**

function *isempty* (*x* : *sequ*) : *Boolean* ;
begin *isempty* ⇐ (*x*↑.*left* = *nil*)
                   {**and** (*x*↑.*right* = *nil*)}
end

funct *first* ≡ (**ref cascel** *x*
    co¬*isempty* (*x*) **co**) **char** :
  node **of cascel**(*left* **of cascel**(*x*))

function *first* (*x* : *sequ*
                 {**not** *isempty* (*x*)}) : char ;
begin *first* ⇐ *x*↑.*left*↑.*node* **end**

Für die Operationen *prefix* und *rest* ist wieder ein Kopieren des Arguments erforderlich. Abb. 198 zeigt das Anfügen eines Elements *X* an eine Zweiweg-Liste *a*.

(a)

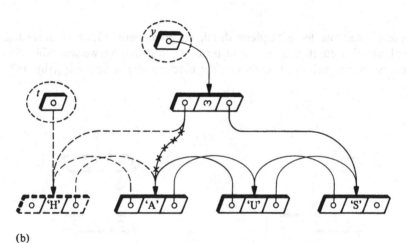

(b)

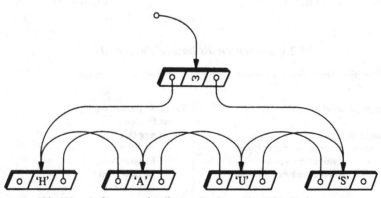

Abb. 198.   Anfügen an eine lineare Zweiweg-Liste ((b): Endzustand)

funct *prefix* ≡ (**char** *X*,
         ref cascel *a*) **ref cascel** :

⌈**var ref cascel** *y* := *copy*(*a*) ;
 var ref cascel *t* := **newpt cascel** ⟩=
   cascel(**newvar ref cascel** := nil,
           newvar char := *X*,
           newvar ref cascel := *left* **of cascel**(*y*)) ;
 if ref cascel(*left* **of cascel**(*y*)) **is nil**
 then *right* **of cascel**(*y*) := *t*
 else *left* **of cascel**(*left* **of cascel**(*y*)) := *t* **fi**
 left **of cascel**(*y*) := *t* ;
 y   ⌋

(a)

function *prefix* (*X* : *char* ;
                   a : *sequ*) : *sequ* ;
  var *t, y* : *sequ* ;
begin
 y := *copy*(*a*) ;
 new(*t*) ;
 t↑.*left* := *nil* ;
 t↑.*node* := *X* ;
 t↑.*right* := *y*↑.*left* ;
 if *y*↑.*left* = *nil*
 then *y*↑.*right* := *t*
 else *y*↑.*left*↑.*left* := *t* ;
 y↑.*left* := *t* ;
 prefix ⇐ *y*
end

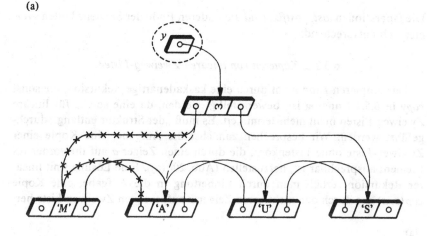

(b)

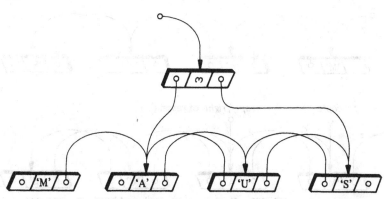

Abb. 199.   Restbildung bei einer linearen Zweiweg-Liste ((b): Endzustand)

Die Durchführung der Operation *rest* illustriert Abb. 199. Das ‚abgehängte‘ Kaskadenelement wird im weiteren ‚unerreichbar‘: es richtet sich kein Zeiger mehr darauf.

funct *rest* ≡ (**ref cascel** *a*
    co ¬*isempty* (*a*) **co**) **ref cascel** :

⌐**var ref cascel** *y* := *copy* (*a*) ;
  left **of cascel** (*y*) :=
      right **of cascel** (*left* **of cascel** (*y*)) ;
  if ref cascel (*left* **of cascel** (*y*)) **is nil**
  then *right* **of cascel** (*y*) := **nil**
  else *left* **of cascel** (*left* **of cascel** (*y*)) := **nil fi** ;
  y   ⌐

function *rest* (*a* : *sequ*
            {**not** *isempty* (*a*)}) : *sequ* ;
  var *y* : *sequ* ;
begin
  y := *copy* (*a*) ;
  y↑.*left* := *y*↑.*left*↑.*right* ;
  if *y*↑.*left* = *nil*
  then *y*↑.*right* := *nil*
  else *y*↑.*left*↑.*left* := *nil* ;
  rest ⇐ *y*
end

Die Operationen *last, postfix, lead* am anderen Ende der Sequenz lauten symmetrisch entsprechend.

6.5.2.2 Kopieren von linearen Zweiweg-Listen

Das Kopieren kann nicht durch eine kaskadenartige Rekursion, die sonst *copy* in 6.5.1.1 analog ist, bewerkstelligt werden, da eine solche für lineare Zweiweg-Listen nicht mehr terminiert. Es muß „der Struktur entlang“ durchgeführt werden. Wir besprechen zunächst die Aufgabe, eine Kopie einer Zweiweg-Liste ohne Listenkopf, die durch einen Zeiger *a* auf ihr vorderstes Element ansprechbar ist, herzustellen (Abb. 200(a)). Eine Lösung (mit linearer Rekursion) erhält man durch Einbettung in die Aufgabe, eine Kopie *cop* (*z*, *a*) der durch den nichtleeren Zeiger *a* aufgezeigten Zweiweg-Liste her-

(a)

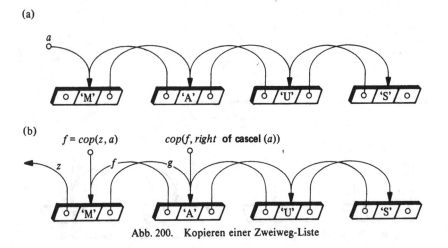

(b)

Abb. 200.   Kopieren einer Zweiweg-Liste

zustellen, in der aber im vordersten Listenelement die left-Komponente **nil** durch den Zeiger z ersetzt ist (Abb. 200(b)).

cop (**nil**, a) ist dann eine Kopie von a. Wird nun $cop(z, a)$ mit f bezeichnet, so ist der Zeiger *left* **of cascel**(f) gleich z. Bezeichnet man ferner den Zeiger *right* **of cascel**(f) mit g, und ist g nicht der leere Zeiger, so ist *left* **of cascel**(g) gleich f, damit gilt die fundamentale Beziehung

$cop(f, g)$ und g bezeichnen die gleiche Liste,

d.h.

$cop(f,$ *right* **of cascel**(a)) **is ref cascel** (*right* **of cascel**(f))

Ist aber g der leere Zeiger, so gilt voraussetzungsgemäß

$cop(f,$ **nil**) **is nil**

Damit ist f rekursiv definiert, und es ergibt sich folgender Algorithmus für cop:

```
funct cop ≡ (ref cascel z, a) ref cascel :
   if a is nil
   then a
   else ref cascel f ≡ newpt cascel ⊨
        cascel (newvar ref cascel := z,
                newvar char := node of cascel (a),
                newvar ref cascel := cop (f, right of cascel (a))) ;
   f                                                            fi
```

Bei dieser Rekursion wird unterstellt, daß – im Gegensatz zu orthodoxem ALGOL 68 – beim Aufruf $cop(f, \leftsquigarrow)$ (in der dritten Komponente) die Auswertung durch Zwischenschaltung des Zeigers f, der auf ein noch nicht vollständig berechnetes Ergebnis weist, verzögert wird. Es wird somit in jeder Inkarnation ein neuer Zeiger $f^{(i)}$ vereinbart, wobei

$f^{(1)} = cop(z, a)$

$f^{(2)} = $ *right* **of cascel**($f^{(1)}$) $= cop(f^{(1)},$ *right* **of cascel**(a))

$f^{(3)} = $ *right* **of cascel**($f^{(2)}$) $= cop(f^{(2)},$ *right* **of cascel**(*right* **of cascel**(a)))

etc. ist (Abb. 201).

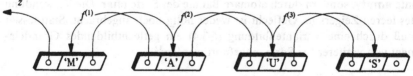

Abb. 201. Zeiger einer linearen Zweiweg-Liste als Inkarnationen von Zwischenergebnis-Vereinbarungen

Terminierung ist gesichert, sofern a die Struktur einer endlichen Zweiweg-Liste besitzt.

In PASCAL (wie auch in orthodoxem ALGOL 68) wird durch Zuweisung des neugeschaffenen Zeigers an eine Zeigervariable h die nachträgliche (und damit verzögerte) Besetzung der dritten Komponente ermöglicht:

```
function cop (z, a : sequ) : sequ ;
  var h : sequ ;
begin
  if a = nil
  then cop ⇐ a
  else begin new (h) ;
             h↑.left := z ;
             h↑.node := a↑.node ;
             h↑.right := cop (h, a↑.right) ;
             cop ⇐ h
       end
end
```

6.5.2.3 *Prozeduren mit Sequenz-Variablen*

Prozeduren wie *push, pop, bip* für Sequenzen (6.2.1.1, 6.2.2.1), die als Zweiweg-Listen dargestellt sind, erfordern kein Kopieren des Geflechts und können effizienter ausgeführt werden. Auch für bezeichnete Bäume sind entsprechende Prozeduren angezeigt, wobei man beim Aufbau von Bäumen die Wahl hat, welches der Argumente transienter Parameter werden soll.

6.5.3 Implementierung von beblätterten Bäumen

Allgemeine wie auch binäre beblätterte Bäume erfordern einen Aufbau mit varianten Zeigern.

6.5.3.1 *Beblätterte Binärbäume als Listen mit varianten Zeigern*

Ein erstes Beispiel liefern beblätterte Binärbäume, vgl. die Definition der Sorte **lisp** in 6.3.5.2.

Terminierung beim Objektaufbau erfolgt hier nicht mehr durch die Variante **empty**, sondern durch atomare Bäume der Sorte **char**. Die Verwendung des leeren Zeigers im Geflecht ist weder nötig noch angebracht. Stattdessen muß durch eine Variantenbildung (6.3.4) ein geflechtbildendes Grundelement von variierender Sorte eingeführt werden[32]:

---

[32] Die Geflechtdarstellung führt also zu einer Mischung von zwei- und dreielementigen Grundelementen. Dies ist in der Systemprogrammierung wieder unerwünscht.

mode lisp ≡ ref lispel,

mode lispel ≡ struct(var char *leaf*) |
    struct(var ref lispel *l*,
        var ref lispel *r*)

type *lisp* = ↑*lispel* ;
  lispel = **record case** *atomic* : *Boolean* **of**
      true : (*leaf* : *char*) ;
      false : (*l* : *lisp* ;
        r : *lisp*)
end

In PASCAL muß dabei (6.3.4) ein eigener **Diskriminator** benutzt werden, eine Komponente, die die Varianten unterscheidet, etwa eine Boolesche Variable, die im atomaren (terminierenden) Fall *true,* sonst *false* ist.

Beispiel:
Der beblätterte Binärbaum *cons*(⟨*A*⟩, *cons*(⟨*A*⟩, ⟨*B*⟩)) erlaubt eine Darstellung als Geflecht von *lispel-"records"* (Abb. 202).

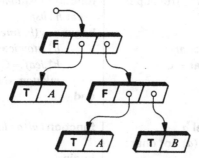

Abb. 202. Beblätterter Binärbaum als *lispel*-Geflecht

In diesem Geflecht kommen sowohl dreikomponentige *"records"* (mit **F** als erster Komponente) wie auch zweikomponentige (mit **T** als erster Komponente) vor.

Für die Operationen der Rechenstruktur (**V**^, **V**) der beblätterten Binärbäume (vgl. Tabelle 8) erhält man für die Konstruktoroperation

funct *cons* ≡ (**ref lispel** *a, b*) **ref lispel** :

newpt lispel ⟩═
  lispel(**struct**(**var ref lispel, var ref lispel**)
    (**newvar ref lispel** := *copy*(*a*),
      newvar ref lispel := *copy*(*b*)))

function *cons*(*a, b* : *lisp*) : *lisp* ;
  var *h* : *lisp* ;
begin *new*(*h, false*) ;
  h↑.*atomic* := *false* ;
  h↑.*l* := *copy*(*a*) ;
  h↑.*r* := *copy*(*b*) ;
  cons ⇐ *h*
end

In PASCAL muß bei der Schaffung des ‚varianten' *records* in der Prozedur *new* als Parameter neben der Zeigervariablen *h* auch die (durch *false* angezeigte) Variante von *lispel,* die zu bilden ist, angegeben werden.

Weitere Operationen sind

funct *isatom* ≡ (**ref lispel** *a*) **bool** :
   lispel (*a*) :: **struct** (**var char**)

function *isatom* (*a* : *lisp*) : *Boolean* ;
begin *isatom* ⇐ *a*↑.*atomic* **end**

funct *car* ≡ (**ref lispel** *a*
      co ¬ *isatom* (*a*) **co**) **ref lispel** :
   copy (*l* **of lispel** (*a*))

function *car* (*a* : *lisp*
          {**not** *isatom* (*a*)}) : *lisp* ;
begin *car* ⇐ *copy* (*a*↑.*l*) **end**

funct *cdr* ≡ (**ref lispel** *a*
      co ¬ *isatom* (*a*) **co**) **ref lispel** :
   copy (*r* **of lispel** (*a*))

function *cdr* (*a* : *lisp*
          {**not** *isatom* (*a*)}) : *lisp* ;
begin *cdr* ⇐ *copy* (*a*↑.*r*) **end**

Es verbleiben noch die Übergangsoperationen

funct *mkatom* ≡ (**char** *C*) **ref lispel** :

newpt lispel ⊫

   lispel (**struct** (**var char**)
          (**newvar char** := *C*))

function *mkatom* (*C* : *char*) : *lisp* ;
      var *h* : *lisp* ;
begin *new* (*h*, *true*) ;
      h↑.*atomic* := *true* ;
      h↑.*leaf* := *C* ;
      mkatom ⇐ *h*
end

funct *val* ≡ (**ref lispel** *a*
          co *isatom* (*a*) **co**) **char** :
   leaf **of**
      struct (**var char**) (**lispel** (*a*))

function *val* (*a* : *lisp*
          {*isatom* (*a*)}) : *char* ;
begin
   val ⇐ *a*↑.*leaf*
end

6.5.3.2 *Allgemeine beblätterte Bäume als Listen mit varianten Zeigern*

Entsprechend der rekursiven Definition der Sorte **tree** in 6.3.5.4 erhalten
wir Listenelemente einheitlicher Länge mit Variablen variierender Sorte in
der ersten Komponente[33] :

mode tree ≡ **ref plexel**,

mode plexel ≡ **struct** (**var char** |
          var ref plexel *f*,
          var ref plexel *o*)

type *tree* = ↑*plexel* ;
   plexel = **record case** *atomic* : *Boolean* **of**
          true : (*atom* : *char*) ;
          false : (*f* : *tree*) ;
          o : *tree*
   end

---

[33] In orthodoxem PASCAL bestehen Einschränkungen: ein *"record"* darf höchstens
e i n e variante Komponente beinhalten (die ihrerseits wieder höchstens eine variante Komponente enthalten darf, etc.), und diese muß in der Aufschreibung als letzte Komponente stehen.

Die Konstruktoroperationen lauten damit

```
funct join ≡ (ref plexel a,
              ref plexel b) ref plexel :

  newpt plexel )══

  plexel (newvar ref plexel := copy (a),
          newvar ref plexel := copy (b))
```

```
function join (a : tree ; b : tree) : tree ;
  var h : tree ;
begin
  new (h, false) ;
  h↑.atomic := false ;
  h↑.f := copy (a) ;
  h↑.o := copy (b) ;
  join ⟸ h
end
```

```
funct append ≡ (char C,
               ref plexel b) ref plexel :

  newpt plexel )══
  plexel (var char | var ref plexel
          (newvar char := C),
          newvar ref plexel := copy (b))
```

```
function append (C : char ; b : tree) : tree ;
  var h : tree ;
begin
  new (h, true) ;
  h↑.atomic := true ;
  h↑.atom := C ;
  h↑.o := copy (b) ;
  append ⟸ h
end
```

```
funct emptytree ≡ ref plexel : nil
```

```
function emptytree : tree ;
  begin emptytree ⟸ nil  end
```

Für die in 6.3.6.4 kurz mit den Termen $l ≙ \langle AB \langle DEF \rangle C \rangle$ und $m ≙ \langle\langle ABC \rangle \langle \rangle \langle\langle\langle R \rangle\rangle S \rangle W \rangle$ bezeichneten Bäume ergeben sich die in Abb. 203, 204 wiedergegebenen Kantorovic-Bäume und Listen.

Die weiteren Operationen sind

```
funct isemptytree ≡ (ref plexel a) bool :
                     a is nil
```

```
function isemptytree (a : tree) : Boolean ;
begin isemptytree ⟸ a = nil end
```

```
funct isatom ≡ (ref plexel a
               co ¬isemptytree (a) co) bool :
  f of plexel (a) :: var char
               co ∧ isemptytree (o of plexel (a)) co
```

```
function isatom (a : tree
               {not isemptytree (a)}) : Boolean ;
begin isatom ⟸ a↑.atomic
               {and isemptytree (a↑.o)}
end
```

```
funct firstbranch ≡ (ref plexel a
     co ¬isemptytree (a) ∧ ¬isatom (a)
                        co) ref plexel :
  copy (f of plexel (a))
```

```
function firstbranch (a : tree
               {not isemptytree (a)
                    and not isatom (a)}) : tree ;
begin firstbranch ⟸ copy (a↑.f) end
```

```
funct otherbranches ≡ (ref plexel a
     co ¬isemptytree (a) co) ref plexel :
  copy (o of plexel (a))
```

```
function otherbranches (a : tree
               {not isemptytree (a)}) : tree ;
begin otherbranches ⟸ copy (a↑.o) end
```

```
funct val ≡ (ref plexel a
            co isatom (a) co) char :
  f of plexel (a)
```

```
function val (a : tree
               {isatom (a)}) : char ;
begin val ⟸ a↑.atom end
```

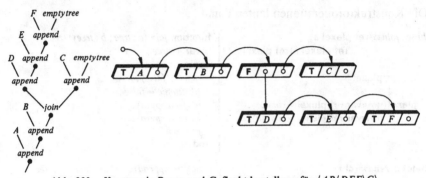

Abb. 203.   Kantorovic-Baum und Geflechtdarstellung für $\langle AB\langle DEF\rangle C\rangle$

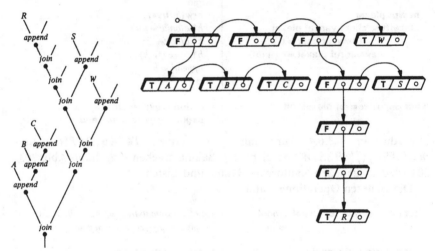

Abb. 204.   Kantorovic-Baum und Geflechtdarstellung für $\langle\langle ABC\rangle\langle\rangle\langle\langle\langle R\rangle\rangle S\rangle W\rangle$

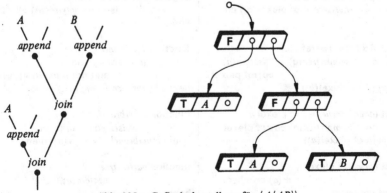

Abb. 205.   Geflechtdarstellung für $\langle A\langle AB\rangle\rangle$

In den Ausartungsfällen der null- oder eingliedrigen Vergabelung tritt mit einem **F** in der ersten Komponente der leere Zeiger in der zweiten bzw. dritten Komponente auf. Für den reduzierten Fall, bei dem nur zwei- oder mehrgliedrige Vergabelungen vorkommen, zieht der leere Zeiger in der dritten Komponente ein **T** in der ersten Komponente nach sich, der leere Zeiger in der zweiten Komponente ist ausgeschlossen.

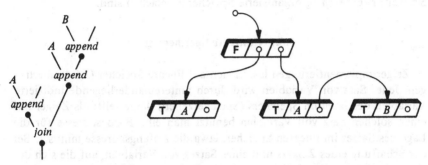

Abb. 206. Echt dyadische Geflechtdarstellung für $\langle A \langle AB \rangle \rangle$

Durchwegs zweigliedrig vergabelte Bäume (Abb. 205) können auch, wie in Abb. 206 gezeigt, echt dyadisch dargestellt werden – ein redundantes, aber einheitliches Analogon zur Darstellung von beblätterten Binärbäumen in 6.5.3.1. In diesem Fall wird *append* nur verwendet, wenn sein zweites Argument *emptytree* ist; in der ersten Komponente der Elemente tritt **T** g e n a u dann auf, wenn in der dritten Komponente der leere Zeiger steht. Die Diskriminatorkomponente wäre also in diesem Falle entbehrlich.

Als Geflechte von plexel-Elementen können auch unendliche Listen aufgebaut werden. Auch Zweiweg- und Einweg-Listen lassen sich mit Hilfe von plexel-Elementen darstellen. In der Systemprogrammierung, wo es darauf ankommt, ein einziges Listenelement einheitlich zu verwenden, gibt man oft plexel-Elementen den Vorzug. Allerdings empfiehlt es sich dann auch, reinrassige (6.4.4.3) plexel-Elemente zu verwenden, um auf dem Speicherplatz der zweiten Komponente einheitlich Bezugsadressen zu haben – vor allem dann, wenn auf wortorganisierten Speichern (5.1.3) die Grundsorte – anders als **char** bzw. *char* – mehr als eine Speicherzelle pro Objekt benötigt.

6.6 Implementierung organisierter Speicher mittels linearer Speicher

Es ist denkbar, Speicher zu bauen, die sich innerhalb gewisser Grenzen durch technische Mittel frei organisieren lassen. Gegenwärtig stehen jedoch meist nur lineare Speicher zur Verfügung, aus denen durch programmierte Speicherverteilung organisierte Speicher zu machen sind.

6.6.1 Gestreute Speicherung

Zeigerimplementierungen lassen sich auf lineare Speicher (3.6.4) übertragen. Jeder Satz von Variablen wird durch hintereinanderliegende indizierte Variablen des linearen Speichers (Speicherzellen) dargestellt; als Zeiger auf einen solchen Satz von Variablen benutzt man eine Bezugsadresse für die Lage des Satzes im linearen Speicher, etwa die Anfangsadresse minus 1. Bei der Schaffung eines Zeigers und eines Satzes von Variablen, auf die sich der Zeiger bezieht, ist durch ein mitlaufendes Programm eine Speicherverteilung vorzunehmen, bei der lediglich darauf zu achten ist, einen für die Länge des Satzes ausreichenden freien Platz zu finden. Die Speicherung kann also beliebig über den linearen Speicher gestreut sein, die Speicherabbildungsfunktion braucht keinerlei äußerliche Gesetzmäßigkeiten aufzuweisen. Daß die Speicherung auch tatsächlich gestreut ausfallen kann, liegt daran, daß Operationen wie *rest, car, cdr, firstbranch, otherbranches* ein einzelnes Element oder ein Teilgeflecht „abhängen", das damit unter Umständen unzugänglich wird: In diesem Fall würde nutzloserweise weiterhin Speicherplatz beansprucht werden. Durch geeignete Maßnahmen (SCHORR, WAITE 1967, [64]) wird wiederbelegbarer Platz laufend oder gelegentlich festgestellt und neu verteilt (*"garbage collection"*, **Speicherbereinigung**).

Ein linearer Speicher, der so benutzt wird, heißt auch **Halde** (engl. *heap*).

6.6.2 Sequentielle Speicherung

Bei sequentieller Speicherung nimmt ein organisierter Speicher stets lückenlos eine Anzahl hintereinanderliegender indizierter Variablen des linearen Speichers ein. Folgen von Variablen – Reihungen, Stapel, Schlangen, Sequenzen, Worte, Gehefte, Bücher einschließend – verdienen die Bezeichnung linear, denn sie lassen sich mühelos durch geeignete Organisation sequentiell speichern, wobei Selektormenge der Folge und Indexmenge des linearen Speichers übereinstimmen. Insbesondere kann ein (mit a bezeichneter) Keller beschränkter Länge n auf ein Feld $[1..n]$ **var** χ $\hat{a}$ abgebildet werden. Beson-

(a)

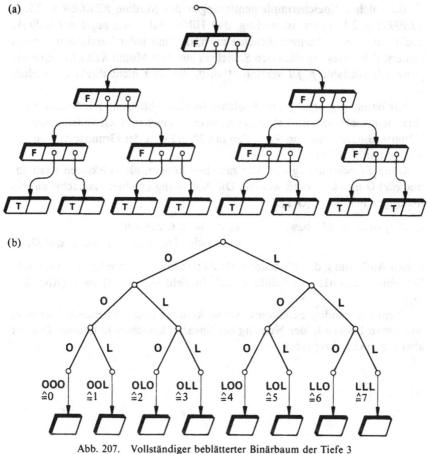

(b)

Abb. 207.   Vollständiger beblätterter Binärbaum der Tiefe 3
(a) als Geflecht und (b) sequentiell gespeichert

ders einfach werden dann die Prozeduren *push* und *pop* unter Verwendung einer zusätzlichen Pegelvariablen mit dem Selektor *pegel*:

$a := prefix(X, a)$ entspricht $pegel$ **of** $\hat{a} := pegel$ **of** $\hat{a} + 1$; $\hat{a}[pegel$ **of** $\hat{a}] := X$

$(a, v) := (rest(a), first(a))$

entspricht $v := \hat{a}[pegel$ **of** $\hat{a}]$; $pegel$ **of** $\hat{a} := pegel$ **of** $\hat{a} - 1$

Die Pegelvariable gibt den jeweils letzten ‚gültigen' Index an, d.h. die aktuelle Länge des Stapels von Variablen. Sonst arbeitet man am besten mit zwei Pegelvariablen, für Schlangen, Sequenzen und Worte mit dem Anfangspegel und dem Endpegel; für Gehefte mit dem Pegel für die Aufschlagstelle und dem Endpegel.

Bei solchen Speicherimplementierungen der Module *KELLER* (6.2.2.1),
PUFFER (6.2.1.1) usw. ist wichtig, daß Hilfsvariable wie *pegel* nur indirekt
beeinflußt werden können. Beachte auch, daß mit jeder Vereinbarung eines
Kellers, d. h. eines organisierten Speichers aus dem Modul *KELLER*, eine ei-
gene Hilfsvariable *pegel* vereinbart wird, die aber nicht direkt zugänglich
ist.

Für baumartig organisierte Speicher ist eine Abbildung auf lineare Speicher nicht mehr so natürlich. Eine Ausnahme machen noch vollständige beblätterte Binärbäume von Variablen mit 2^n Blättern der Grundsorte χ in der
Tiefe n (Abb. 207 (a)).

Ohne Einschränkung der Allgemeinheit können als Selektoren (statt *car*
und *cdr*) **O** und **L** gewählt werden. Die Abbildung geschieht zunächst auf ein
n-stufiges Feld über $\{O, L\}$:

c_1 **of** c_2 **of** ... c_n **of** . bzw. .c_n. ....$c_2.c_1$, wo $c_i \in \{car, cdr\}$,

$$\text{entspricht } .[c_1, c_2, ..., c_n], \text{ wobei } c_i \in \{O, L\}.$$

Durch Auffassung der Binärworte als Zahlenäquivalente erhält man schließlich eine lückenlose Abbildung auf ein Feld $[0 .. 2^n - 1]$ **var** χ (Abb. 207
(b)).

Nicht vollständige beblätterte Bäume könnten auch so behandelt werden,
wenn man Lücken in der Nutzung des linearen Speichers hinnimmt. Dies ist
aber i. a. nicht akzeptabel.

7. Kapitel

Formale Sprachen

«Un voyage au royaume des sciences, si l'on
gravit quelque sommet ou que l'on s'approche
des frontières, découvre dans la grisaille des
lointains les masses imprécises d'édifices que
l'on devine néanmoins puissants et somptueux»

LOUIS COUFFIGNAL

Im 5. Kapitel wurde die (Aufschreibungs- und Aufruf-)Struktur von Programmen (‚Blockstruktur‘), im 6. Kapitel die Struktur von Objekten (‚Datenstruktur‘) behandelt. In diesem Kapitel werden die formalen Hintergründe der Struktur von Zeichenfolgen im Rahmen der Syntax[1] formaler Sprachen untersucht. Dies dient auch als Vorbereitung für das 8. Kapitel, das der Syntax und Semantik algorithmischer Sprachen gilt, bei denen die algorithmischen Konstrukte auf Zeichenfolgen abgebildet sind. Bei der Betrachtung formaler Sprachen wird es darum gehen, eine sehr umfängliche, in den meisten Fällen sogar nichtendliche Menge von Worten in möglichst einfacher Form zu beschreiben und dabei auch eine in der Wortmenge normalerweise unterstellte syntaktische Struktur auszudrücken.

7.1 Relationen und formale Systeme

Formale Systeme gründen sich auf den Begriff der Ersetzungsrelation über einer Menge $\mathcal{M}$ von Objekten, beispielsweise von Zeichen, Zeichenfolgen oder Termen. Deshalb werden zunächst einige relationentheoretische Grundbegriffe eingeführt. Der Mengenbegriff soll dabei naiv vorausgesetzt werden[2].

---

[1] Von griech. σύνταξις, Aufbau.

[2] „Unter einer Menge verstehen wir jede Zusammenfassung von bestimmten wohlunterschiedenen Objekten unserer Anschauung oder unseres Denkens (welche Elemente der Menge genannt werden) zu einem Ganzen." (GEORG CANTOR, Begründer der transfiniten Mengenlehre, 1895).

Dabei sind Begriffsbildungen, die sich als inkonsistent erwiesen haben, wie „die Menge aller Mengen, die sich nicht selbst als Element enthalten" (Russelsche Antinomie), zu vermeiden.

Mit $2^{\mathcal{M}}$ bezeichnen wir die Menge aller Teilmengen von $\mathcal{M}$, die **Potenzmenge** (vgl. C.6). $\emptyset$ bezeichnet universell die leere Teilmenge irgendeiner Menge.

Spezielle Relationen haben wir schon kennengelernt: Ordnungsrelationen wie die Implikationsrelation $\geqslant$ in 4.1.3.1 – sie sind reflexiv, transitiv und antisymmetrisch – und Äquivalenzrelationen wie die Gleichheitsrelation $=$ in 4.1.3.4 – sie sind reflexiv, transitiv und symmetrisch.

Wir behandeln weiterhin *homogene zweistellige (dyadische) Relationen* $\mathcal{R}$ über einer Menge $\mathcal{M}$. Dabei ist die Menge aller Paare (x, y) von Elementen $x \in \mathcal{M}$ und $y \in \mathcal{M}$, die ‚in Relation stehen‘, eine Teilmenge $\mathcal{R}$ von $\mathcal{M} \times \mathcal{M}$.

Wir konzentrieren uns zunächst auf die den Ordnungs- und Äquivalenzrelationen gemeinsamen Eigenschaften, reflexiv und transitiv zu sein.

Für den allgemeinen Relationenbegriff sei auf den Anhang C verwiesen, worin insbesondere heterogene dyadische Relationen als Teilmengen von $\mathcal{M}_1 \times \mathcal{M}_2$, *Korrespondenzen* $\mathcal{M}_1 \dashrightarrow \mathcal{M}_2$, und speziell *Abbildungen (Funktionen)* $\mathcal{M}_1 \longrightarrow \mathcal{M}_2$ behandelt werden.

7.1.1 Dyadische Relationen und gerichtete Graphen

Eine **dyadische Relation** über $\mathcal{M}$ ist eine Teilmenge $\mathcal{R}$ der Menge $\mathcal{M} \times \mathcal{M}$ aller geordneten Paare (x, y) von Elementen x, y aus $\mathcal{M}$. Statt von einer dyadischen Relation $\mathcal{R}$ über $\mathcal{M}$ spricht man auch von einem **gerichteten Graphen** $(\mathcal{M}, \mathcal{R})$ und bezeichnet die Elemente von $\mathcal{M}$ als **Knoten** oder **Ecken**, die von $\mathcal{R}$ als **gerichtete Kanten** oder **Pfeile**[3].

In der ‚Graphenterminologie‘ gilt also: Zu je zwei Ecken $x, y \in \mathcal{M}$ gehört höchstens ein Pfeil $(x, y) \in \mathcal{R}$, der sie ‚verbindet‘; zu einer Ecke $x \in \mathcal{M}$ und einem Pfeil $p \in \mathcal{R}$ gehört höchstens eine Ecke $y \in \mathcal{M}$, auf die ‚der Pfeil p, von x ausgehend, führt‘ – falls $p = (x, y)$.

Zur Darstellung benutzt man, falls $\mathcal{M}$ endlich ist, ein **Pfeildiagramm** oder eine **Kreuzchentabelle**. Beispiele dafür zeigt Abb. 208, wobei unter (a) ein **vollständiger Graph** mit $\mathcal{R} = \mathcal{M} \times \mathcal{M}$ aufgeführt ist, unter (b) ein **leerer Graph** mit $\mathcal{R} = \emptyset$.

Wird das Kreuzchen durch **L**, der fehlende Eintrag durch **O** ersetzt, so entsteht aus der Kreuzchentabelle eine **binäre Relationsmatrix** (Abb. 209).

In der ‚Relationenterminologie‘ benutzt man häufig Infixschreibweise, schreibt also etwa

$$x \, \rho \, y \quad \text{für} \quad (x, y) \in \mathcal{R} \, .$$

---

[3] Betrachtet man statt einer Menge einen Haufen (vgl. 8.4.2.4) geordneter Paare, so erhält man Graphen mit ‚Mehrfachkanten‘. Ersetzt man hingegen die geordneten Paare durch zweielementige Mengen $\{x, y\}$, so ergeben sich schlingenfreie **ungerichtete Graphen**.

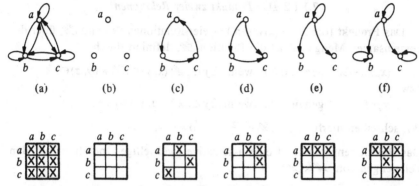

Abb. 208. Pfeildiagramme (,Graphen') für dyadische Relationen und zugehörige Kreuzchentabellen

$$\begin{pmatrix} L & L & L \\ L & L & L \\ L & L & L \end{pmatrix} \quad \begin{pmatrix} 0 & 0 & 0 \\ 0 & 0 & 0 \\ 0 & 0 & 0 \end{pmatrix} \quad \begin{pmatrix} 0 & L & 0 \\ 0 & 0 & L \\ L & 0 & 0 \end{pmatrix} \quad \begin{pmatrix} 0 & L & L \\ 0 & 0 & L \\ 0 & 0 & 0 \end{pmatrix} \quad \begin{pmatrix} L & L & L \\ 0 & 0 & 0 \\ 0 & 0 & 0 \end{pmatrix} \quad \begin{pmatrix} L & L & L \\ 0 & L & 0 \\ 0 & 0 & L \end{pmatrix}$$

Abb. 209. Binäre Relationsmatrizen

7.1.1.1 *Mengeneigenschaft der Relationen*

Zwei Extremfälle von Relationen über $\mathscr{M}$ sind
- die **Einsrelation** (auch ,Universal- oder ,Allrelation') $\mathscr{L}_{\mathscr{M}}$ mit $\mathscr{L}_{\mathscr{M}} = \mathscr{M} \times \mathscr{M}$ (vgl. Abb. 208(a)), die dem vollständigen Graphen entspricht;
- die **Nullrelation** (auch ,Leerrelation') $\mathscr{O}_{\mathscr{M}}$ mit $\mathscr{O}_{\mathscr{M}} = \emptyset \subseteq \mathscr{M} \times \mathscr{M}$ (vgl. Abb. 208(b)), die dem leeren Graphen entspricht.

$\mathscr{L}_{\mathscr{M}}$ ist die umfassendste, $\mathscr{O}_{\mathscr{M}}$ die am wenigsten umfassende Relation über $\mathscr{M}$: für jede Relation $\mathscr{R}$ über $\mathscr{M}$ gelten die Mengeninklusionen

$$\mathscr{O}_{\mathscr{M}} \subseteq \mathscr{R} \subseteq \mathscr{L}_{\mathscr{M}} .$$

Da Relationen über $\mathscr{M}$ Teilmengen von $\mathscr{M} \times \mathscr{M}$ sind, kann, basierend auf der Mengeninklusion, auch vom **Durchschnitt** $\mathscr{R}_1 \cap \mathscr{R}_2$ und von der **Vereinigung** $\mathscr{R}_1 \cup \mathscr{R}_2$ zweier Relationen gesprochen werden, sowie vom **Komplement** $\overline{\mathscr{R}}$.

Durchschnitt, Vereinigung und Komplement führen dabei auf elementweise Konjunktion, Disjunktion bzw. Negation der binären Relationsmatrizen.

Die dyadischen Relationen auf $\mathscr{M}$ bilden somit bzgl. Durchschnitt, Vereinigung und Komplement eine Boolesche Algebra, ein Mengenmodell der in 4.1.1 eingeführten algebraischen Struktur.

7.1.1.2 *Das Produkt zweier Relationen*

Das **Produkt** (die ‚Komposition') zweier Relationen $\mathscr{R}_1$ und $\mathscr{R}_2$ über der gemeinsamen Menge $\mathscr{M}$ ist die Relation $\mathscr{R}$, definiert durch

$$(x, z) \in \mathscr{R} \quad \text{genau dann, wenn } \exists y \in \mathscr{M}: (x, y) \in \mathscr{R}_1 \wedge (y, z) \in \mathscr{R}_2$$

bzw.

$$x \rho z \quad \text{genau dann, wenn } \exists y \in \mathscr{M}: x \rho_1 y \wedge y \rho_2 z.$$

Wir schreiben hierfür $\mathscr{R} = \mathscr{R}_1 \circ \mathscr{R}_2$ bzw. $\rho = \rho_1 \circ \rho_2$.

Das Relationenprodukt ist eine assoziative zweistellige Operation[4] auf den Teilmengen von $\mathscr{M} \times \mathscr{M}$:

$$(\mathscr{R}_1 \circ \mathscr{R}_2) \circ \mathscr{R}_3 = \mathscr{R}_1 \circ (\mathscr{R}_2 \circ \mathscr{R}_3).$$

Kommutativität gilt jedoch im allgemeinen nicht. Man veranschauliche sich das Produkt auch in der Graphenterminologie!

Die Nullrelation $\mathscr{O}_{\mathscr{M}}$ ist **Fangelement** für das Relationenprodukt: für jede Relation $\mathscr{R}$ über $\mathscr{M}$ gilt

$$\mathscr{O}_{\mathscr{M}} \circ \mathscr{R} = \mathscr{R} \circ \mathscr{O}_{\mathscr{M}} = \mathscr{O}_{\mathscr{M}}.$$

Die Einsrelation $\mathscr{L}_{\mathscr{M}}$ ist wegen $\mathscr{O}_{\mathscr{M}} \circ \mathscr{L}_{\mathscr{M}} = \mathscr{O}_{\mathscr{M}}$ kein Fangelement, jedoch gilt für $\mathscr{R} \neq \mathscr{O}_{\mathscr{M}}$

$$\mathscr{L}_{\mathscr{M}} \circ \mathscr{R} \circ \mathscr{L}_{\mathscr{M}} = \mathscr{L}_{\mathscr{M}}.$$

Die **identische Relation** (auch ‚Gleichheitsrelation') $\mathscr{I}_{\mathscr{M}}$ mit

$$(x, y) \in \mathscr{I}_{\mathscr{M}} \quad \text{genau dann, wenn } x = y,$$

ist neutrales Element für das Relationenprodukt: Für jede Relation $\mathscr{R}$ über $\mathscr{M}$ gilt

$$\mathscr{I}_{\mathscr{M}} \circ \mathscr{R} = \mathscr{R} \circ \mathscr{I}_{\mathscr{M}} = \mathscr{R}.$$

Die Menge der Relationen über $\mathscr{M}$ bildet mit dem Relationenprodukt als Verknüpfung und der identischen Relation als neutralem Element ein **Monoid**[5].

Das Relationenprodukt führt für die binären Relationsmatrizen auf eine Art binärer Matrixmultiplikation. Für den Zusammenhang zwischen der Mengen-Inklusion $\subseteq$ und dem Relationenprodukt gilt der wichtige

---

[4] Dies gilt auch für das Produkt zweier Abbildungen oder Funktionen, die ‚Komposition', die sich durch Einsetzung ergibt – da eine Funktion lediglich eine spezielle Relation ist.

[5] Synonym für *Halbgruppe mit neutralem Element*. Vgl. 2.1.3.4 und BIRKHOFF-BARTEE, Angewandte Algebra, Oldenbourg 1973, S. 207.

Satz 1 (Monotonie des Relationenprodukts):
Gilt $\mathscr{A} \subseteq \mathscr{B}$, so gilt auch

$$\mathscr{A} \circ \mathscr{R} \subseteq \mathscr{B} \circ \mathscr{R}$$

und

$$\mathscr{R} \circ \mathscr{A} \subseteq \mathscr{R} \circ \mathscr{B} .$$

Beweis: Es sei $(x, z) \in \mathscr{A} \circ \mathscr{R}$, dann existiert ein $y \in \mathscr{M}$ derart, daß $(x, y) \in \mathscr{A} \wedge (y, z) \in \mathscr{R}$. Wegen $\mathscr{A} \subseteq \mathscr{B}$ gilt auch $(x, y) \in \mathscr{B} \wedge (y, z) \in \mathscr{R}$, d. h. $(x, z) \in \mathscr{B} \circ \mathscr{R}$.

Man sagt, das Relationenprodukt ist mit der Mengen-Inklusion $\subseteq$ **verträglich**.

Satz 1 erlaubt den Einstieg in die sog. *Relationenalgebra*. Wir geben dafür nur ein Beispiel an, das die Rolle der Einsrelation $\mathscr{L}_{\mathscr{M}}$ erklärt.

Satz 2: Für jede Relation $\mathscr{R} \supseteq \mathscr{I}_{\mathscr{M}}$ gilt

$$\mathscr{R} \circ \mathscr{L}_{\mathscr{M}} = \mathscr{L}_{\mathscr{M}} \circ \mathscr{R} = \mathscr{L}_{\mathscr{M}} .$$

Beweis: Aus $\mathscr{R} \supseteq \mathscr{I}_{\mathscr{M}}$ folgt $\mathscr{R} \circ \mathscr{L}_{\mathscr{M}} \supseteq \mathscr{I}_{\mathscr{M}} \circ \mathscr{L}_{\mathscr{M}} = \mathscr{L}_{\mathscr{M}}$; da ohnehin $\mathscr{R} \circ \mathscr{L}_{\mathscr{M}} \subseteq \mathscr{L}_{\mathscr{M}}$, gilt $\mathscr{R} \circ \mathscr{L}_{\mathscr{M}} = \mathscr{L}_{\mathscr{M}}$.

Mit $\mathscr{R}^i$, $i \in \mathbb{N}$ bezeichnen wir das *i*-fache Produkt, auch ‚*i*-te Potenz von $\mathscr{R}$‘ genannt:

$$\mathscr{R}^0 = \mathscr{I}_{\mathscr{M}} , \qquad \mathscr{R}^{i+1} = \mathscr{R} \circ \mathscr{R}^i$$

7.1.1.3 *Die konverse Relation*

Zu einer dyadischen Relation $\mathscr{R}$ über $\mathscr{M}$ ist die **konverse Relation** $\mathscr{R}^T$ definiert durch

$$(x, y) \in \mathscr{R}^T \quad \text{genau dann, wenn } (y, x) \in \mathscr{R} .$$

Selbstverständlich gilt

$$(\mathscr{R}^T)^T = \mathscr{R} ,$$

die Konversenbildung ist also involutorisch. Im Pfeildiagramm erhält man die konverse Relation durch Umkehrung der Pfeilrichtung, in der Kreuzchentabelle durch Spiegeln an der Diagonale, in der binären Relationsmatrix durch Transposition.

Außerdem gilt

$$\mathscr{O}_{\mathscr{M}}^T = \mathscr{O}_{\mathscr{M}} , \quad \mathscr{L}_{\mathscr{M}}^T = \mathscr{L}_{\mathscr{M}} , \quad \mathscr{I}_{\mathscr{M}}^T = \mathscr{I}_{\mathscr{M}} ;$$

ferner

$$(\mathscr{R}_1 \circ \mathscr{R}_2)^T = \mathscr{R}_2^T \circ \mathscr{R}_1^T$$

und

$$\mathscr{R}_1 \subseteq \mathscr{R}_2 \text{ impliziert } \mathscr{R}_1^T \subseteq \mathscr{R}_2^T .$$

Mit Hilfe der konversen Relation lassen sich insbesondere Umformungen der Relationenprodukte vornehmen:

$$\mathscr{A} \circ \mathscr{B} \subseteq \overline{\mathscr{C}}$$
$$\mathscr{A}^T \circ \mathscr{C} \subseteq \overline{\mathscr{B}}$$

und

$$\mathscr{C} \circ \mathscr{B}^T \subseteq \overline{\mathscr{A}}$$

sind gleichbedeutend (E. Schröder, 1890); weiterhin gilt

$$(\mathscr{A} \circ \mathscr{B}) \cap \mathscr{C} \subseteq (\mathscr{A} \cap (\mathscr{C} \circ \mathscr{B}^T)) \circ (\mathscr{B} \cap (\mathscr{A}^T \circ \mathscr{C}))$$

(J. Riguet, 1948).

Eine dyadische Relation $\mathscr{R}$ über $\mathscr{M}$ heißt

symmetrisch,   wenn $\mathscr{R}^T = \mathscr{R}$ gilt,
antisymmetrisch, wenn $\mathscr{R} \cap \mathscr{R}^T \subseteq \mathscr{I}_{\mathscr{M}}$ gilt.

7.1.1.4 Maximale und größte, minimale und kleinste Elemente

Ein Element $x \in \mathscr{M}$ heißt bzgl. einer Relation $\mathscr{R}$
maximales Element, wenn gilt

$$\forall y \in \mathscr{M}: \text{ Wenn } (x, y) \in \mathscr{R}, \text{ dann } x = y;$$

größtes Element, wenn gilt

$$\forall y \in \mathscr{M}: (y, x) \in \mathscr{R}.$$

Ist $\mathscr{R}$ antisymmetrisch, so ist ein größtes Element stets maximal. Die Umkehrung gilt nicht. Konvers dazu definiert man **minimales** und **kleinstes** Element.

Man veranschauliche sich wieder die Begriffe in der Graphenterminologie.

7.1.1.5 Reflexivität

„Jeder ist sich selbst der Nächste"
Sprichwort

Eine dyadische Relation $\mathscr{R}$ über $\mathscr{M}$ heißt **reflexiv,** wenn für alle $x \in \mathscr{M}$

$$(x, x) \in \mathscr{R}$$

gilt. $\mathscr{R}$ ist reflexiv genau dann, wenn

$$\mathscr{I}_{\mathscr{M}} \subseteq \mathscr{R}.$$

Eine reflexive Relation kann unter der Potenzbildung nicht „verarmen":

Satz 3: Wenn $\mathscr{R}$ reflexiv ist, gilt

$$\mathscr{R} \subseteq \mathscr{R} \circ \mathscr{R} \quad \text{und} \quad \mathscr{R}^i \subseteq \mathscr{R}^j \quad \text{für } i,j \in \mathbb{N},\ i \leqq j.$$

Beweis: Aus $\mathscr{I}_{\mathscr{M}} \subseteq \mathscr{R}$ folgt nach Satz 1

$$\mathscr{R} = \mathscr{I}_{\mathscr{M}} \circ \mathscr{R} \subseteq \mathscr{R} \circ \mathscr{R}.$$

Eine dyadische Relation $\mathscr{R}$ über $\mathscr{M}$ heißt **irreflexiv**, wenn für kein $x \in \mathscr{M}$ $(x,x) \in \mathscr{R}$ gilt. $\mathscr{R}$ ist irreflexiv genau dann, wenn

$$\mathscr{R} \subseteq \bar{\mathscr{I}}_{\mathscr{M}}, \quad \text{d.h. wenn } \mathscr{R} \cap \mathscr{I}_{\mathscr{M}} = \mathscr{O}_{\mathscr{M}}.$$

In der Graphenterminologie spricht man von einer irreflexiven Relation als von einem **schlingenfreien gerichteten Graphen.**

Von den Beispielen in Abb. 208 sind (a) und (f) reflexiv, (b), (c) und (d) sind irreflexiv, (e) ist weder reflexiv noch irreflexiv.

7.1.1.6 *Transitivität*

Eine dyadische Relation $\mathscr{R}$ über $\mathscr{M}$ heißt **transitiv**, wenn mit $(x,y) \in \mathscr{R}$ und $(y,z) \in \mathscr{R}$ stets auch $(x,z) \in \mathscr{R}$ gilt.

Satz 4: $\mathscr{R}$ ist transitiv genau dann, wenn

$$\mathscr{R} \circ \mathscr{R} \subseteq \mathscr{R}.$$

Beweis: Sei $\mathscr{R}$ transitiv. Ist $(x,z) \in \mathscr{R} \circ \mathscr{R}$, so gibt es ein $y \in \mathscr{M}$ mit $(x,y) \in \mathscr{R}$ und $(y,z) \in \mathscr{R}$. Wegen der Transitivität ist dann auch $(x,z) \in \mathscr{R}$, also gilt $\mathscr{R} \circ \mathscr{R} \subseteq \mathscr{R}$.

Umgekehrt, ist $(x,y) \in \mathscr{R} \wedge (y,z) \in \mathscr{R}$, dann ist $(x,z) \in \mathscr{R} \circ \mathscr{R} \subseteq \mathscr{R}$ und somit $(x,z) \in \mathscr{R}$. Also ist $\mathscr{R}$ transitiv.[6]

Eine transitive und reflexive Relation $\mathscr{R}$ über $\mathscr{M}$ heißt eine **Quasiordnung**. Es gilt dann

$$\mathscr{R} \circ \mathscr{R} = \mathscr{R}.$$

---

[6] Dieser Beweis hat folgenden Hintergrund:

«$\mathscr{R}$ ist transitiv» bedeutet ausführlich

$$\forall x,y,z \in \mathscr{M}: [\text{Wenn } (x,y) \in \mathscr{R} \wedge (y,z) \in \mathscr{R}, \text{ dann } (x,z) \in \mathscr{R}]$$

oder auch

$$\forall x,z \in \mathscr{M}: [\forall y \in \mathscr{M}: \text{Wenn } (x,y) \in \mathscr{R} \wedge (y,z) \in \mathscr{R}, \text{ dann } (x,z) \in \mathscr{R}]$$

«$\mathscr{R} \circ \mathscr{R} \subseteq \mathscr{R}$» bedeutet ausführlich

$$\forall x,z \in \mathscr{M}: [\text{Wenn } \exists y \in \mathscr{M}: (x,y) \in \mathscr{R} \wedge (y,z) \in \mathscr{R}, \text{ dann } (x,z) \in \mathscr{R}]$$

Die Gleichwertigkeit der eckigen Klammern in den beiden letzten Ausdrücken ist eine elementare prädikatenlogische Tatsache (‚Quantorenverschiebung', vgl. etwa [79], Bd. 2 §7 Nr. 18).

Von den Beispielen in Abb. 208 sind (a), (b), (d), (e) und (f) transitiv, (a) und (f) sind Quasiordnungen. $\mathcal{L}_{\mathcal{M}}$ ist trivialerweise eine Quasiordnung.

Eine dyadische Relation $\mathcal{R}$ über $\mathcal{M}$ heißt **asymmetrisch**, wenn für alle $x \in \mathcal{M}$, $y \in \mathcal{M}$ $(x, y) \in \mathcal{R}$ impliziert $(y, x) \notin \mathcal{R}$.

$\mathcal{R}$ ist asymmetrisch genau dann, wenn $\mathcal{R} \cap \mathcal{R}^T = \mathcal{O}_{\mathcal{M}}$.

Ist $\mathcal{R}$ asymmetrisch, so ist $\mathcal{R}$ irreflexiv: Enthält nämlich $\mathcal{R}$ eine Schlinge, so enthält auch $\mathcal{R}^T$ diese, und $\mathcal{R} \cap \mathcal{R}^T$ ist nicht leer. Auch ist $\mathcal{R}$ dann trivialerweise antisymmetrisch.

Ist $\mathcal{R}$ transitiv und irreflexiv, so ist $\mathcal{R}$ asymmetrisch: Wäre nämlich $(x, y) \in \mathcal{R}$ und $(y, x) \in \mathcal{R}$, so wäre auch $(x, x) \in \mathcal{R}$. Eine transitive und irreflexive Relation $\mathcal{R}$ über $\mathcal{M}$ heißt eine **Striktordnung**.

Von den Beispielen in Abb. 208 sind (b) und (d) Striktordnungen. $\mathcal{O}_{\mathcal{M}}$ ist trivialerweise eine Striktordnung. Striktordnungen zeigt auch Abb. 210.

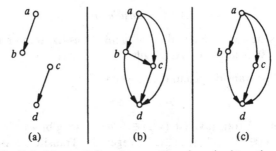

Abb. 210. Beispiele von Striktordnungen über einer vierelementigen Menge

Eine dyadische Relation $\mathcal{R}$ über $\mathcal{M}$, die transitiv, reflexiv und antisymmetrisch ist, heißt eine **Ordnung**[7]. Von den Beispielen in Abb. 208 ist (f) eine Ordnung.

Eine **lineare Ordnung** oder **lineare Striktordnung** ist eine Ordnung bzw. Striktordnung, die **total** ist; d. h.

$$\text{wenn } x \neq y, \quad \text{dann } (x, y) \in \mathcal{R} \vee (y, x) \in \mathcal{R}.$$

Der Graph einer linear geordneten Menge heißt auch eine **Kette**.

Eine dyadische Relation $\mathcal{R}$ über $\mathcal{M}$, die transitiv, reflexiv und symmetrisch ist, heißt eine **Äquivalenzrelation**.

---

[7] Früher auch ‚partielle Ordnung‘ genannt, als mit ‚Ordnung‘ eine *lineare* Ordnung bezeichnet wurde.

Von den Beispielen in Abb. 208 ist (a) eine Äquivalenzrelation. Generell sind $\mathscr{L}_{\mathscr{M}}$ und $\mathscr{I}_{\mathscr{M}}$ Äquivalenzrelationen. Äquivalenzrelationen zeigt auch Abb. 211.

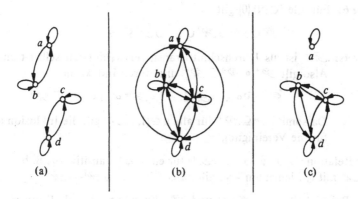

Abb. 211.   Beispiele von Äquivalenzrelationen über einer vierelementigen Menge

Eine Äquivalenzrelation über $\mathscr{M}$ bewirkt eine Zerlegung von $\mathscr{M}$ in **Äquivalenzklassen**, d.h. in nichtleere disjunkte Teilmengen, derart, daß jede Teilmenge mit jedem Element auch alle zu ihm äquivalenten Elemente und keine anderen enthält. Mit [x] bezeichnet man die Äquivalenzklasse, in der x liegt.

7.1.1.7 Hüllen

Als **reflexive Hülle** $\mathscr{R}^{\text{refl}}$ einer dyadischen Relation $\mathscr{R}$ über $\mathscr{M}$ bezeichnet man den Durchschnitt aller reflexiven Relationen über $\mathscr{M}$, die $\mathscr{R}$ umfassen:

$$\mathscr{R}^{\text{refl}} = \bigcap \{\mathscr{S} \subseteq \mathscr{M} \times \mathscr{M} : \mathscr{R} \subseteq \mathscr{S} \wedge \mathscr{S} \text{ ist reflexiv}\}.$$

Satz 5: $\mathscr{R}^{\text{refl}} = \mathscr{R} \cup \mathscr{I}_{\mathscr{M}}$.

Beweis: Da $\mathscr{I}_{\mathscr{M}}$ reflexiv ist, ist auch $\mathscr{R} \cup \mathscr{I}_{\mathscr{M}}$ reflexiv, ferner gilt $\mathscr{R} \subseteq \mathscr{R} \cup \mathscr{I}_{\mathscr{M}}$. Also $\mathscr{R}^{\text{refl}} \subseteq \mathscr{R} \cup \mathscr{I}_{\mathscr{M}}$.
$\mathscr{R}^{\text{refl}}$ ist als Durchschnitt reflexiver Relationen selbst reflexiv: Es gilt also $\mathscr{I}_{\mathscr{M}} \subseteq \mathscr{R}^{\text{refl}}$. Ferner $\mathscr{R} \subseteq \mathscr{R}^{\text{refl}}$, also $\mathscr{R} \cup \mathscr{I}_{\mathscr{M}} \subseteq \mathscr{R}^{\text{refl}}$. Damit gilt aber $\mathscr{R}^{\text{refl}} = \mathscr{R} \cup \mathscr{I}_{\mathscr{M}}$.

Die reflexive Hülle $\mathscr{R} \cup \mathscr{I}_{\mathscr{M}}$ einer Striktordnung $\mathscr{R}$ ist reflexiv, transitiv und antisymmetrisch: sie ist eine Ordnung.

Als **transitive Hülle** $\mathcal{R}^+$ einer dyadischen Relation $\mathcal{R}$ über $\mathcal{M}$ bezeichnet man den Durchschnitt aller transitiven Relationen über $\mathcal{M}$, die $\mathcal{R}$ umfassen:

$$\mathcal{R}^+ = \bigcap \{\mathcal{T} \subseteq \mathcal{M} \times \mathcal{M} : \mathcal{R} \subseteq \mathcal{T} \wedge \mathcal{T} \text{ ist transitiv}\}.$$

Satz 6: Für alle $i \in \mathbb{N} \setminus \{0\}$ gilt

$$\mathcal{R} \cup \mathcal{R}^2 \cup \mathcal{R}^3 \cup \dots \cup \mathcal{R}^i \subseteq \mathcal{R}^+.$$

Beweis: $\mathcal{R}^+$ ist als Durchschnitt transitiver Relationen selbst transitiv. Also gilt $\mathcal{R}^+ \circ \mathcal{R}^+ \subseteq \mathcal{R}^+$ und durch Induktion

$$\mathcal{R} \circ \mathcal{R} \circ \dots \circ \mathcal{R} \subseteq \mathcal{R}^+ \circ \mathcal{R}^+ \circ \dots \circ \mathcal{R}^+ \subseteq \mathcal{R}^+.$$

Da somit $\mathcal{R}^\mu \subseteq \mathcal{R}^+$ für alle $\mu \in \{1, \dots, i\}$, gilt die Inklusion auch für die Vereinigung.

Ist die Relation $\mathcal{R} \cup \mathcal{R}^2 \cup \dots \cup \mathcal{R}^{i_0}$ für ein $i_0 \geq 1$ transitiv – z. B. bei endlichem $\mathcal{M}$ mit i_0 Elementen – so gilt $\mathcal{R} \cup \mathcal{R}^2 \cup \dots \cup \mathcal{R}^{i_0} = \mathcal{R}^+$.

Beispiel (i): Sei $\mathcal{M} = \mathbb{N}$ und $\mathcal{R} = \{(n, m) : n + 1 = m\}$. Dann ist $\mathcal{R}^+$ die übliche Striktordnung $\{(n, m) : n + 1 \leq m\}$ auf $\mathbb{N}$. $\mathcal{R} \cup \mathcal{R}^2 \cup \dots \cup \mathcal{R}^i$ ist die Relation $\{(n, m) : n + 1 \leq m \leq n + i\}$, die asymmetrisch, aber für kein i transitiv ist.

Zu einer transitiven Relation $\mathcal{T}$ über $\mathcal{M}$ betrachtet man die Menge aller Relationen $\mathcal{R}$ über $\mathcal{M}$ mit $\mathcal{R}^+ = \mathcal{T}$ – die also $\mathcal{T}$ **transitiv erzeugen**. Ist $\mathcal{T}_0$ eine (bzgl. der Mengeninklusion) minimale Relation aus dieser Menge, d. h.

gilt $\mathcal{T}_0^+ = \mathcal{T}$ und [wenn $\mathcal{R} \subseteq \mathcal{T}_0 \wedge \mathcal{R}^+ = \mathcal{T}$, dann $\mathcal{R} = \mathcal{T}_0$],

so heißt das Pfeildiagramm von $\mathcal{T}_0$ (und auch $\mathcal{T}_0$ selbst) ein **Hasse-Diagramm** für $\mathcal{T}$. Im allgemeinen gibt es zu einer Relation $\mathcal{T}$ verschiedene Hasse-Diagramme; Abb. 212 zeigt solche für das Beispiel (a) von Abb. 208. Für die übliche Ordnungsrelation $\leq$ auf dem Körper $\mathbb{R}$ der reellen Zahlen gibt es keine minimale Relation, deren transitive Hülle die $\leq$-Relation ist; also gibt es dafür auch kein Hasse-Diagramm.

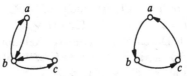

Abb. 212. Beispiele von Hasse-Diagrammen zur Relation von Abb. 208 (a). (Um die Gleichwertigkeit dreier Sätze zu beweisen, verfährt man üblicherweise nach einem dieser Hasse-Diagramme.)

Eine dyadische Relation $\mathcal{R}$ über $\mathcal{M}$ heißt **azyklisch** (auch ‚kreisfrei'), wenn ihre transitive Hülle $\mathcal{R}^+$ irreflexiv (und damit eine Striktordnung) ist. Somit ist $\mathcal{R}$ über $\mathcal{M}$ genau dann azyklisch, wenn die transitive Hülle $\mathcal{R}^+$ asymmetrisch ist.

Eine transitiv erzeugende Relation $\mathcal{R}_0$ einer Striktordnung $\mathcal{S}$ – insbesondere ein Hasse-Diagramm für $\mathcal{S}$ – ist also azyklisch. Sie ist auch asymmetrisch: Wegen Satz 6 ist sogar $\mathcal{R}_0 \cup \mathcal{R}_0^2 \cup \ldots \cup \mathcal{R}_0^i$ enthalten in $\mathcal{R}_0^+ = \mathcal{S}$ und damit ebenfalls asymmetrisch.

Der Graph einer azyklischen dyadischen Relation heißt auch ein **Netz**.

Als **transitiv-reflexive Hülle** $\mathcal{R}^*$ einer dyadischen Relation $\mathcal{R}$ über $\mathcal{M}$ bezeichnet man den Durchschnitt aller transitiven und reflexiven Relationen (d. h. aller Quasiordnungen) über $\mathcal{M}$, die $\mathcal{R}$ umfassen:

$$\mathcal{R}^* = \bigcap \{ \mathcal{T} \subseteq \mathcal{M} \times \mathcal{M} : \mathcal{R} \subseteq \mathcal{T} \wedge \mathcal{T} \text{ ist transitiv} \wedge \mathcal{T} \text{ ist reflexiv} \} .$$

$\mathcal{R}^*$ ist eine Quasiordnung; man kann zeigen

$$\mathcal{R}^* = (\mathcal{R}^+)^{\text{refl}} = \mathcal{R}^+ \cup \mathcal{I}_\mathcal{M} .$$

Damit ergibt sich

Satz 7: Ist $\mathcal{R}$ azyklisch, so ist $\mathcal{R}^*$ eine Ordnung.

Aus Satz 6 erhält man:
Für alle $i \in \mathbb{N}$ gilt

$$\mathcal{I}_\mathcal{M} \cup \mathcal{R} \cup \mathcal{R}^2 \cup \ldots \cup \mathcal{R}^i \subseteq \mathcal{R}^* .$$

Ferner gilt

$$\mathcal{R}^+ = \mathcal{R} \circ \mathcal{R}^* = \mathcal{R}^* \circ \mathcal{R} .$$

Eine Relation $\mathcal{R}$ über $\mathcal{M}$ heißt **stark zusammenhängend**, wenn $\mathcal{R}^* = \mathcal{L}_\mathcal{M}$. In Abb. 208 sind nur (a) und (c) stark zusammenhängend.

7.1.1.8 *Äquivalenzklassen*

In einer Relation $\mathcal{R}$ über $\mathcal{M}$ kann man auf einfache Weise eine symmetrische Relation bilden: man betrachtet die „ärmere" Relation $\mathcal{R} \cap \mathcal{R}^T$.

Ist $\mathcal{R}$ eine Quasiordnung von $\mathcal{M}$, so ist $\mathcal{R} \cap \mathcal{R}^T$ weiterhin reflexiv und transitiv und somit eine Äquivalenzrelation. Ist $\mathcal{R}$ bereits eine Ordnung von $\mathcal{M}$, so ist stets $\mathcal{R} \cap \mathcal{R}^T = \mathcal{I}_\mathcal{M}$. Andernfalls bilden die Äquivalenzklassen von $\mathcal{R} \cap \mathcal{R}^T$ eine Ordnung.

Im Gegensatz dazu kann man zu einer Relation $\mathcal{R}$ über $\mathcal{M}$ auch eine umfassendere symmetrische Relation bilden, die **symmetrische Hülle** $\mathcal{R}^{\text{symm}}$:

$$\mathcal{R}^{\text{symm}} = \bigcap \{ \mathcal{S} \subseteq \mathcal{M} \times \mathcal{M} : \mathcal{R} \subseteq \mathcal{S} \wedge \mathcal{S} \text{ ist symmetrisch} \} .$$

Offensichtlich gilt

$$\mathscr{R}^{\text{symm}} = \mathscr{R} \cup \mathscr{R}^T.$$

Die symmetrische Hülle einer transitiven Relation ist im allgemeinen nicht mehr transitiv.

Als **symmetrisch-transitiv-reflexive Hülle** $\mathscr{R}^{\maltese}$ einer Relation $\mathscr{R}$ über $\mathscr{M}$ bezeichnet man den Durchschnitt aller symmetrischen, transitiven und reflexiven Relationen $\mathscr{S}$, die $\mathscr{R}$ enthalten:

$$\mathscr{R}^{\maltese} = \bigcap \{\mathscr{S} \subseteq \mathscr{M} \times \mathscr{M} : \mathscr{R} \subseteq \mathscr{S} \wedge \mathscr{S} \text{ ist symmetrisch}$$
$$\wedge \ \mathscr{S} \text{ ist transitiv}$$
$$\wedge \ \mathscr{S} \text{ ist reflexiv}\}.$$

Es gilt

$$\mathscr{R}^{\maltese} = (\mathscr{R}^{\text{symm}})^* = (\mathscr{R} \cup \mathscr{R}^T)^* = (\mathscr{R} \cup \mathscr{R}^T)^+ \cup \mathscr{I}_{\mathscr{M}}.$$

Die Hülle $\mathscr{R}^{\maltese}$ einer Relation $\mathscr{R}$ über $\mathscr{M}$ ist eine Äquivalenzrelation, deren Äquivalenzklassen auch **Zusammenhangskomponenten** genannt werden (Abb. 213). Eine Relation $\mathscr{R}$ über $\mathscr{M}$ heißt **(schwach) zusammenhängend**, wenn $\mathscr{R}^{\maltese} = \mathscr{L}_{\mathscr{M}}$, d. h. wenn $\mathscr{R}^{\text{symm}}$ stark zusammenhängend ist.

7.1.2 Noethersche und konfluente Relationen

In diesem Abschnitt bezeichnen wir die dyadische Relation $\mathscr{R}$ über $\mathscr{M}$ in Infixschreibweise durch einen Pfeil. Für $(x, y) \in \mathscr{R}$ wird also

$$x \longrightarrow y$$

geschrieben, und entsprechend der gerichtete Graph $(\mathscr{M}, \mathscr{R})$ ausgedrückt durch $(\mathscr{M}, \longrightarrow)$.

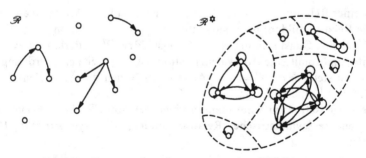

Abb. 213.   Zusammenhangskomponenten eines Pfeildiagramms

7.1.2.1 *Wege*

Unter einem (**endlichen Pfeil-)Weg** der Länge i, $i \in \mathbb{N}\backslash\{0\}$, von x nach y im gerichteten Graphen $(\mathcal{M}, \longrightarrow)$ versteht man ein i-Tupel von ‚verketteten‘ Pfeilen

$$x_0 \longrightarrow x_1, x_1 \longrightarrow x_2, \ldots, x_{i-1} \longrightarrow x_i \,,$$

wobei $x = x_0$ und $y = x_i$. Wir schreiben dafür auch kurz

$$x = x_0 \longrightarrow x_1 \longrightarrow x_2 \longrightarrow \ldots \longrightarrow x_{i-1} \longrightarrow x_i = y \,.$$

$(x, y) \in \mathcal{R}^i$ $(i \geq 1)$ bedeutet gerade, daß es einen Weg der Länge i von x nach y im gerichteten Graphen $(\mathcal{M}, \mathcal{R}) = (\mathcal{M}, \longrightarrow)$ gibt.

Unter einem von x ausgehenden **unendlich fortgesetzten (Pfeil-)Weg** versteht man eine unendliche Folge von ‚verketteten‘ Pfeilen $x_\mu \longrightarrow x_{\mu+1}$ $(\mu \in \mathbb{N})$ mit $x = x_0$, also

$$x = x_0 \longrightarrow x_1, x_1 \longrightarrow x_2, \ldots x_{i-1} \longrightarrow x_i, x_i \longrightarrow x_{i+1}, \ldots,$$

oder kurz

$$x = x_0 \longrightarrow x_1 \longrightarrow x_2 \longrightarrow \ldots \longrightarrow x_i \longrightarrow x_{i+1} \longrightarrow \ldots \,.$$

In den Relationen (a), (c), (e) und (f) von Abb. 208 gibt es unendlich fortgesetzte Wege.

7.1.2.2 *Noethersche Relationen und Graphen*

Die Relation $\mathcal{R}$ über $\mathbb{N}$ im Beispiel (i) von 7.1.1.7 enthält unendlich fortgesetzte Wege; daher ist $\mathcal{R} \cup \mathcal{R}^2 \cup \ldots \cup \mathcal{R}^i$ für kein $i \geq 1$ transitiv. Unendlich fortgesetzte Wege sind gelegentlich unerwünscht.

Eine Relation bzw. ein gerichteter Graph $(\mathcal{M}, \longrightarrow)$ heißt **terminal**[8] oder **Noethersch**[9], wenn es für beliebiges $x \in \mathcal{M}$ keinen unendlich fortgesetzten Weg, d.h. keine unendliche Folge von Pfeilen

$$x = x_0 \longrightarrow x_1 \longrightarrow x_2 \longrightarrow \ldots \longrightarrow x_{i-1} \longrightarrow x_i \longrightarrow x_{i+1} \longrightarrow \ldots$$

gibt.

In einem Noetherschen Graphen gibt es keinen **Pfeilzyklus** oder **geschlossenen Pfeilweg**, d.h. keinen Weg (einer Länge $i \geq 1$) von irgendeiner Ecke x nach x. Andernfalls könnte man diesen Weg beliebig oft aneinandersetzen und bekäme einen unendlich fortgesetzten Weg. Insbesondere ist ein Noetherscher Graph schlingenfrei. Ein (endlicher) Weg $x_0 \longrightarrow x_1 \longrightarrow x_2 \longrightarrow \ldots \longrightarrow x_i$ in einem Noetherschen Graphen ist eine **Teilkette**; die Eckenmenge $\{x_0, x_1, x_2, \ldots, x_i\}$ wird durch $\longrightarrow$ linear geordnet, da $x_\mu \neq x_\nu$ für $\mu \neq \nu$.

---

[8] auch ‚stark normalisierend‘ (im Lambda-Kalkül).

[9] EMMY NOETHER (1882–1935), Begründerin der modernen Theorie der Ringe und Algebren.

Ein gerichteter Graph $(\mathscr{M}, \longrightarrow)$ ist trivialerweise Noethersch, wenn die Wege ‚von beschränkter Länge‘ sind, d. h. wenn es ein $N \in \mathbb{N}$ gibt derart, daß für alle $x, y \in \mathscr{M}$ jeder Weg von x nach y höchstens von der Länge N ist, vgl. etwa (d) in Abb. 208 mit $N = 2$.

7.1.2.3 *Hüllen einer Noetherschen Relation*

Die Eigenschaft einer Relation $\mathscr{R}$ über $\mathscr{M}$, Noethersch zu sein, bedeutet insbesondere bei unendlicher Grundmenge $\mathscr{M}$ eine starke Einschränkung. Nicht nur ist dann $\mathscr{R}$ asymmetrisch, es gilt sogar

Satz 1: Für eine Noethersche Relation $\mathscr{R}$ über $\mathscr{M}$ ist $\mathscr{R}^+$ asymmetrisch (und somit $\mathscr{R}$ azyklisch).

> **Beweis:** $(x, y) \in \mathscr{R}^+$ gilt genau dann, wenn es in $\mathscr{R}$ einen Weg von x nach y gibt. Würde auch $(y, x) \in \mathscr{R}^+$ gelten, so gäbe es in $\mathscr{M}$ auch einen Weg von y nach x. Damit gäbe es aber auch einen geschlossenen Weg.

Die transitive Hülle $\mathscr{R}^+$ einer Noetherschen Relation $\mathscr{R}$ über $\mathscr{M}$ ist somit eine Striktordnung, für die $\mathscr{R}$ eine transitiv erzeugende Relation ist. Dies macht Noethersche Hasse-Diagramme interessant. Die Umkehrung von Satz 1 gilt (für unendliches $\mathscr{M}$) nicht, wie Beispiel (i) von 7.1.1.7 zeigt: $\mathscr{R}$ ist dort nicht Noethersch.

Die transitive und reflexive Hülle $\mathscr{R}^*$ einer Noetherschen Relation $\mathscr{R}$ über $\mathscr{M}$ ist als reflexive Hülle einer Striktordnung (vgl. 7.1.1.7) eine Ordnung.

Es sei $\mathscr{R}$ über $\mathscr{M}$ eine Noethersche Relation mit dem Graphen $(\mathscr{M}, \longrightarrow)$. Wir bezeichnen dann die Ordnung $\mathscr{R}^*$ in Infixschreibweise durch einen Pfeil mit Stern:
Für $(x, y) \in \mathscr{R}^*$ wird also

$$x \overset{*}{\longrightarrow} y$$

geschrieben.

Wir bezeichnen ferner $\mathscr{R}^{\text{symm}}$ in Infixschreibweise durch einen Doppelpfeil:
Für $(x, y) \in \mathscr{R}^{\text{symm}}$ wird also

$$x \longleftrightarrow y$$

geschrieben.

Schließlich bezeichnen wir $\mathscr{R}^{\maltese}$ in Infixschreibweise durch einen Doppelpfeil mit Stern:
Für $(x, y) \in \mathscr{R}^{\maltese}$ wird also

$$x \overset{*}{\longleftrightarrow} y$$

geschrieben.

7.1.2.4 *Irreduzible Elemente, terminierende Wege*

Gilt $x \xrightarrow{*} y$, so sagt man auch, x wird **reduziert** zu y. Ein Element $x \in \mathcal{M}$ heißt (bzgl. einer Relation $(\mathcal{M}, \longrightarrow)$) **(ir)reduzibel**,

wenn es (k)ein $y \in \mathcal{M}$ gibt mit $x \longrightarrow y$.

Für die leere Relation $\mathcal{O}_{\mathcal{M}}$ über $\mathcal{M}$ ist jedes Element von $\mathcal{M}$ irreduzibel, für $\mathcal{L}_{\mathcal{M}}$ keines.

In Abb. 208 enthält neben Beispiel (b) nur das Beispiel (e) irreduzible Elemente, und zwar b und c. Im Beispiel (i) von 7.1.1.7 ist jedes Element reduzibel, für die konverse Relation

$$\mathcal{R}^T = \{(n, m) : n = m + 1\}$$

über $\mathbb{N}$ ist $0 \in \mathbb{N}$ einziges irreduzibles Element.

Ein Weg der Länge $i \in \mathbb{N}\setminus\{0\}$ von x nach y im gerichteten Graphen $(\mathcal{M}, \longrightarrow)$ heißt (nach i Schritten) **terminierend**, wenn y irreduzibles Element ist.

In einem Noetherschen Graphen $(\mathcal{M}, \longrightarrow)$ ist nach Definition jeder von einer Ecke x ausgehende Weg Anfang eines von x ausgehenden (endlichen) terminierenden Wegs:

Satz 2: Der Graph $(\mathcal{M}, \longrightarrow)$ sei Noethersch. Dann gibt es zu jedem $x \in \mathcal{M}$ (mindestens) ein irreduzibles $y \in \mathcal{M}$ (eine **Normalform** von x) derart, daß $x \xrightarrow{*} y$.

Korollar: In einem Noetherschen Graphen $(\mathcal{M}, \longrightarrow)$ mit $\mathcal{M} \neq \emptyset$ gibt es mindestens ein irreduzibles Element.

Man sagt auch, die Ordnung $\mathcal{R}^*$ sei ,wohlfundiert'.

Auch in einem Noetherschen Graphen kann es ,unendliche Wege', d.h. ,Wege' deren Länge nicht endlich ist, geben: Im obigen Beispiel hat $\mathcal{R}^T$ den ,unendlichen Weg' ... $\longrightarrow 3 \longrightarrow 2 \longrightarrow 1 \longrightarrow 0$, der weder endlich noch unendlich fortgesetzt ist. Jeder Weg von einer Ecke x zu einer Ecke y ist jedoch von endlicher Länge.

7.1.2.5 *Der nichtdeterministische Ersetzungsalgorithmus*

> '*Mihi iussa capessere fas est*'
> „Dein Wunsch sei mir Befehl."
> VERGIL, *Aeneide* I, 77

Für Noethersche Relationen $(\mathcal{M}, \longrightarrow)$ terminiert also der folgende **nichtdeterministische Ersetzungsalgorithmus**:

«Man führe, von einem Element x ausgehend, Schritt für Schritt irgendwelche $\longrightarrow$-Übergänge aus, so lange dies möglich ist, und halte an, wenn man auf ein irreduzibles Element stößt.»

Beachte, daß der nichtdeterministische Algorithmus i. a. auch nicht determiniert ist. Formal lautet er in präalgorithmischer, einen Existenzquantor und einen Auswahloperator[10] **some** umfassender Form (m bzw. m bezeichnet die Sorte der Elemente von $\mathcal{M}$, das Prädikat .→. entspricht der Ersetzungsrelation —→)

funct *reduce* ≡ (m x) m :
  if ∃ m $b : x{\to}b$
  then *reduce* (**some** m $b : x{\to}b$)
  else x **fi**
	function *reduce* $(x : m) : m$;
	  begin if ∃ $b : m \vert x{\to}b$
	    then *reduce* ⇐ *reduce* (**some** $b : m \vert x{\to}b$)
	    else *reduce* ⇐ x
	  end

reduce liefert zu jedem Element $x \in \mathcal{M}$ eine Normalform. Die Rechenvorschrift kann leicht dahingehend modifiziert werden, daß sie auch die Folge aller Zwischenknoten, den **Reduktionsweg**, liefert.

Von einem Algorithmus können wir allerdings nur sprechen (1.6.1), wenn die Existenzprüfung und die Auswahl stets ausführbar („effektiv') sind. Wir nennen dann $\mathscr{F} = (\mathcal{M}, \longrightarrow)$ auch ein **formales System** $\mathscr{F}$ über $\mathcal{M}$. Ein formales System liegt insbesondere vor, wenn die Relation $(\mathcal{M}, \longrightarrow) \subseteq \mathcal{M} \times \mathcal{M}$ eine endliche Menge ist, erst recht also, wenn $\mathcal{M}$ selbst endlich ist.

Die in 6.3.6.1 eingeführte Reduktion von gewissen Termen auf Normalform bietet Beispiele für Ersetzungsalgorithmen; die Ersetzungsrelation wird durch die (von links nach rechts zu lesenden) Gesetze in Gleichungsform („Termersetzungsregeln') geliefert.

7.1.2.6 *Konfluente Relationen, eindeutige Normalformen*

In 7.1.2.4 haben wir uns mit der Existenz von Normalformen beschäftigt. Im folgenden soll deren Eindeutigkeit diskutiert werden.

Eine dyadische Relation $(\mathcal{M}, \longrightarrow)$ heißt **konfluent**, wenn aus $x \overset{*}{\longrightarrow} y_1 \wedge x \overset{*}{\longrightarrow} y_2$ folgt, daß ein $z \in \mathcal{M}$ existiert, derart daß

$$y_1 \overset{*}{\longrightarrow} z \wedge y_2 \overset{*}{\longrightarrow} z$$

gilt[11] (vgl. Abb. 214) – kurz daß

$$\mathscr{R}^{T*} \circ \mathscr{R}^* \subseteq \mathscr{R}^* \circ \mathscr{R}^{T*} .$$

---

[10] Wir verwenden hier eine Formalisierung der schon in 1.6 angesprochenen Auswahl (vgl. *cod* in 2.4.1.6):

  some m $x : \mathscr{P}(x)$, wo $\mathscr{P}$ ein Prädikat ist, bedeutet

  «irgendein Element x der Sorte m, derart, daß $\mathscr{P}(x)$ gilt»

oder gleichwertig

  «ein aus der Menge $\{ m\, x : \mathscr{P}(x) \}$ beliebig ausgewähltes Element».

[11] $\mathscr{R}$ über $\mathcal{M}$ ist sicher konfluent, wenn $\mathcal{M}$ bzgl. der Quasiordnung $\mathscr{R}^*$ eine „gerichtete Menge' ist, d. h. wenn $\mathcal{M}$ zu je zwei Elementen x, y eine gemeinsame „Schranke' w mit $x \overset{*}{\longrightarrow} w \wedge y \overset{*}{\longrightarrow} w$ enthält.

Vereinfachungsrelationen in algebraischen Ausdrücken sind oft konfluent. Das gilt z. B. bei Gruppen $(G; . \times ., .^{-1}, e)$ für die Vereinfachungen, die durch

Abb. 214. Diagramm für Konfluenz

Ersetzung von $a \times a^{-1}$ bzw. von $a^{-1} \times a$ durch das neutrale Element e und von $a \times e$ bzw. von $e \times a$ durch a entstehen. Abb. 215 zeigt solche Vereinfachungswege. Gleiches gilt für die Vereinfachung von Ausdrücken mit boole-

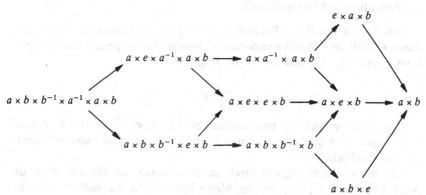

Abb. 215. Vereinfachungsrelation in Gruppen:
Sämtliche Vereinfachungswege für $a \times b \times b^{-1} \times a^{-1} \times a \times b$

schen Verknüpfungen oder von arithmetischen Ausdrücken mit Hilfe der Kommutativ-, Assoziativ- und Distributivgesetze, wobei die Ersetzungsrelation aber nicht Noethersch ist. Umgekehrt sind nicht alle Noetherschen Relationen konfluent. Ein Gegenbeispiel liefert die Menge der natürlichen Zahlen größer als 1 mit der Primteilbarkeitsrelation

$$a \longrightarrow b \quad \text{genau dann, wenn } a = b \cdot p, p \text{ prim}.$$

Diese Relation ist Noethersch, aber nicht konfluent (es fehlt die Eins, alle Primzahlen sind irreduzibel).

Satz 3: Die Relation $(\mathcal{M}, \longrightarrow)$ sei Noethersch und konfluent. Dann gibt es zu jedem $x \in \mathcal{M}$ genau ein irreduzibles $y \in \mathcal{M}$ derart, daß $x \xrightarrow{*} y$. Man nennt dann y die **eindeutige Normalform** von x.

Beweis: Die Existenz eines solchen y wurde in Satz 2 gezeigt.

Sei $x \xrightarrow{*} y_1$ und $x \xrightarrow{*} y_2$ mit y_1, y_2 irreduzibel. Dann gibt es ein $z \in \mathcal{M}$ derart, daß $y_1 \xrightarrow{*} z$ und $y_2 \xrightarrow{*} z$. Da aber y_1 und y_2 irreduzibel sind, folgt $z = y_1$ wie auch $z = y_2$. Also gilt $y_1 = y_2$.

Mit anderen Worten, die Ordnung $(\mathcal{M}, \xrightarrow{*})$ definiert dann eine Abbildung $x \mapsto \dot{x}$ (‚Normalformenbildung‘) von $\mathcal{M}$ auf die Teilmenge $\mathcal{M}^{\text{irred}}$ der Normalformen. Auf $\mathcal{M}^{\text{irred}}$ ist diese Abbildung die Identität, sie ist also auf $\mathcal{M}$ idempotent.

Für ein formales System mit einer **konfluenten** Noetherschen Relation $(\mathcal{M}, \to)$ ist der nichtdeterministische Ersetzungsalgorithmus *reduce* aus 7.1.2.5 **determiniert**, er berechnet die Normalform $\dot{x}$ von x.

Somit kann ein solches formales System als **(determiniertes) Transitionssystem, Ersetzungssystem**[12] oder **Reduktionssystem**[13] aufgefaßt werden.

Die Zusammenhangskomponenten von $(\mathcal{M}, \to)$ sind dabei die Fasern der Abbildung auf Normalform:

Satz 4: Die dyadische Relation $(\mathcal{M}, \to)$ sei Noethersch und konfluent. Dann enthält jede Äquivalenzklasse K bezüglich $\xleftrightarrow{*}$ genau eine Normalform y; es ist $K = [y]$ und nur für $x \in K$ gilt

$$x \xrightarrow{*} y \,.$$

Um algorithmisch zu entscheiden, ob in $(\mathcal{M}, \xleftrightarrow{*})$ für $x_1, x_2 \in \mathcal{M}$ $x_1 \xleftrightarrow{*} x_2$ gilt, sind die Normalformen $\dot{x}_1$ und $\dot{x}_2$ zu berechnen und auf Identität[14] zu vergleichen.

Um insbesondere algorithmisch zu entscheiden, ob ein $x \in \mathcal{M}$ in der Äquivalenzklasse $[y]$ eines irreduziblen y liegt, ist die Normalform $\dot{x}$ zu berechnen und mit y zu vergleichen.

7.1.2.7 *Church-Rosser-Eigenschaft*

Man sagt, eine dyadische Relation $(\mathcal{M}, \to)$ habe die **Church-Rosser-Eigenschaft**, wenn aus $y_1 \xleftrightarrow{*} y_2$ stets folgt, daß ein $z \in \mathcal{M}$ existiert, derart daß $y_1 \xrightarrow{*} z \wedge y_2 \xrightarrow{*} z$ – wenn also von jeweils zwei Elementen in der selben Zusammenhangskomponente von $\to$ je ein Weg zu **einem** gewissen Element führt.

---

[12] *"replacement system"* (STAPLES 1975), *"rewriting system"* (DE REMER 1974).

[13] *"reduction system"* (HUET 1977).

[14] Wenn es sich bei den Elementen von $\mathcal{M}$ um Ausdrücke handelt, also auf zeichenmäßige („wörtliche") Übereinstimmung.

In relationenalgebraischer Schreibweise wird die Church-Rosser-Eigenschaft von $\mathscr{R}$ kurz durch $(\mathscr{R} \cup \mathscr{R}^T)^* \subseteq \mathscr{R}^* \circ \mathscr{R}^{T*}$ ausgedrückt. Im übrigen gilt hierbei sogar Gleichheit; dies ergibt sich aus dem folgenden

Hilfssatz: $\mathscr{R}^* \circ \mathscr{R}^{T*} \subseteq (\mathscr{R} \cup \mathscr{R}^T)^*$

Beweis: Wegen $\mathscr{R} \subseteq \mathscr{R} \cup \mathscr{R}^T$ und $\mathscr{R}^T \subseteq \mathscr{R} \cup \mathscr{R}^T$ gilt $\mathscr{R}^* \subseteq (\mathscr{R} \cup \mathscr{R}^T)^*$ und $\mathscr{R}^{T*} \subseteq (\mathscr{R} \cup \mathscr{R}^T)$, also

$$\mathscr{R}^* \circ \mathscr{R}^{T*} \subseteq (\mathscr{R} \cup \mathscr{R}^T)^* \circ (\mathscr{R} \cup \mathscr{R}^T)^* \subseteq (\mathscr{R} \cup \mathscr{R}^T)^*$$

(da $(\mathscr{R} \cup \mathscr{R}^T)^*$ transitiv ist, Satz 4 von 7.1.1.6)

Satz 5: Eine dyadische Relation $(\mathscr{M}, \longrightarrow)$ ist genau dann konfluent, wenn sie die Church-Rosser-Eigenschaft hat.

Beweis: Nach dem Hilfssatz gilt wegen $\mathscr{R}^{TT} = \mathscr{R}$ und $\mathscr{R}^T \cup \mathscr{R} = \mathscr{R} \cup \mathscr{R}^T$ auch $\mathscr{R}^{T*} \circ \mathscr{R}^* \subseteq (\mathscr{R} \cup \mathscr{R}^T)^*$ – die Church-Rosser-Eigenschaft impliziert die Konfluenz.
Umgekehrt ist wegen der Konfluenz $\mathscr{R}^{T*} \circ \mathscr{R}^* \subseteq \mathscr{R}^* \circ \mathscr{R}^{T*}$, also

$$(\mathscr{R}^* \circ \mathscr{R}^{T*}) \circ (\mathscr{R}^* \circ \mathscr{R}^{T*})$$
$$= \mathscr{R}^* \circ (\mathscr{R}^{T*} \circ \mathscr{R}^*) \circ \mathscr{R}^{T*} \subseteq \mathscr{R}^* \circ (\mathscr{R}^* \circ \mathscr{R}^{T*}) \circ \mathscr{R}^{T*}$$
$$= (\mathscr{R}^* \circ \mathscr{R}^*) \circ (\mathscr{R}^{T*} \circ \mathscr{R}^{T*}) \subseteq \mathscr{R}^* \circ \mathscr{R}^{T*} .$$

$\mathscr{R}^* \circ \mathscr{R}^{T*}$ ist also transitiv, und *eo ipso* symmetrisch und reflexiv.
Da $(\mathscr{R} \cup \mathscr{R}^T)^*$ die symmetrisch-transitiv-reflexive Hülle ist, gilt $(\mathscr{R} \cup \mathscr{R}^T)^* \subseteq \mathscr{R}^* \circ \mathscr{R}^{T*}$, d.h. die Church-Rosser-Eigenschaft.

Notwendig für die Konfluenz von $(\mathscr{M}, \longrightarrow)$ ist die ‚lokale Konfluenz‘:

$(*)$ Aus $x \longrightarrow y_1 \wedge x \longrightarrow y_2$ folgt $\exists z \in \mathscr{M}: y_1 \overset{*}{\longrightarrow} z \wedge y_2 \overset{*}{\longrightarrow} z$.

Im allgemeinen ist diese Bedingung jedoch nicht hinreichend; selbst dann nicht, wenn $(\mathscr{M}, \longrightarrow)$ azyklisch ist. Jedoch gilt

Satz 6: (NEWMAN 1942, HUET 1977)[15]
Eine Noethersche Relation $(\mathscr{M}, \longrightarrow)$ ist konfluent genau dann, wenn sie lokal konfluent ist.

Der Beweis erfordert Induktion.

---

[15] M. H. A. („Max‘) NEWMAN, britischer Logiker, 1942–1945 auch (wie TURING) als Kryptologe tätig.

7.1.3 Formale Sprachen – allgemeine Begriffe

"The distinction between grammar and language is extremely important when semantics is being considered as well as syntax."

DONALD E. KNUTH

Wird eine Relation $(\mathcal{M}, \longrightarrow)$ als formales System aufgefaßt und ist $z \in \mathcal{M}$ ein ausgezeichnetes Element, $[z] \subseteq \mathcal{M}$ seine $\overset{*}{\longleftrightarrow}$-Äquivalenzklasse, so nennt man $S = (\mathcal{M}, z, [z], \longrightarrow)$ eine **formale Sprache** über $\mathcal{M}$ mit dem **Repräsentanten** z und der Relation $([z], \longrightarrow)$ als **Grammatik**.

Die Menge $\{x \in \mathcal{M} : x \overset{*}{\longrightarrow} z\}$ heißt **Sprachschatz**. Ein Element $x \in \mathcal{M}$ heißt **erkannt, akzeptabel, verifizierbar** oder ein **Satz**, wenn es dem Sprachschatz angehört, d.h. wenn $x \overset{*}{\longrightarrow} z$ gilt. Da $[z] = \{x \in \mathcal{M} : x \overset{*}{\longleftrightarrow} z\}$, umfaßt $[z]$ den Sprachschatz. Ist $z \in \mathcal{M}$ irreduzibel, so nennt man z **Axiom** oder **Zielelement**. Ist überdies $(\mathcal{M}, \longrightarrow)$ konfluent, so stimmt der Sprachschatz sogar mit $[z]$ überein.

Zwei Grammatiken $([z], \longrightarrow_1)$, $([z], \longrightarrow_2)$ über ein und demselben $\mathcal{M}$ heißen **homolog**. Homologe Grammatiken heißen **schwach äquivalent**, wenn sie den gleichen Sprachschatz bestimmen.

Der Ersetzungsalgorithmus *reduce* liefert im Erfolgsfall nicht nur die Feststellung, daß ein $x \in \mathcal{M}$ auf z reduziert werden kann, sondern auch eine **Zerteilung**[16], einen Reduktionsweg, auf dem dies geschieht. Vom semantischen Standpunkt (Kap. 8) kommt es auf solche Wege an. Während zuweilen in der Theorie der formalen Sprachen die Menge $\{x \in \mathcal{M} : x \overset{*}{\longrightarrow} z\}$ bereits ,Sprache' genannt wird, konzentrieren wir uns auf die Struktur der Ersetzungsrelation $\longrightarrow$ auf $[z]$[17]. Zwei homologe Grammatiken $([z], \longrightarrow_1)$, $([z], \longrightarrow_2)$ heißen **strukturäquivalent**, wenn $\overset{*}{\longrightarrow}_1$ und $\overset{*}{\longrightarrow}_2$ im wesentlichen, d.h. bis auf Vergröberung oder Verfeinerung durch Weglassen oder Einfügen von Ketten mit Zwischenknoten, identisch sind.

In diesem Kapitel soll aus praktischen Gründen die Auffassung einer **Reduktion** zum Axiom im Vordergrund stehen. Entsprechend wird $\longrightarrow$ eine **Reduktionsrelation**, $([z], \longrightarrow)$ eine **reduktive Grammatik** genannt. Spricht man dagegen von einer **Ableitung**, einer **Deduktion**, einem **Beweis**, so hat man die zu der reduktiven Grammatik $([z], \longrightarrow_r)$ konverse **generative Grammatik** $([z], \longrightarrow_g)$ im Auge, bei der $z \overset{*}{\longrightarrow}_g x$ als ,,x wird aus dem **Startelement** oder **initialen Element** z **erzeugt, generiert, deduziert** oder **produziert**" verstanden wird und $\longrightarrow_g$ eine **Produktionsrelation** ist. Zu jeder reduktiven Grammatik gehört also konvers eine generative Grammatik, und umgekehrt. Insbesondere in theoretischen Arbeiten werden Grammatiken, hierin CHOMSKY fol-

---

[16] engl. *to parse* ein Wort (grammatikalisch) zerteilen.
[17] Diesen Standpunkt vertritt auch HOTZ ([78], p. IX, p. 112 ff.).

.gend, vorwiegend als generativ angesehen, die reduktive Auffassung wird auf akzeptierende Automaten beschränkt. Der generativen Auffassung folgt auch der Aufbau von programmiersprachlichen Konstrukten. Die reduktive Auffassung erscheint aber vom Standpunkt des Übersetzerbaus natürlicher. Daß es sich nur um einen Auffassungsunterschied handelt, erhellt daraus, daß jede Äquivalenzklasse einer reduktiven Grammatik auch Äquivalenzklasse der zugehörigen generativen Grammatik ist, und umgekehrt.

Um im Einklang mit der gängigen Notation zu bleiben, soll hinfort der Pfeil (‚Produktionspfeil') für die generative Auffassung reserviert bleiben, also $x \longrightarrow y$ für $x \longrightarrow_g y$ stehen, und dazu konvers $y \longmapsto x$, mit dem ‚Reduktionspfeil' $\longmapsto$, für $y \longrightarrow_r x$ geschrieben werden.

7.2 Formale Sprachen über Zeichenfolgen

Die vorangehenden Grundbegriffe der Relationentheorie können vielerlei Anwendungen erfahren, z. B. bei der Aufrufstruktur von Rechenvorschriften (‚formale Erreichbarkeit'). Besonders wichtig ist der Spezialfall formaler Systeme und Sprachen über Zeichenfolgen: Sie finden sich im Zusammenhang mit Ersetzungsalgorithmen in verschiedenen Zweigen der mathematischen Logik, der theoretischen Informatik und der Programmierungstechnik als Markov-Algorithmen (‚normale Algorithmen'), als Reduktionssysteme im Lambda-Kalkül und in der kombinatorischen Logik, als Term-Ersetzungssysteme bei der Definition der operativen Semantik algorithmischer Sprachen, als Transformationssysteme für Programme, als Ablaufsprachen (engl. *value languages*) zur Untersuchung aller sequentiellen Abläufe eines Algorithmus.

Aber auch über Bäumen oder Graphen, um nur zwei Beispiele zu nennen, finden sich Ersetzungsalgorithmen. Die klassische Aussagenlogik schließlich ist ein formales System über Mengen (von Aussagen) mit einer generativen Grammatik; ein Beweis ist eine Ableitung in diesem System.

7.2.1 Kompatible Ersetzungssysteme

Die Menge $\mathscr{M}$, auf der ein Ersetzungssystem operiert, ist im allgemeinen eine Algebra, d. h., auf $\mathscr{M}$ sind Operationen mit gewissen Gesetzen erklärt. Geläufigstes Beispiel ist das der Gruppen, d. h. der Modelle des abstrakten algebraischen Typs **GRUPPE**. Ein anderes liefern die Modelle des abstrakten algebraischen Typs **BOOLESCHE ALGEBRA** (vgl. 4.1.1). Auch Rechenstrukturen des 2. Kap. können als Beispiele dienen, etwa die Rechenstrukturen der natürlichen Zahlen (vgl. 2.1.3.2), die der Zeichenfolgen (Modell des abstrakten algebraischen Typs **MONOID**, vgl. 2.1.3.4 und 6.3.1) oder die der beblätterten Binärbäume (Modell des algebraischen Typs **GRUPPOID**, vgl. 2.1.3.5).

In solchen Fällen verlangt man in der Regel, daß die Relation $\mathcal{R}$ über dem Modell des abstrakten algebraischen Typs **kompatibel** ist mit (einigen oder allen) Operationen dieses Modells. Betrachten wir der Einfachheit halber Typen $(\mathcal{M}, .+.)$ mit genau einer dyadischen Operation $.+.$ (einer **Verknüpfung** über $\mathcal{M}$) und Relationen $\mathcal{R}$ über $(\mathcal{M}, .+.)$ – zum Beispiel über Gruppen, Monoiden, Gruppoiden. Dann soll gelten (beachte, daß $.+.$ nicht kommutativ zu sein braucht):

$$\text{Wenn } (a, b) \in \mathcal{R} \text{ und } x \in \mathcal{M}, \text{ dann } (x+a, x+b) \in \mathcal{R}$$
$$\text{und } (a+x, b+x) \in \mathcal{R} .$$

Mit anderen Worten, für jedes $x \in \mathcal{M}$ sollen die Operationen $x+.$ der Verknüpfung von links und $.+x$ der Verknüpfung von rechts die Relation $\mathcal{R}$ erhalten, sie sollen **monoton** sein.

Die Äquivalenzklassen eines mit einem Modell des abstrakten algebraischen Typs kompatiblen Ersetzungssystems heißen **Kongruenzklassen** des Modells bzgl. der Relation $\mathcal{R}^*$.

Die Forderung der Verträglichkeit der Relation $\mathcal{R}$ mit Operationen des abstrakten algebraischen Typs bedeutet, daß $\mathcal{R}$ schon durch eine echte, womöglich endliche Teilmenge $\mathcal{P} \subseteq \mathcal{R}$ bestimmt ist. Die Elemente von $\mathcal{P} \subseteq \mathcal{M} \times \mathcal{M}$ werden dann als **Regeln**[18] bezeichnet, das **Regelsystem** $\mathcal{P}$ als **definierende Relation**. Für $(a, b) \in \mathcal{P}$ schreiben wir kurz auch $a \!\!\succ\!\! b$ bzw. $b \!\!\longrightarrow\!\! a$; für $(x, y) \in \mathcal{R}$ (die ‚algebraische Hülle' von $\mathcal{P}$) schreiben wir dagegen hinfort $x \!\!\Longrightarrow\!\! y$ bzw. $y \Rightarrow x$.

Für die Informatik, insbesondere für Fragen der algorithmischen Sprachen, sind von größter Wichtigkeit formale Systeme über Halbgruppen, insbesondere über dem Monoid der Zeichenfolgen. Die zugehörigen (Zeichenfolgen-)Sprachen und Grammatiken werden nachfolgend ausführlicher betrachtet.

Andere formale Systeme, die einige Beachtung gefunden haben, sind über baumartigen Strukturen (‚Baumgrammatiken') oder über Graphen (‚Graphengrammatiken') definiert.

---

[18] genauer **Reduktionsregeln** bei reduktiver Auffassung der Grammatik. Bei generativer Auffassung handelt es sich um **Produktionsregeln** (‚Produktionen').

7.2.2 Semi-Thue-Systeme

$$^{\ulcorner}Ev\ \dot{\alpha}\rho\chi\tilde{\eta}\ \tilde{\eta}v\ \dot{o}\ \lambda\dot{o}\gamma o\varsigma^{\urcorner}$$
Joh. 1.1

Das leere Wort bezeichnen wir in diesem Kapitel, allgemeinem Gebrauch folgend, mit λ.

Betrachtet sei nun das ,freie Monoid' $\mathscr{M} = (\mathbb{V}^*, \lambda, .+.)$ der endlichen Zeichenfolgen (Worte) über einem abzählbaren Zeichenvorrat $\mathbb{V}$[19], auch **Vokabular** genannt, mit der Konkatenation $.+.$ als Verknüpfung[20] (vgl. 1.4.1 und 2.1.3.4).

$\mathscr{P} \subseteq \mathbb{V}^* \times \mathbb{V}^*$ sei eine definierende Relation mit einem endlichen (oder abzählbar unendlichen) Regelsystem (,Regelgrammatik'), das $\mathscr{R} = (\mathbb{V}^*, \models)$ folgendermaßen induziert:

$$u \models v \text{ genau dann, wenn } \exists x, y, a, b \in \mathbb{V}^*:$$
$$u = x + a + y \ \wedge \ v = x + b + y \wedge (a, b) \in \mathscr{P}.$$

Man nennt $\mathscr{R}$ die **Halbgruppenhülle** von $\mathscr{P}$. Ist $(\mathbb{V}^*, \models)$ ein formales System, so wird es **Semi-Thue-System**[21] genannt.

Die Kongruenzklassen bzgl. der Äquivalenzrelation $\mathscr{R}^{\ddagger} = (\mathbb{V}^*, \overset{*}{\models\!\!\models})$ bilden selbst eine Halbgruppe mit $[\lambda]$ als neutralem Element, das **Regelgrammatik-Monoid**.

Beispiel (i): $\mathbb{V} = \{\mathbf{O}, \mathbf{L}\}$
$\mathscr{P} = \{\mathbf{OLO} \models \lambda\}$

Dann gilt (Abb. 216) $\mathbf{OLOLO} \models \mathbf{LO}$
$\mathbf{OLOLO} \models \mathbf{OL}$
und somit $\mathbf{LO} \overset{*}{\models\!\!\models} \mathbf{OL}$

LO sowie **OL** sind irreduzibel, das Semi-Thue-System ist nicht konfluent, wohl aber Noethersch.

Die Kongruenzklasse $[\lambda]$ des leeren Worts, also die Zusammenhangskomponente von λ, deutet ebenfalls Abb. 216 an. $[\lambda]$ enthält nur Binärworte, die doppelt so viele **O**'s wie **L**'s enthalten.

---

[19] Es besteht kein zwingender Grund anzunehmen, daß $\mathbb{V}$ eine endliche Menge ist: Die Menge aller Worte über einem abzählbaren Alphabet ist noch aufzählbar (2.1.3.4).

[20] Das Halbgruppenverknüpfungszeichen $+$ wird, gleich dem Multiplikationszeichen in der ,Höheren Mathematik', oft notationell unterdrückt; für $x \in \mathbb{V}$ ist x^n durch $x^0 = \lambda$, $x^{i+1} = x^i + x$ definiert.

[21] AXEL THUE, 1863–1922, norwegischer Mathematiker und Logiker.

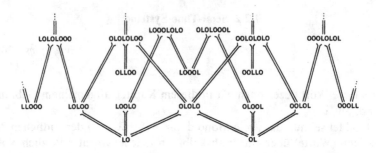

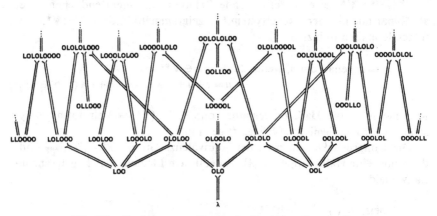

Abb. 216. Zwei Kongruenzklassen des Semi-Thue-Systems über {O, L}* mit der Regel {OLO⟩—λ}

Beispiel (ii): $V = \{O, L\}$

$$\mathscr{P} = \left\{ \begin{array}{l} LO\rangle\!\!-\!OL \\ OOL\rangle\!\!-\!\lambda \end{array} \right\}$$

Dieses Semi-Thue-System ist Noethersch und konfluent. Abb. 217 zeigt die Kongruenzklassen [λ] und [OL].

Verschiedene Semi-Thue-Systeme können ein und dieselbe Äquivalenzrelation $\overset{*}{\rightleftharpoons}$ erzeugen: Die Zusammenhangskomponenten von Beispiel (i) und (ii) stimmen überein. Die Kongruenzklassen bilden unter der Konkatenation hier sogar eine abelsche Gruppe, für die Inversenbildung gilt etwa $[L]^{-1} = [OO]$ und $[O]^{-1} = [OL]$. Diese Gruppe ist isomorph zur additiven Gruppe der ganzen Zahlen $\mathbb{Z}^+$ mit $[λ] \cong 0$, $[O] \cong -1$, $[L] \cong 2$.

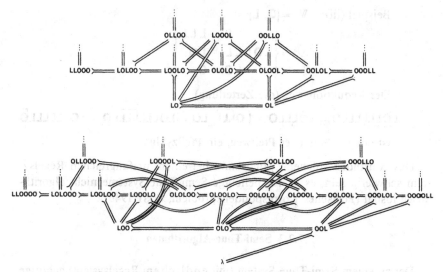

Abb. 217. Zwei Kongruenzklassen des Semi-Thue-Systems über
{O, L}* mit den Regeln {LO⟩—OL, OOL⟩—λ}

Im Beispiel (ii) sind

..., **OOO, OO, O,** λ, **OL, L, OLL, LL, OLLL, LLL,** ... ,

irreduzible Worte, ihnen entsprechen in $\mathbb{Z}^+$

..., $-3, -2, -1, 0, 1, 2, 3, 4, 5, 6, \ldots$.

Der nichtdeterministische, aber wegen der Konfluenz determinierte Ersetzungsalgorithmus für Beispiel (ii) kann eingeengt werden zu einem deterministischen Algorithmus, der die erste Regel solange auf das am weitesten links stehende Vorkommnis von **LO** anwendet, bis alle **L** rechts von allen **O** stehen, und dann mittels der zweiten Regel schrittweise **OOL** eliminiert. Dieser eingeengte Algorithmus kann auch durch einen Markov-Algorithmus (1.6.4.1)

$$\text{LO}\rightarrow\text{OL}$$
$$\text{OOL}\rightarrow$$

beschrieben werden.

Semi-Thue-Systeme ($\mathbb{V}^*$, $\mathscr{P}$) mit einer symmetrischen definierenden Relation $\mathscr{P}$ heißen **Thue-Systeme**. Die Halbgruppenhülle ($\mathbb{V}^*$, ⟩—) ist dann ebenfalls symmetrisch; die Reduktionsrelation enthält, falls $\mathscr{P} \neq \emptyset$, Pfeilzyklen. Aber auch die Reduktionsrelation eines nicht-symmetrischen Semi-Thue-Systems kann Zyklen enthalten.

Beispiel (iii): $V = \{O, L\}$

$$\mathscr{P} = \left\{ \begin{matrix} L \rangle\!\!-\!\! L\,L\,L \\ LOLLL \rangle\!\!-\!\! LO \\ LO \rangle\!\!-\!\! O \end{matrix} \right\}$$

Der Reduktionsweg (die Zerteilung)

LOLLLLLLO ⟩═LOLLLO ⟩═LOLLLLLO ⟩═LOLLLLLLLO ⟩═LOLLLLLLLŌ

ist ein geschlossener Pfeilweg, ein Pfeilzyklus.

Das Auffinden solcher Zyklen kann bei einem umfangreichen Regelsystem schwierig sein, es ist für beliebige Semi-Thue-Systeme nicht algorithmisch lösbar (Postsches Korrespondenzproblem, POST 1946).

7.2.3 Semi-Thue-Algorithmen

Der zu einem Semi-Thue-System (mit endlichem Regelsystem) gehörige nichtdeterministische Ersetzungsalgorithmus von 7.1.2.5 soll ein **Semi-Thue-Algorithmus** (LOECKX 1976) genannt werden. Die Rechenvorschrift lautet dementsprechend

```
funct reduce ≡ (string x) string :
  if ∃ string a, b, u, v :
     x = u + a + v ∧ a⟩—b
  then reduce (some string y :
          ∃ string a, b, u, v :
          x = u + a + v ∧ a⟩—b ∧ y = u + b + v)
  else x                        fi
```

```
function reduce (x : string) : string ;
  begin if ∃ a, b, u, v : string |
           (x = conc (conc (u, a), v) and (a⟩—b)
  then reduce ⇐ reduce (some y : string |
           ∃ a, b, u, v : string |
           (x = conc (conc (u, a), v)) and (a⟩—b)
           and (y = conc (conc (u, b), v)))
  else reduce ⇐ x
  end
```

Ein Semi-Thue-Algorithmus kann (vgl. die Bemerkung nach 7.2.2, Beispiel (ii)) als ‚gelockerter Markov-Algorithmus' (LOECKX 1976) angesehen werden, bei dem keine Vorschriften über Ort und Reihenfolge der Anwendung der Regeln bestehen, der also ‚unstrategisch' ist.

Andrerseits kann bei einem konfluenten nichtdeterministischen Algorithmus, der für ein bestimmtes Wort x mehrere verschiedene Ersetzungen zuläßt, deren Auswahl auch durch ein ‚Vorurteil' eingeschränkt werden; es entsteht dann eine gleichwertige Version des Algorithmus.

Das Vorurteil kann so weit gehen, daß ein deterministischer Algorithmus entsteht. Auf diese Weise erhält man vielerlei Arten **gesteuerter Ersetzung**[22], von denen Markov-Algorithmen nur ein Beispiel sind: Während es in einem

---

[22] Eine ausführliche Diskussion gesteuerter Ersetzungssysteme findet sich in SALOMAA, Formale Sprachen, Springer 1978 [71], Kap. V, Kap. VII.

Semi-Thue-Algorithmus nur auf die **Menge** der Regeln ankommt, spielt für einen Markov-Algorithmus die (lineare) **Ordnung** der Regeln eine Rolle. Jede solche Ordnung und die weitere Vorschrift, eine Ersetzung stets so weit links wie möglich vorzunehmen, ergibt (bis auf unwesentliche Unterschiede, etwa im Hinblick auf ‚haltende Produktionen') einen Markov-Algorithmus.

Beispiel (i): $\mathbb{V} = \{O, L\}$

$$\mathscr{P} = \{OL \rightarrowtail \lambda\}$$

Deutet man **O** als öffnende und **L** als schließende Klammer, so enthält $[\lambda]$ gerade alle „richtigen" Klammersetzungen.

Die Ersetzungsrelation ist wortlängenverkürzend und damit Noethersch. Binärworte der Form $L^i O^k$, $i \geq 0$, $k \geq 0$, und nur solche, sind irreduzibel. Die Konkatenation je zweier solcher Worte kann wieder auf genau ein Wort dieser Form reduziert werden. Damit kann jedes Wort auf genau ein irreduzibles Wort reduziert werden: die Ersetzungsrelation ist auch konfluent.

Der zugehörige (nichtdeterministische) Semi-Thue-Algorithmus ist also terminierend und determiniert. Er kann eingeengt werden zu einem deterministischen Abkömmling, der die Ersetzung etwa jeweils so weit links wie möglich vornimmt: die Zerteilung von etwa **OLLLOOLLOOL** lautet dann

O̲L̲LLOOLLOOL $\rightleftharpoons$ **LLOO̲L̲LOOL** $\rightleftharpoons$ **LLO̲L̲OOL** $\rightleftharpoons$ **LLOO̲L̲** $\rightleftharpoons$ **LLO**

Eine andere Möglichkeit bieten parallele Ersetzungen:

O̲L̲LLOO̲L̲LOO̲L̲ $\overset{*}{\rightleftharpoons}$ **LLO̲L̲O** $\overset{*}{\rightleftharpoons}$ **LLO** .

Die Vorschrift, daß stets über die ganze Breite des Wortes mögliche (nichtüberlappende) Ersetzungen parallel vorzunehmen sind, charakterisiert gerade die **Lindenmayer-Systeme** (LINDENMAYER 1968).

Beispiel (ii): $\mathbb{V} = \{O, L\}$

$$\mathscr{P} = \left\{ \begin{array}{l} OL \rightarrowtail \lambda \\ LO \rightarrowtail \lambda \end{array} \right\}$$

Die Ersetzungsrelation ist wieder Noethersch und konfluent. Binärworte der Form L^i, $i \geq 0$, oder der Form O^k, $k \geq 0$, und nur solche, sind irreduzibel. Insbesondere ist

$$[\lambda] = \{w \in \mathbb{V}^* : w \text{ enthält gleich viele } O \text{ und } L\}.$$

Die Kongruenzklassen sind wieder zur Gruppe der ganzen Zahlen unter der Addition isomorph: Deutet man **O** als Nachfolgerfunktion *succ*, **L** als Vorgängerfunktion *pred* (2.1.3.1), λ als Identität und die

Konkatenation als Funktionskomposition, so ist das Regelsystem $\mathscr{P}$ erfüllt.

7.2.4 Chomsky-Sprachen und -Grammatiken

Zu einem Semi-Thue-System gehört unmittelbar eine formale Sprache für jeden ausgezeichneten Repräsentanten $z \in \mathbb{V}^*$. Im Beispiel (i) von 7.2.3 erhält man als Grammatik etwa die Komponente $[\lambda]$ zusammen mit der durch $\succ\!\!-$ erzeugten Relation $\succ\!\!=$ auf dieser Menge. Im Unterschied zu den im nächsten Abschnitt einzuführenden Chomsky-Sprachen und -Grammatiken spricht man hier von **reinen (Semi-Thue-)Grammatiken** $G = (\mathbb{V}, \mathscr{P}, z)$.

Die Benennung „rein" erklärt sich folgendermaßen: Bei den zu Semi-Thue-Systemen gehörigen formalen Sprachen ergänzt man den nunmehr mit $\mathscr{T}$ bezeichneten Zeichenvorrat häufig durch eine endliche Menge $\mathscr{S}$ von **Hilfszeichen** und betrachtet die durch ein Regelsystem $\mathscr{P}$ induzierte Reduktionsrelation $\succ\!\!=$, sowie $\overset{*}{\succ\!\!=}$ und $\overset{*}{\mathrel{\rightleftharpoons}}$ auf $(\mathscr{T} \cup \mathscr{S})^*$, schränkt aber den Sprachschatz wieder auf $\{x \in \mathscr{T}^* : x \overset{*}{\succ\!\!=} z\}$ ein. $\{x \in (\mathscr{T} \cup \mathscr{S})^* : x \overset{*}{\succ\!\!=} z\}$ wird als Menge der **Satzformen** bezeichnet (engl. *sentential form*). Als Axiom z nehmen wir stets das Hilfszeichen Z.[23] Eine Reduktion auf Z heißt jetzt eine **Zerteilung**. Von den Regeln der Form[24]

$$a \succ\!\!-\, b$$

mit $(a, b) \in (\mathscr{T} \cup \mathscr{S})^*$ verlangt man, daß b mindestens ein Hilfszeichen enthält und somit insbesondere $b \neq \lambda$ gilt. Wegen dieser speziellen Form der Regeln gibt es für kein $x \in \mathscr{T}^*$ ein von x verschiedenes $y \in (\mathscr{T} \cup \mathscr{S})^*$, $y \overset{*}{\mathrel{\rightleftharpoons}} x$; insbesondere sind also alle Worte aus dem Sprachschatz $\{x \in \mathscr{T}^* : x \overset{*}{\succ\!\!=} Z\}$ in konverser (produzierender) Richtung irreduzibel. Man nennt deshalb die Zeichen von $\mathscr{T}$ auch **Terminalzeichen** oder **Basiszeichen**. Die Menge $\mathbb{V} = \mathscr{T} \cup \mathscr{S}$ heißt wieder **Vokabular**. Die Hilfszeichen werden in entsprechenden Anwendungen auch ‚syntaktische Variable' oder ‚metalinguistische Variable', kurz **Variablenzeichen**, genannt. Grammatiken mit gleichem $\mathscr{T}$ heißen **homolog**.

Grammatiken $G = (\mathscr{T}, \mathscr{S}, \mathscr{P}, Z)$ der beschriebenen Art heißen **Chomsky-Grammatiken**, gelegentlich auch ‚Phrasenstrukturgrammatiken'. Die Hinzunahme von Hilfszeichen unter Beschränkung des Sprachschatzes auf $\mathscr{T}^*$ vergrößert die Ausdrucksmächtigkeit.

---

[23] Es bedeutet keine Einschränkung der Allgemeinheit, wenn als Axiom statt einer Zeichenfolge nur ein Element aus $\mathscr{S}$ zugelassen ist. Soll ein Wort $z \in (\mathscr{T} \cup \mathscr{S})^*$ als Axiom dienen, so füge man dem Vokabular ein von allen vorhandenen verschiedenes Element Z hinzu und nehme als zusätzliche Regel $z \succ\!\!-\, Z$.

[24] Für reduktive Grammatiken, für generative $b \longrightarrow a$.

So leisten Chomsky-Grammatiken mehr als reine Semi-Thue-Grammatiken: Es gibt keine reine, wohl aber eine Chomsky-Grammatik, deren Sprachschatz die Menge $\{L^{2^n} : n \geq 0\}$ ist (SALOMAA 1973). Eine solche Chomsky-Grammatik lautet etwa

Beispiel (i): $\mathscr{S} = \{Z, A, B, C\}$
   $\mathscr{T} = \{L\}$

$$\mathscr{P} = \left\{ \begin{array}{cc} L \rangle\!\!-\!A & \lambda \rangle\!\!-\!B \\ A\,A\,B \rangle\!\!-\!C\,B & A\,A\,C \rangle\!\!-\!C\,A \\ B\,C \rangle\!\!-\!B\,A & B\,A\,B \rangle\!\!-\!Z \end{array} \right\}$$

Für das Wort **LLLL** gibt es folgende Zerteilung

$$LLLL \overset{*}{\rangle\!=} AAAA \rangle\!= BA\underline{AA}B \rangle\!= B\underline{AA}\underline{C}B \rangle\!= \underline{B}\underline{C}AB \rangle\!=$$
$$B\underline{AA}B \rangle\!= \underline{B}\underline{C}B \rangle\!=$$
$$\underline{BA}B \rangle\!= Z$$

Die Ersetzungsrelation ist (wegen der Regel $\lambda \longrightarrow B$) nicht konfluent.

In Beispiel (i) sind alle Regeln **separiert**, d.h. von der Form $a \rangle\!\!-\!b$ mit $b \in \mathscr{S}^* \backslash \{\lambda\}$. Durch Hinzunahme weiterer Hilfszeichen kann man zu jeder Chomsky-Grammatik eine homologe strukturäquivalente Chomsky-Grammatik mit separierten Regeln angeben, indem man jedes rechtsseitig in den Regeln vorkommende Terminalzeichen t_i konsistent durch ein Hilfszeichen T_i ersetzt und die Regel

$$t_i \rangle\!\!-\!T_i$$

hinzunimmt.

7.2.4.1 *Kontext-sensitive Chomsky-Grammatiken*

In praktischen Anwendungen findet man häufig Regeln von speziellerer Gestalt. Einige wichtige Klassen reduktiver Chomsky-Grammatiken werden im folgenden betrachtet.

Eine Chomsky-Grammatik heißt **wortlängenmonoton** oder **nichtverlängernd**, wenn für jede Regel von der Form[25]

---

[25] Für reduktive Grammatiken, für generative $b \longrightarrow a$ (**nichtverkürzend**).

$$a \rangle\!\!-b \text{ mit } a \in (\mathcal{T} \cup \mathcal{S})^*, \quad b \in (\mathcal{T} \cup \mathcal{S})^* \backslash \{\lambda\}$$

gilt $\quad length(a) \geqq length(b)$.

Damit gilt speziell auch $a \neq \lambda$, die Regeln sind λ-**frei**.

Beispiel (i): $\quad \mathcal{S} = \{Z,\ A,\ B\}$

$\qquad\qquad \mathcal{T} = \{\mathbf{O}\ \mathbf{L}\}$

$$\mathcal{P} = \left\{ \begin{array}{l} \mathbf{L}\ \mathbf{O} \xrightarrow{(1)} B \\ \mathbf{L}\ B\ \mathbf{O} \xrightarrow{(2)} B\ A \\ A\ \mathbf{O} \xrightarrow{(3)} \mathbf{O}\ A \\ \mathbf{O}\ B \xrightarrow{(4)} Z \\ \mathbf{O}\ Z\ A \xrightarrow{(5)} Z \end{array} \right\}$$

Für ein Wort $\mathbf{O}^n \mathbf{L}^n \mathbf{O}^n$, $n \geqq 1$ gibt es folgende Zerteilung:
Die erste Regel liefert $\mathbf{O}^n \mathbf{L}^{n-1} B\ \mathbf{O}^{n-1}$.
Für $n = 1$ ist dies $\mathbf{O}\ B$,
für $n \geqq 2$ liefert die zweite Regel $\mathbf{O}^n \mathbf{L}^{n-2} B\ A\ \mathbf{O}^{n-2}$.
Für $n = 2$ ist dies $\mathbf{O}^2 BA$,
für $n \geqq 3$ liefert Anwendung der dritten und dann der zweiten Regel
$\mathbf{O}^n \mathbf{L}^{n-3} BA^2 \mathbf{O}^{n-3}$.
Für $n = 3$ ist dies $\mathbf{O}^3 BA^2$,
für $n = 4$ liefert zweimalige Anwendung der dritten und dann einmalige Anwendung der zweiten Regel $\mathbf{O}^n \mathbf{L}^{n-4} BA^3 \mathbf{O}^{n-4}$.
Dieses Reduktionsmuster endet mit $\mathbf{O}^n B\ A^{n-1}$.
Die vierte Regel liefert jetzt $\mathbf{O}^{n-1} Z\ A^{n-1}$,
$(n-1)$-malige Anwendung der fünften Regel liefert Z.
Andere Worte führen zu irreduziblen Satzformen, die von Z verschieden sind.
Der Sprachschatz ist also $\{\mathbf{O}^n \mathbf{L}^n \mathbf{O}^n,\ n \geqq 1\}$.
Die Reduktionsrelation ist Noethersch: die dritte Regel kann jeweils nur endlich oft angewendet werden; alle anderen Regeln verkürzen die Wortlänge.
Die Reduktionsrelation ist jedoch nicht konfluent. Wird für ein Wort aus dem Sprachschatz die dritte Regel öfter als angegeben angewandt, kommt man nicht mehr zu Z.
Man vergleiche im übrigen wieder den Ersetzungsalgorithmus mit einem entsprechenden Markov-Algorithmus (1.6.4.1).

Es gibt Chomsky-Grammatiken, zu denen nicht einmal eine schwach äquivalente wortlängenmonotone Grammatik existiert (CHOMSKY 1959). Der Beweis benutzt ein ‚Diagonalverfahren', vgl. 2.1.3.4, über passend codierten Beschreibungen der Regelsysteme.

Als **Chomsky-1-Grammatiken** oder **kontext-sensitive Grammatiken** bezeichnet man Chomsky-Grammatiken, deren Regeln sämtlich **kontext-sensitiv** sind, d. h. von der Form[26]

$$u\,a\,v \succ\!\!- u\,B\,v$$

und $\quad u, v \in (\mathscr{T} \cup \mathscr{S})^*, \quad a \in (\mathscr{T} \cup \mathscr{S})^* \backslash \{\lambda\}, \quad B \in \mathscr{S}.$

Eine Grammatik mit kontext-sensitiven Regeln ist offensichtlich wortlängenmonoton: bei keinem Reduktionsschritt vergrößert sich die Wortlänge.

Umgekehrt kann man zu jeder wortlängenmonotonen Chomsky-Grammatik $G = (\mathscr{T}, \mathscr{S}, \mathscr{P}, Z)$ eine strukturäquivalente kontext-sensitive Grammatik angeben.

Dazu geht man zunächst zu einer strukturäquivalenten Grammatik $G' = (\mathscr{T}, \mathscr{S}', \mathscr{P}', Z)$ über, deren Regeln sämtlich separiert sind. G' ist weiterhin wortlängenmonoton. Dann wird jede Regel aus $\mathscr{P}'$ von der Form

$$A_1 A_2 \ldots A_t \succ\!\!- B_1 B_2 \ldots B_s, \quad t \geqq s \geqq 2$$

ersetzt durch die folgende Menge von kontext-sensitiven Regeln

$$\left\{ \begin{array}{ll}
A_1 A_2 A_3 \ldots A_{s-1} A_s \ldots A_t \succ\!\!- A_1 A_2 \ldots A_{s-1} X_s \\
A_1 A_2 A_3 \ldots A_{s-1} X_s \succ\!\!- A_1 A_2 \ldots X_{s-1} X_s \\
\quad\vdots \qquad\qquad\qquad \vdots \quad\vdots \\
A_1 A_2 X_3 \ldots X_s \quad\; \succ\!\!- A_1 X_2 \ldots X_{s-1} X_s \\
A_1 X_2 X_3 \ldots X_s \quad\; \succ\!\!- X_1 X_2 \ldots X_{s-1} X_s \\
X_1 X_2 X_3 \ldots X_s \quad\; \succ\!\!- X_1 X_2 \ldots X_{s-1} B_s \\
\quad\vdots \qquad\qquad\qquad \vdots \quad\vdots \\
X_1 X_2 B_3 \ldots B_s \quad\; \succ\!\!- X_1 B_2 \ldots B_s \\
X_1 B_2 B_3 \ldots B_s \quad\; \succ\!\!- B_1 B_2 \ldots B_s
\end{array} \right.$$

Diese Verfeinerung wird erzielt unter Hinzunahme von weiteren Hilfszeichen $X_1, X_2, \ldots X_s$. Man erhält damit das Regelsystem $\mathscr{P}''$ einer **strukturäquivalenten kontext-sensitiven** Grammatik

$$G'' = (\mathscr{T}, \mathscr{S}' \cup \{X_1, X_2, \ldots X_s\}, \mathscr{P}'', Z),$$

die mit der ursprünglichen nicht nur den Sprachschatz gemeinsam hat, sondern im wesentlichen die gleiche Sprache beschreibt.

Für die Grammatik von Beispiel (i) ist zunächst **O** konsistent durch ein Hilfszeichen T_1 zu ersetzen und die Regel $\mathbf{O} \succ\!\!- T_1$ hinzunehmen. Sodann sind die zweite und dritte Regel zu behandeln. Es ergibt sich die folgende kontext-sensitive Grammatik

---

[26] Für reduktive Grammatiken, für generative $u B v \longrightarrow u a v$.

(i')　　　　　$\mathscr{S}'' = \{Z, A, B, T_1, X_1, X_2, Y_1, Y_2\}$
　　　　　　$\mathscr{T} = \{\mathbf{O}, \mathbf{L}\}$

$$\mathscr{P}'' = \left\{ \begin{array}{l} \mathbf{O} \overset{(0)}{\rightarrowtail} T_1 \\ \mathbf{L}\, T_1 \overset{(1)}{\rightarrowtail} B \\ \mathbf{L}\, B\, T_1 \overset{(2a)}{\rightarrowtail} \mathbf{L}\, X_1 \\ \mathbf{L}\, X_1 \overset{(2b)}{\rightarrowtail} X_2\, X_1 \\ X_2\, X_1 \overset{(2c)}{\rightarrowtail} X_2\, A \\ X_2\, A \overset{(2d)}{\rightarrowtail} B\, A \\ A\, T_1 \overset{(3a)}{\rightarrowtail} A\, Y_1 \\ A\, Y_1 \overset{(3b)}{\rightarrowtail} Y_2\, Y_1 \\ Y_2\, Y_1 \overset{(3c)}{\rightarrowtail} Y_2\, A \\ Y_2\, A \overset{(3d)}{\rightarrowtail} T_1\, A \\ T_1\, B \overset{(4)}{\rightarrowtail} Z \\ T_1\, Z\, A \overset{(5)}{\rightarrowtail} Z \end{array} \right\}$$

Die Reduktionsrelation einer wortlängenmonotonen Grammatik kann Pfeil-zyklen enthalten und ist somit nicht notwendig Noethersch, wie einfache Bei-spiele zeigen.

Eine Chomsky-Grammatik heißt **strikt wortlängenmonoton** oder **verkür-zend**, wenn für jede Regel der Form[27]

$$a \rightarrowtail b \quad \text{mit } a \in (\mathscr{T} \cup \mathscr{S})^*, \quad b \in (\mathscr{T} \cup \mathscr{S})^* \backslash \{\lambda\}$$

gilt[27]

$$length\,(a) > length\,(b) \quad \text{oder} \quad a \in \mathscr{T}^* \backslash \{\lambda\} \text{ (\textbf{terminale Regel})}$$

Die Reduktionsrelation einer strikt wortlängenmonotonen Grammatik ist offensichtlich Noethersch.

7.2.4.2 *Kontextfreie Chomsky-Grammatiken*

Als **Chomsky-2-Grammatiken** oder **kontextfreie Grammatiken** bezeichnet man Chomsky-1-Grammatiken, deren sämtliche Regeln **kontextfrei**[28] sind, d. h. von der Form[29]

$$a \rightarrowtail B \quad \text{mit } a \in (\mathscr{T} \cup \mathscr{S})^* \backslash \{\lambda\}, \quad B \in \mathscr{S}.$$

---

[27] Für reduktive Grammatiken, für generative $b \longrightarrow a$ (**verlängernd**).

[28] Genauer „kontextfrei und λ-frei" (MAURER). Unter ‚kontextfrei' läßt man häufig Re-geln der Form $\lambda \rightarrowtail B$ (‚λ-Regeln') zu. Dann ist aber die Grammatik nicht mehr wortlängen-monoton. Andrerseits kann man auf λ-Regeln stets verzichten, wenn man nur Sprachen be-trachtet, die das leere Wort nicht enthalten. Siehe etwa J. LOECKX, Algorithmentheorie [77].

[29] Für reduktive Grammatiken, für generative $B \longrightarrow a$.

Beispiel (i) (nach CHOMSKY, 1955):

$\mathscr{S}$ = {Z, NP, VP, AP, N, V, T, ADJ, ADV}

$\mathscr{T}'$ = {a, an, ball, colorless, furiously, green, ideas, is, not, john, old, plays, quietly, sleep, sleeps, square, the, $\_$}

$$
\mathscr{P} = \left\{
\begin{array}{llll}
NP\ VP & \longmapsto & Z & \left.\vphantom{\begin{array}{c}a\\a\\a\\a\\a\end{array}}\right\}\\
T\ AP & \longmapsto & NP & \\
AP & \longmapsto & NP & \text{Nominalkomplex}\\
ADJ\ AP & \longmapsto & AP & \\
N & \longmapsto & AP & \\
V\ NP & \longmapsto & VP & \left.\vphantom{\begin{array}{c}a\\a\\a\\a\\a\end{array}}\right\}\\
V\ ADV & \longmapsto & VP & \\
is\_ADJ & \longmapsto & VP & \text{Verbalkomplex}\\
is\_not\_ADJ & \longmapsto & VP & \\
V & \longmapsto & VP & \\
ball\_ & \longmapsto & N & \\
ideas\_ & \longmapsto & N & \\
john\_ & \longmapsto & N & \\
is\_ & \longmapsto & V & \\
is\_not\_ & \longmapsto & V & \\
plays\_ & \longmapsto & V & \\
sleep\_ & \longmapsto & V & \\
sleeps\_ & \longmapsto & V & \\
colorless\_ & \longmapsto & ADJ & \text{Vokabeln}\\
green\_ & \longmapsto & ADJ & \\
old\_ & \longmapsto & ADJ & \\
square\_ & \longmapsto & ADJ & \\
furiously\_ & \longmapsto & ADV & \\
quietly\_ & \longmapsto & ADV & \\
a\_ & \longmapsto & T & \\
an\_ & \longmapsto & T & \\
the\_ & \longmapsto & T & \\
\end{array}
\right.
$$

In dieser Sprache umfaßt der Sprachschatz etwa

> john_plays_ball_
> john_sleeps_quietly_   .

aber auch

> a_old_ideas_is_not_green_

und

> colorless_green_ideas_sleep_furiously_   ,

wie man unschwer nachprüft (s.a. Abb. 218, mit einer Vielzahl von Reduktionswegen).

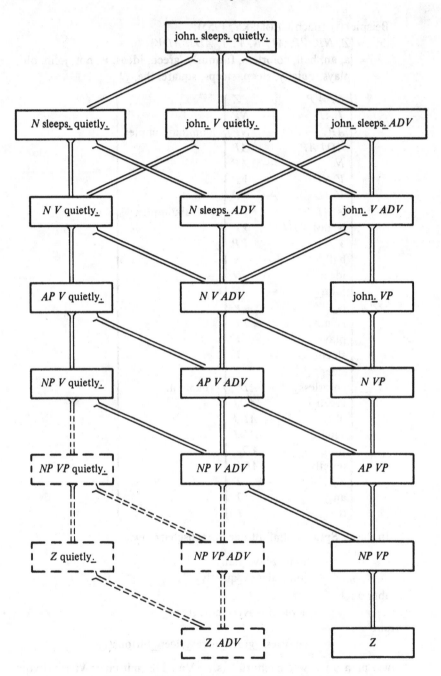

Abb. 218.   Reduktionswege für john. sleeps. quietly.

Die Beschreibung zieht weder Feinheiten der Flexion in Betracht, noch sichert sie inhaltlich sinnvolle Konstruktionen. Die formale Grammatik gibt nur unvollständig die natürliche Sprache wieder. Die Bedeutung der Wortsymbole, die als nichtterminale Zeichen auftreten, ist die von ‚grammatikalischen Klassen‘, und zwar bedeutet

NP	eine Nominalphrase
VP	eine Verbalphrase
AP	eine Attributphrase
N	ein Substantiv (Nomen)
V	ein Verb
T	ein Artikel
ADJ	ein Adjektiv
ADV	ein Adverb

Die Reduktionsrelation dieser Grammatik ist zwar Noethersch, aber, wie Abb. 218 zeigt, nicht konfluent: die Anwendung der Regel $V \rightarrowtail VP$ führt in eine Sackgasse, die mit der irreduziblen Satzform $Z\,ADV$ endet.

Nach diesem ‚natürlich‘-sprachlichen Beispiel soll nun eine kontextfreie Grammatik angegeben werden, die als Sprachschatz eine Menge arithmetischer Formeln in üblicher Notation besitzt und damit Prototyp der Verwendung von Chomsky-Grammatiken zur syntaktischen Beschreibung algorithmischer Sprachen ist.

Beispiel (ii): $\mathscr{S} = \{Z, A, T, P\}$
$\mathscr{T} = \{(,), +, -, \times, /, \text{a}, \text{b}, \text{c}\}$

$$\mathscr{P} = \begin{cases} A & \xrightarrow{(1)} Z \quad P & \xrightarrow{(3a)} T \\ T & \xrightarrow{(2a)} A \quad T \times P \xrightarrow{(3b)} T \\ & \quad\quad\quad T/P \xrightarrow{(3b)} T \\ & \quad\quad\quad (A) \xrightarrow{(4a)} P \\ A+T \xrightarrow{(2b)} A \quad \text{a} \xrightarrow{(4b)} P \\ A-T \xrightarrow{(2b)} A \quad \text{b} \xrightarrow{(4b)} P \\ & \quad\quad\quad \text{c} \xrightarrow{(4b)} P \end{cases}$$

Hier steht A für ‚Ausdruck‘[30], T für ‚Term‘, P für ‚Primar‘; a, b und c bezeichnen Parameter. Der Sprachschatz umfaßt Worte wie a, a + b, a + (b + c), a + (b × c) und a + b × c.

---

[30] Das Hilfszeichen Z ist der Deutlichkeit halber als Axiom eingeführt. Man könnte es entbehren, die erste Ersetzungsregel streichen und A als Axiom auszeichnen.

Wir begnügen uns damit, jeweils e i n e Zerteilung anzugeben:

$$
\begin{array}{llll}
\text{a} & \succ\!\!= P & \succ\!\!= T & \succ\!\!= A \qquad \succ\!\!= Z
\end{array}
$$

$$
\begin{array}{llll}
\text{a+b} & \succ\!\!= P+b & \succ\!\!= T+b & \succ\!\!= A+b \\
& \succ\!\!= A+P & \succ\!\!= A+T & \succ\!\!= A \qquad \succ\!\!= Z
\end{array}
$$

$$
\begin{array}{llll}
\text{a+(b+c)} & \succ\!\!= P+(b+c) & \succ\!\!= T+(b+c) & \succ\!\!= A+(b+c) \\
& \succ\!\!= A+(P+c) & \succ\!\!= A+(T+c) & \succ\!\!= A+(A+c) \\
& \succ\!\!= A+(A+P) & \succ\!\!= A+(A+T) & \succ\!\!= A+(A) \\
& \succ\!\!= A+P & \succ\!\!= A+T & \succ\!\!= A \qquad \succ\!\!= Z
\end{array}
$$

$$
\begin{array}{llll}
\text{a+(b×c)} & \succ\!\!= P+(b×c) & \succ\!\!= T+(b×c) & \succ\!\!= A+(b×c) \\
& \succ\!\!= A+(P×c) & \succ\!\!= A+(T×c) \\
& \succ\!\!= A+(T×P) & \succ\!\!= A+(T) & \succ\!\!= A+(A) \\
& \succ\!\!= A+P & \succ\!\!= A+T & \succ\!\!= A \qquad \succ\!\!= Z
\end{array}
$$

$$
\begin{array}{llll}
\text{a+b×c} & \succ\!\!= P+b×c & \succ\!\!= T+b×c & \succ\!\!= A+b×c \\
& \succ\!\!= A+P×c & \succ\!\!= A+T×c \\
& \succ\!\!= A+T×P & \succ\!\!= A+T & \succ\!\!= A \qquad \succ\!\!= Z
\end{array}
$$

Auch bei diesem Beispiel kann man bei der Reduktion in Sackgassen geraten: $A+T \succ\!\!= A+A$ leitet eine solche ein.

Die Reduktionsrelation ist also wieder nicht konfluent.

Auf dem Sprachschatz konfluent ist hingegen die Reduktionsrelation für folgende Grammatik:

Beispiel (iii): $\mathscr{S} = \{Z\}$
$\mathscr{T} = \{\mathbf{O, L}\}$

$$
\mathscr{P} = \left\{
\begin{array}{l}
\mathbf{O\,L} \succ\!\!- Z \\
\mathbf{L\,O} \succ\!\!- Z \\
\mathbf{O\,Z\,L} \succ\!\!- Z \\
\mathbf{L\,Z\,O} \succ\!\!- Z \\
\mathbf{Z\,Z} \succ\!\!- Z
\end{array}
\right\}
$$

Der Sprachschatz besteht aus allen nichtleeren Binärworten, die gleich viele **O** und **L** enthalten (vgl. 7.2.3 (ii)). Abb. 219 zeigt alle Reduktionswege für das Wort **LOLO**.

Kontextfreie Grammatiken leisten weniger als kontext-sensitive Grammatiken: Zu der wortlängenmonotonen bzw. kontext-sensitiven Grammatik des Beispiels in 7.2.4.1 gibt es keine schwach äquivalente kontextfreie Grammatik (BAR-HILLEL[31] 1961).

---

[31] YEHOSHUA BAR-HILLEL (JOSEPH WESTREICH), 1915–1975, österreichisch-israelischer Logiker und Linguistiker.

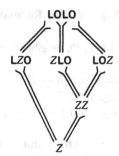

Abb. 219.   Reduktionswege für das Wort **LOLO** aus dem Sprachschatz der Chomsky-Grammatik 7.2.4.2 (iii)

Eine kontextfreie Regel heißt **beidseitig linear**, wenn sie von der Form

$$m \, A \, n \succ\!\!-\, B$$

mit $m, n \in \mathcal{T}^{*}\backslash\{\lambda\}$; $A, B \in \mathcal{S}$ ist.

Eine kontextfreie Grammatik, deren Regeln beidseitig linear oder terminal sind, heißt eine **beidseitig lineare Grammatik**.

Beispiel (iv): $\mathcal{S} = \{Z\}$

$$\mathcal{T} = \{\mathbf{O, L}\}$$

$$\mathcal{P} = \left\{ \begin{array}{c} \mathbf{O \, L} \succ\!\!-\, Z \\ \mathbf{O \, Z \, L} \succ\!\!-\, Z \end{array} \right\}$$

Für ein Wort $\mathbf{O}^{n}\mathbf{L}^{n}$, $n \geqq 1$, gibt es genau eine Zerteilung:
Die erste Regel liefert $\mathbf{O}^{n-1} Z \mathbf{L}^{n-1}$, $(n-1)$-malige Anwendung der zweiten Regel liefert Z. Kein anderes Wort führt auf Z; die Menge $\{\mathbf{O}^{n}\mathbf{L}^{n} : n \geqq 1\}$ ist der Sprachschatz.
Wieder ist die Reduktionsrelation auf dem Sprachschatz konfluent.

Die Beispiele (iii) und (iv) zeigen strikt wortlängenmonotone Grammatiken und induzieren deshalb Noethersche Reduktionsrelationen. Um im allgemeinen Fall zu entscheiden, ob die Reduktionsrelation $\succ\!\!=$ einer Chomsky-2-Grammatik $G = (\mathcal{T}, \mathcal{S}, \mathcal{P}, Z)$ Noethersch ist, betrachtet man die Menge $\mathcal{P}^{(1)}$ der ‚kritischen‘ Regeln von $\mathcal{P}$, die von der Form $A \succ\!\!-\, B$, $A, B \in \mathcal{S}$ sind. Sei $\mathcal{S}^{(1)}$ die Menge der auf den linken Seiten von $\mathcal{P}^{(1)}$ auftretenden Hilfszeichen. Für jedes $S \in \mathcal{S}^{(1)}$ bilde man mittels $\mathcal{P}^{(1)}$ nun alle von ihm ausgehenden Wege. Wenn in irgendeinem dieser Wege das Ausgangszeichen S wieder vorkommt, gibt es auch in der Reduktionsrelation Pfeilzyklen. Wenn aber in keinem dieser Wege das Ausgangszeichen S wieder vorkommt, endet jeder Weg mit einem Hilfszeichen aus $\mathcal{S}\backslash\mathcal{S}^{(1)}$, seine Länge ist höchstens gleich der Kardinalzahl s von $\mathcal{S}^{(1)}$. Damit nimmt nach höchstens s Reduktionsschritten die Wortlänge ab, die Reduktionsrelation ist also Noethersch.

Im Beispiel (ii) ist $\mathscr{S}^{(1)} = \{A, T, P\}$, es gibt folgende Wege:

> von A ausgehend $A \succ\!\!- Z$
> von T ausgehend $T \succ\!\!- A \succ\!\!- Z$
> von P ausgehend $P \succ\!\!- T \succ\!\!- A \succ\!\!- Z$.

Alle Wege enden mit $Z \in \mathscr{S} \setminus \mathscr{S}^{(1)}$. Die Reduktionsrelation des Beispiels der arithmetischen Ausdrücke ist also Noethersch. Das gleiche kann man für das Beispiel (i) zeigen.

7.2.4.3 Reguläre Grammatiken

Als **Chomsky-3-Grammatiken** oder **reguläre Grammatiken** bezeichnet man Chomsky-2-Grammatiken, deren Regeln entweder **einseitig linear** (sämtlich **rechtslinear**, d.h. von der Form[32]

$$w A \succ\!\!- B$$

oder du a l sämtlich **linkslinear**, d.h. von der Form

$$A w \succ\!\!- B \quad\quad)$$

sind oder **terminal**, d.h. von der Form

$$w \succ\!\!- B$$

sind mit $w \in \mathscr{T}^* \setminus \{\lambda\}$, $A, B \in \mathscr{S}$.

Reguläre Grammatiken sind strikt wortlängenmonoton und erzeugen damit eine Noethersche Reduktionsrelation.

Beispiel (i):　$\mathscr{S} = \{Z\}$
$$\mathscr{T} = \mathbf{O, L}\}$$
$$\mathscr{P} = \left\{ \begin{matrix} \mathbf{LO} \succ\!\!- Z \\ \mathbf{LOZ} \succ\!\!- Z \end{matrix} \right\}$$

Die Grammatik ist ‚rechtsregulär‘: Die erste Regel ist terminal, die zweite rechtslinear.

Für ein Wort $(\mathbf{LO})^n$, $n \geq 1$, gibt es genau eine Zerteilung: die erste Regel liefert das Wort $(\mathbf{LO})^{n-1} Z$, $(n-1)$-malige Anwendung der zweiten

---

[32] Für reduktive Grammatiken, für generative $B \longrightarrow wA$ bzw. $B \longrightarrow Aw$ bzw. $B \longrightarrow w$.

Regel liefert Z. Kein anderes Wort führt auf Z. Somit ist $\{(\mathbf{LO})^n : n \geqq 1\}$ der Sprachschatz. Die Reduktionsrelation ist aber nicht konfluent: Der Reduktionsschritt $\mathbf{LOLO} \rightarrowtail \mathbf{ZLO}$ führt in eine Sackgasse.

Man beachte, daß im Falle rechtslinearer (linkslinearer) Regeln eine Reduktion höchstens dann zum Axiom führt, wenn die Ersetzung stets am rechten (linken) Wortende erfolgt.

Beispiel (ii): $\mathscr{S} = \{R, S, Z\}$
$\qquad\qquad\quad \mathscr{T} = \{\mathbf{O}, \mathbf{L}\}$

$$
\mathscr{P} = \left\{
\begin{array}{l}
\mathbf{O} \rightarrowtail Z \\
\mathbf{L} \rightarrowtail S \\
\mathbf{O}R \rightarrowtail S \\
\mathbf{L}R \rightarrowtail R \\
\mathbf{O}S \rightarrowtail R \\
\mathbf{L}S \rightarrowtail Z \\
\mathbf{O}Z \rightarrowtail Z \\
\mathbf{L}Z \rightarrowtail S
\end{array}
\right\}
$$

Die Regeln sind terminal oder rechtslinear. Der Sprachschatz besteht aus allen Binärworten, die in direkter Codierung (vgl. Abb. 30) eine durch 3 teilbare Dualzahl darstellen.
Für das Wort $\mathbf{LLOLL}$ lautet die Zerteilung

$$\mathbf{LLOLL} \Rightarrowtail \mathbf{LLOL}S \Rightarrowtail \mathbf{LLO}Z \Rightarrowtail \mathbf{LL}Z \Rightarrowtail \mathbf{L}S \Rightarrowtail Z \,.$$

In Beispiel (ii) sind alle Regeln von der speziellen Form („Einzelzeichen-Regeln')

$$t\,A \rightarrowtail B \quad \text{bzw.} \quad A\,t \rightarrowtail B$$

und

$$t \rightarrowtail B$$

mit $t \in \mathscr{T}$.

Stets kann eine reguläre Grammatik so verfeinert werden, daß sie nur Einzelzeichen-Regeln enthält. Dazu werden (etwa für rechtslineare Regeln) ähnlich wie in 7.2.4.1 zusätzliche Hilfszeichen $Y_1, Y_2, \ldots Y_{n-1}$ eingeführt. Die Reduktion $wA \Rightarrowtail B$ mit $w = t_1 t_2 \ldots t_n$, $n \geqq 2$, erlaubt die Verfeinerung

$$t_1 t_2 \ldots t_n A \Rightarrowtail t_1 t_2 \ldots t_{n-1} Y_1 \Rightarrowtail t_1 t_2 \ldots t_{n-2} Y_2 \Rightarrowtail \ldots \Rightarrowtail t_1 Y_{n-1} \Rightarrowtail B \,;$$

aus der Regel

$$wA \rightarrowtail B$$

werden n Einzelzeichen-Regeln

$$\begin{cases} t_n A & \rangle\!\!-\!\! Y_1 \\ t_{n-1} Y_1 \rangle\!\!-\!\! Y_2 \\ \quad\vdots \\ t_2 Y_{n-2} \rangle\!\!-\!\! Y_{n-1} \\ t_1 Y_{n-1} \rangle\!\!-\!\! B \end{cases}.$$

Ähnlich wird mit terminalen Regeln verfahren: aus

$$w \rangle\!\!-\!\! B$$

mit $w = t_1\, t_2 \ldots t_n$, $n \geq 2$, werden n Einzelzeichen-Regeln

$$\begin{cases} t_n & \rangle\!\!-\!\! X_1 \\ t_{n-1} X_1 \rangle\!\!-\!\! X_2 \\ \quad\vdots \\ t_2 X_{n-2} \rangle\!\!-\!\! X_{n-1} \\ t_1 X_{n-1} \rangle\!\!-\!\! B \end{cases}.$$

Man erhält durch diese Verfeinerung eine strukturäquivalente spezielle reguläre Grammatik, die wieder mit der ursprünglichen nicht nur den Sprachschatz gemeinsam hat, sondern im wesentlichen die gleiche Sprache beschreibt[33].

Beispiel (iii):   Aus (i) erhält man

$$\mathscr{S} = \{Z\ X_1, Y_1\}$$
$$\mathscr{T} = \{\mathbf{O},\ \mathbf{L}\}$$

$$\mathscr{P} = \begin{cases} \mathbf{O} \rangle\!\!-\!\! X_1 \\ \mathbf{L} X_1 \rangle\!\!-\!\! Z \\ \mathbf{O} Z \rangle\!\!-\!\! Y_1 \\ \mathbf{L} Y_1 \rangle\!\!-\!\! Z \end{cases}$$

Gelegentlich geht man umgekehrt vor, um einige Hilfszeichen einzusparen. Zu der Grammatik in (ii) ist strukturäquivalent die Grammatik im folgenden

---

[33] Auf gleiche Weise kann stets auch eine kontextfreie Grammatik so verfeinert werden, daß alle Regeln von der Form $a \rangle\!\!-\!\! B$ mit $1 \leq length(a) \leq 2$ werden. Neben terminalen, linkslinearen und rechtslinearen Regeln können dann jedoch auch ‚dyadische‘ Regeln der Form $A_1 A_2 \rangle\!\!-\!\! B$ mit $A_1, A_2, B \in \mathscr{S}$ vorkommen. Eliminiert man auch noch die linkslinearen und die rechtslinearen Regeln, indem man etwa $\{wA \rangle\!\!-\!\! B\}$ durch $\{w \rangle\!\!-\!\! X, XA \rangle\!\!-\!\! B\}$ ersetzt, so erhält man die sog. **Chomsky-Normalform** einer kontextfreien Grammatik.

Beispiel (iv): $\mathscr{S} = \{R, Z\}$

$\mathscr{T} = \{O, L\}$

$$\mathscr{P} = \left\{\begin{array}{l} O \succ\!\!- Z \\ LL \succ\!\!- Z \\ LOR \succ\!\!- Z \\ OZ \succ\!\!- Z \\ LLZ \succ\!\!- Z \\ OL \succ\!\!- R \\ OLZ \succ\!\!- R \\ LR \succ\!\!- R \\ OOR \succ\!\!- R \end{array}\right\},$$

Ihre Reduktionsrelation ist eine Vergröberung gegenüber der ursprünglichen.

Reguläre Grammatiken leisten weniger als kontextfreie Grammatiken: Zu der Grammatik des Beispiels (iv) in 7.2.4.2 mit der (nicht einseitig linearen) Klammer-Regel

$$O\,Z\,L \succ\!\!- Z$$

gibt es keine schwach äquivalente reguläre Grammatik mit einer **endlichen** Menge von Hilfszeichen.

Zum Beweis sei angenommen, es gäbe eine (rechts-)reguläre Grammatik mit Einzelzeichen-Regeln für den Sprachschatz $\{O^n L^n : n \geq 1\}$, die Anzahl der Hilfszeichen S sei k. Dann gäbe es eine Zerteilung

$$O^{k+1} L^{k+1} \succ\!\!= O^{k+1} L^k S_{i_k} \succ\!\!= O^{k+1} L^{k-1} S_{i_{k-1}} \succ\!\!= \cdots$$
$$\succ\!\!= O^{k+1} L S_{i_1} \succ\!\!= O^{k+1} S_{i_0} \overset{*}{\succ\!\!=} Z,$$

wobei ein gewisses Hilfszeichen S mindestens zweimal aufträte („Schubladenprinzip"). Somit gäbe es μ, ν mit

$$S = S_{i_\mu} = S_{i_\nu}, \quad k \geq \mu > \nu \geq 0.$$

Damit wäre

$$O^{k+1} L^{k+1} \overset{*}{\succ\!\!=} O^{k+1} L^\mu S \overset{*}{\succ\!\!=} O^{k+1} L^\nu S \overset{*}{\succ\!\!=} Z,$$

also auch

$$L^{k+1-\mu} \overset{*}{\succ\!\!=} S$$

und damit

$$O^{k+1} L^{\nu+k+1-\mu} \overset{*}{\succ\!\!=} O^{k+1} L^\nu S \overset{*}{\succ\!\!=} Z,$$

somit wäre $O^{k+1} L^{k+1-(\mu-\nu)}$ ebenfalls aus dem Sprachschatz. Widerspruch!

Auch bei regulären Grammatiken kann man bei der Reduktion in Sackgassen geraten, selbst dann, wenn man etwa bei rechtslinearen Regeln von rechts her arbeitet.

Beispiel (v): $\mathscr{S} = \{K, M, N, Z\}$
$\mathscr{T} = \{O, L\}$

$$\mathscr{P} = \begin{cases} O \succ\!\!\!\xrightarrow{(1)} K \\ L \succ\!\!\!\xrightarrow{(2)} K \\ OK \succ\!\!\!\xrightarrow{(3)} K \\ LK \succ\!\!\!\xrightarrow{(4)} K \\ OK \succ\!\!\!\xrightarrow{(5)} M \\ LK \succ\!\!\!\xrightarrow{(6)} N \\ OM \succ\!\!\!\xrightarrow{(7)} Z \\ LN \succ\!\!\!\xrightarrow{(8)} Z \end{cases}$$

Der Sprachschatz besteht aus allen Worten, die mindestens die Länge drei haben und mit **OO** oder mit **LL** anfangen. Zur Reduktion des Wortes **OOOOO** auf Z ist nach der ersten Regel zweimal die dritte Regel, schließlich aber die fünfte Regel anzuwenden – andernfalls läuft man in eine Sackgasse:

$$\mathbf{OOOOO} \xleftarrow{(1)} \mathbf{OOOO}K \xleftarrow{(3)} \mathbf{OOO}K \xleftarrow{(3)} \mathbf{OO}K \xleftarrow{(3)} \mathbf{O}K \xleftarrow{(3)} K$$

$$\begin{array}{cc} \uparrow (5) & \uparrow (5) \\ \mathbf{O}M & M \\ \uparrow (7) \\ Z \end{array}$$

7.2.4.4 *Endliche Grammatiken*

Jede e n d l i c h e Menge $x_1, x_2, \ldots, x_n$ von Worten x_i über dem Zeichenvorrat $\mathscr{T}$ kann als eine formale Sprache aufgefaßt werden, wobei $\mathscr{S} = \{Z\}$ und die Reduktionsrelation $\mathscr{P}$ eine simple **Aufweisung** des Sprachschatzes ist:

$$\mathscr{P} = \begin{cases} x_1 \succ\!\!\!— Z \\ x_2 \succ\!\!\!— Z \\ x_3 \succ\!\!\!— Z \\ \vdots \\ x_n \succ\!\!\!— Z \end{cases}$$

Abgesehen davon, daß Aufweisung für nicht-endliche Mengen nicht mehr vollziehbar ist, ist sie auch für umfangreiche endliche Mengen nicht die eleganteste Methode und wird deshalb auch abschätzig als *"british museum me-thod"* bezeichnet. Wird eine endliche Menge durch Aufweisung beschrieben, etwa

$$\mathscr{P} = \left\{ \begin{array}{l} \lambda \rightarrowtail Z \\ \mathsf{L} \rightarrowtail Z \\ \mathsf{LO} \rightarrowtail Z \\ \vdots \\ \mathsf{LOLO} \rightarrowtail Z \end{array} \right\},$$

so bleibt eventuell ein innerer sprachlicher Aufbau unberücksichtigt.

7.2.5 Backus-Notation und erweiterte Backus-Notation

Kontextfreie und reguläre Grammatiken werden häufig zur Beschreibung der Syntax von Programmiersprachen gebraucht. Dabei herrscht die generative Auffassung vor, man notiert die Regeln in Anlehnung an das programmiersprachliche Zuweisungszeichen := mit dem ‚Metazeichen' ::= [34] für →. Man schreibt etwa für das Beispiel (i) von 7.2.4.3

$$Z ::= \mathsf{LO}$$
$$Z ::= \mathsf{LOZ}$$

7.2.5.1 *Varianten*

Mehrere Regeln $a_i \rightarrowtail B$ mit gleichen B (‚Varianten' einer Regel) kann man abkürzend zu **einer Regel mit Varianten** zusammenziehen, indem man die einzelnen a_i nacheinander aufführt. Als Metazeichen für deren Trennung soll ein vertikaler Strich (‚Variantenstrich') Verwendung finden:

$$\{a_1 | a_2 | \ldots | a_m \rightarrowtail B\} \quad \text{bzw.} \quad B ::= a_1 | a_2 | \ldots | a_m$$

steht also abkürzend für

$$\left. \begin{array}{l} a_1 \rightarrowtail B \\ a_2 \rightarrowtail B \\ \vdots \\ a_m \rightarrowtail B \end{array} \right\} \quad \text{bzw.} \quad \begin{array}{l} B ::= a_1 \\ B ::= a_2 \\ \vdots \\ B ::= a_m \end{array},$$

---

[34] *Backus normal form*, ‚BNF'; BACKUS 1959.
So wie in FORTRAN $a := a + 1$ geschrieben wird, wo ZUSE und RUTISHAUSER $a + 1 \Rightarrow a$ geschrieben haben, schreibt BACKUS $Z ::= \mathsf{LOZ}$, wo in der Logik $\mathsf{LOZ} \rightarrowtail Z$ steht.

wobei es natürlich auf die Reihenfolge nicht ankommt. Damit schreiben sich die Regelsysteme von 7.2.4.3 (ii) und (iv) kürzer als

$$\begin{Bmatrix} \mathbf{O}\,|\,\mathbf{LS}\,|\,\mathbf{OZ}\succ\!\!-Z \\ \mathbf{L}\,|\,\mathbf{LZ}\,|\,\mathbf{OR}\succ\!\!-S \\ \mathbf{LR}\,|\,\mathbf{OS}\succ\!\!-R \end{Bmatrix} \quad\text{bzw.}\quad \begin{matrix} Z::=\ \mathbf{O}\,|\,\mathbf{LS}\,|\,\mathbf{OZ} \\ S::=\ \mathbf{L}\,|\,\mathbf{LZ}\,|\,\mathbf{OR} \\ R::=\mathbf{LR}\,|\,\mathbf{OS} \end{matrix}$$

und

$$(*)\quad \begin{Bmatrix} \mathbf{O}\,|\,\mathbf{LL}\,|\,\mathbf{LLZ}\,|\,\mathbf{LOR}\,|\,\mathbf{OZ}\succ\!\!-Z \\ \mathbf{LR}\,|\,\mathbf{OL}\,|\,\mathbf{OLZ}\,|\,\mathbf{OOR}\succ\!\!-R \end{Bmatrix} \quad\text{bzw.}\quad \begin{matrix} Z::=\mathbf{O}\,|\,\mathbf{LL}\,|\,\mathbf{LLZ}\,|\,\mathbf{LOR}\,|\,\mathbf{OZ} \\ R::=\mathbf{LR}\,|\,\mathbf{OL}\,|\,\mathbf{OLZ}\,|\,\mathbf{OOR} \end{matrix}$$

Auch die kontextfreie Grammatik von 7.2.4.2 (ii) läßt so eine kürzere Aufschreibung ihres Regelsystems zu, etwa

$$\begin{Bmatrix} A\;\overset{(1)}{\succ\!\!-}\,Z \\ T\,|\,A+T\,|\,A-T\;\overset{(2)}{\succ\!\!-}\,A \\ P\,|\,T\times P\,|\,T/P\;\;\overset{(3)}{\succ\!\!-}\,T \\ (A)\,|\,\mathrm{a}\,|\,\mathrm{b}\,|\,\mathrm{c}\;\;\;\overset{(4)}{\succ\!\!-}\,P \end{Bmatrix} \quad\text{bzw.}\quad \begin{matrix} Z::=A \\ A::=T\,|\,A+T\,|\,A-T \\ T::=P\,|\,T\times P\,|\,T/P \\ P::=(A)\,|\,\mathrm{a}\,|\,\mathrm{b}\,|\,\mathrm{c} \end{matrix}$$

Man spricht in solchen Fällen von einem **Backus-Regelsystem**, wenn es für jedes Hilfszeichen (für jede syntaktische Variable) ge n a u e i n e Regel mit Varianten gibt, in der dieses Hilfszeichen zielseitig vorkommt.

Gelegentlich ist auch eine Klammerung von Varianten vorteilhaft, beispielsweise

$$T\,|\,A\,(+T\,|-T)\succ\!\!-A \quad\text{bzw.}\quad A::=T\,|\,A\,(+T\,|-T),$$

wofür offensichtlich ein Distributivgesetz gilt. Die Klammern ( ) sind nicht zu **V** gehörende weitere Metazeichen.

7.2.5.2 *Syntax-Diagramme*

In 3.4.3 wurden Programmablaufpläne als graphische Überhöhungen des Programmtextes eingeführt. Die algebraische Notation der Regelsysteme, die wir bisher benutzt haben, veranlaßt zu ähnlichem Vorgehen. Jedem Backus-Regelsystem ordnet man eineindeutig ein **Syntaxdiagramm** zu, wobei (HOARE, WIRTH 1973) zu jeder einzelnen Regel mit Varianten eine mit der zugehörigen syntaktischen Variablen bezeichnete Komponente des Syntaxdiagramms gehört, in der die Varianten als Äste von Verzweigungen auftreten.

Ein Beispiel zeigt Abb. 220 für das Backus-Regelsystem der arithmetischen Ausdrücke von 7.2.5.1. Die Komponenten A, T und P bilden dabei ein verschränkt rekursives System.

Die Pfeilspitzen in Syntaxdiagrammen legen zunächst nur die Links-Rechts-Reihenfolge fest.

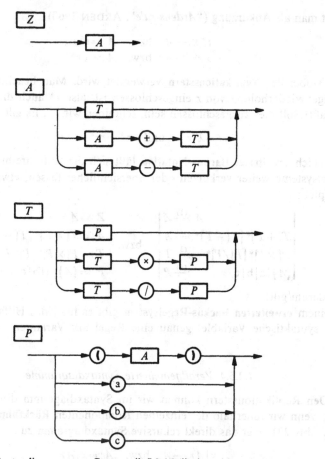

Abb. 220.   Syntaxdiagramm zur Grammatik 7.2.4.2 (ii) der arithmetischen Ausdrücke

7.2.5.3 *Replikationsstern*

Unter den Regeln einer Grammatik spielen solche der Form $rA \succ\!\!-A$ (bzw. $Ar \succ\!\!-A$) eine besondere Rolle: sie bewirken, daß mit einem Wort x, für das $x \stackrel{*}{=} A$ gilt, alle Worte $r^n x$ (bzw. $x r^n$), $n \geq 1$, ebenfalls auf A führen: $r^n x \stackrel{*}{=} A$ (bzw. $x r^n \succ\!\!- A$). Für die ‚Rechtsrekursion‘

$$x \,|\, rA \succ\!\!-A \quad \text{bzw.} \quad A ::= x \,|\, rA$$

sowie für die ‚Linksrekursion‘

$$x \,|\, Ar \succ\!\!-A \quad \text{bzw.} \quad A ::= x \,|\, Ar$$

führt man als Abkürzung ("*Ardens rule*", ARDEN 1960)

und
$$r^*x \rangle\!\!-\!\!A \quad \text{bzw.} \quad A ::= r^*x$$
$$xr^* \rangle\!\!-\!\!A \quad \text{bzw.} \quad A ::= xr^*$$

ein, wobei der **Replikationsstern** verwendet wird. Man beachte, daß null-malige Wiederholung von r eingeschlossen ist, also r^* auch die Variante λ umfaßt! Soll dies ausgeschlossen sein, schreiben wir r^+. Es gilt

$$r^* = \lambda \,|\, r^+ \quad \text{und} \quad r^+ = rr^* = r^*r \,.$$

Mit solch **erweiterter Backus-Notation** läßt sich die Aufschreibung mancher Regelsysteme weiter verkürzen oder übersichtlicher fassen, etwa im obigen Beispiel[35]

$$
\begin{cases}
\qquad\qquad A \xrightarrow{(1)} Z \\
T(+T)^* \,|\, T(-T)^* \xrightarrow{(2)} A \\
P(\times P)^* \,|\, P(/P)^* \xrightarrow{(3)} T \\
(A)\,|\,a\,|\,b\,|\,c \qquad \xrightarrow{(4)} P
\end{cases}
\text{bzw.}
\begin{aligned}
Z &::= A \\
A &::= T(+T)^* \,|\, T(-T)^* \\
T &::= P(\times P)^* \,|\, P(/P)^* \\
P &::= (A)\,|\,a\,|\,b\,|\,c
\end{aligned}
$$

Wiederum gilt:

In einem **erweiterten Backus-Regelsystem** gibt es für jedes Hilfszeichen (für jede syntaktische Variable) genau eine Regel mit Varianten und Replikation.

7.2.5.4 *Verallgemeinerte Syntaxdiagramme*

Den Replikationsstern können wir im Syntaxdiagramm direkt ausdrük-ken, wenn wir innerhalb der einzelnen Komponenten **Rückführungen** erlau-ben. Abb. 221 zeigt das direkt rekursive Syntaxdiagramm zu

$$x\,|\,Ar \rangle\!\!-\!\!A \quad \text{bzw.} \quad A ::= x\,|\,Ar$$

und das verallgemeinerte mit einer Rückführung, das zu

$$xr^* \rangle\!\!-\!\!A \quad \text{bzw.} \quad A ::= xr^*$$

gehört. Den dualen Fall zeigt Abb. 222.

Damit kann das Syntaxdiagramm von Abb. 220 vereinfacht werden (Abb. 223).

Die Verwendung von Rückführungen in verallgemeinerten Syntaxdia-grammen verlagert die Rekursion in das Diagramm selbst, sie ist analog der Einführung von Sprüngen in Ablaufdiagrammen; der Replikationsstern ent-spricht dabei der (abweisenden) Wiederholung („**while**'), das Replikations-

---

[35] Zur Eingrenzung der Wirkungsweise des Replikationssterns verwenden wir ebenfalls die Klammern ( ).

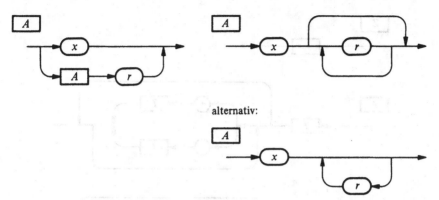

Abb. 221. Syntaxdiagramm zu $A ::= x|Ar$ (links) und gleichbedeutendes verallgemeinertes Syntaxdiagramm zu $A ::= xr^*$ (rechts)

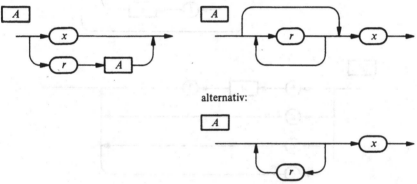

Abb. 222. Syntaxdiagramm zu $A ::= x|rA$ (links) und gleichbedeutendes verallgemeinertes Syntaxdiagramm zu $A ::= r^*x$ (rechts)

kreuz der nicht-abweisenden Wiederholung (vgl. 3.3.2). Aus Gründen der Übersichtlichkeit sollte man darüber hinaus von der Rückführung – ebenso wie von Sprüngen in Programmablaufplänen – keinen unüberlegten Gebrauch machen.

Rückführung ebenso wie Replikation ergibt ein zwar homomorphes, aber verkürztes Bild der Grammatik. Dies zeigen Abb. 221, 222 für den Fall, daß x das leere Wort λ ist; die Regeln $\lambda|Ar \succ\!\!-\!\!- A$ und $\lambda|rA \succ\!\!-\!\!- A$ ergeben die gleiche Regel $r^* \succ\!\!-\!\!- A$. Der Übergang[36] zum Ausdruck mit Replikationsstern ‚vergißt', ob eine Links- oder eine Rechtsrekursion vorliegt.

---

[36] Es handelt sich hier um den Vergißfunktor des Assoziativgesetzes, der das Gruppoid der dyadischen Bäume auf die Halbgruppe der Worte abbildet.

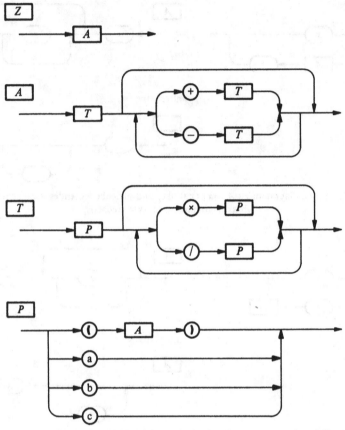

Abb. 223.   Durch Gebrauch von Rückführungen in den Komponenten A und T gegenüber
Abb. 220 verkürztes Syntaxdiagramm für arithmetische Ausdrücke

Im Hinblick auf die Semantik ist also ein Replikationsstern in Regeln wie
auch Rückführung in Syntaxdiagrammen nur mit Vorsicht brauchbar.

7.2.5.5 *Adjunktion und Elimination von Hilfszeichen*

In 7.2.4.1 und 7.2.4.3 haben wir Regelsysteme durch Adjunktion oder Elimination von Hilfszeichen so umgeformt, daß die zugehörigen Grammatiken,
d. h. die Reduktionssysteme $(\mathbb{V}^*, \rightarrowtail)$, strukturäquivalent waren: die zugehörigen Relationen $\overset{*}{\rightleftharpoons}$ waren bis auf Vergröberung oder Verfeinerung identisch.

In Syntaxdiagrammen geschieht die Elimination von Hilfszeichen durch
Einsetzen der entsprechenden Diagramme, die Adjunktion von Hilfszeichen

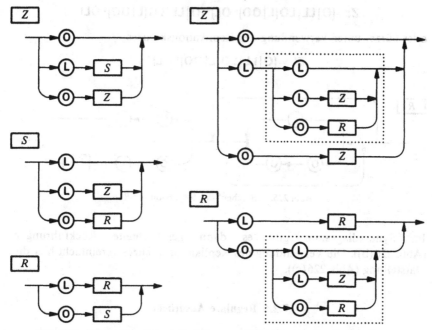

Abb. 224.   Elimination bzw. Adjunktion von Hilfszeichen in Syntaxdiagrammen

durch Herauslösen geeigneter Teildiagramme. Dies zeigt Abb. 224 am Beispiel der strukturäquivalenten Grammatiken (ii) und (iv) von 7.2.4.3.
Das auf der rechten Seite stehende Syntax-Diagramm erlaubt zunächst keine Elimination mehr. Erst nach ‚Brechen‘ der Rekursion durch Einführung des Replikationssterns kann die Elimination des Hilfszeichens R erfolgen. Wir betrachten dazu das zur rechten Seite von Abb. 224 gehörige Backus-Regelsystem. Es läßt sich zunächst unter Klammerung von Varianten umformen in

$$Z ::= (O \mid LL \mid LO \ R) \mid (O \mid LL) \ Z$$
$$R ::= (OL \mid OL \ Z) \mid (L \mid OO) \ R \quad .$$

Damit ergibt sich mittels Replikation für R (Abb. 225)

$$R ::= (L \mid OO)^* (OL \mid OL \ Z) .$$

Eliminieren von R in Z ergibt (Abb. 226(a))

$$Z ::= (O \mid LL) \ Z \mid (O \mid LL \mid LO(L \mid OO)^* OL \mid LO(L \mid OO)^* OL \ Z)$$

Nach Herauslösen von Z kann wieder Replikation eingeführt werden, es ergibt sich unter völligem Verschwinden von Z auf der rechten Seite die verallgemeinerte terminale Regel

$$Z::= (O \mid LL \mid LO(L \mid OO)^* OL)^*(O \mid LL \mid LO(L \mid OO)^* OL)$$

oder kürzer unter Verwendung des Replikationskreuzes

$$Z::= (O \mid LL \mid LO(L \mid OO)^* OL)^+ .$$

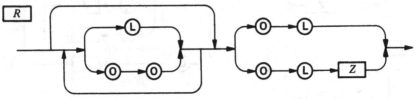

Abb. 225.   ‚Brechen' der Rekursion für R

Im Syntaxdiagramm gibt es dann geschachtelte Rückführungen (Abb. 226(b)). Die Verwendung des Replikationskreuzes vereinfacht hier die Darstellung (Abb. 226(c)).

7.2.6 Reguläre Ausdrücke

Das eben behandelte Beispiel zeigt deutlich, wie ein von KLEENE 1956 angegebenes Verfahren arbeitet, das jede reguläre Grammatik schrittweise in eine strukturäquivalente (mit zunehmend gröberer Reduktionsrelation) überführt, die am Ende nur eine einzige, aber verallgemeinerte terminale Regel umfaßt.

7.2.6.1 Die Ausdrücke auf den definierenden Seiten der vorstehend gebrauchten verallgemeinerten, kompakten Regeln nennt man **reguläre Ausdrücke**. Sie sind formal gebildet mit Hilfe von Metazeichen:

der Zeichen (und) für Eingrenzung,
des Zeichens | für die Variantenbildung (‚Summe'),
des Zeichens * für die Replikation (‚Sternoperation'), sowie
eines notationell unterdrückten Zeichens für die Konkatenation (‚Produkt'),
den Variablenzeichen und
dem Zeichen λ;
sie bilden eine formale Sprache mit dem Sprachschatz **Reg**.

Variantenbildung und Konkatenation sind assoziativ (weswegen man gelegentlich Eingrenzungsklammern spart), Variantenbildung (nicht aber Konkatenation) ist kommutativ, λ ist neutrales Element der Konkatenation (nicht aber der Variantenbildung). Weiterhin gilt ein Distributivgesetz (vgl. 7.2.5)

$$R(S \mid T) = RS \mid RT, \quad (S \mid T)R = SR \mid TR$$

(a)

(b)

(c)

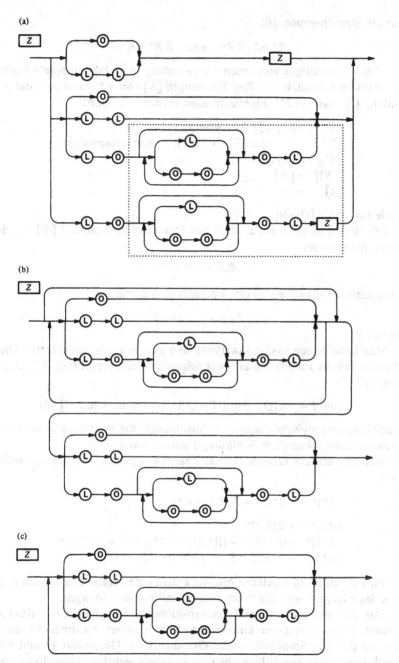

Abb. 226. Syntaxdiagramm für die Grammatik 7.2.4.3 (ii) der durch 3 teilbaren Dualzahlen nach Elimination aller Hilfszeichen (außer Z)

Für die Sternoperation gilt

$$R^* = \lambda \mid R R^* \quad \text{und} \quad R R^* = R^* R$$

7.2.6.2 Unabhängig von unserer Verwendung in Reduktionsregeln bedeuten reguläre Ausdrücke $S \in \mathbf{Reg}$ Teilmengen $[S]$ von $\mathbf{V}^*$, wenn man die Abbildung $[.]: \mathbf{Reg} \longrightarrow 2^{\mathbf{V}^*}$ folgendermaßen rekursiv definiert:

$$[S \mid T] = [S] \cup [T] \quad (\text{,Komplexsumme'})$$
$$[S T] = \{x\,y : x \in [S] \wedge y \in [T]\} \quad (\text{,Komplexprodukt'})$$
$$[S^*] = [\lambda] \cup [S S^*]$$
$$[(S)] = [S]$$
$$[\lambda] = \{\lambda\}$$

sowie für $t \in \mathbf{V} : [t] = \{t\}$.

Oft führt man noch ein zusätzliches Metazeichen Φ ein mit $[\Phi] = \emptyset$, der leeren Menge, und

$$\Phi R = R \Phi = \Phi \; ;$$

dann definiert man λ durch Φ^*, wodurch man formal

$$\lambda \lambda = \lambda , \quad \lambda^* = \lambda$$

erhält.

Man kann zeigen (SALOMAA 1964), daß man aus den aufgeführten Gleichungen mittels Einsetzung und der folgenden Schlußregel (vgl. 7.2.5.3, *Ardens rule*)

Wenn $P = PR \mid Q$, dann $P = Q R^*$ (vorausgesetzt, $\lambda \notin [R]$)

jede Gleichung zwischen regulären Ausdrücken, die Wortmengen bedeuten, herleiten kann, ohne diese Schlußregel jedoch nicht.

Weitere nützliche Gesetze für das Zusammenspiel mit der Sternoperation sind

$$(R^*)^* = R^* R^* = (\lambda \mid R)^* = R^* .$$

$$(R S)^* R = R (S R)^*$$
$$(R \mid S)^* = (R^* \mid S^*)^* = (R^* S^*)^* = (R^* S)^* R^* = R^* (S R^*)^*$$
$$(R^* S)^* = \lambda \mid (R \mid S)^* S , \quad (R S^*)^* = \lambda \mid R (R \mid S)^*$$

Eine durch einen regulären Ausdruck definierte Menge von Worten heißt **reguläre Menge**. Nicht alle Wortmengen sind reguläre Mengen.

Das eingangs erwähnte Hilfszeichen-Eliminationsverfahren von KLEENE erlaubt, zu jeder regulären Grammatik einen regulären Ausdruck S anzugeben, so daß $[S]$ Sprachschatz der Grammatik ist. Umgekehrt kommt man durch Einführung von Hilfszeichen für geeignete reguläre Teilausdrücke von einem regulären Ausdruck S stets zu einer regulären Grammatik, deren

Sprachschatz $[S]$ ist. Leider gibt es für kontextfreie Sprachen nichts Entsprechendes.

Dem Wesen nach sind auch die zu Programmablaufplänen (3.4.3) und insbesondere zu Nassi-Shneiderman-Diagrammen (3.3.2.3) gehörigen Programme regulären Ausdrücken verwandt (,reguläre Programme'): ihre ,Ablaufsprache' hat eine reguläre Grammatik.

7.2.7 Substitution von Grammatiken

Bei der Beschreibung von Programmiersprachen durch eine kontext-freie Grammatik kann man häufig Begriffe wie ›Bezeichnung‹, ›Zahl‹, ›arithmetischer Ausdruck‹, ›boolescher Ausdruck‹ usw. als Terminalsymbole behandeln, nämlich wenn der innere Aufbau dieser Objekte nicht näher interessiert. Man kann etwa einheitlich das Zeichen ξ anstelle der in arithmetischen Ausdrücken auftretenden Bezeichnungen für Parameter und Konstante verwenden und erhält aus 7.2.5.1 die kontextfreie Grammatik

$$\mathscr{S} = \{Z, A, T, P\}$$
$$\mathscr{T} = \{(,), +, -, \times, /, \xi\}$$

$$\mathscr{P} = \begin{cases} A \xrightarrow{(1)} Z \\ T \mid A+T \mid A-T \xrightarrow{(2)} A \\ P \mid T \times P \mid T / P \xrightarrow{(3)} T \\ (A) \mid \xi \xrightarrow{(4)} P \end{cases}$$

Zur ursprünglichen Grammatik kommt man zurück, wenn man ξ durch das Axiom Z' der folgenden endlichen Grammatik

$$\mathscr{S}' = \{Z'\}$$
$$\mathscr{T}' = \{a, b, c\}$$
$$\mathscr{P}' = \{a \mid b \mid c \rangle \!\!-\!\! Z'\}$$

ersetzt, $\mathscr{S}'$ zu $\mathscr{S}$ und $\mathscr{T}'$ zu $\mathscr{T} \backslash \{\xi\}$ hinzunimmt, sowie $\mathscr{P}$ durch $\mathscr{P}'$ ergänzt. Man spricht dann von einer ,Substitution' des Terminalzeichens ξ von $(\mathscr{T}, \mathscr{S}, \mathscr{P}, Z)$ durch (das Axiom Z' von) $(\mathscr{T}', \mathscr{S}', \mathscr{P}', Z')$. Selbstverständlich könnte man für ξ auch eine andere Grammatik substituieren, beispielsweise eine (links-)reguläre für Identifikatoren, d. h. (2.2.1) für Buchstaben-Ziffern-Kombinationen, die mit einem Buchstaben beginnen:

$$\mathscr{S}'' = \{Z''\}$$
$$\mathscr{T}'' = \{a, b, \dots, z, 0, \dots, 9\}$$
$$\mathscr{P}'' = \{a \mid b \mid \dots \mid z \mid Z''a \mid Z''b \mid \dots \mid Z''z \mid Z''0 \mid \dots \mid Z''9 \rangle \!\!-\!\! Z''\}$$

Behandelt man die Grammatik der arithmetischen Ausdrücke weiter, indem man auch jeweils die Operationszeichen der ersten und die der zweiten Stufe zusammenfaßt, so kommt man zu der folgenden Grammatik

(ii')
$$\mathscr{S} = \{Z, A, T, P\}$$
$$\mathscr{T} = \{\rho, \sigma, \alpha, \mu, \xi\}$$
$$\mathscr{P} = \begin{cases} A \xrightarrow{(1)} Z \\ T \mid A\,\alpha\,T \xrightarrow{(2)} A \\ P \mid T\mu\,P \xrightarrow{(3)} T \\ \rho A \sigma \mid \xi \xrightarrow{(4)} P \end{cases}$$

Die kollektive Substitution von ξ (wie oben), von α und von μ durch geeignete endliche Grammatiken, sowie von ρ und σ durch **(** bzw. **)** bringt die ursprüngliche Grammatik zurück. Als **Substitution** definiert man also die Ersetzung aller k Terminalzeichen $\xi_i \in \mathscr{T}$ einer Grammatik $G = (\mathscr{T}, \mathscr{S}, \mathscr{P}, Z)$ durch jeweils das Axiom $Z^{(i)}$ einer Grammatik $G^{(i)} = (\mathscr{T}^{(i)}, \mathscr{S}^{(i)}, \mathscr{P}^{(i)}, Z^{(i)})$, $i = 1, \dots, k$ (wobei ein Bezeichnungskonflikt innerhalb der Mengen $\mathscr{S}^{(i)}$ von Hilfszeichen sowie zwischen $\mathscr{T}$ und den einzelnen $\mathscr{T}^{(i)}$ zu vermeiden ist) und die Vereinigung der Mengen von Terminalzeichen, Hilfszeichen und Ersetzungsregeln.

Der Sprachschatz der neuen Grammatik ist das Bild des Sprachschatzes der Grammatik G unter der folgenden Abbildung f:

$f(\xi_i)$ ist der Sprachschatz der Grammatik $G^{(i)}$,
$f(t_1 t_2 \dots t_l)$, $t_i \in \mathscr{T}$, ist das Komplexprodukt $f(t_1) f(t_2) \dots f(t_l)$.

Sind die Mengen $f(\xi_i)$ einelementig, ist die Abbildung f ein Homomorphismus der Halbgruppe $\mathscr{T}^*$ in die Halbgruppe der Worte über den Terminalzeichen der neuen Grammatik.

Offensichtlich ist jeweils die Klasse der (rechts-)regulären, kontextfreien, strikt wortlängenmonotonen, wortlängenmonotonen und kontextsensitiven Grammatiken unter der Substitution abgeschlossen.

Substitution ist auch für Grammatiken ein praktisch sehr wichtiges Strukturierungsmittel[37], sie erlaubt den Aufbau einer Grammatik – auch in mehreren Stufen – aus jeweils einer ‚Grobgrammatik' und mehreren ‚Feingrammatiken'. Die Untersuchung der gesamten Grammatik kann so in Teiluntersuchungen zerlegt werden. Dies ist insbesondere für das Zerteilungsproblem (7.4) wichtig. Schließlich erkennt man auch, daß Variantenbildung und Sternoperation nichts anderes sind als spezielle Notationen für Substitutionen durch eine endliche bzw. eine einfachste reguläre Grammatik.

---

[37] Substitution als generelles Gliederungsmittel für Formeln ist uns schon im 2. Kapitel (Einsetzung von Rechenvorschriften) begegnet.

7.3 Strukturgraph und Strukturbaum eines Ersetzungswegs

7.3.1 Bipartite Graphen

Ein gerichteter Graph heißt **bipartit** (,zweigeteilt'), wenn er zwei Klassen von Ecken hat, derart daß Kanten stets von einer Ecke der einen Klasse zu einer Ecke der anderen Klasse gehen.

Die Ecken der einen Klasse nennen wir **Plätze**, die der anderen **Hürden**, und verwenden auch in den Diagrammen entsprechende Grapheme, nämlich Kreise und Balken, vgl. Abb. 227. Bipartite Graphen treten häufig auf: bei Petrinetzen bzw. Ablaufplänen und bei Signaturgraphen. Eine andere Verwendung wird sich nachfolgend ergeben.

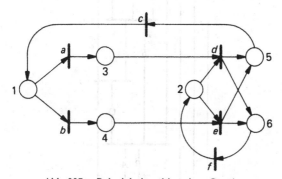

Abb. 227.   Beispiel eines bipartiten Graphen

7.3.2 Strukturgraphen und Strukturbäume

Für formale Systeme und formale Sprachen, die über Algebren erklärt sind, führt die Kompatibilitätsforderung häufig dazu, daß es für ein Wort des Sprachschatzes viele Reduktionswege zu einem ausgezeichneten Element gibt. Beispiele zeigen schon Abb. 216 und Abb. 217. Eine Reduktion $a \overset{*}{\succeq} b$ kann im allgemeinen auf mehreren Wegen durchgeführt werden, da bei Semi-Thue-Systemen Ersetzungen inmitten eines Wortes an jeder Stelle, an der ein passendes Teilwort zu finden ist, vorgenommen werden dürfen. Soweit sich solche Ersetzungsstellen nicht überlappen, stört die eine Reduktion die andere nicht; durch die verschiedenen Reihenfolgen ergibt sich aber eine Vielzahl von Wegen mit vertauschten Ersetzungen. In Abb. 218 wird dies deutlich. Es wird also gerade bei Semi-Thue-Systemen darauf ankommen,

Klassen unwesentlich verschiedener Reduktionswege zusammenzufassen. Dafür wird zunächst informell der **Strukturgraph**[38] an Hand einiger Beispiele eingeführt.

Für die wortlängenmonotone Chomsky-Grammatik 7.2.4.1(i) hat etwa die Zerteilung

$$OOOLLLOOO \xrightarrow{(1)} OOOOLLBOO \xrightarrow{(2)} OOOLBAO \xrightarrow{(3)} OOOLBOA$$
$$\xrightarrow{(2)} OOOBAA \xrightarrow{(4)} OOZAA \xrightarrow{(5)} OZA \xrightarrow{(5)} Z$$

den in Abb. 228 wiedergegebenen Strukturgraph.

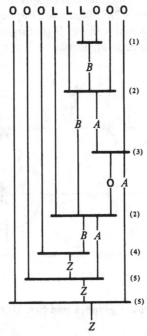

Abb. 228. Strukturgraph der Reduktion $OOOLLLOOO \xrightarrow{*} Z$
gemäß der wortlängenmonotonen Chomsky-Grammatik 7.2.4.1(i)

Generell ist der Strukturgraph für eine Zerteilung $a \xrightarrow{*} Z$ eines Wortes $a = a_1 a_2 \ldots a_k$ in einer Chomsky-Grammatik mit Noetherscher Reduktionsrelation ein geordneter azyklischer bipartiter Graph mit genau einem maximalen Platz, der mit Z bezeichnet ist, und mit $k = length(a)$ minimalen Plätzen, die mit Terminalzeichen $a_1, a_2, \ldots, a_k$ bezeichnet sind und (in der Ordnung von links nach rechts gelesen) insgesamt das Wort a ergeben. Die übrigen

---

[38] Auch **Reduktionsgraph** bzw. **Ableitungsgraph**.

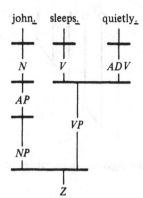
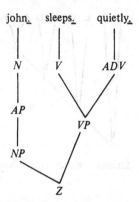

Abb. 229. Strukturgraph und Strukturbaum der Zerteilung von john.sleeps.quietly. gemäß der kontextfreien Grammatik 7.2.4.2 (i)

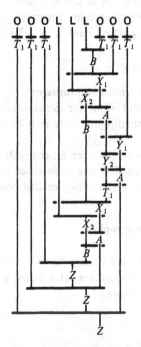
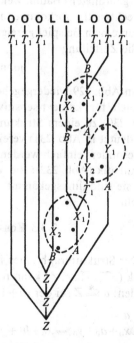

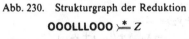

Abb. 230. Strukturgraph der Reduktion

OOOLLLOOO ⇒* Z

gemäß der kontextsensitiven Grammatik 7.2.4.1 (i')

Abb. 231. Strukturbaum der Reduktion

OOOLLLOOO ⇒* Z

gemäß der kontextsensitiven Grammatik 7.2.4.1 (i') mit durch Punkte angedeuteten Kontextbedingungen

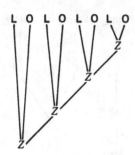 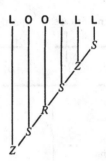

Abb. 232. ,Linksgekämmte' Strukturbäume gemäß der regulären Grammatiken (i) und (ii)
von 7.2.4.3

Plätze sind mit Terminal- oder Hilfszeichen bezeichnet; an den Hürden kann
die benutzte Regel angegeben werden.

Für kontextfreie Grammatiken vereinfacht sich der Strukturgraph zu einem (geordneten) Baum, wenn man die Hürde und das in der benutzten Regel rechtsseitig vorkommende Hilfszeichen zusammenzieht. Informell soll
dies an einem Beispiel gezeigt werden: für die reguläre Grammatik 7.2.4.2(i)
hat die Zerteilung

$$\text{john.sleeps.quietly.} \succcurlyeq^* Z$$

den in Abb. 229 wiedergegebenen Strukturgraph bzw. **Strukturbaum.**

Auch für kontext-sensitive Grammatiken läßt sich der Strukturgraph
(Abb. 230) zu einem Strukturbaum mit Kontextbedingungen (durch Punkte
angedeutet in Abb. 231) vereinfachen.

Besonders einfach werden die Strukturbäume von Worten einer regulären
Grammatik (Abb. 232): die Vergabelungen setzen sich nur nach einer Seite
fort, sie sind ,linksgekämmt' bei ausschließlicher Verwendung rechtslinearer
Regeln.

7.3.3 Konstruktion des Strukturgraphen

Der Strukturgraph einer Reduktion $a \succcurlyeq^* Z$ gemäß einer Chomsky-Gram-
matik $(\mathcal{T}, \mathcal{S}, \mathcal{P}, Z)$ kann folgendermaßen aus **Gerüstelementen** konstruiert
werden: $a \succcurlyeq^* Z$ sei der $(n+1)$-gliedrige Reduktionsweg

$$
\begin{aligned}
a = \\
x_0 + a_0 + y_0 &\succcurlyeq x_0 + b_0 + y_0 \\
= x_1 + a_1 + y_1 &\succcurlyeq x_1 + b_1 + y_1 \\
= x_2 + a_2 + y_2 &\succcurlyeq \ldots \\
&\succcurlyeq x_{n-1} + b_{n-1} + y_{n-1} \\
= \qquad a_n \qquad &\succcurlyeq b_n \\
&= Z
\end{aligned}
$$

Dann führt man $n+1$ Hürden ein, zu denen die Regeln

$$a_i \succ\!\!-\, b_i \in \mathscr{P} \quad (i = 0, 1, \ldots n)$$

gehören, und als Gerüstelemente ebensoviele Netze, d. h. von der i-ten Hürde geordnet ausgehend $v_i \geqq 1$ Kanten, die zu den Zeichen b_i führen sowie in die i-te Hürde geordnet einlaufend $\mu_i \geqq 0$ Kanten, die von den Zeichen a_i herkommen.

Für kontextfreie Grammatiken sind in obiger Reduktionskette alle b_i von der Länge 1: $b_i = B_i \in \mathscr{S}$, $v_i = 1$. Um zum Strukturbaum zu gelangen, führt man $n+1$ Ecken ein, zu denen alle Hilfszeichen B_i $(i = 0, 1, \ldots, n-1)$ und Z gehören, und als Gerüstelemente ebensoviele **Fächer**, d. h. in die i-te Ecke geordnet einlaufend μ_i Kanten, die von den Zeichen a_i herkommen.

Einprägsam ist es, die Gerüstelemente wie in Abb. 233 mit halbierten Plätzen, die man aneinanderstecken kann, zu zeichnen (EICKEL).

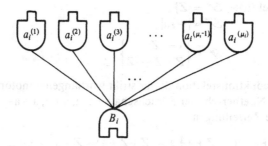

Abb. 233. Darstellung einer kontextfreien Regel als Auffächerung eines Zeichens in μ_i Zeichen

Eine abstraktere Darstellung der Zusammensetzung der Netze bzw. Fächer verwendet sog. X-Kategorien (HOTZ, [78]).

7.3.4 Eindeutigkeit

Ein Wort a aus dem Sprachschatz einer Chomsky-Grammatik heißt **eindeutig**, wenn jeder Reduktionsweg, der von a nach Z führt, den gleichen Strukturgraph bzw. Strukturbaum besitzt. Eine Chomsky-Grammatik heißt **eindeutig**, wenn jedes Wort ihres Sprachschatzes eindeutig ist. Eine eindeutige Grammatik ist azyklisch.

Beispiel (i):　$\mathscr{S} = \{Z, A, B\}$
$\qquad\qquad \mathscr{T} = \{L\}$

$$\mathscr{P} = \begin{cases} A \succ\!\!\!- Z \\ A \succ\!\!\!- B \\ B \succ\!\!\!- A \\ L \succ\!\!\!- A \end{cases}$$

Die Reduktionsrelation dieser kontextfreien Grammatik enthält den Zyklus $A \succ\!\!\!\!\prec B$ (und ist nicht Noethersch). Der Sprachschatz ist $\{L\}$, die Zerteilungen

$$\mathbf{L} \succ\!\!- A \succ\!\!- Z$$

und

$$\mathbf{L} \succ\!\!- A \succ\!\!- B \succ\!\!- A \succ\!\!- Z$$

haben verschiedene Strukturbäume, denn sie sind verschieden lang. Die Grammatik ist also nicht eindeutig.

Beispiel (ii):　$\mathscr{S} = \{Z\}$
$\qquad\qquad \mathscr{T} = \{+, a\}$

$$\mathscr{P} = \begin{cases} a \succ\!\!- Z \\ Z + Z \succ\!\!- Z \end{cases}$$

Die Reduktionsrelation dieser strikt wortlängenmonotonen Grammatik ist Noethersch, der Sprachschatz ist $\{a, a+a, a+a+a, \ldots\}$.
Die Zerteilungen

$$a+a+a \succ\!\!- Z+a+a \succ\!\!- Z+Z+a \succ\!\!- Z+a \succ\!\!- Z+Z \succ\!\!- Z$$
$$a+a+a \succ\!\!- a+Z+a \succ\!\!- Z+Z+a \succ\!\!- Z+a \succ\!\!- Z+Z \succ\!\!- Z$$
$$a+a+a \succ\!\!- Z+a+a \succ\!\!- Z+Z+a \succ\!\!- Z+Z+Z \succ\!\!- Z+Z \succ\!\!- Z$$

haben trotz unterschiedlicher Reihenfolge der Ersetzungen ein und denselben Strukturbaum (Abb. 234(a)), die gleichlange Zerteilung

$$a+a+a \succ\!\!- a+a+Z \succ\!\!- a+Z+Z \succ\!\!- a+Z \succ\!\!- Z+Z \succ\!\!- Z$$

hat jedoch einen anderen Strukturbaum (Abb. 234(b)).
Die Grammatik ist nicht eindeutig, obwohl die Reduktionsrelation konfluent ist.

Auch die Grammatik des Beispiels (iii), 7.2.4.2 ist nicht eindeutig, wie Abb. 219 sofort zeigt.

Vom Strukturbaum eines Wortes ist zu unterscheiden der Graph sämtlicher Reduktionswege. Abb. 235 zeigt ihn für das obige Beispiel (ii). Bei jeder Reduktion ist angegeben, in welchem der beiden Strukturbäume sie sich wie-

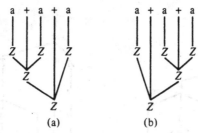

Abb. 234.   Verschiedene Strukturbäume des Wortes a+a+a in einer nicht eindeutigen Chomsky-2-Grammatik.

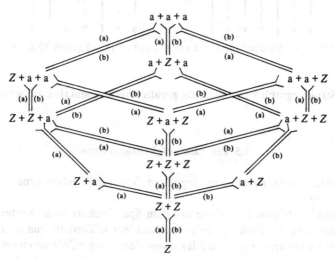

Abb. 235.   Sämtliche Reduktionswege für das Wort a+a+a gemäß der Grammatik 7.3.4(ii)

derfindet. Im Graph der Reduktionswege werden verschiedene, aber ergebnisgleiche Übergänge wie $Z+Z+Z\Longrightarrow Z+Z$ und $Z+Z+Z\Longrightarrow Z+Z$ identifiziert; beim Strukturbaum interessieren aber Regel und Anwendungsstelle, deshalb können sich ergebnisgleiche Übergänge auch in verschiedenen Strukturbäumen wiederfinden.

Abb. 236 zeigt Strukturbäume zu dem Beispiel der arithmetischen Ausdrücke in 7.2.4.2(ii) (diese Grammatik läßt sich als eindeutig nachweisen, siehe 7.3.5). Dabei sind, wie es häufig geschieht, die Bäume auf den Kopf gestellt[39].

---

[39] „In der Informatik wachsen die Bäume nicht in den Himmel" (KLAUS SAMELSON).

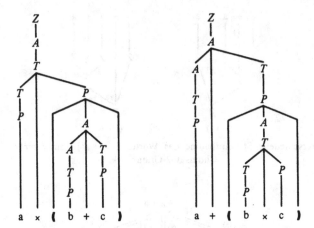

Abb. 236.   Strukturbäume zu $a \times (b+c)$ und $a+(b \times c)$ gemäß 7.2.4.2 (ii)

Der Strukturgraph kann auch als **parallelisierte Reduktion** aufgefaßt werden.

7.3.5 Ein Eindeutigkeitskriterium

Zu jedem Strukturbaum einer regulären Grammatik gehört genau ein Reduktionsweg.

Die Strukturbäume der Worte aus dem Sprachschatz einer kontextfreien Grammatik fassen jedoch i. a. mehrere verschiedene Zerteilungen zusammen. Als Repräsentanten der ganzen Klasse von Zerteilungen, die zu einem Strukturbaum gehören, zeichnet man eine von einer Seite her arbeitende **kanonische Reduktion** aus, etwa eine **Linksreduktion**[40]. Bei einem solchen Reduktionsweg wird unter den jeweils auf das Zwischenwort anwendbaren Reduktionsregeln, die eine weitere Reduktion auf Z zulassen, stets eine „am weitesten links" ansetzende angewandt.

Für den Strukturbaum von Abb. 234 (a) erhält man als Linksreduktion

$$\underline{a}+a+a \succ \underline{Z}+a+a$$
$$= Z+\underline{a}+a \succ Z+\underline{Z}+a$$
$$= \underline{Z+Z}+a \succ \underline{Z}+a$$
$$= Z+\underline{a} \succ Z+\underline{Z}$$
$$= \underline{Z+Z} \succ \underline{Z}$$

---

[40] Die in konverser Richtung gehende Ableitung ist dann eine **Rechtsableitung**, die Ableitungsregeln werden stets soweit rechts wie möglich angewandt.

für den von Abb. 234 (b)

$$\underline{a}+a+a \succ\!\!=\underline{Z}+a+a$$
$$= Z+\underline{a}+a \succ\!\!= Z+\underline{Z}+a$$
$$= Z+Z+\underline{a} \succ\!\!= Z+Z+\underline{Z}$$
$$= Z+\underline{Z+Z} \succ\!\!= Z+Z$$
$$= \underline{Z+Z} \succ\!\!= \underline{Z}$$

Eine Linksreduktion, mit $u_0 \overset{L}{\succ\!\!=} u_n$ bezeichnet[41], ist dadurch charakterisiert, daß bei jedem Ersetzungsschritt rechts von der Ersetzungsstelle nur Terminalzeichen stehen: für $u_0 \succ\!\!= u_1 \succ\!\!= u_2 \succ\!\!= \dots \succ\!\!= u_n$ gilt

$$u_i = l_i\, a_i\, r_i \succ\!\!= l_i\, B_i\, r_i = u_{i+1}$$

mit $a_i \succ\!\!- B_i$ und $l_i \in (\mathscr{T} \cup \mathscr{S})^*$, $r_i \in \mathscr{T}^*$.

Damit ergibt sich das **Eindeutigkeitstheorem** für azyklische kontextfreie Grammatiken:

> Eine azyklische kontextfreie Grammatik $G = (\mathscr{T}, \mathscr{S}, \mathscr{P}, Z)$ ist genau dann eindeutig, wenn für je zwei Regeln $a_1 \succ\!\!- B_1$, $a_2 \succ\!\!- B_2 \in \mathscr{P}$ gilt:
> Falls für $u_1, u_2 \in (\mathscr{T} \cup \mathscr{S})^*$, $x_1, x_2 \in \mathscr{T}^*$ die Reduktionen
> $$u_1 a_1 x_1 \succ\!\!= u_1 B_1 x_1 \overset{L}{\succ\!\!=} Z,$$
> $$u_2 a_2 x_2 \succ\!\!= u_2 B_2 x_2 \overset{L}{\succ\!\!=} Z$$
> bestehen, wobei
> $$u_1 a_1 x_1 = u_2 a_2 x_2 \quad \text{ist,}$$
> so ist $\quad a_1 = a_2, \quad B_1 = B_2, \quad u_1 = u_2$.

Man sieht sofort, daß im obigen Beispiel 7.3.4 (ii) durch das Paar

$$\underline{Z+Z}+a \succ\!\!= \underline{Z}+a \overset{L}{\succ\!\!=} Z$$
$$Z+Z+\underline{a} \succ\!\!= Z+Z+\underline{Z} \overset{L}{\succ\!\!=} Z$$

das Kriterium verletzt ist. Mit Hilfe dieses Kriteriums nachzuweisen, daß die Grammatik (ii) von 7.2.4.2 eindeutig ist, ist allerdings nicht so einfach. Für beliebige kontextfreie Grammatiken ist die Eindeutigkeit algorithmisch nicht entscheidbar (FLOYD 1962, CANTOR 1962).

Es gibt auch kontextfreie Grammatiken, zu denen es keine schwach äquivalenten eindeutigen kontextfreien Grammatiken gibt (**inhärente Mehrdeutigkeit**, GINSBURG 1966).

Einfacher ist die Situation bei regulären Grammatiken: Eine (links-)reguläre Grammatik mit Einzelzeichen-Regeln ist genau dann eindeutig, wenn sie **(LR-)deterministisch** ist, d.h. wenn es keine zwei Regeln

---

[41] Konvers $u_n \overset{R}{\Longrightarrow} u_0$.

$$t \rangle\!\!- B_1 \quad \text{und} \quad t \rangle\!\!- B_2$$

bzw. $\qquad A\,t \rangle\!\!- B_1 \quad \text{und} \quad A\,t \rangle\!\!- B_2$

gibt mit $B_1 \neq B_2$. Dual ist **(RL-)deterministisch** definiert.

Beachte, daß auch bei eindeutigen Grammatiken die Reduktion eines Wortes in eine Sackgasse führen kann.

7.3.6 Die Strukturgrammatik einer Grammatik

Auch Strukturbäume können als Worte eines formalen Systems aufgefaßt werden. Man spricht dann auch vom Strukturbaum in **linearer Aufschreibung** (BAUER 1971):

Vorgegeben sei eine kontextfreie Grammatik $G = (\mathcal{T}, \mathcal{S}, \mathcal{P}, Z)$, die i-te der n Backus-Regeln von $\mathcal{P}$ laute

$$\mathcal{P}_i: \ a_{i1} | a_{i2} | \dots | a_{im_i} \rangle\!\!- B_i$$

Dann führt man $2n$ neue Terminalzeichen (**Strukturklammern**)

$$(_{B_1}, (_{B_2}, \dots, (_{B_n},)_{B_1},)_{B_2}, \dots,)_{B_n}$$

ein und bildet (GINSBURG 1966) die Regeln

$$\mathcal{P}_i^s: \ (_{B_i} a_{i1})_{B_i} | (_{B_i} a_{i2})_{B_i} | \dots | (_{B_i} a_{im_i})_{B_i} \rangle\!\!- B_i$$

Die Grammatik $G^s = (\mathcal{T} \cup \mathcal{K}_G, \mathcal{S}, \mathcal{P}^s, Z)$, wo
$\mathcal{K}_G = \{(_{B_1}, (_{B_2}, \dots (_{B_n},)_{B_1},)_{B_2}, \dots)_{B_n}\}$ ist, heißt dann die **Strukturgrammatik** (SALOMAA 1973) von G. Jeder Zerteilung eines Wortes x aus dem Sprachschatz von G ordnet man das die Zerteilung wiedergebende und den Strukturbaum beschreibende **voll geklammerte** (*fully parenthesized*) Wort x^s der Strukturgrammatik G^s, das **Strukturwort** von x, zu. Die Zerteilung eines Strukturwortes ist trivial, weil durch die Strukturklammern vorgezeichnet.

Beispielsweise gehört zu der Grammatik 7.2.4.2 (ii) der arithmetischen Ausdrücke eine Strukturgrammatik mit

$$\mathcal{T}^s = \{(,), +, -, \times, /, \text{a}, \text{b}, \text{c}, (_Z, (_A, (_T, (_P,)_Z,)_A,)_T,)_P\}$$

und

$$\mathcal{T}^s = \begin{cases} Z ::= (_Z A)_Z \\ A ::= (_A T)_A | (_A A + T)_A | (_A A - T)_A \\ T ::= (_T P)_T | (_T T \times P)_T | (_T T/P)_T \\ P ::= (_P (A))_P | (_P \text{a})_P | (_P \text{b})_P | (_P \text{c})_P \end{cases}$$

Die Strukturbäume zu $a \times (b + c)$ und $a + (b \times c)$ (Abb. 236) lauten in linearer Aufschreibung

$$(z \, (_A \, (_T \, (_T \, (_P \, \mathsf{a} \,)_P)_T \times (_P \, (\, (_A \, (_A \, (_T \, (_P \, \mathsf{b} \,)_P)_T)_A + (_T \, (_P \, \mathsf{c} \,)_P)_T)_A \,)\,)_P)_T)_A)_z$$

$$(z \, (_A \, (_A \, (_T \, (_P \, \mathsf{a} \,)_P)_T)_A + (_T \, (_P \, (\, (_A \, (_T \, (_T \, (_P \, \mathsf{b} \,)_P)_T \times (_P \, \mathsf{c} \,)_P)_T)_A \,)\,)_P)_T)_A)_z$$

Die Zusammengehörigkeit der Klammern kann durch ein Schachteldiagramm (vgl. 6.3.6.3) verdeutlicht werden. Man beachte im übrigen die Ähnlichkeit mit einer Funktionsschreibweise

$$f_Z (f_A (f_T (f_T (f_P (\mathsf{a})), \times , f_P ((\, , f_A (f_A (f_T (f_P (\mathsf{b}))), + , f_T (f_P (\mathsf{c}))),)))))\,.$$

Als weiteres Beispiel nehmen wir die Rechenstruktur der beblätterten Binärbäume (2.1.3.5). Deren Sorte **lisp** wird, wenn man der Definition in 6.3.5.2 folgt, durch die nicht eindeutige Grammatik $\langle \text{lisp} \rangle ::= \langle \text{char} \rangle \mid \langle \text{lisp} \rangle \langle \text{lisp} \rangle$, über den Terminalzeichen $\langle \text{char} \rangle$ beschrieben. Die schon in 4.2 und 6.3.7.3 eingeführten Zeichen $\langle \, \rangle$ erweisen sich jetzt als zusätzliche Strukturklammern in einer zugehörigen Strukturgrammatik mit der Regel

$$\langle \text{bracketedlisp} \rangle ::= \langle \text{char} \rangle \mid \langle \text{bracketedlisp} \rangle \langle \text{bracketedlisp} \rangle \rangle \, ;$$

die Strukturworte zum Wort $\mathsf{A \, B \, C} \overset{*}{\succ\!=} \langle \text{lisp} \rangle$ sind gerade $\langle \mathsf{A} \langle \mathsf{B} \, \mathsf{C} \rangle \rangle$ und $\langle \langle \mathsf{A} \, \mathsf{B} \rangle \mathsf{C} \rangle$ (vgl. 4.2).

Es ergibt sich also im allgemeinen eine linkseindeutige Zuordnung $\sigma_G \colon \mathcal{T}^* \dashrightarrow (\mathcal{T}^* \cup \mathcal{K}_G)^*$ zwischen dem Sprachschatz der Grammatik G und dem der Strukturgrammatik G^s. Ist G eindeutig, so ist σ_G eine Abbildung, der **Strukturfunktor** von G. Da σ_G injektiv ist, ist seine Umkehrung, der **Vergißfunktor der Struktur**, eindeutig definiert; er löscht die Strukturklammern.

Zwei homologe Grammatiken sollen **kohärent** heißen, wenn ihre Strukturgrammatiken strukturäquivalent sind.

7.4 Das Zerteilungsproblem

Das **Wortproblem** einer Grammatik G besteht darin, einen (terminierenden) Algorithmus anzugeben, der für jedes Wort erkennt, ob es dem Sprachschatz angehört oder nicht.

Das **Zerteilungsproblem** einer Grammatik G verlangt, über das Wortproblem hinausgehend, einen Algorithmus anzugeben, der für jedes Wort des Sprachschatzes einen Reduktionsweg zum Axiom liefert. Für eine eindeutige Grammatik G handelt es sich also darum, den Strukturfunktor σ_G algorithmisch zu formulieren. Selbst bei Beschränkung auf kontextfreie Grammatiken ist das keine einfache Aufgabe; der nicht-deterministische Semi-Thue-Algorithmus von 7.2.3 führt nämlich nicht ohne weiteres zum Axiom.

7.4.1 Sackgassen

Der nicht-deterministische Semi-Thue-Algorithmus von 7.2.3 endet – Terminierung aufgrund einer Noetherschen Eigenschaft vorausgesetzt – sobald eine irreduzible Satzform als Argument auftritt. Abschließend kann eine Prüfung erfolgen, ob dies das Axiom Z ist. Bejahendenfalls ist nachgewiesen, daß das behandelte Wort x aus dem Sprachschatz stammt, und seine Struktur ist aufgeklärt. Andernfalls bleibt die Frage offen: es ist nicht nachgewiesen, daß das behandelte Wort nicht aus dem Sprachschatz stammt. Nur dann würde jedes Wort aus dem Sprachschatz strukturell aufgeklärt, wenn der Algorithmus an den Weggabelungen jeweils den ‚richtigen' Weg einschlüge und damit nicht in eine Sackgasse geriete. Es kann sein, daß eine Sackgasse keine endliche Länge hat. Dann erfährt man, wenn man hineingerät, nie, daß man sich darin befindet. Aber auch Semi-Thue-Systeme, bei denen zwar jede Sackgasse von endlicher Länge ist, aber keine Schranke für die Länge der Sackgassen existiert, erfordern besondere Vorkehrungen:

In einem Noetherschen formalen System kann man für den Weg von einem Wort x zu Z einen **Ariadnefaden** auslegen: Man notiert alle Worte, die man längs des Weges trifft, und wählt an jeder Weggabelung einen Schritt, den man vorher noch nicht getan hat. Bleibt einem keine Möglichkeit mehr, so befindet man sich entweder am Ende einer Sackgasse, oder man trifft nach einem Zyklus auf ein schon vorher gefundenes Wort. In beiden Fällen hangelt man sich an Hand des Ariadnefadens zurück, bis man an einer Weggabelung einen noch freien Schritt tun kann ("*backtracking*"). Der Algorithmus endet, sobald er auf Z trifft, erfolgreich. Trifft er aber auf ein irreduzibles Wort, ohne daß Weggabelungen mit noch freien Schritten existieren, so ist das behandelte Wort x als nicht zum Sprachschatz gehörig nachgewiesen. Die Ariadnefadenmethode zum Herausfinden aus einem Irrgarten (M. TRÉVAUX, 1882) ist aber praktisch kaum brauchbar: Der Aufwand steigt mit der Länge des Wortes viel zu rasch an.

7.4.1.1 *Abschneiden von Sackgassen*

Konfluenz der Reduktionsrelation garantiert, daß der nicht-deterministische Semi-Thue-Algorithmus das Zerteilungsproblem löst, nämlich mit Z endet, falls er überhaupt mit Z enden kann. Es liegt nahe, dies dadurch sicherzustellen, daß man alle Reduktionswege eines Wortes aus dem Sprachschatz, die in eine Sackgasse führen, an ihrem Ansatz „abschneidet". Insbesondere bei kontextfreien Grammatiken ist dazu eine Einschränkung der Regeln durch **Kontextbedingungen** angebracht.

So erlaubt z. B. das Wort $a \times (b + c)$ gemäß der Grammatik der arithmetischen Ausdrücke (7.2.4.2 (ii)) den Reduktionsweg

$$a \times (b+c) \succ\!\!=\!\! P \times (b+c) \succ\!\!=\!\! T \times (b+c) \succ\!\!\overset{!}{=}\!\! A \times (b+c)$$
$$\succ\!\!=\!\! A + (P+c) \succ\!\!=\!\! A \times (T+c) \succ\!\!=\!\! A \times (A+c)$$
$$\succ\!\!=\!\! A \times (A+P) \succ\!\!=\!\! A \times (A+T) \succ\!\!=\!\! A \times (A)$$
$$\succ\!\!=\!\! A \times P \succ\!\!\overset{*}{=}\!\! Z \times Z,$$

der nicht zu Z führt. Die Sackgasse beginnt mit der durch ! hervorgehobenen Ersetzung. Die Regel $T \succ\!\!-\! A$ darf nicht angewandt werden, wenn unmittelbar rechts von der Ersetzungstelle $\times$ oder $/$ steht. Sie ist also zu ersetzen durch die kontextsensitiven Regeln

$$T + \succ\!\!-\! A +$$
$$T - \succ\!\!-\! A -$$
$$T\,) \succ\!\!-\! A\,)$$

(andere Terminalzeichen kommen als Rechtskontext nicht in Frage). Da ein Rechtskontext am Wortende nicht vorkommt, muß ein spezielles Wortschlußzeichen $)^{\#}$ eingeführt und die Regel

$$T\,)^{\#} \succ\!\!-\! A\,)^{\#}$$

hinzugenommen werden.

Wie die Sackgasse

$$a + b \times c \succ\!\!\overset{*}{=}\!\! A + T \times P \succ\!\!\overset{!}{=}\!\! A \times P \succ\!\!\overset{*}{=}\!\! Z \times Z$$

zeigt, müssen gleichermaßen die Regeln $A + T \succ\!\!-\! A$ und $A - T \succ\!\!-\! A$ durch die kontextsensitiven Regeln

$$\begin{array}{lll} A + T + \succ\!\!-\! A + & \text{bzw.} & A - T + \succ\!\!-\! A + \\ A + T - \succ\!\!-\! A - & & A - T - \succ\!\!-\! A - \\ A + T\,) \succ\!\!-\! A\,) & & A - T\,) \succ\!\!-\! A\,) \end{array}$$

ersetzt werden.

Ferner ergibt sich aus der Sackgasse

$$a \times b \succ\!\!=\!\! P \times b \succ\!\!=\!\! T \times b \succ\!\!=\!\! T \times P \succ\!\!\overset{!}{=}\!\! T \times T \succ\!\!\overset{*}{=}\!\! Z \times Z$$

daß die Regel $P \succ\!\!-\! T$ nicht angewandt werden darf, wenn unmittelbar links von der Ersetzungsstelle $\times$ oder $/$ steht. Sie ist also durch die Regeln

$$+ P \succ\!\!-\! + T$$
$$- P \succ\!\!-\! - T$$
$$(\,P \succ\!\!-\! (\,T$$

zu ersetzen. Da ein Linkskontext am Wortanfang nicht vorkommt, muß auch ein spezielles Wortanfangszeichen $(^{\#}$ eingeführt und die Regel

$$(^{\#}\,P \succ\!\!-\! (^{\#}\,T$$

hinzugenommen werden.

Schließlich muß auch noch $T+\rangle{-}A+$ usw. durch den Linkskontext $($ oder $(^{*}$ abgesichert werden.

Es läßt sich zeigen, daß damit bereits alle Sackgassen abgeschnitten sind. $(^{*}$ und $)^{*}$ kann man zusammenfallen lassen. Wir werden für beide das **Randzeichen** $\#$ benützen.

7.4.1.2 *Kontext-sensitive Grammatiken mit konfluenter Ersetzungsrelation*

Eine Abänderung einer kontextfreien Grammatik zu einer sackgassenfreien kontext-sensitiven durch Einführung zusätzlicher Kontextbedingungen führt nicht zu neuen Ersetzungswegen und läßt damit eine Noethersche Eigenschaft der Ersetzungsrelation und Eindeutigkeit des Strukturgraphen unverändert. Sie verändert auch den Sprachschatz nicht. (Es ist selbstverständlich darauf zu achten, daß wie im vorliegenden Beispiel lediglich Sackgassen abgeschnitten werden und damit Strukturäquivalenz herrscht.)

Die kontext-sensitive Grammatik (mit Randzeichen $\#$ zur Kennzeichnung von Wortanfang und -ende)

(ii'')

$$\mathscr{S} = \{Z, A, T, P\}$$
$$\mathscr{T} = \{\rho, \sigma, \alpha, \mu, \xi, \#\}$$

$$\mathscr{P} = \left\{\begin{array}{ll} \#A\# \xrightarrow{(1)} Z & \alpha\,P \xrightarrow{(3)} \alpha\,T \\ \#T\alpha \xrightarrow{(2)} \#A\,\alpha & \rho\,P \xrightarrow{(3)} \rho\,T \\ \rho\,T\alpha \xrightarrow{(2)} \rho\,A\,\alpha & \#P \xrightarrow{(3)} \#T \\ \rho\,T\sigma \xrightarrow{(2)} \rho\,A\sigma & T\mu\,P \xrightarrow{(3)} T \\ \#T\# \xrightarrow{(2)} \#A\# & \xi \xrightarrow{(4)} P \\ A\,\alpha\,T\alpha \xrightarrow{(2)} A\,\alpha & \rho\,A\sigma \xrightarrow{(4)} P \\ A\,\alpha\,T\sigma \xrightarrow{(2)} A\,\sigma & \\ A\,\alpha\,T\# \xrightarrow{(2)} A\# & \end{array}\right\}$$

hat als Sprachschatz diejenigen von $\#$ berandeten Worte, die im Sprachschatz der ‚Grobgrammatik‘ (ii') von 7.2.7 liegen. Im Gegensatz zu dieser ist die Grammatik (ii'') konfluent (und weiterhin eindeutig).

Nach geeigneten Substitutionen für α und μ sowie von $($ für ρ und von $)$ für σ ist sie nicht nur schwach äquivalent zur Grammatik (ii) von 7.2.4.2, sondern sogar strukturäquivalent. Der nichtdeterministische Semi-Thue-Algorithmus, der gemäß (ii'') arbeitet, akzeptiert determiniert den Sprachschatz von (ii) und stellt dabei zu jeder ‚arithmetischen Formel‘ den Strukturbaum auf. Über die Reihenfolge der Regelanwendungen ist nichts vorausgesetzt, der Semi-Thue-Algorithmus ist weiterhin nichtdeterministisch, die Regelanwendungen könnten parallelisiert oder in beliebiger fester Reihenfolge ausgeführt werden.

Im allgemeinen ist die Untersuchung einer Grammatik auf die Entstehungsmöglichkeiten von Sackgassen ein mühsamer Prozeß, selbst wenn es sich um eindeutige Grammatiken handelt. Für beliebige kontextfreie Grammatiken ist auch dieses Problem algorithmisch nicht lösbar (KNUTH 1965, LOECKX 1970).

7.4.1.3 *Sackgassen in regulären Grammatiken*

Sind die Regeln rechtslinear (linkslinear) oder terminal, muß die Zerteilung mit einer terminalen Regel am rechten (linken) Rand eines Wortes aus $\mathscr{T}^*$ beginnen, um anschließend (mittels rechtslinearer (linkslinearer) Regeln) zum Axiom Z führen zu können.

Diesen Reduktionsweg kann man wie oben durch eine Modifikation der Grammatik erzwingen: Man erweitert $\mathscr{T}$ um ein Randzeichen # und ersetzt alle terminalen Regeln $w \rightarrowtail B$ durch die ‚quasi-rechtslinearen' (‚quasi-linkslinearen') Regeln $w\# \rightarrowtail B$ ($\#w \rightarrowtail B$). Dann besteht der Sprachschatz der neuen Grammatik aus allen Worten der ursprünglichen, denen das Randzeichen # nachgesetzt (vorangesetzt) ist.

Im Beispiel (i) von 7.2.4.3 erhält man so die Regeln

$$\{LO\# \rightarrowtail Z, LOZ \rightarrowtail Z\}$$

und die Zerteilung

$$LOLOLO\# \rightleftharpoons LOLOZ \rightleftharpoons LOZ \rightleftharpoons Z .$$

Gleicherweise gibt es dann im Beispiel (ii) die neuen terminalen Regeln

$$O\# \rightarrowtail Z , \quad L\# \rightarrowtail S$$

und etwa für $LOOLLL\#$ die Zerteilung

$$LOOLLL\# \rightleftharpoons LOOLLS \rightleftharpoons LOOLZ \rightleftharpoons LOOS \rightleftharpoons LOR \rightleftharpoons LS \rightleftharpoons Z .$$

Die so entstehenden (rechts-)regulären Grammatiken brauchen jedoch nicht (RL)-deterministisch (7.3.5) und auch nicht eindeutig zu sein.

7.4.2 Sequentielle Zerteilungsverfahren für reguläre Grammatiken

Aus Effizienzgründen mag es für Maschinen, die nicht für Parallelarbeit eingerichtet sind, vorteilhaft sein, die Zerteilung sequentiell, etwa von rechts nach links (‚RL') oder von links nach rechts (‚LR') vorzunehmen.

7.4.2.1 *Zustands-Übergänge*

"Begin at the beginning and go on till you come
to the end: then stop."

LEWIS CARROLL,
Alice in Wonderland

Die Syntaxdiagramme regulärer Grammatiken sind von einer besonderen Form, die für ein sequentielles Zerteilungsverfahren folgendes Vorgehen nahelegt: Einer (rechts-)regulären Grammatik wird eineindeutig ein gerichteter markierter Graph zugeordnet mit einem Knoten mehr, als es Hilfszeichen gibt, und so vielen Kanten, wie es Regeln gibt. Die Knoten werden durch die (endlich vielen) Hilfszeichen bezeichnet, der verbleibende Knoten heißt **Anfangsknoten** – wir bezeichnen ihn mit A – und der mit Z bezeichnete Knoten heißt **Endknoten**. Zu jeder Regel der Form $wS \succ\!\!-\; T$ oder der Form $w \succ\!\!-\; S$ gehört eine mit $w \in \mathscr{T}^*$ bezeichnete, vom Knoten mit der Bezeichnung S bzw. vom Anfangsknoten zum Knoten mit der Bezeichnung T gerichtete Kante; Mehrfachkanten können auftreten (Abb. 240). Abb. 237 zeigt Beispiele. Die Knoten werden oft auch **Zustände** genannt, die Kanten **Übergänge**, der Graph (**Zustands-**)**Übergangsdiagramm**. Ebensogut kann man natürlich hier auch eine **Übergangstafel** verwenden (Abb. 238), deren Einträge Mengen von Nachfolgezuständen sind.

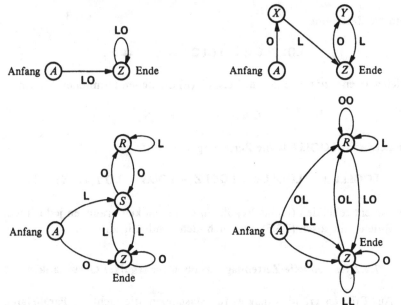

Abb. 237.   Zustands-Übergangsdiagramme zu den strukturäquivalenten regulären Grammatiken (i) und (iii) (oben) bzw. (ii) und (iv) (unten) von 7.2.4.3.

$\mathcal{T}$ ╲ $\mathcal{S}$	A	R	S	Z
O	{Z}	{S}	{R}	{Z}
L	{S}	{R}	{Z}	{S}

$\mathcal{T}$ ╲ $\mathcal{S}$	A	K	M	N	Z
O	{K}	{K, M}	{Z}	∅	∅
L	{K}	{K, N}	∅	{Z}	∅

Abb. 238. Übergangstafeln zu den regulären Grammatiken (ii) und (v) von 7.2.4.3

Zwei Diagramme heißen **strukturäquivalent**, wenn die zugehörigen regulären Grammatiken es sind.

Läßt man auch die in regulären Grammatiken ausgeschlossenen ‚kritischen' Regeln $A \succ\!\!-\, B$ und ‚λ-Regeln' $\lambda \succ\!\!-\, B$ zu, so tritt auch λ als Bezeichnung von Kanten im Zustands-Übergangsdiagramm auf. Solche Kanten heißen **spontane Übergänge**.

Die zu regulären Grammatiken mit endlich vielen Hilfszeichen gehörigen Zustands-Übergangsdiagramme sind also solche ohne spontane Übergänge, mit endlich vielen Zuständen, unter denen ein Anfangszustand A und ein Endzustand Z ausgezeichnet sind[42].

Im allgemeinen kann ein Übergangsdiagramm statt eines Anfangszustandes mehrere **Startzustände** und statt eines Endzustandes mehrere **Zielzustände** haben. Im übrigen kann es zu einem Wort $w \in \mathcal{T}^*$ und Zustand $S \in \mathcal{S}$ mehrere, genau einen oder auch keinen mit w bezeichneten, von S ausgehenden Übergang geben: Das Zustands-Übergangsdiagramm ist im allgemeinen Fall weder funktional (Abb. 239 (a)) noch total (Abb. 240 (a)). Es definiert nur eine Korrespondenz, eine ‚mehrdeutige (partielle) Funktion'

(a)   (b)

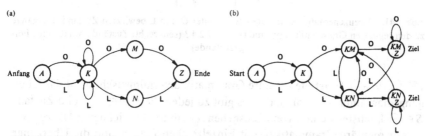

Abb. 239. Nicht funktionales, aber (bis auf Z) totales Zustands-Übergangsdiagramm zum Beispiel 7.2.4.3 (v) (a) und schwach äquivalentes (mit KMZ und KNZ als Zielzuständen), das funktional und total ist (b)

---

[42] Man kommt auch von einem solchen Diagramm unmittelbar zum Regelsystem. Ist dabei ein Zustand A als Anfangszustand gekennzeichnet, in den Übergänge einmünden, so verbleibt dieser Zustand als Hilfszeichen, für jeden von A ausgehenden, mit w bezeichneten Übergang nach B ist sowohl die Regel $wA \succ\!\!-\, B$ als auch die terminale Regel $w \succ\!\!-\, B$ aufzuführen.

(a)   (b)

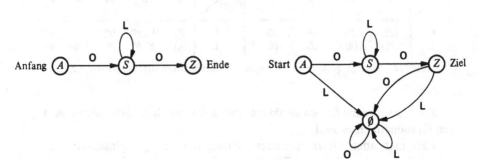

Abb. 240. Funktionales, aber partielles Zustands-Übergangsdiagramm (a) und schwach äquivalentes mit Fangzustand ∅ und Mehrfachkanten, das funktional und total ist (b)

O	A	R	S	Z
A				×
R			×	
S		×		
Z				×

O	A	K	M	N	Z
A	×				
K	×	×			
M					×
N					
Z					

L	A	R	S	Z
A			×	
R		×		
S				×
Z		×		

L	A	K	M	N	Z
A	×				
K	×			×	
M					
N					×
Z					

Abb. 241. Kreuzchentabellen für die jeweils unter **O** und **L** bewirkten Zustandsübergänge zu den regulären Grammatiken (ii) und (v) von 7.2.4.3 (senkrecht: Zustände, waagrecht: Folgezustände)

$\mathcal{T}^* \times \mathcal{S} \dashrightarrow \mathcal{S}$. Ist die reguläre Grammatik deterministisch, so ist das Übergangsdiagramm funktional, d.h. es gibt zu jedem Wort $w \in \mathcal{T}^*$ und Zustand $S \in \mathcal{S}$ höchstens einen von S ausgehenden, mit w bezeichneten Übergang.

Für reguläre Grammatiken mit Einzelzeichen-Regeln sind die Übergänge mit Zeichen anstatt mit Worten bezeichnet. Ist zusätzlich das Übergangsdiagramm funktional und total, d.h. gibt es zu jedem Zeichen $t \in \mathcal{T}$ und Zustand $S \in \mathcal{S}$ genau einen von S ausgehenden Übergang nach $S' = \ddot{u}(t, S)$ (und ist die Menge der Zustände endlich), so heißt $\ddot{u} : \mathcal{T} \times \mathcal{S} \longrightarrow \mathcal{S}$ **Überführungsfunktion**, und der Graph wird auch als **endliches Automatendiagramm** bezeichnet. Die Beispiele 7.2.4.3 (ii) und (iii) liefern jeweils endliche Automatendiagramme (s.a. Abb. 237 re. oben und li. unten).

Zu jedem Zeichen $t \in \mathscr{T}$ definiert ein Zustands-Übergangsdiagramm eine Korrespondenz $\mathscr{S} \overset{t}{\dashrightarrow} \mathscr{S}$, ein Automatendiagramm eine Abbildung $\mathscr{S} \overset{t}{\longrightarrow} \mathscr{S}$ der (endlich vielen) Zustände in sich. Auf diese Weise kann ein Zustands-Übergangsdiagramm zerlegt werden in je ein Diagramm für den Übergang unter einem Zeichen. Kreuzchentabellen hierfür zeigt Abb. 241. Für zerlegte Automatendiagramme ist jede Zusammenhangs-Komponente ein reiner Zyklus oder ein Zyklus mit aufsitzenden Bäumen (Abb. 242).

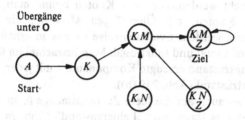

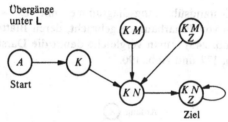

Abb. 242.   Zerlegtes Automatendiagramm zu Abb. 239 (b)

Jedem Wort $w = t_1 t_2 \dots t_n \in \mathscr{T}^*$ entspricht eine Korrespondenz $\mathscr{S} \overset{w}{\dashrightarrow} \mathscr{S}$ bzw. Abbildung $\mathscr{S} \overset{w}{\longrightarrow} \mathscr{S}$, die eine Zusammensetzung der zu $t_n, t_{n-1} \dots t_1$ gehörigen Korrespondenzen bzw. Abbildungen ist. Geht dabei für ein Wort w ein Startzustand in einen Zielzustand über, so sagt man auch, das Zustands-Übergangsdiagramm **akzeptiert** das Wort w. Die Menge der von einem Übergangsdiagramm mit Anfangszustand A und Endzustand Z akzeptierten Worte ist Sprachschatz der zugehörigen regulären Grammatik.

7.4.2.2 *Der Äquivalenzsatz von* KLEENE

Es gilt nun der wichtige, von KLEENE (1956), RABIN und SCOTT (1959) stammende

Satz 1: Zu jedem Zustands-Übergangsdiagramm gibt es ein schwach äquivalentes, das zudem funktional und total ist.

Entsprechend gibt es zu jeder (rechts-)regulären Grammatik eine schwach äquivalente (RL-)deterministische reguläre Grammatik. Den Beweis liefert das nachfolgend skizzierte Verfahren von MYHILL-BÜCHI (1957) des Übergangs zur Zustands-Potenzmenge („exhaustiver Nicht-Determinismus').

$\mathscr{S}$ sei die Menge der Knotenbezeichnungen des Diagramms. Die Übergänge seien etwa durch Worte aus $\mathscr{T}*$ bezeichnet.

Sei $M \subseteq \mathscr{S}$ eine Teilmenge von Knoten. Für jedes $w \in \mathscr{T}*$ sei M_w definiert als Teilmenge aller Knoten, die aus einem Knoten von M durch den Übergang w erreicht werden. Als neue Knoten nimmt man nun sämtliche Teilmengen von Knoten; mit Übergängen $M \mapsto M_w$, die wieder durch $w \in \mathscr{T}*$ bezeichnet werden. Evidenterweise ist das so erhaltene Zustands-Übergangsdiagramm total und funktional. Man betrachtet im übrigen nur die von $\{A\}$ als Anfangszustand erzeugte Komponente – mit jeder Teilmenge, die Z enthält, als Zielzustand (Abb. 239 (b)).

Trifft man dabei auch auf die leere Zustandsmenge $\emptyset$, so wirkt diese als **Fangzustand** (engl. *trap state*), auch ‚Fehlerzustand' (Abb. 240 (b)). Tritt nur ein Zielzustand auf, so kommt man auch zu einer regulären Grammatik zurück.

Einzelzeichen-Zustandsübergangsdiagramme mit $\mathscr{T} = \{O, L\}$ werden häufig in die Form von Binärbäumen gebracht, deren Blätter ‚Rückführungen' aufweisen (Abb. 243) – man vergleiche damit die Darstellung unendlicher Listen in Abb. 177 und Abb. 190.

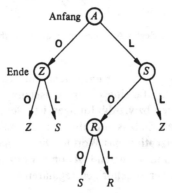

Abb. 243.   Übergangsdiagramm zum Beispiel 7.2.4.3 (ii) als Binärbaum mit Rückführungen'.

Das in 7.2.5.5 an einem Beispiel geschilderte Verfahren von KLEENE läßt sich gut durch Übergangsdiagramme illustrieren. Abb. 244 zeigt entsprechende Schritte; die Analogie zu Abb. 225, 226 fällt ins Auge.

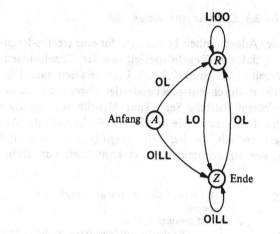

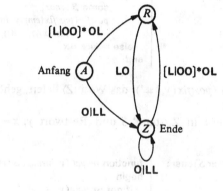

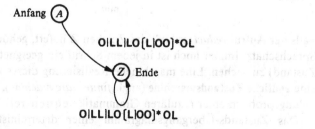

Abb. 244. Illustration des Verfahrens von KLEENE (7.2.2.5) mit Übergangsdiagrammen

7.4.2.3 *Endliche Automaten*

Ohne Einschränkung der Allgemeinheit können wir für eine (rechts-)reguläre Grammatik annehmen, daß ihre Regeln speziell von der Einzelzeichen-Form $tA \succ\!\!-B$ und $t \succ\!\!-B$, mit $t \in \mathcal{T}$ sind (7.2.4.3). Letztere seien nach Einführung des Randzeichens $\#$ durch entsprechende der Form $t \# \succ\!\!-B$ ersetzt (7.4.1.3). Der nicht-deterministische Semi-Thue-Algorithmus von 7.2.3 läßt sich jetzt beträchtlich vereinfachen: Die ineffiziente Suche nach der Anwendungsstelle der Regel entfällt, es ist, falls $length(x) \geqq 2$, $v = \lambda$ und $a = last(lead(x)) + last(x)$; der Algorithmus arbeitet sequentiell von rechts nach links und lautet

funct *reduce* ≡ (**string** x) **string** :	**function** *reduce* (x : *string*) : *string* ;
	begin
if $length(x) \geqq 2 \wedge$	**if** $length(x) \geqq 2 \wedge$
∃ **char** B : ⟨*last* (*lead* (x))⟩ +	∃ B : *char*	*postfix* (*postfix* (*empty*, *last* (*lead* (x))),
⟨*last* (x)⟩ $\succ\!\!-B$	*last* (x)) $\succ\!\!-B$
then *reduce* (*lead* (*lead* (x)) +	**then** *reduce* ⇐ *reduce* (*postfix* (*lead* (*lead* (x)),
⟨**some char** B :	**some** B : *char*	
⟨*last* (*lead* (x))⟩ +	*postfix* (*postfix* (*empty*, *last* (*lead* (x))),
⟨*last* (x)⟩ $\succ\!\!-B$⟩)	*last* (x)) $\succ\!\!-B$))
else x **fi**	**else** *reduce* ⇐ x
	end

Falls der Aufruf *reduce* (*postfix* (y, ' $\#$ ')) das Wort ⟨Z⟩ liefert, gehört das Wort y zum Sprachschatz.

Unter Trennung von x in ‚Zustand' S und ‚Restwort' y, $x = postfix$ (y, S), ergibt sich alternativ

funct *reduct* ≡ (**string** y, **char** S) **char** :	**function** *reduct* (y : *string* ; S : *char*) : *char* ;
	begin
if $y \neq \Diamond \wedge$	**if** **not** *isempty* (y) $\wedge$
∃ **char** B : ⟨*last* (y)⟩ + ⟨S⟩ $\succ\!\!-B$	∃ B : *char*	*prefix* (*last* (y),
	prefix (S, *empty*)) $\succ\!\!-B$
then *reduct* (*lead* (y),	**then** *reduct* ⇐ *reduct* (*lead* (y),
some char B : ⟨*last* (y)⟩ + ⟨S⟩ $\succ\!\!-B$)	**some** B : *char*	*prefix* (*last* (y),
	prefix (S, *empty*)) $\succ\!\!-B$)
else S **fi**	**else** *reduct* ⇐ S
	end

Falls der Aufruf *reduct* (y, ' $\#$ ') das Zeichen Z liefert, gehört das Wort y zum Sprachschatz. Immer noch ist in jedem Schritt ein geeignetes B (ein „neuer" Zustand) zu suchen. Eine maschinelle Realisierung dieses Algorithmus heißt eine **endliche Zustandsmaschine** (engl. *finite state machine*), die also das Zerteilungsproblem einer regulären Grammatik sequentiell löst.

Das Zustands-Übergangsdiagramm einer deterministischen regulären Grammatik, in 7.4.2.1 Automatendiagramm genannt, mit einer totalen Überführungsfunktion $\ddot{u}: \mathcal{T} \times \mathcal{S} \longrightarrow \mathcal{S}$, macht die Zustands-Suche entbehrlich; der Algorithmus vereinfacht sich zu

funct *reduct* ≡ **(string** y,
               char S) **char** :
 	
   if $y \neq \Diamond$
   then *reduct* (*lead* (y), $\ddot{u}$ (*last* (y), S))
 	
   else S **fi**
	function *reduct* (y : *string* ;
	                S : *char*) : *char* ;
	begin
	   if not *isempty* (y)
	   then *reduct* $\Leftarrow$
	       reduct (*lead* (y), $\ddot{u}$ (*last* (y), S))
	   else *reduct* $\Leftarrow$ S
	end

Eine maschinelle Realisierung dieses sequentiellen Zerteilungs-Algorithmus für eine deterministische reguläre Grammatik mit totaler Überführungsfunktion $\ddot{u}$ heißt eine **deterministische endliche Zustandsmaschine** (engl. *deterministic finite state machine*) oder ein **endlicher Automat**.

Es ist unmittelbar ersichtlich, wie der Algorithmus zu ergänzen ist, damit er den Strukturbaum jedes reduzierten Wortes in geeigneter Darstellung aufbaut.

Nach 7.4.2.2, Satz 1, kann also für eine beliebige reguläre Grammatik auch das Wortproblem durch einen endlichen Automaten (unter Umständen mit mehreren Zielzuständen) gelöst werden.

7.4.3 Sequentielle Zerteilungsverfahren für kontextfreie Grammatiken

Die Verwendung von kanonischen Reduktionen als Normalformen von Strukturbäumen legt ein sequentielles Arbeiten auch für andere als reguläre Grammatiken nahe. Wenn man auf eine parallelisierte Reduktion verzichtet, ist ohne langwierige Suchprozesse am einfachsten ein sequentielles Vorgehen mechanisierbar.

7.4.3.1 *Kellerzustands-Übergänge*

Wir nehmen einmal, im Gegensatz zu 7.4.2.3, an, daß ein Wort von links nach rechts abgearbeitet werden soll. Für eine linksreguläre Grammatik mit Einzelzeichen-Regeln können wir dann Zeichen für Zeichen den Zustands-übergang vornehmen. Für eine rechtsreguläre jedoch wird erst das ganze Wort überlesen, bis das (durch # kenntlich gemachte) rechte Ende kommt; sodann werden die zurückgestellten Zeichen von rechts nach links abgearbeitet. Wir verwenden also einen Keller zur Aufnahme der noch nicht behandelten Zeichen. Wir haben hier die Extremfälle, entweder erst das ganze Wort oder gar nichts kellern zu müssen, bevor die Zerteilung ,läuft'.

Im Falle einer (nach Einführung von Kontextbedingungen) sackgassen-freien, eindeutigen kontext-sensitiven Grammatik liegt so die folgende Arbeitsweise nahe:

Eine Reduktion erfolgt, wenn möglich, stets am obersten Ende des Kellers; abhängig vom Linkskontext in der Tiefe des Kellers und vom Rechtskontext im noch nicht behandelten Restwort; wenn keine Reduktion möglich ist, wird das erste Zeichen des Restwortes gekellert und das Restwort verkürzt. Für das Beispiel (ii″) von 7.4.1.2 erläutert Tabelle 20 diese Arbeitsweise für das Wort $\#\,a\times(b+c)\,\#$.

Tabelle 20. Zerteilung des Wortes $\#\,a\times(b+c)\,\#$ mittels eines Kellerautomaten

Schritt Nr.	Art des Schritts	Keller	Restwort	Aufbau des Strukturbaums
1	lesen	$\#$	$a\times(b+c)\#$	
2 a	lesen	$\#a$	$\times(b+c)\#$	
b	(4)	$\#P$	$\times(b+c)\#$	$a\succ\!\!-P$
c	(3)	$\#T$	$\times(b+c)\#$	$P\succ\!\!-T$
3	lesen	$\#T\times$	$(b+c)\#$	
4	lesen	$\#T\times($	$b+c)\#$	
5 a	lesen	$\#T\times(b$	$+c)\#$	
b	(4)	$\#T\times(P$	$+c)\#$	$b\succ\!\!-P$
c	(3)	$\#T\times(T$	$+c)\#$	$P\succ\!\!-T$
6 a	lesen	$\#T\times(T+$	$c)\#$	
b	(2)	$\#T\times(A+$	$c)\#$	$T\succ\!\!-A$
7 a	lesen	$\#T\times(A+c$	$)\#$	
b	(4)	$\#T\times(A+P$	$)\#$	$c\succ\!\!-P$
c	(3)	$\#T\times(A+T$	$)\#$	$P\succ\!\!-T$
8 a	lesen	$\#T\times(A+T)$	$\#$	
b	(2)	$\#T\times(A)$	$\#$	$A+T\succ\!\!-A$
c	(4)	$\#T\times P$	$\#$	$(A)\succ\!\!-P$
d	(3)	$\#T$	$\#$	$T\times P\succ\!\!-T$
9 a	lesen	$\#T\#$	λ	
b	(2)	$\#A\#$	λ	$T\succ\!\!-A$
c	(1)	Z	λ	$\#A\#\succ\!\!-Z$

Es gibt gleichwertige andere Möglichkeiten der Beschreibung und Organisation dieser Arbeitsweise. So kann man z. B. die Grenzen zwischen Keller und Restwort durch ein Sonderzeichen markieren, das man beim Lesen um eine Position nach rechts verschiebt (‚Schiffchen‘, ‚Zeiger‘).

Die Beschreibung erfolgt wieder in Form eines Übergangsdiagramms, oder auch einer Übergangstafel für Kellerbelegungen (Abb. 245). Als **obersten Kellerzustand** $w\in(\mathcal{T}\cup\mathcal{S})^*$ sieht man dabei alle Belegungen des Kellers x an, die mit einem gewissen Wort w enden: $\exists u\in(\mathcal{T}\cup\mathcal{S})^*: x=u+w$.

gelesenes Zeichen

	oberster Kellerzustand	λ (spontan)	(	)	α	μ	ξ	#
(3)	αP	αT						
(3)	$(P$	$(T$						
(3)	$\# P$	$\# T$						
(3)	$T\mu P$	T						
(4)	(A)	P						
(1)	$\# A \#$	Z						
(2)	$(T$		$\times$	(A)	$(A \alpha$	$(T \mu$	$\times$	$\times$
(2)	$\# T$		$\times$	$\times$	$\# A \alpha$	$\# T \mu$	$\times$	$\# A \#$
(2)	$A \alpha T$		$\times$	$A)$	$A \alpha$	$A \alpha T \mu$	$\times$	$A \#$
(4)	$(\text{sonst})\,\lambda$		$($	$\times$	α	μ	P	$\#$

Abb. 245. Übergangstafel für Kellerbelegungen
(Die 14 gerasterten Felder entsprechen den Regeln von (ii″) in 7.4.1.2; die übrigen Felder betreffen „lesende Übergänge", wobei solche, die für ein Wort aus dem Sprachschatz nicht vorkommen, durch ein Kreuz ‚gesperrt' sind.)

Man arbeitet also im allgemeinen mit abzählbar unendlich vielen Kellerbelegungen, die man aber im Übergangsverhalten zu endlich vielen (der Fano-Bedingung genügenden) obersten Kellerzuständen zusammenzufassen sucht. ($\mathscr{S}$ bezeichne hinfort die Menge der obersten Kellerzustände.) Im übrigen legen im allgemeinen Fall die Übergänge wieder nur eine Korrespondenz fest. Sind jedoch die Übergänge eindeutig und total, gibt es also eine Überführungsfunktion $\ddot{u}$: $\mathscr{S} \times \mathscr{T} \rightarrow \mathscr{S}$, so handelt es sich um den wichtigen Spezialfall eines **Kellerautomaten-Diagramms**. Unser Beispiel lieferte ein solches.

7.4.3.2 Keller-Automaten

Für allgemeine Chomsky-Grammatiken läßt sich der Semi-Thue-Algorithmus von 7.2.3 zu einem ebenfalls nichtdeterministischen, aber sequentiell von links nach rechts arbeitenden Ersetzungsalgorithmus einschränken durch Zerlegung von $x = s + y$ in ein „gekellertes" Wort s und ein Restwort y, das von links her abgearbeitet wird:

funct *reduct* ≡ (**string** s, **string** y) **string**:
　if ∃ **string** $u, a_1, w, a_2, v, b : s = u + a_1 \wedge y = w + a_2 + v \wedge$
　　$(w = \Diamond \wedge a_1 + a_2 \succ\!\!\!-\,b \vee w \neq \Diamond \wedge a_2 \succ\!\!\!-\,b)$
　then *reduct* (**some string** s', **some string** v:
　　　　$∃$ **string** $u, a_1, w, a_2, b : s = u + a_1 \wedge y = w + a_2 + v \wedge$
　　　　$(w = \Diamond \wedge a_1 + a_2 \succ\!\!\!-\,b \wedge s' = u + b \vee$
　　　　$w \neq \Diamond \wedge a_2 \succ\!\!\!-\,b \wedge s' = u + a_1 + w + b))$
　else s　　　　　　　　　　　　　　　　　　　　　　　　**fi**

Falls der Aufruf *reduct* $(\Diamond, x)$ das Wort $\langle Z \rangle$ liefert, gehört das Wort x zum Sprachschatz.

Im allgemeinen kann es jedoch Worte aus dem Sprachschatz geben, die der eingeschränkte Algorithmus – ganz gleich wie die Auswahl getroffen wird – nicht mehr zu $\langle Z \rangle$ reduzieren kann.

Für kontextfreie Grammatiken hingegen gibt es für jedes Wort aus dem Sprachschatz eine Reduktion, die auch der eingeschränkte Alogrithmus vornehmen kann, nämlich die zu einem Strukturbaum gehörige Linksreduktion (7.3.5).

Eine maschinelle Realisierung des obenstehenden sequentiellen Algorithmus heißt ein **nichtdeterministischer Kellerautomat**[43].

Ist eine kontextfreie Grammatik ein deutig, so läßt der zugehörige (von links nach rechts arbeitende) Kellerautomat stets nur eine Linksreduktion zu (vgl. das Eindeutigkeitstheorem in 7.3.5).

Trotzdem kann der Kellerautomat in eine Sackgasse geraten.

Beispiel (i):　　$\mathscr{S} = \{Z\}$
　　　　　　　　$\mathscr{T} = \{L\}$
$$\mathscr{P} = \left\{ \begin{array}{l} \mathsf{L} \xrightarrow{(1)} Z \\ \mathsf{LZL} \xrightarrow{(2)} Z \end{array} \right\}$$

Der Sprachschatz ist $\{\mathsf{L}^{2n+1} : n \geq 0\}$, die Zerteilung des Wortes L^{2n+1} lautet

$$\mathsf{L}^{2n+1} = \mathsf{L}^n \mathsf{LL}^n \xrightleftharpoons{(1)} \mathsf{L}^n Z \mathsf{L}^n = \mathsf{L}^{n-1} \mathsf{LZLL}^{n-1} \xrightleftharpoons{(2)} \mathsf{L}^{n-1} Z \mathsf{L}^{n-1} \xrightleftharpoons{(2)} \dots$$
$$\dots \xrightleftharpoons{(2)} \mathsf{LZL} \xrightleftharpoons{(2)} Z$$

Die Stelle der Anwendung der ersten Regel kann durch keine Kontextbedingung ermittelt werden.

---

[43] Definition und Terminologie für Kellerautomaten schwanken in der Literatur beträchtlich. Der hier eingeführte Kellerautomat heißt auch Ein-Zustands-Kellerautomat. Wichtig ist auch, daß der hier behandelte Kellerautomat nur einen Keller besitzt.

Eine kontextfreie Grammatik heißt **LR-deterministisch**, wenn es geeignete (endlich viele) Kontextbedingungen gibt, derart, daß der zugehörige (von links nach rechts arbeitende) Kellerautomat – für alle Worte aus dem Sprachschatz – in jedem Schritt genau eine Regelanwendung zuläßt, also eine Überführungsfunktion besitzt; dieser wird dann **deterministischer Kellerautomat** genannt.

Satz 1: Jede LR-deterministische kontextfreie Grammatik ist eindeutig.

Beweis: Gäbe es ein Wort mit zwei verschiedenen Linksreduktionen, so hätte der zugehörige Kellerautomat keine (eindeutige) Überführungsfunktion.

Eine eindeutige rechtsreguläre Grammatik ist i. a. nicht LR-deterministisch (wohl aber ist sie RL-deterministisch, vgl. 7.3.5).

Da die Potenzmengenkonstruktion von MYHILL-BÜCHI (7.4.2.2) für Keller-Zustände versagt (die Potenzmenge einer abzählbaren Menge ist nicht mehr abzählbar, vgl. 2.1.3.4), kann man auf diese Weise nicht mehr zu jeder kontextfreien Grammatik eine schwach äquivalente deterministische angeben.

LR- (oder RL-)deterministische kontextfreie Grammatiken sind eine für Zwecke des Übersetzerbaus interessante Klasse. Leider sind sie nicht durch äußerliche Merkmale des Regelsystems charakterisierbar.

7.4.3.3 LR(k)-Grammatiken

Im Beispiel von 7.4.3.1 konnte die Zerteilung eines Wortes beim Lesen von links nach rechts so vorgenommen werden, daß man an der Stelle, an der eine Regel anzuwenden ist, höchstens ein Kontextzeichen voraus zu schauen (engl. *look ahead*) braucht, um eindeutig eine Entscheidung über die zielgerichtete Anwendbarkeit der Regel treffen zu können. Allgemein bezeichnet man als LR(k)-Grammatik eine kontextfreie (oder reguläre) Grammatik, bei der die Entscheidung über die zielgerichtete Anwendbarkeit einer Regel nur von den bereits verarbeiteten und k folgenden Kontextzeichen abhängt ($k \geqq 0$).

Formal lautet diese Definition:

Eine azyklische kontextfreie Grammatik $G = (\mathcal{T}, \mathcal{S}, \mathcal{P}, Z)$ heißt eine **LR(k)-Grammatik**
wenn für je zwei Regeln $a_1 \succ\!\!-\, B_1, a_2 \succ\!\!-\, B_2 \in \mathcal{P}$ gilt:
Falls mit $u_1, u_2 \in (\mathcal{T} \cup \mathcal{S})^*$, $x_1, x_2 \in \mathcal{T}^*$ die Reduktionen

$$u_1 a_1 x_1 \succ\!\!= u_1 B_1 x_1 \overset{L}{\succ\!\!=} Z,$$
$$u_2 a_2 x_2 \succ\!\!= u_2 B_2 x_2 \overset{L}{\succ\!\!=} Z$$

bestehen, und $u_1 a_1 x_1$ mit $u_2 a_2 x_2$ von links her bis zu den ersten k Zeichen von x_1 übereinstimmt, so ist

$$a_1 = a_2, \quad B_1 = B_2, \quad u_1 = u_2.$$

Selbstverständlich ist eine LR(k)-Grammatik auch LR-deterministisch. Zusammen mit Satz 1 oder durch direkten Vergleich mit dem Eindeutigkeitskriterium in 7.3.5 ergibt sich

Satz 2: Jede LR(k)-Grammatik, $k \in \mathbb{N}$, ist eindeutig.

Die Grammatik (ii) der arithmetischen Ausdrücke in 7.2.4.2 ist eine LR(1)-Grammatik und damit eindeutig. Eine LR-deterministische linksreguläre Grammatik ist eine LR(0)-Grammatik. Es gibt auch eindeutige kontextfreie Grammatiken, die für kein k eine LR(k)-Grammatik sind, rechtsreguläre Grammatiken etwa oder die Grammatik (i) in 7.4.3.2. Die Vereinigung aller LR(k)-Grammatiken schöpft die Klasse der LR-deterministischen kontextfreien Grammatiken aus. Bei vorgegebenem k gibt es einen im allgemeinen recht komplizierten Algorithmus (KNUTH 1965), der feststellt, ob eine vorgelegte kontextfreie Grammatik eine LR(k)-Grammatik ist, und bejahendenfalls einen deterministischen Kellerautomaten erzeugt, der das Zerteilungsproblem löst. Es gibt aber keinen Algorithmus für die Entscheidung, ob ein $k \in \mathbb{N}$ existiert, derart daß eine vorgelegte Grammatik eine LR(k)-Grammatik ist (KNUTH 1965). Es ist auch nicht algorithmisch entscheidbar, ob eine kontextfreie Grammatik (LR-)deterministisch ist.

Beim praktischen Entwurf von Programmsprachen sucht man im allgemeinen mit $k = 1$ auszukommen, und modifiziert gegebenenfalls die Grammatik entsprechend. Einzelheiten sind Spezialvorlesungen über Syntaxanalyse im Themenkreis Formale Sprachen und Übersetzerbau vorbehalten, vgl. etwa W. M. WAITE und G. GOOS, Compiler Construction [55].

7.4.4 Sequentielle zielbezogene Zerteilungsverfahren

Der Semi-Thue-Algorithmus von 7.2.3 ist ein reduktiver Algorithmus. Aus dem Ersetzungsalgorithmus von 7.1.2.5 kann aber auch konvers, indem die Rollen von x und z vertauscht werden, ein **deduktiver** Erkennungsalgorithmus gewonnen werden:

```
funct deduct ≡ (string z, string x) bool :
    if ∃ string a, b, u, v : z = u + b + v ∧ a ⟩—b
    then deduct ((some string y : ∃ string a, b, u, v :
                         z = u + b + v ∧ a ⟩—b ∧ y = u + a + v), x)
    else z = x                                                          fi
```

Dieser nichtdeterministische Algorithmus läuft völlig ziellos: das zu untersuchende Wort x wird erst ganz zum Schluß, wenn keine Regel mehr anwendbar ist, herangezogen. Das Wort x kann jedoch laufend benützt werden, um Sackgassen der Ableitung abzuschneiden. Wir werden dies wieder für reguläre und für kontextfreie Grammatiken untersuchen.

7.4.4.1 *Konverse Zustandsübergänge*

Wenn schon, angesichts der Form der Regeln, bei regulären Grammatiken ein sequentielles Arbeiten nahezuliegen scheint, so kommt etwa bei einer rechtsregulären Grammatik nicht nur ein Arbeiten von rechts nach links in Frage. Wir zeigen dies wie in 7.4.1.3 am Beispiel (i) von 7.2.4.3. Der reduktive Algorithmus bewirkt ein Arbeiten von rechts nach links

$$\text{LOOLLL}\# \succ\!\!= \text{LOOLL}S \succ\!\!= \text{LOOL}Z \succ\!\!= \text{LOO}S \succ\!\!= \text{LO}R \succ\!\!= \text{L}S \succ\!\!= Z \,;$$

man kann die Ersetzungen aber auch vom Axiom Z her aufbauen:

mit **L** kommt man nach Z nur von S ,
mit **O** kommt man nach S nur von R ,
mit **O** kommt man nach R nur von S ,
mit **L** kommt man nach S nur von Z ,
mit **L** kommt man nach Z nur von S ,
mit **L** kommt man nach S nur von $\#$ –

kurz in konverser Richtung notiert

$$Z \Rightarrow \text{L}S \Rightarrow \text{LO}R \Rightarrow \text{LOO}S \Rightarrow \text{LOOL}Z \Rightarrow \text{LOOLL}S \Rightarrow \text{LOOLLL}\# \,.$$
$$\textcircled{L} \qquad \textcircled{O} \qquad \textcircled{O} \qquad \textcircled{L} \qquad \textcircled{L} \qquad \textcircled{L}$$

Im Beispiel (ii) in 7.2.4.3 führt dieser konverse Zustandsübergang wieder auf eine Funktion, und zwar (nach Identifizierung von A mit $\#$) sogar auf das gleiche Zustandsübergangsdiagramm oder die gleiche Zustandsübergangstafel. Dies liegt hier daran, daß sowohl unter **O** wie unter **L** involutorische Permutationen der Zustände R, S, Z vorliegen (Abb. 241 li.); es steht im Einklang mit der Tatsache, daß der Sprachschatz gegen Rechts-Links-Spiegelung der Worte invariant ist.

Wenn das konverse Zustandsübergangsdiagramm funktional und total, also ein endliches Automatendiagramm ist, gehört zu einer rechtsregulären Grammatik ein von links nach rechts arbeitender endlicher Automat. Er vollzieht ein **zielbezogenes Zerteilungsverfahren** – im Jargon spricht man auch von einem ‚Abstiegs- (engl. *top-down*)-Verfahren', während das dem Reduktionsverlauf folgende Vorgehen **quellbezogenes Zerteilungsverfahren** – im Jargon auch ‚Aufstiegs- (engl. *bottom-up*)-Verfahren' – genannt wird. In algorithmischer Form lautet das zielbezogene Zerteilungsverfahren (der ‚top-down'-Algorithmus) für determistische rechtsreguläre Grammatiken also

```
funct deduct ≡ (char S, string r) char :        function deduct (S : char; r : string) : char ;
                                                 begin
  if r ≠ ◇                                         if not isempty (r)
  then deduct (û (S, first (r)), rest (r))         then deduct ⇐ deduct (û (S, first (r)), rest (r))
  else S                                   fi      else deduct ⇐ S
                                                 end
```

wobei $\hat{u} : \mathscr{S} \times \mathscr{T} \longrightarrow \mathscr{S}$ zu $\ddot{u} : \mathscr{T} \times \mathscr{S} \longrightarrow \mathscr{S}$ konvers ist:

$$\hat{u}(\ddot{u}(t, s), t) = s = \ddot{u}(t, \hat{u}(s, t)) .$$

y ist Wort aus dem Sprachschatz, falls $deduct(Z, y)$ das Zeichen '#' liefert. Abb. 246 zeigt für das Beispiel 7.2.4.3 (v) die Korrespondenzen $\ddot{u}$ und $\hat{u}$ als Übergangstafeln (vgl. auch Abb. 238 re.).

$\ddot{u}$	A	K	M	N	Z
O	$\{K\}$	$\{K, M\}$	$\{Z\}$	∅	∅
L	$\{K\}$	$\{K, N\}$	∅	$\{Z\}$	∅

$\hat{u}$	A	K	M	N	Z
O	∅	$\{A, K\}$	$\{K\}$	∅	$\{M\}$
L	∅	$\{A, K\}$	∅	$\{K\}$	$\{N\}$

Abb. 246.   Zueinander konverse Übergangstafeln (Beispiel 7.2.4.3 (v))

7.4.4.2 LL(k)-Grammatiken

Wird nun für kontextfreie Grammatiken im Gegensatz zum quellbezogenen Verfahren für LR-Grammatiken ein zielbezogenes Verfahren verwendet, und wird wiederum am vorgelegten Wort von links nach rechts gearbeitet, so wird von Z ausgehend eine passende **Linksableitung** $u_0 \overset{L}{\Rightarrow} u_n$ aufgebaut, ein Ableitungsweg, bei dem unter den anzuwendenden Produktionsregeln stets eine am weitesten links ansetzende angewandt wird[44].

Man spricht von einer LL(k)-Grammatik, wenn dabei die Entscheidung über die anzuwendende Regel außer von den schon verarbeiteten Zeichen nur noch von den k folgenden Zeichen abhängt ($k \geq 0$) (FOSTER 1967; LEWIS, STEARNS 1967).

---

[44] Die in konverse Richtung gehende Reduktion ist dann eine **Rechtsreduktion** $u_n \overset{R}{\underset{}{\rightleftharpoons}} u_0$, dadurch gekennzeichnet, daß in jedem Ersetzungsschritt links von der Einsetzungsstelle nur Terminalzeichen stehen.

Formal lautet die Definition: Eine azyklische kontextfreie Grammatik $G = (\mathcal{T}, \mathcal{S}, \mathcal{P}, Z)$ heißt eine **LL(k)-Grammatik**, wenn für je zwei Regeln $a_1 \succ\!\!- B$, $a_2 \succ\!\!- B \in \mathcal{P}$ gilt: Falls mit $v, u_1, u_2 \in (\mathcal{T} \cup \mathcal{S})^*$, $x_1, x_2 \in \mathcal{T}^*$ die Reduktionen

$$v u_1 \overset{R}{\rightleftharpoons} v a_1 x_1 \succ\!\!= v B x_1 \overset{R}{\rightleftharpoons} Z,$$
$$v u_2 \overset{R}{\rightleftharpoons} v a_2 x_2 \succ\!\!= v B x_2 \overset{R}{\rightleftharpoons} Z$$

bestehen, und u_1 mit u_2 von links her in den ersten k Zeichen übereinstimmt, so ist

$$a_1 = a_2, \quad u_1 = u_2.$$

Selbstverständlich ist auch eine LL(k)-Grammatik LR-deterministisch, woraus nach Satz 1 folgt

Satz 3: Jede LL(k)-Grammatik, $k \in \mathbb{N}$, ist eindeutig.

Jede LL(k)-Grammatik ist auch eine LR(k)-Grammatik, worauf KNUTH 1971 hingewiesen hat. Aber die Umkehrung gilt nicht: Es gibt LR(0)-Grammatiken, die für kein $k \in \mathbb{N}$ LL(k)-Grammatiken sind – etwa weil sie eine Linksrekursion (7.2.5.3) enthalten. LL(k)-Grammatiken schöpfen also die Klasse der deterministischen Grammatiken nicht aus. Sie haben aber angenehme theoretisch relevante Eigenschaften: beispielsweise gibt es einen Algorithmus für die Entscheidung, ob zwei LL(k)-Grammatiken den gleichen Sprachschatz haben. Während LR(1)-Grammatiken meist den praktischen Ansprüchen genügen, sind LL(1)-Grammatiken oft eine Zwangsjacke. Das selbe gilt für andere spezielle Grammatiken, die heute nur noch historische Bedeutung haben, wie die sog. Präzedenz-Grammatiken.

7.4.5 Verfahren des rekursiven Abstiegs

Abschließend soll noch ein zielbezogenes Zerteilungsverfahren diskutiert werden, das den Vorzug hat, daß sich der Algorithmus strukturell direkt an den Backus-Regeln der zu behandelnden kontextfreien Grammatik ablesen läßt. Dazu wird für jedes Hilfszeichen eine Erkennungsvorschrift eingeführt, die nach Maßgabe der entsprechenden Backus-Regel eine Disjunktion von Fällen vorsieht, in denen das geeignet zerlegte Argument den Aufrufen weiterer Erkennungsvorschriften unterworfen ist. Die „geeignete Zerlegung" zu finden, ist das Problem. Für die Grammatik (i) von 7.4.3.2 ist eine Erkennungsvorschrift

funct $isZ \equiv$ (**bits** a) **bool** :
$a \overset{*}{\rightleftharpoons} Z$

function $isZ(a : bitstring) : Boolean$;
begin $isZ \Leftarrow (a \overset{*}{\rightleftharpoons} Z)$ **end**

näher zu bestimmen, die entsprechend der Backus-Regel

$$Z ::= L \,|\, L\,Z\,L$$

die Unterscheidung der beiden Fälle

> wenn $length(a) = 1$ dann $a = L$ bzw.
> wenn $length(a) > 1$ dann $first(a) = L \wedge last(a) = L \wedge rest(lead(a)) \overset{*}{\rightleftharpoons} Z$

vorsieht. Dies ergibt die Erkennungsvorschrift

funct $isZ \equiv$ (**bits** a) **bool** :	**function** $isZ(a : bitstring) : Boolean$;
	begin
if $length(a) = 0$ **then false**	**if** $length(a) = 0$ **then** $isZ \Leftarrow false$
elsf $length(a) = 1$ **then** $a = L$	**else if** $length(a) = 1$ **then** $isZ \Leftarrow a = L$
else ($first(a) = L \wedge last(a) = L)$	**else** $isZ \Leftarrow ((first(a) = L)$ **and** $(last(a) = L))$
$\wedge isZ(rest(lead(a)))$ **fi**	$\wedge isZ(rest(lead(a)))$
	end

Dieses Zerteilungsverfahren ist im allgemeinen **nicht** sequentiell; so wird in dem angegebenen Beispiel das vorgelegte Wort von beiden Seiten her abgebaut[45]. Für reguläre Grammatiken ergibt sich selbstverständlich eine sequentielle Zerteilung: Für die Grammatik des Beispiels (ii) von 7.2.4.3 mit den Backus-Regeln (7.2.5.1)

$$Z ::= O \,|\, LS \,|\, OZ$$
$$S ::= L \,|\, LZ \,|\, OR$$
$$R ::= LR \,|\, OS$$

ergibt sich das mit isZ aufzurufende repetitive System von Rechenvorschriften

funct $isZ \equiv$ (**bits** a) **bool** :	**function** $isZ(a : bitstring) : Boolean$;
	begin
if $length(a) \leq 1$	**if** $length(a) \leq 1$
then $a = O$	**then** $isZ \Leftarrow a = O$
else ($first(a) = L \wedge isS(rest(a))) \vee$	**else** $isZ \Leftarrow ((first(a) = L)$ **and** $isS(rest(a)))$ **or**
$(first(a) = O \wedge isZ(rest(a)))$ **fi**	$((first(a) = O)$ **and** $isZ(rest(a)))$
	end

funct $isS \equiv$ (**bits** a) **bool** :	**function** $isS(a : bitstring) : Boolean$;
	begin
if $length(a) \leq 1$	**if** $length(a) \leq 1$
then $a = L$	**then** $isS \Leftarrow a = L$
else ($first(a) = L \wedge isZ(rest(a))) \vee$	**else** $isS \Leftarrow ((first(a) = L)$ **and** $isZ(rest(a)))$ **or**
$(first(a) = O \wedge isR(rest(a)))$ **fi**	$((first(a) = O)$ **and** $isR(rest(a)))$
	end

---

[45] Beachte, daß diese Grammatik durch kein sequentielles LR- oder RL-Verfahren zerteilt werden kann (7.4.3.2).

```
funct isR ≡ (bits a) bool :

   if length (a) ≦ 1
   then false
   else ( first (a) = L ∧ isR (rest (a))) ∨
        ( first (a) = O ∧ isS (rest (a)))  fi
```

```
function isR (a : bitstring) : Boolean ;
begin
   if length (a) ≦ 1
   then isR ⇐ false
   else isR ⇐ (( first (a) = L) and isR (rest (a))) or
             (( first (a) = O) and isS (rest (a)))
end
```

Für die kontextfreie Grammatik des Beispiels (ii) von 7.2.4.2 scheitert das ge-
zeigte Verfahren an der Schwierigkeit, eine „geeignete Zerlegung" zu finden.
Sequentielles Vorgehen kann dem abhelfen. Dazu gehen wir über zu einem
System von Rechenvorschriften, die feststellen, ob der Anfang eines Wortes
auf ein Hilfszeichen reduziert werden kann und die als Ergebnis neben einem
Wahrheitswert auch das Restwort liefern. Jeder Fall führt so zu einer Hinter-
einanderausführung entsprechender solcher Rechenvorschriften. Aus be-
schreibungstechnischen Gründen ist es zweckmäßig, zu einem System von
Prozeduren überzugehen, die gemeinsam eine Variable *com* der Art
var string als unterdrückten transienten Parameter besitzen, und über eine
Ergebnisvariable *res* den Ausfall der Zerteilung angeben. Eine Hilfsprozedur
tr ("*test and read*") prüft jeweils auf das erwartete Zeichen und verkürzt bejahendenfalls *com*. Von der Fassung in 7.2.5.3 bzw. Abb. 223 liest man unmittelbar ab (der Replikationsstern übersetzt sich in eine bedingte Wiederholung) das rekursive System von Prozeduren

```
funct isZ ≡ (string x) bool :
⌈ var string com := x ; var bool res := true ;
  proc tr ≡ (char c) bool :
          com ≠ ◇ ∧ first (com) = c ∧ ⌈ com := rest (com) ; true ⌋ ;
  proc A ≡ :
              ⌈ T ; while res ∧ (tr ("+") ∨ tr ("−")) do T od ⌋ ;
  proc T ≡ :
              ⌈ P ; while res ∧ (tr ("×") ∨ tr ("/")) do P od ⌋ ;
  proc P ≡ :
              if tr ("(") then A ; res := res ∧ tr (")")
                          else res := res ∧ (tr ("a") ∨ tr ("b") ∨ tr ("c")) fi ;
  A ; res ∧ com = ◇                                                          ⌋
```

Folgt man der ursprünglichen Grammatik ohne Replikationsstern, so gelangt
man zu einem reinen rekursiven System ohne Wiederholungen. Man muß
dann allerdings in diesem Beispiel zu einer Rechtsrekursion übergehen, um
stets die „geeignete Zerlegung" zu finden. Man beachte hierzu die Bemerkung in 7.2.5.4, daß der Übergang zum Replikationsstern „vergißt", ob eine
Links- oder Rechtsrekursion vorliegt. Im übrigen kann man jetzt ohne besondere Ergebnisvariable auskommen:

funct $isZ \equiv$ (**string** x) **bool** :
⌈**var string** $com := x$;
  proc $tr \equiv$ (**char** c) **bool** :
    $com \neq \diamond \wedge first(com) = c \wedge$ ⌈$com := rest(com)$; **true** ⌋ ;
  proc $A \equiv$ **bool** :
    $T \wedge (((tr("+") \vee tr("-")) \wedge A) \vee$ **true**) ;
  proc $T \equiv$ **bool** :
    $P \wedge (((tr ("\times") \vee tr("/")) \wedge T) \vee$ **true**) ;
  proc $P \equiv$ **bool** :
    $(tr("(") \wedge A \wedge tr(")")) \vee tr("a") \vee tr("b") \vee tr("c")$;
  $A \wedge (com = \diamond)$ ⌋

Vergleicht man dieses Zerteilungsverfahren mit dem Reduktionsalgorithmus, so erkennt man, daß das Abschneiden von Sackgassen durch die Struktur der Aufrufe bewerkstelligt wird. Die Arbeit des Kellers im Kellerautomaten muß jetzt das dynamische Verweis- und Speicherverteilungssystem der rekursiven Aufrufe (5.2.3, 5.2.5) bewältigen. Das macht das Verfahren (GRAU 1961, LUCAS 1961) in der Aufschreibung elegant. Wenn auch in der Abarbeitung nicht sehr effizient, ist rekursiver Abstieg für LL(1)-Grammatiken nach wie vor das in der Praxis am häufigsten eingesetzte Zerteilungsverfahren.

7.5 Berechenbarkeit und Entscheidbarkeit

> "It's by far the most confusing thing I ever heard."
>
> LEWIS CARROLL,
> Alice in Wonderland

In 7.4.2.2 wurde gezeigt, daß das Zerteilungsproblem jeder regulären Grammatik durch eine nicht-deterministische endliche Zustandsmaschine, jeder deterministischen regulären Grammatik durch einen endlichen Automaten gelöst werden kann. Auch kann der Sprachschatz jeder regulären Grammatik durch eine deterministische reguläre Grammatik beschrieben werden, das Wortproblem für eine reguläre Sprache also durch einen endlichen Automaten gelöst werden. Eine endliche Zustandsmaschine ist eine sehr einfache Maschine. Was kann sie denn höchstens „leisten"? Schon das Beispiel der beidseitig linearen Grammatik (iv) in 7.2.4.2 zeigt die Grenze der „Leistungsfähigkeit" einer endlichen Zustandsmaschine (7.2.4.3).

Es wurde ferner in 7.4.3.1 gezeigt, daß das Zerteilungsproblem jeder kontextfreien Grammatik durch einen nicht-deterministischen Kellerautomaten gelöst werden kann und daß es eine Teilmenge der kontextfreien Grammatiken gibt, für die das Zerteilungsproblem sogar durch einen deterministischen

Kellerautomaten gelöst werden kann. Dies ist eine echte Teilmenge: mehrdeutige kontextfreie Grammatiken wie Beispiel (ii) in 7.3.4 sind nach 7.4.3.2, Satz 1 nicht deterministisch. Analog zum Beispiel (i) in 7.4.3.2 kann man zeigen, daß die Menge der Worte über {O, L}, die Palindrome gerader, von Null verschiedener Längen sind, von links nach rechts gelesen, von keinem LR-deterministischen Kellerautomaten erkannt werden kann, obwohl sie Sprachschatz folgender kontextfreien Grammatik ist und von einem nichtdeterministischen Kellerautomaten erkannt werden kann[46]:

$$\mathcal{S} = \{Z\}$$
$$\mathcal{T} = \{O, L\}$$
$$\mathcal{P} = \left\{ \begin{array}{l} OO \rightarrow Z \\ LL \rightarrow Z \\ OZO \rightarrow Z \\ LZL \rightarrow Z \end{array} \right\}$$

Hat auch die Leistungsfähigkeit eines nichtdeterministischen Kellerautomaten Grenzen? Daß das so ist, zeigt das Beispiel der Grammatik (i) in 7.2.4.1: Um ein Wort der Form $O^n L^n O^n$ sequentiell zu zerteilen, genügt ein Keller nicht, es gibt keine schwach äquivalente kontextfreie Grammatik (BAR-HILLEL 1961).

Gibt es denn eine Maschine, die ein Wort dieser Grammatik erkennen und zerteilen kann? Wir haben in 7.1.2.5 einen nichtdeterministischen allgemeinen Ersetzungsalgorithmus angegeben, der für eine strikt wortlängenmonotone Grammatik, wie in 7.2.4.1 gezeigt, terminiert. Für allgemeine kontextsensitive Grammatiken braucht dieser Algorithmus zwar nicht zu terminieren. Trotzdem ist für sie mittels Untersuchung der Zyklen das Wortproblem noch lösbar. Für allgemeine Chomsky-Grammatiken läuft jedoch eine Untersuchung der Zyklen auf das (algorithmisch unlösbare) Postsche Korrespondenzproblem (7.2.2) hinaus: Für sie ist das Wortproblem nicht lösbar (MARKOV 1947, POST 1947 für Semi-Thue-Systeme).

Theoretisch interessant ist, daß eine sequentielle Maschine mit zwei Kellern bereits ebensoviel zu leisten vermag wie die allgemeine Rekursion[47].

---

[46] Daß für Keller-Automaten Zulassung des Nicht-Determinismus die Leistungsfähigkeit erhöht, ist mehr von theoretischem Interesse: ein exhaustives Vorgehen oder eine Ariadnefaden-Methode ("*backtracking*"), so elegant sie erscheinen mögen, sind meist unerträglich ineffizient.

[47] Ebensoviel leisten übrigens Markov-Algorithmen (1.6.4.1) oder die für die historische Entwicklung des Berechenbarkeitsbegriffs bedeutsamen Turing-Maschinen (TURING 1936). Für Einzelheiten hierzu siehe HERMES, Aufzählbarkeit, Entscheidbarkeit, Berechenbarkeit [72].

CHOMSKY hat 1959 gezeigt, daß eine Menge Q von Worten aus V^* Sprachschatz einer Chomsky-Grammatik genau dann ist, wenn Q **rekursiv aufzählbar** ist, d. h. wenn durch einen rekursiven Algorithmus jedes Wort aus Q akzeptiert wird (während er für ein Wort aus $V^* \backslash Q$ nicht zu terminieren braucht[48]).

Ein engerer Begriff ist der einer Menge Q von Worten mit der Eigenschaft, daß sowohl Q als auch $V^* \backslash Q$ rekursiv aufzählbar sind. Solche Mengen, für die die Erkennung positiv und negativ lösbar ist, heißen **rekursiv**. Das Wortproblem verlangt, daß eine Menge Q von Worten aus V^* rekursiv ist. Man kann zeigen, daß kontext-sensitive Grammatiken einen rekursiven Sprachschatz haben (CHOMSKY 1959). Es gibt aber auch rekursive Wortmengen, die nicht Sprachschatz einer kontext-sensitiven Grammatik sind (CHOMSKY 1959).

Praktisch interessanter als diese theoretischen Ergebnisse über das (historisch bedingte) Wortproblem sind entsprechende Fragen über das Zerteilungsproblem. Das Zerteilungsproblem ist selbstverständlich für beliebige Chomsky-Grammatiken nicht lösbar, weil sonst auch das Wortproblem lösbar wäre. Es ist dagegen für wortlängenmonotone Grammatiken lösbar (CHOMSKY 1959). Für streng wortlängenmonotone, für kontextfreie und für reguläre Grammatiken haben wir dies auch im Prinzip vorgeführt.

Formale Sprachen sind also gut geeignet, Beispiele abzugeben für den theoretisch wichtigen Begriff der Berechenbarkeit. Das Wortproblem hat uns dabei schon auf den Spezialfall der **Entscheidbarkeit** geführt, wenn die Frage nach der Berechenbarkeit einer **charakteristischen Funktion**, einer Funktion mit binärem Wertevorrat – etwa {T, F} – gestellt wird. Zyklenfreiheit (Terminierung), Sackgassenfreiheit (Konfluenz), Eindeutigkeit, Strukturäquivalenz sind praktisch bedeutsame Begriffe, und es ist wichtig, Sprachklassen zu kennen, für die diese Prädikate entscheidbar oder in voller Allgemeinheit unentscheidbar sind. Der Verlauf der Grenze ist oft schwer festzustellen. Für Einzelheiten zu diesem Thema muß auf Spezialvorlesungen über Formale Sprachen einerseits, über Algorithmentheorie oder Berechenbarkeit andererseits hingewiesen werden [71], [72], [77].

Neben der bloßen Berechenbarkeit hat die ebenfalls praktisch bedeutsame Frage nach dem Berechnungsaufwand, nach der Effizienz eines Algorithmus neuerdings größere Aufmerksamkeit erfahren.

Hierzu ein einfaches Beispiel: die Aufgabe, eine N-stellige Dualzahl zu quadrieren, wo N erheblich größer ist als die Verarbeitungsbreite k einer

---

[48] Wie man umgekehrt zu einer TURING-Maschine eine Chomsky-Grammatik konstruiert, deren Sprachschatz übereinstimmt mit der Wortmenge, die die Turing-Maschine aufzählt, behandelt J. LOECKX, Algorithmentheorie [77] S. 189.

Arithmetik mit beschränkter Stellenzahl (4.2.3). Zur Zahldarstellung benutze man $\overline{N} = (N \operatorname{div} k) + 1$ k-stellige Dualzahlen.

Dann erfordert das Quadrieren als Multiplikation mit sich selbst $\overline{N}^2$ Multiplikationen, der Aufwand wächst proportional N^2. Man kann aber das Quadrat einer $2 \cdot \overline{N} \cdot k$-stelligen Zahl bereits mit drei Quadraten $\overline{N} \cdot k$-stelliger Zahlen erhalten:

$$(A_1 \cdot 2^{\overline{N} \cdot k} + A_2)^2 = A_1^2 \cdot 2^{2 \cdot \overline{N} \cdot k} + [A_1^2 + A_2^2 - (A_1 - A_2)^2] \cdot 2^{\overline{N} \cdot k} + A_2^2 .$$

Führt man die ‚schnelle Quadrierung‘ rekursiv nach diesem Prinzip durch, so wächst der Aufwand an Multiplikationen nur noch proportional $N^{\operatorname{ld} 3}$, wo $\operatorname{ld} 3 \approx 1.585$.

Abb. 247 zeigt im doppelt-logarithmischen Diagramm den Anstieg des Zeitbedarfs (unter Vernachlässigung von Additionen und Verschiebungen)

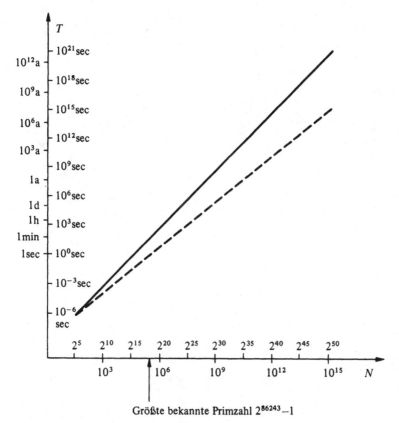

Abb. 247. Anstieg des Zeitbedarfs zur gewöhnlichen und schnellen Quadrierung einer N-stelligen Dualzahl

für die gewöhnliche und die schnelle Quadrierung in Abhängigkeit von der Stellenzahl, bei einer angenommenen Dauer von 10^{-6} sec für eine Multiplikation mit der Verarbeitungsbreite $k = 32$.

Die **Komplexitätstheorie** versucht nicht nur, die Effizienz von Algorithmen quantitativ in den Griff zu bekommen, sie hat auch auf Klassen von Problemen mit unvermeidlich hohem, durch ‚kombinatorische Komplexität‘ bedingtem Arbeitsaufwand für die Berechnung von Lösungen geführt. Etwa in kryptologischen Anwendungen ist man dann daran interessiert, auch gute untere Schranken für die Komplexität von Problemen aufzufinden. Ob es für die Aufgabe des Quadrierens einer Dualzahl einen noch schnelleren Algorithmus als den obigen gibt, ist *eine* offene Frage.

8. Kapitel

Syntaktische und semantische Definition algorithmischer Sprachen

Genesis 11, 1-9

Im ersten Band haben wir algorithmische Sprachen begrifflich eingeführt und ihre formalen Gesetzmäßigkeiten im Hintergrund gelassen. Die Erörterungen des vorigen Kapitels setzen uns nun in den Stand, die äußere Form der Notation – sei es die von uns gewählte, an ALGOL 68 bzw. PASCAL[1] angelehnte oder eine andere wie die von ALGOL 60, LISP, COBOL, BASIC, FORTRAN – als formale Sprache zu beschreiben. Daß die zur Programmierung von Rechenanlagen, also nicht nur zur Kommunikation zwischen Menschen bestimmten Notationen algorithmischer Sprachen solcherart gesetzmäßig beschreibbar – syntaktisch definierbar – sein müssen, um überhaupt verwendbar zu sein, leuchtet ein.

Der Bedeutungsgehalt einer Sprache, der beim Erlernen üblicherweise zunächst intuitiv, oft unter Zuhilfenahme von Assoziationen an Bekanntes, erfaßt wird, erfordert jedoch ebenfalls eine exakte Beschreibung – eine semantische Definition, sei es, um Deutungs- und Auslegungsschwierigkeiten zu vermeiden, sei es, um Übersetzerprogramme erstellen zu können, sei es, um theoretische Aussagen, z. B. über die Korrektheit oder die Äquivalenz von Programmen, machen zu können.

---

[1] Benannt nach dem französischen Philosophen, Mathematiker und Konstrukteur einer der ersten Additionsmaschinen BLAISE PASCAL, 1623-1662.

8.1 Syntax algorithmischer Sprachen

> „Alles wird zu seiner Zeit kommen. Jetzt aber beginnt mit der Selbstdisziplin, ordnet Euch um jeden Preis unter, damit wir eine musterhafte Ordnung bekommen ...“
>
> W. I. LENIN (1918)

Die syntaktische Beschreibung gängiger Programmiersprachen erfolgt heute überwiegend durch Angabe einer kontextfreien Grammatik[2] mit vorherrschend generativer Auffassung. Die dazu gebrauchten Notationen variieren beträchtlich, sind aber im allgemeinen unmittelbar verständlich. Die Hilfszeichen (‚syntaktischen Variablen‘) werden im ALGOL 60- und im PASCAL-Bericht durch mnemotechnisch bestimmte Wörter ausgedrückt, die in spitze Klammern eingeschlossen sind. Man vergleiche hierfür Abb. 248 und Abb. 249.

Die Abb. 248 gibt die Beschreibung der Syntax arithmetischer Ausdrücke in ALGOL 60 wieder. Sie reduziert sich, wenn man ganzzahlige Division und Potenzierung sowie bedingte Ausdrücke außer acht läßt, zur Grammatik von 7.2.4.2 (ii) bzw. 7.2.7 (ii′); es entspricht *cum grano salis*

3.3. Arithmetic expressions

3.3.1. Syntax.
⟨adding operator⟩ ::= + | −
⟨multiplying operator⟩ ::= × | / | ÷
⟨primary⟩ ::= ⟨unsigned number⟩ | ⟨variable⟩ | ⟨function designator⟩ |
  (⟨arithmetic expression⟩)
⟨factor⟩ ::= ⟨primary⟩ | ⟨factor⟩ ↑ ⟨primary⟩
⟨term⟩ ::= ⟨factor⟩ | ⟨term⟩ ⟨multiplying operator⟩ ⟨factor⟩
⟨simple arithmetic expression⟩ ::= ⟨term⟩ | ⟨adding operator⟩
  ⟨term⟩ | ⟨simple arithmetic expression⟩ ⟨adding operator⟩ ⟨term⟩
⟨if clause⟩ ::= **if** ⟨Boolean expression⟩ **then**
⟨arithmetic expression⟩ ::= ⟨simple arithmetic expression⟩ |
  ⟨if clause⟩ ⟨simple arithmetic expression⟩ **else**
  ⟨arithmetic expression⟩

Abb. 248. Syntaktische Beschreibung von (arithmetischen) Ausdrücken in ALGOL 60. (Aus [06])

---

[2] Aus der Verwendung einer kontextfreien Grammatik folgt *a priori* noch nicht, daß die syntaktische Analyse durch ein Zerteilungsverfahren einfach, z. B. mittels eines deterministischen Kellerautomaten durchführbar ist. In der Praxis achtet man daher beim Entwurf der Programmiersprache darauf, daß man etwa eine LR(1)-Grammatik erhält.

$\alpha \triangleq$ ⟨adding operator⟩

$\mu \triangleq$ ⟨multiplying operator⟩

$P \triangleq$ ⟨primary⟩ $\triangleq$ ⟨factor⟩

$T \triangleq$ ⟨term⟩

$A \triangleq$ ⟨simple arithmetic expression⟩

$\xi \triangleq$ ⟨unsigned number⟩|⟨variable⟩|⟨function designator⟩ .

⟨unsigned number⟩, ⟨variable⟩ und ⟨function designator⟩ sowie ⟨Boolean expression⟩ sind anderswo im Bericht definiert.

Abb. 249 zeigt das Gegenstück für PASCAL, wobei Mengen und Operationen mit Wahrheitswerten einbezogen sind. Abb. 250 zeigt den zugehörigen Ausschnitt aus einem Syntaxdiagramm für PASCAL. Dabei sind für ⟨function designator⟩ und ⟨set⟩ die entsprechenden Diagramme bereits eingesetzt; im Vergleich zu Abb. 249 fällt die Verwendung der Rückführung (7.2.5.4) auch in den Komponenten ⟨simple expression⟩ und ⟨term⟩ auf.

Die Beschreibung einer vollständigen Programmiersprache ist selbstverständlich weit umfangreicher als die gegebenen Beispiele: Im ALGOL 60-

8. Expressions

Expressions are constructs denoting rules of computation for obtaining values of variables and generating new values by the application of operators. Expressions consist of operands, i.e. variables and constants, operators, and functions.

The rules of composition specify operator *precedences* according to four classes of operators. The operator ¬ has the highest precedence, followed by the so-called multiplying operators, then the so-called adding operators, and finally, with the lowest precedence, the relational operators. Sequences of operators of the same precedence are executed from left to right. These rules of precedence are reflected by the following syntax:

⟨factor⟩ ::= ⟨variable⟩ | ⟨unsigned constant⟩ | ⟨function designator⟩ |
    ⟨set⟩ | (⟨expression⟩) | ¬ ⟨factor⟩

⟨set⟩ ::= [⟨expression⟩ {,⟨expression⟩}*] | [ ]

⟨term⟩ ::= ⟨factor⟩ | ⟨term⟩⟨multiplying operator⟩⟨factor⟩

⟨simple expression⟩ ::= ⟨term⟩ |
    ⟨simple expression⟩⟨adding operator⟩⟨term⟩ |
    ⟨adding operator⟩⟨term⟩

⟨expression⟩ ::= ⟨simple expression⟩ |
    ⟨simple expression⟩⟨relational operator⟩
    ⟨simple expression⟩

Abb. 249. Syntaktische Beschreibung von Ausdrücken in PASCAL. (Aus [08]. Die viertletzte Zeile muß zu ⟨sign⟩ ⟨term⟩ korrigiert werden mit ⟨sign⟩::= +|−)

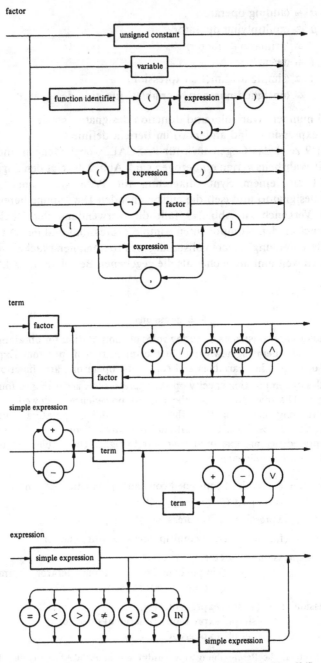

Abb. 250.   Syntaxdiagramm für Ausdrücke in PASCAL. (Aus [84])

8.4.1. Syntax

a)⋆ SORTETY formula : SORTETY MOID ADIC formula{b,g,820d,e,f,g}.
b)   MOID PRIORITY formula{81b,820d,e,f,g,821a,b,822a,b,c,823a,824b,d,825a,b,
     c,d,826a,828b} : LMODE PRIORITY operand{d},
     procedure with LMODE parameter and RMODE parameter MOID
     PRIORITY operator{43b}, RMODE PRIORITY plus one operand{d,e}.
c)⋆ operand : MODE ADIC operand{d,f}.
d)   MODE PRIORITY operand{b,d} : firm MODE PRIORITY formula{820e} ;
     MODE PRIORITY plus one operand{d,e}.
e)   MODE priority NINE plus one operand{b,d} : MODE monadic operand{f}.
f)   MODE monadic operand{e,g} : firm MODE monadic formula{820e} ;
     firm MODE secondary{81c}.
g)   MOID monadic formula{81b,820d,e,f,g,821a,b,822a,b,c,823a,824b,d,825a,b,
     c,d,826a,828b} :
     procedure with RMODE parameter MOID monadic operator{43c},
     RMODE monadic operand{f}.
h)⋆ dyadic formula : MOID PRIORITY formula{b}.

{The following table summarises the priorities of the operators declared in
the standard priorities (10.2.0).

dyadic									monadic
1	2	3	4	5	6	7	8	9	(10)
−:=	∨	∧	=	<	−	×	↑	⊥	¬ − + / ↓ ↑
+:=			÷	≤	+	÷	⌊		abs bin repr
×:=			≥		÷:	⌈			⌊ ⌈ ⌊ ⌈
/:=			>		/	⌊			leng short
÷:=					▯	⌈			odd sign round
÷::=									re im conj
+=:									btb ctb

Abb. 251. Syntaktische Beschreibung von Ausdrücken in ALGOL 68. (Aus [89])

Bericht (revidiert, von 1963) [06] wurden 109 syntaktische Variable und ebensoviele Backus-Regeln herangezogen; davon sind allerdings 73 lediglich auf-
weisende und abkürzende, von den verbleibenden 36 syntaktischen Variablen
könnte noch die Hälfte durch Gebrauch des Replikationssterns eingespart
werden. Unter Gebrauch des Replikationssterns kommt der PASCAL-Bericht
von 1971 [08] mit 97 syntaktischen Variablen und ebensoviel erweiterten Bakkus-Regeln aus; davon sind wieder viele nur aufweisender und abkürzender
Art. Das gebräuchliche Syntaxdiagramm für PASCAL [09] weist 17 Komponenten auf, es ist im Hinblick auf Übersichtlichkeit ziemlich optimal ausgelegt.
    Die gewählte syntaktische Definition läßt jedoch bei den oben erwähnten
Programmiersprachen auch semantisch sinnlose Programme zu. So äußert
sich etwa das Fehlen der Vereinbarung einer Programmvariablen oder der
Aufführung eines Parameters in der Kopfleiste in keiner dieser Sprachen als
Verstoß gegen die Syntax. Wollte man solche Bedingungen durch syntakti-

sche Vorschriften erzwingen, so müßte man, worauf FLOYD erstmals hingewiesen hat, über kontextfreie Grammatiken hinausgehen.

Im ALGOL 68-Bericht wird aus semantischen Gründen eine aufzählbar unendliche
Menge von syntaktischen Variablen verwendet[3], deren Erzeugung ihrerseits durch eine ‚Me-
tagrammatik' mit syntaktischen Variablen, die mit Großbuchstaben geschrieben sind, geregelt wird (‚zweistufige Grammatik', VAN WIJNGAARDEN 1966). Die Lesbarkeit wird dadurch
sehr erschwert; Abb. 251 zeigt ein Beispiel (das Relationszeichen wird durch einen Doppel-
punkt, der Variantenstrich durch ein Semikolon, die (sonst unbezeichnet bleibende) Konkatenation durch ein Komma ausgedrückt).

Syntaxdiagramme für die in diesem Buch benutzten Versionen von
ALGOL 68 und PASCAL finden sich am Ende des Buches.

8.1.1 Syntaktische Beschreibung zusammengesetzter Objekte

Programmiersprachen sehen üblicherweise für alle Grundobjekte, auf denen mit Grundoperationen einer vorgegebenen Rechenstruktur operiert werden kann, Standardbezeichnungen vor – etwa für ganze Zahlen, numerisch-
reelle Zahlen, Wahrheitswerte, Zeichen und Zeichenfolgen (vgl. 2.1.1.2). Da
solche Objekte in Formeln und anderswo vorkommen, wird ihre Darstellung
meist syntaktisch mitgeregelt, etwa in PASCAL

$\langle$unsigned integer$\rangle$ ::= $\langle$digit$\rangle$ $\{\langle$digit$\rangle\}$*
$\langle$unsigned real$\rangle$ ::= $\langle$unsigned integer$\rangle$. $\langle$digit$\rangle$ $\{\langle$digit$\rangle\}$*
        | $\langle$unsigned integer$\rangle$. $\langle$digit$\rangle$ $\{\langle$digit$\rangle\}$* $_{10}$ $\langle$scale factor$\rangle$
        | $\langle$unsigned integer$\rangle$ $_{10}$ $\langle$scale factor$\rangle$
$\langle$scale factor$\rangle$ ::= $\langle$unsigned integer$\rangle$ | $\langle$sign$\rangle$ $\langle$unsigned integer$\rangle$

Damit werden die Standardbezeichnungen für ganzzahlige und numerisch-
reelle Objekte auf $\langle$digit$\rangle$ und $\langle$sign$\rangle$ zurückgeführt, für die jeweils eine endliche Grammatik vorliegt:

$\langle$digit$\rangle$ ::= 0 | 1 | 2 | 3 | 4 | 5 | 6 | 7 | 8 | 9
$\langle$sign$\rangle$ ::= + | −

Diese Zahlbezeichnungen mögen eher als strukturierte Bezeichnungen denn
als strukturierte Objekte aufgefaßt werden – maschineninterne Zahldarstel-
lungen sind jedenfalls üblicherweise anders strukturiert. Gewisse formale
Grammatiken legen aber auch den begrifflichen Aufbau solcher zusam-

---

[3] Dadurch wird z. B. erreicht, daß Abschnitte wie

⌜int $a \equiv 3$; bool $b \equiv$ true ; $a + b$⌟

bereits syntaktisch unzulässig sind.

mengesetzten Objekte, die gar keine Standarddarstellung in der Sprache haben, fest:

Folgt man der Definition in 6.3.5.2, so ist die Gesamtheit $(\mathbb{V}^{\wedge}, \mathbb{V})$ der beblätterten Binärbäume über einem Alphabet $\mathbb{V}$ Sprachschatz mit dem Axiom ⟨lisp⟩ der kontextfreien (aber nicht regulären) Grammatik

$$\langle \text{lisp} \rangle ::= \langle \text{char} \rangle \,|\, \langle \text{lisp} \rangle \, \langle \text{lisp} \rangle$$

über terminalem ⟨char⟩. Diese Grammatik ist aber nicht eindeutig. Es ist erforderlich, zur Strukturgrammatik (7.3.6) überzugehen: Die in 4.2 eingeführte, eindeutig umkehrbare Codierung von beblätterten Binärbäumen ist Sprachschatz mit dem Axiom ⟨bracketed lisp⟩ der zugehörigen Strukturgrammatik

$$\langle \text{bracketed lisp} \rangle ::= \langle \text{char} \rangle \,|\, \langle\langle \text{bracketed lisp} \rangle \, \langle \text{bracketed lisp} \rangle\rangle \,,$$

unter Verwendung der zwei zusätzlichen Terminalzeichen ⟨ und ⟩. Strukturgrammatiken sind allgemein ein geeignetes Beschreibungsmittel für den Aufbau zusammengesetzter Objekte als „Verbunde" (ALGOL 68) bzw. *"records"* (PASCAL). Die Beispiele der Paarbildung und Tupelbildung in 6.3.3.1 und 6.3.3.2 führen allerdings lediglich auf endliche Grammatiken. Datenstrukturen, die auf reguläre Grammatiken führen, werden generell **lineare** Datenstrukturen genannt. Ein Beispiel ist (6.3.5.1)

mode string ≡ empty | struct(char *i*, string *t*)

wozu die reguläre (nicht λ-freie) Grammatik

$$\langle \text{string} \rangle ::= \lambda \,|\, \langle \text{char} \rangle \, \langle \text{string} \rangle$$

oder auch

$$\langle \text{string} \rangle ::= [\langle \text{char} \rangle]^*$$

mit dem Axiom ⟨string⟩ gehört, die bereits eindeutig ist. Im allgemeinen ergibt sich eine kontextfreie (möglicherweise nicht λ-freie) Grammatik; zu (6.3.5.3)

mode casc ≡ empty | struct(casc *left*, char *node*, casc *right*)

etwa gehört die kontextfreie Grammatik mit Axiom ⟨casc⟩

$$\langle \text{casc} \rangle ::= \lambda \,|\, \langle \text{casc} \rangle \, \langle \text{char} \rangle \, \langle \text{casc} \rangle$$

die, wie oben ⟨lisp⟩, ebenfalls nicht eindeutig ist und den Übergang zur Strukturgrammatik erfordert.

In den Fällen, in denen (PASCAL!) e x p l i z i t eine Diskriminierung vorgenommen wird, geht der Diskriminator auch in die syntaktische Struktur ein; zu der (in orthodoxem PASCAL nicht erlaubten) rekursiven Typvereinbarung

type *lisp* = **record case** *atomic* : *Boolean* **of**
$\qquad\qquad\qquad$ *true* : (*leaf* : *char*) ;
$\qquad\qquad\qquad$ *false* : (*l* : *lisp* ; *r* : *lisp*)
end

gehört die kontextfreie, λ-freie Grammatik

$$\langle lisp\rangle ::= \mathbf{T}\langle char\rangle \,|\, \mathbf{F}\langle lisp\rangle\,\langle lisp\rangle$$

etwa mit **T** und **F** als Terminalzeichen zur Darstellung von *true* und *false*, bzw. deren Strukturgrammatik.

Gerade für kompliziertere Datenstrukturen ist die Zurückführung auf eine formale Grammatik und insbesondere die Veranschaulichung durch ein Syntaxdiagramm hilfreich. Beispielsweise führen beliebig vergabelte beblätterte Bäume (6.3.5.4) auf die kontextfreie Grammatik

$$\langle tree\rangle ::= \lambda \,|\, \langle u\rangle\,\langle tree\rangle$$
$$\langle u\rangle ::= \chi \,|\, \langle tree\rangle$$

mit dem Axiom ⟨tree⟩ und dem Sortenparameter χ. Entsprechende Syntaxdiagramme zeigt Abb. 252.

a) ohne Rückführung

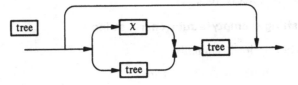

b) mit Rückführung $\qquad\qquad\qquad\qquad\qquad$ alternativ:

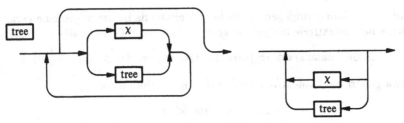

Abb. 252.   Syntaxdiagramme für die Datenstruktur **tree** χ

Auch der Äquivalenzbegriff für Datenstrukturen kann jetzt präzisiert werden:

Zwei Datenstrukturen heißen äquivalent, wenn die zugehörigen formalen Grammatiken homolog und strukturäquivalent sind.

Wird ein zusammengesetztes Objekt mittels Konstruktoren aufgebaut, so gehört dazu nach 6.3.6 ein Kantorovic-Baum. Dieser ist Strukturbaum für eine Zerteilung des Objekts nach Maßgabe der zugehörigen formalen Grammatik; ist diese eindeutig, so ist der Kantorovic-Baum der Strukturbaum des Objekts.

8.1.2 Syntaktische Beschreibung von Kantorovic-Bäumen

Ein Wort aus dem Sprachschatz einer formalen Sprache mit eindeutiger Grammatik trägt verschlüsselt in sich den zugehörigen Strukturbaum, den die syntaktische Analyse freilegt. Was durch das Wort an Bedeutung übermittelt wird, muß eine Funktion des Strukturbaums sein ('Bedeutungsstruktur', BAUER 1966).

Es liegt nun nahe zu definieren:

Es sei G die eindeutige kontextfreie Grammatik einer Programmiersprache; die Worte aus dem Sprachschatz von G sollen **syntaktisch korrekte** (engl. *well-formed*) **Programme** heißen. Dann wird der Strukturbaum der Zerteilung eines syntaktisch korrekten Programms als **Kantorovic-Baum** des Programms bezeichnet.

Die Strukturgrammatik G^s bestimmt die **abstrakte Syntax** der Programmiersprache. Für die Übersetzung eines Programms in eine andere Sprache, etwa in eine maschinennähere, ist dabei die lineare Aufschreibung des Kantorovic-Baums von zentraler Bedeutung (BAUER, SAMELSON 1962). Programmiersprachen, die bei aller Verschiedenheit ihrer Syntax die (bis auf Strukturäquivalenz) gleiche abstrakte Syntax aufweisen, heißen **kohärent** (KNUTH 1974, ERSHOV 1975).

Aufgabe der Semantik ist es nunmehr, die Bedeutung eines jeden Programms auf der Basis seines Kantorovic-Baums festzulegen.

Soll also eine begrifflich und notationell fest konzipierte algorithmische Sprache formal definiert werden, muß sich die Definition der Syntax der der Semantik unterordnen:

Die Syntax einer bedeutungstragenden Sprache muß bedeutungstreu sein. Sie muß es erlauben, daß an das „Skelett" der syntaktischen Struktur unter allen Umständen das „Fleisch" der Semantik gehängt werden kann.

Die Bedeutung dieser grundlegenden Forderung wurde manchmal verkannt. In der Beschreibung des Vorläufers von ALGOL 60 wurde 1958 die Menge der arithmetischen Ausdrücke syntaktisch folgendermaßen definiert:

„Sind E_1 und E_2 Ausdrücke, so sind auch ...
$$E_1 + E_2, E_1 \times E_2 \; ... \; \text{Ausdrücke.``}$$

Zweifellos ist der Sprachschatz durch diese Regeln genau umrissen. Da $a + b$ und c Ausdrücke sind, ist $a + b \times c$ ein Ausdruck. Ein Strukturbaum von

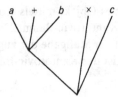

Abb. 253. Strukturbaum von $a+b\times c$

$a+b\times c$ wie der in Abb. 253 ist jedoch für die Definition der Semantik unbrauchbar.

Ein anderes Beispiel: Daß die Verwendung der Rückführung in den Komponenten ⟨simple expression⟩ und ⟨term⟩ des Syntaxdiagramms der einfachen Ausdrücke in PASCAL (Abb. 250) keine größere Verwirrung stiftet, liegt daran, daß die meisten Leute, mit dem Finger durch das Syntaxdiagramm marschierend, ein Wort von links nach rechts lesen – was keineswegs zwingend ist. Durch die eingezeichnete Pfeilrichtung wird es allerdings suggeriert, und führt dann dazu, daß von selbst der vorgeschriebenen Semantik Genüge getan wird. Diese ist im PASCAL-Bericht (Abb. 249), im Einklang mit den Bakkus-Regeln für ⟨simple expression⟩ und ⟨term⟩, auch explizit mit dem Satz *'sequences of operators of the same precedence are executed from left to right'* umrissen.

8.2 Operative Semantik

> Скоро сказка сказывается,
> Да не скоро дело делается.
> „Das Wort ist schnell gesprochen,
>   die Tat braucht länger."
>   Russisches Sprichwort

Wir nehmen in diesem Abschnitt an, daß eine Formel oder ein Programm in der aufbereiteten Form des Kantorovic-Baums oder entsprechend in vollständig geklammerter linearer Aufschreibung vorliegt. In einem solchen Programm gibt es gewisse primitive Operationen oder Funktionen aus einer zugrundeliegenden Rechenstruktur, von denen wir zunächst wie im 2. Kap. annehmen wollen, daß ihre Bedeutung pragmatisch klar ist – die Frage, wie weit das gerechtfertigt ist, wird in 8.4.2 aufgenommen werden. Wir beschränken uns in diesem Abschnitt auf die operative Semantik des ‚applikativen Niveaus' der Formeln und Rechenvorschriften, bei dem insbesondere Programmvariablen ausgeschlossen sind. Diesen Formeln und Rechenvorschriften ordnen wir formale Ersetzungssysteme zu, und definieren dadurch die Berechnung auf einer abstrakten Maschine (**Textersetzungs-Maschine**).

8.2.1 Aufbau und Berechnung von Formeln

Wir behandeln syntaktisch korrekte Formeln, aufgebaut aus Operations-(oder Funktions-) Zeichen und Objektbezeichnern. Die durch die Operationszeichen bezeichneten Operationen, einschließlich gewisser nullstelliger Operationen (ausgezeichnete Elemente) und anderer Objekte mit Standardbezeichnungen – wie etwa die Konstanten 0, 1, 2 aus $\mathbb{N}$, $\lozenge$ aus $\mathbb{V}^*$ – sind aus gewissen im gegebenen Zusammenhang als primitiv anzusehenden Rechenstrukturen (vgl. etwa 2.1.3); daneben treten in Formeln auch frei wählbare Bezeichner auf, die Objekte oder Operationen bezeichnen (‚freie Variable‘).

Über $\mathbb{N}$ oder $\mathbb{Z}$ sind solche Formeln etwa

(1) $(1+1) \div 2$
(2) $(2 \times 1) + (1 \times 0)$
(3) $(2+1) - 1$.

Die Berechnung einer Formel besteht in der Anwendung eines konfluenten Noetherschen Ersetzungssystems auf den Kantorovic-Baum der Formel, also eines reduktiven Semi-Thue-Systems auf die lineare Aufschreibung der Formel.

In den Beispielen (1) bis (3) zieht dieses Ersetzungssystem die Regeln

$$(1+1) \succ\!\!- 2 \qquad\qquad 2 \div 2 \succ\!\!- 1$$
$$(2 \times 1) \succ\!\!- 2 \qquad (1 \times 0) \succ\!\!- 0 \qquad 2+0 \succ\!\!- 2$$
$$(2+1)-1 \succ\!\!- 2+(1-1) \qquad (1-1) \succ\!\!- 0 \qquad 2+0 \succ\!\!- 2$$

heran, die aus den Gesetzen von $\mathbb{N}$, insbesondere $(c \neq o)$

$$a \times 1 = a, \quad a \times 0 = 0, \quad a + 0 = a, \quad c \div c = 1, \quad (a+b) - b = a + (b-b), \quad b-b = 0$$

und Definitionen wie

$$1 + 1 = 2$$

sofort folgen. Es ergeben sich die Reduktionswege von Abb. 254.

Es mag hier den Anschein haben, das Ersetzungssystem müsse mehr als endlich viele Regeln umfassen. Dies ist nicht so:

Wir können annehmen, daß 0, 1 und allenfalls 2 die einzigen nullstelligen Operationen (ausgezeichneten Elemente) sind und für alle übrigen Elemente (‚Zahlen‘) daraus operative Bezeichnungen gewonnen werden, z. B. **Strichzahlen** wie

$$0, \ 0+1, \ (0+1)+1, \ ((0+1)+1)+1, \ (((0+1)+1)+1)+1 \text{ usw.}$$

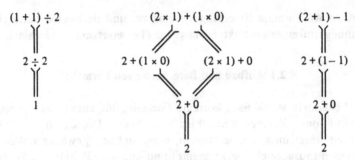

Abb. 254.   Reduktionswege bei der Berechnung von Formeln.
0, 1 und 2 sind irreduzible Elemente, die Formeln
$(2 \times 1) + (1 \times 0)$ und $(2 + 1) - 1$ sind $\rightleftharpoons$-äquivalent

(kurz $|$, $\|$, $\|\|$, $\|\|\|$ usw.) oder Dualzahlen wie

$$(((1 \times 2) + 0) \times 2 + 1) \times 2 + 1 \quad \text{(gemeinhin kurz 1011) oder}$$
$$\uparrow \qquad \uparrow \qquad \uparrow \qquad \uparrow$$

$$(((((0 \times 2) + 0) \times 2 + 1) \times 2 + 1) \times 2 + 0) \times 2 + 1 \quad \text{(gemeinhin kurz 001101)}$$
$$\uparrow \qquad \uparrow \qquad \uparrow \qquad \uparrow \qquad \uparrow \qquad \uparrow$$

Für Dualzahlen ist das erforderliche vollständige System von Ersetzungsregeln ziemlich umfangreich, weil es ein ganzes arithmetisches Rechenwerk für Dualzahlen unbeschränkter Länge, vgl. 4.2.2, beschreibt. (Unter Einführung von Parametern könnten zwar die Ersetzungsregeln kürzer formuliert werden, aber der Ersetzungsmechanismus erforderte dann einen Substitutionsprozeß für die Parameter und damit einen komplizierteren Mustervergleich.)

Es soll also für Strichzahlen ein geeigneter Semi-Thue-Algorithmus gesucht werden. Da die Operationen $.+., .-., .\times.$ und $.\div.$ auf die primitiven Operationen Nachfolger, Vorgänger und Nullvergleich zurückführbar sind (vgl. etwa die Rechenvorschriften *plus*, 2.4.1.2, und *mult*, 2.6.3), liegt es nahe, zunächst ein einfaches Ersetzungssystem für die Vorgänger- und die Nachfolgeroperation aufzustellen. Schreibt man klammerfrei in Präfixschreibweise s. für $.+1$ und p. für $.-1$ sowie o für die Null, so wählen wir als Normalformen s^io ('schwarze Strichzahlen') für positive und p^io ('rote Strichzahlen') für negative ganze Zahlen $(i \geq 1)$ über dem Terminalzeichenvorrat $\{o, s, p\}$. Die Regeln

$$sp \succ \lambda$$
$$ps \succ \lambda$$

überführen beliebige Worte aus $\{s, p\}^*$o in Normalform (vgl. 7.2.3, Beispiel (ii)). Um die Addition zu behandeln, fügen wir das Terminalzeichen $+$ hinzu und die Regeln

$$o + o \succ\!\!\!- o$$
$$o + s \succ\!\!\!- so+$$
$$o + p \succ\!\!\!- po+$$

Syntaktisch korrekt sollen dann alle Formeln heißen, die durch diesen reinen Semi-Thue-Algorithmus auf die oben angegebenen Normalformen reduziert werden können. Damit läßt sich zeigen:

Wird zwischen zwei syntaktisch korrekte Formeln das Infix-Zeichen + gesetzt, so entsteht wieder eine syntaktisch korrekte Formel.

Beispiele:

$$pppo+sso \succ\!\!\!- pppso+so \succ\!\!\!- pppsso+o \succ\!\!\!- pppsso \succ\!\!\!- \ldots$$
$$sppo+psspo \succ\!\!\!- spppo+sspo \succ\!\!\!- spppso+spo \succ\!\!\!- \ldots .$$

Natürlich liegt es hier auch nahe, gesteuerte Ersetzungen zu verwenden, etwa einen Markov-Algorithmus. Im übrigen ist die Verwandtschaft mit der rekursiven Definition der Addition in 2.4.1.2 offensichtlich. (Die Regel $o+\succ\!\!\!-\lambda$ würde übrigens ausreichen.) Um auch noch die Subtraktion zu behandeln, fügen wir das weitere Terminalzeichen $-$ hinzu und die Regeln

$$o-s \succ\!\!\!- po-$$
$$o-p \succ\!\!\!- so-$$
$$o-o \succ\!\!\!- o \quad .$$

Wieder können wir zeigen:

Wird zwischen zwei syntaktisch korrekte Formeln das Infix-Zeichen $-$ gesetzt, so entsteht eine Formel, die wieder syntaktisch korrekt, nämlich auf die oben angegebenen Normalformen reduzierbar, ist.

Beispiel: $\quad pppo-sso \succ\!\!\!- ppppo-so \succ\!\!\!- pppppo-o \succ\!\!\!- pppppo$

Auch Multiplikation und Division lassen sich so behandeln; man kommt dabei allerdings nicht ohne Hilfszeichen aus, wie man aus der Theorie der Markov-Algorithmen weiß.

SCHÖNFINKEL (1924) und CURRY (1930) haben in der ‚Kombinatorischen Logik' allgemeine Verfahren angegeben, um Operationen, insbesondere Rekursionsdefinitionen ohne Einführung von Parameterbezeichnungen zu formulieren und damit die Durchführung rekursiver Algorithmen als Semi-Thue-Algorithmen zu ermöglichen. Dem Nachteil komplizierterer (oder weniger vertrauter) Ersetzungsregeln steht der auch praktisch bedeutsame Vorteil eines einfacheren Ersetzungsmechanismus gegenüber (TURNER 1979).

Ersetzungssysteme der diskutierten Art sind auch geeignet, Formeln wie etwa

$$(x+1)-1 \quad \text{oder} \quad (x+1)\times 2 + (x-1)\times 2 ,$$

wo x ein frei wählbarer Bezeichner (eine ‚freie Variable') für ein Objekt aus $\mathbb{N}$ oder $\mathbb{Z}$ ist, zu ‚berechnen'. Im letzteren Fall ergibt sich $4 \times x$ jedoch nur, wenn man Kommutativ- und Distributivgesetze heranzieht. Es handelt sich hier um eine Teilberechnung im Sinne von 2.6.3 (ERSHOV 1977). Bei solcher ‚Formelmanipulation' geht i. a. die Noethersche Eigenschaft verloren.

8.2.2 Partielle Definiertheit

Die operative Bedeutung einer Formel ist durch ein geeignetes Ersetzungssystem vollständig bestimmt, wenn alle Operationen total definiert sind. Schon in der Arithmetik ist dies jedoch für die Division nicht der Fall, für Zeichenfolgen unterliegen etwa die Operationen *last* und *lead* Einschränkungen ihres Definitionsgebiets. Das Ersetzungssystem kann in diesen Fällen keine weitere Reduktion vornehmen, neben den Strichzahlen verbleiben als irreduzible Elemente Terme wie $1 \div 0$, $0 \div 0$, $1 + (1 \div 0)$, $2 \times (0 \div 0)$. Gleiches gilt für *lead* $(\Diamond)$, *last* $(\Diamond)$, *prefix* $(last(\Diamond), \Diamond)$. Generell muß man erwarten, daß in einer beliebigen primitiven Rechenstruktur Operationen vorkommen, die nur partiell definiert sind – insbesondere solche, die durch Umkehrung entstehen, wie etwa *pred* auf $\mathbb{N}$. Es liegt nahe, in solchen Fällen alle unerwünschten irreduziblen Terme durch ein Sonderelement zu bezeichnen: Taschenrechner zeigen bei der Division durch 0 eine „Sonderzahl" an (Abb. 255), und alle weiteren Rechenoperationen führen von dieser Sonderzahl nicht mehr weg.

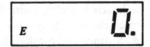

Abb. 255.   Darstellung von »undefiniert« auf Taschenrechnern: Ergebnis von $2 \div 0$

Hinter dieser technischen Realisierung steckt Methode: Man führt ein etwa mit Ω bezeichnetes Sonderobjekt[4] »undefiniert« ein und macht alle Operationen dadurch total, indem man undefinierten (auch nichtterminierenden) Operationen den Wert Ω zuordnet. Man läßt dann auch Operationen mit Ω als Argument(en) zu, wobei das Ergebnis ebenfalls Ω ist. Damit ergibt nicht nur $1 \div 0$ oder *lead* $(\Diamond)$, sondern auch $1 \div 0 + 0 \div 1$ oder *last* (*lead* $(\Diamond)$) und sogar $0 \times (1 \div 0)$ den Wert Ω. Es ist weithin üblich geworden, auf diese Weise die Semantik partiell definierter Operationen festzulegen (SCOTT 1970). Formal ergibt sich folgendes:

Sei S ein Satz von Sorten und S^Ω der Satz der durch Hinzunahme von Ω erweiterten Sorten. Eine k-stellige totale Funktion (Operation) auf S^Ω heißt **strikt**, wenn sie den Wert Ω ergibt, sobald wenigstens eines der k Argumente

---

[4] Häufig auch mit ω oder $\perp$ bezeichnet.

den Wert Ω hat. Jede nullstellige Funktion auf S^Ω ist strikt. Die **strikte Erweiterung** f^Ω einer k-stelligen Funktion f auf S ist diejenige strikte Funktion auf S^Ω, die auf S mit f dort übereinstimmt, wo f definiert ist, und sonst Ω ist.

Beachte, daß für die strikte Erweiterung p^Ω der Projektionsfunktion $p: p(x, y) = x$ gilt: $p^\Omega(x, \Omega)$ hat den Wert Ω, und nicht den Wert x. Besondere Vorsicht ist mit der strikten Erweiterung $=$ des Gleichheits-Prädikats geboten: $\Omega = \Omega$ ergibt nicht T, sondern Ω. Wo die Gefahr der Verwechslung besteht, bezeichnen wir das nicht-strikte mathematische Gleichheitsprädikat mit $\equiv$, wobei also $\Omega \equiv \Omega$ T ergibt.

Beispiel: Die strikte Erweiterung der Konjunktionsoperation (‚Und-Verknüpfung') hat die Wertetafel von Abb. 256.

$\wedge$	T	F	Ω
T	T	F	Ω
F	F	F	Ω
Ω	Ω	Ω	Ω

Abb. 256.
Wertetafel für die strikte Erweiterung
der Konjunktionsoperation auf $\mathbb{B}_2{}^\Omega$

$\wedge$	T	F	Ω
T	T	F	Ω
F	F	F	F
Ω	Ω	Ω	Ω

Abb. 257.
Wertetafel für die (nichtstrikte) sequentielle
Konjunktionsoperation auf $\mathbb{B}_2{}^\Omega$

$\triangle$	T	F	Ω
T	T	F	Ω
F	F	F	F
Ω	Ω	F	Ω

Abb. 258.
Wertetafel für die symmetrische nichtstrikte
Konjunktionsoperation auf $\mathbb{B}_2{}^\Omega$

8.2.3 Nicht-strikte Operationen

Es ist allerdings nicht so, daß nur strikte Funktionen auf S^Ω von Interesse wären. Für die strikte Multiplikation, wie sie von der Textersetzungs-Maschine vorgenommen wird, gilt $0 \times a = 0$ nur, wenn der Term a definiert ist. Sonach könnte zwar, wenn die Berechnung des einen Faktors bereits 0 ergeben hat, die Berechnung des anderen unnötig sein. Wird er aber nicht berechnet, so erfährt man auch nicht, ob seine Berechnung Ω ergeben würde und deshalb das Ergebnis Ω anstatt 0 sein sollte. Die strikt erweiterte Multiplikation erfordert also manchmal unnötigen Berechnungsaufwand. Sinnvoll ist eine sequentielle nichtstrikte Erweiterung $\dot{\times}$, die etwa wie folgt definiert ist

$$b \, \dot{\times} \, \Omega \text{ ergibt } \Omega \text{ für } b \not\equiv 0, \, 0 \text{ für } b \equiv 0 \text{ [5].}$$

Ein gleiches gilt für die Operationen der Rechenstruktur $\mathbb{B}_2$ der Wahrheitswerte. Da für alle $a \in \mathbb{B}_2$ gilt

$$\mathsf{T} \vee a = \mathsf{T} \quad \text{und} \quad \mathsf{F} \wedge a = \mathsf{F}$$

definiert man die nichtstrikten Erweiterungen $\vee$ und $\wedge$ wie folgt

$$b \vee \Omega \text{ ergibt } \Omega \text{ für } b \not\equiv \mathsf{T}, \, \mathsf{T} \text{ für } b \equiv \mathsf{T} \quad ,$$
$$b \wedge \Omega \text{ ergibt } \Omega \text{ für } b \not\equiv \mathsf{F}, \, \mathsf{F} \text{ für } b \equiv \mathsf{F} \quad \text{(Abb. 257).}$$

Dies entspricht genau den nichtstrikten sequentiellen Operationen von 2.2.3.4.

Nichtstrikte Erweiterungen sind natürlich nur angebracht, wenn bereits die ursprüngliche Operation, wie oben bei der Multiplikation, eine **gestaffelte** Auswertungsmöglichkeit der Operanden erlaubte. Prototyp einer Operation mit gestaffelter Auswertungsmöglichkeit ist die Fallunterscheidung in den verschiedenen Fassungen – Alternative, sequentielle Fallunterscheidung, bewachte Fallunterscheidung; das Wegfallen des unnötigen Berechnungsaufwands wurde in 2.2.3.3 durch das Kappen von Zweigen im Kantorovic-Baum bewirkt. Die Fallunterscheidung ist auf natürliche Weise nicht-strikt.

Operationen, die eine gestaffelte Auswertungsmöglichkeit beinhalten, können samt ihren nichtstrikten Erweiterungen stets aus strikten Operationen mit Hilfe von Fallunterscheidungen gewonnen werden, etwa

$$a \, \dot{\times} \, b \triangleq \textbf{if } a = 0 \textbf{ then } 0 \textbf{ else } a \times b \textbf{ fi}$$

oder

$$a \vee b \triangleq \textbf{if } a = \mathsf{T} \textbf{ then } \mathsf{T} \textbf{ else } a \vee b \textbf{ fi} \quad .$$

Im letzteren Fall ist eine Vereinfachung möglich: $a = \mathsf{T}$ kann durch a selbst ersetzt werden, für $a \equiv \mathsf{F}$ kann $a \vee b$ durch b ersetzt werden. Damit ergibt sich (vgl. 2.2.3.4)

$$a \vee b \triangleq \textbf{if } a \textbf{ then } \mathsf{T} \textbf{ else } b \textbf{ fi} \quad .$$

Entsprechend ergibt sich aus

$$a \wedge b \triangleq \textbf{if } a = \mathsf{F} \textbf{ then } \mathsf{F} \textbf{ else } a \wedge b \textbf{ fi}$$

die Vereinfachung

$$a \wedge b \triangleq \textbf{if } a \textbf{ then } b \textbf{ else } \mathsf{F} \textbf{ fi} \quad .$$

---

[5] Eine symmetrische nichtstrikte Erweiterung, die hier nahe liegt, bringt Komplikationen („nichtsequentielle Operationen', VUILLEMIN 1975).

Beachte auch, daß $a \wedge b$ und $b \wedge a$ weder auf $\mathbb{B}_2$ noch auf $\mathbb{B}_2^\Omega$ operativ gleichwertig sind (auf $\mathbb{B}_2$ sind sie jedoch funktional gleichwertig).

Auf die symmetrische nichtstrikte Konjunktionsoperation $.\triangle.$ (Abb. 258 zeigt ihre Wertetafel) und eine entsprechende symmetrische nichtstrikte Disjunktionsoperation $.\triangledown.$ können die entsprechenden sequentiellen Operationen und die Fallunterscheidung zurückgeführt werden (MÖLLER 1982):

$$a \wedge b \triangleq (a \wedge b) \triangle a, \quad a \vee b \triangleq (a \vee b) \triangledown a \quad,$$
$$\text{if } a \text{ then } b \text{ else } c \text{ fi} \triangleq (a \wedge b) \triangledown (\neg a \wedge c) \quad.$$

8.2.4 Nichtdeterminismus

Die nichtdeterministische Konstruktion der bewachten Fallunterscheidung (2.2.3.2) erfordert ebenfalls eine Präzisierung ihrer operativen Semantik. In der vorherrschenden ‚sequentiellen' Auffassung wird zunächst die Auswertung aller Wächter verlangt; ergibt sich dabei kein Wächter zu **T** oder auch nur ein Wächter zu Ω, so ist das Gesamtergebnis Ω. Andernfalls erfolgt unter denjenigen **Zweigen**, deren Wächter sich zu **T** ergeben haben, eine Auswahl, und der ausgewählte Zweig wird ausgewertet. Diese Auswahloperation unter den zulässigen Zweigen ist nicht strikt (**erratischer Nichtdeterminismus**).

Eine andere Auswahloperation erhält man dadurch, daß man sämtliche Zweige, deren Wächter sich zu **T** ergeben haben, zunächst auswertet und, sofern kein Wert Ω ist, eine Auswahl unter den errechneten **Werten** trifft – andernfalls ergibt sich als Gesamtergebnis Ω. Diese Auswahloperation unter den zulässigen Zweigen ist strikt (**bösartiger** (engl. *demonic*) **Nichtdeterminismus**).

8.2.5 Semantik der Parameterübergabe bei Rechenvorschriften

Um Rechenvorschriften auf Formeln aufbauen zu können, müssen frei wählbare Bezeichner als Parameter kenntlich gemacht werden. Dabei sind Parameter nicht auf Objektbezeichner beschränkt, auch Funktionsparameter können vorkommen (2.6).

Mit der Kennzeichnung einer frei wählbaren Bezeichnung als eines Parameters geht eine **Bindung** einher: die Wahl der Bezeichnung wird irrelevant (2.3.1.4). Nicht gebundene, weil nicht frei wählbare Bezeichner müssen dagegen eine Interpretation erfahren (1.5.2): es wird ihnen semantischer Gehalt (‚Information') zugewiesen durch Angabe der primitiven Rechenstrukturen, zu denen sie gehören[6].

---

[6] in der sog. ‚*denotational semantics*' environments (‚Umgebungen') genannt.

Beim Aufruf einer Rechenvorschrift (2.3.1.1) werden aktuelle Belegungen der Parameter angegeben; für gewöhnliche Parameter erlaubt man dazu üblicherweise selbst wieder Formeln (**Einsetzungsprinzip**), so daß sich Zusammensetzungen von Operationen ergeben.

Für die operative Semantik muß man jedoch zwei gebräuchliche Möglichkeiten unterscheiden (vgl. 2.6.2):

(1) Die Argumentformel erfährt höchstens eine Auswertung; der resultierende Wert – sofern er von Ω verschieden ist – ersetzt den formalen Parameter überall im Rumpf. Hierunter fällt insbesondere der klassische **Wertaufruf** ('call by value'), bei dem die Formel stets als erstes und damit genau einmal ausgewertet wird, sowie die raffiniertere Technik der verzögerten Auswertung.

(2) Die Formel selbst (in vollständig geklammerter Form) wird an Stelle des formalen Parameters, wo immer dies nötig wird, eingesetzt. Hierunter fällt insbesondere der klassische **Formelaufruf** ('call by expression'), bei dem die Einsetzung stets als erstes vorgenommen wird.

Programmiersprachen, die auf numerisches Rechnen ausgerichtet sind, wie ALGOL 60 und die meisten seiner Abkömmlinge, einschließlich PASCAL, finden die erstere Auffassung naheliegend – Zahlenwerte, insbesondere numerisch-reeller und nicht zu großer ganzer Zahlen (4.2.3) sind in Maschinen vom „von Neumann-Typus" einfach zu übergeben. Für Programmiersprachen dagegen, die stärker auf das Arbeiten mit Datenstrukturen angelegt sind – LISP war hier der Vorreiter – kann die letztere Auffassung natürlicher erscheinen – die Übergabe einer Konstruktionsvorschrift, einer operativen Bezeichnung, kann einfacher zu bewerkstelligen sein als die des konstruierten Objekts. Entscheidet man sich für Wertaufruf, so kann man die Übergabe von Formeln, den Formelaufruf nachbilden durch Verwendung von Funktionsparametern, wie in 2.6.2 diskutiert. Entscheidet man sich andererseits für Formelaufruf, so schlägt das in der Definition von 3.1.1.1 auch auf Zwischenergebnis-Vereinbarungen durch: Zwischenergebnisse bezeichnen dann Formeln, nicht Werte.

Da ein Parameter in einer Formel mehrfach vorkommen kann, bedeutet Wertaufruf die mögliche Mehrfachverwendung von Ergebnissen. Dieser ökonomische Vorteil gibt dem Wertaufruf seine praktische Bedeutung. Wertaufruf führt dazu, daß aus (Kantorovic-)Bäumen Netze werden. Formelaufruf führt dagegen nicht zur Vernetzung. Darin mag ein großer Vorteil für die Übersichtlichkeit der Programmierung mit organisierten Speichern (baumartige Zugriffsstruktur) liegen.

Beispiel:
Für das System von 2.3.1.2

funct $h \equiv$ (**real** a, b, c) **real** : $(a \times 2 + b) \times c$
funct $f \equiv$ (**real** a, b, c, d) **real** : $h(b, a, d) + h(a, b, c)$

ergeben sich beim Aufruf

$$f(3.48 \times 2.77, \ 1.02 \times 5.60, \ 4.33 \times 2.17, \ 5.97 \times 3.28)$$

u. a. die Reduktionswege

$$h(1.02 \times 5.60, \ 3.48 \times 2.77, \ 5.97 \times 3.28)$$
$$+ h(3.48 \times 2.77, \ 1.02 \times 5.60, \ 4.33 \times 2.17)$$
$$((1.02 \times 5.60) \times 2 + 3.48 \times 2.77) \times (5.97 \times 3.28)$$
$$+ ((3.48 \times 2.77) \times 2 + 1.02 \times 5.60) \times (4.33 \times 2.17)$$
$$\dots$$
$$(5.7120 \times 2 + 9.6396) \times 19.5816 + (9.6396 \times 2 + 5.7120) \times 9.3961$$
$$\dots$$

sowie

$$h(5.7120, \ 9.6396, \ 19.5816) + h(9.6396, \ 5.7120, \ 9.3961)$$
$$(5.7120 \times 2 + 9.6396) \times 19.5816 + (9.6396 \times 2 + 5.7120) \times 9.3961$$
$$\dots$$

die zusammenlaufen. Im ersteren Reduktionsweg liegt Formelaufruf, im letzteren Wertaufruf vor. Wenn überdies Fallunterscheidungen vorkommen, bestehen Möglichkeiten eines früheren oder späteren Kappens von Zweigen.

Für Funktionsparameter besteht noch weithin die Einschränkung, daß die aktuelle Belegung der Parameter nur bloße Bezeichnungen und jedenfalls keine errechneten Rechenvorschriften erlaubt, so daß dafür Wertaufruf und Formelaufruf zusammenfallen.

8.2.6 Operative Semantik der Rekursion

Damit eine Rechenvorschrift im rekursiven Fall auf sich selbst zurückgreifen kann, ist ein Bezeichnungsmechanismus für Rechenvorschriften zweckmäßig. In den Formeln, die als Rümpfe eines rekursiven Systems von Rechenvorschriften auftreten, können dann auch die Bezeichner eben dieser Rechenvorschriften auftreten.

Die Formularmaschine von 2.3.3 bekommt damit als erweiterten Hintergrund ein nichtdeterministisches Ersetzungssystem, das mit den einzelnen Rechenvorschriften aus einem rekursiven System als Ersetzungsregeln arbeitet. Bei jeder Ersetzung werden die nötigen Substitutionen der Parameter durch die aktuellen Formeln vorgenommen, wobei deren Auswertungen vor oder nach der Substitution geschehen können. Das Ersetzungssystem hat allerdings i. a. keine Noethersche Reduktion.

Die Rekursionstheorie geht üblicherweise vom Nichtdeterminismus dieser Semantik ab und führt deterministische gesteuerte Ersetzungen (7.2.3) ein. So ergeben sich Formularmaschinen mit spezifischer deterministischer Arbeitsweise. Sie folgen einem Zweitakt von

(1) Auswertung von primitiven Operationen und Kappen von Zweigen, soweit die Auswertung dazu reicht und

(2) Durchführung gewisser Ersetzungen von Funktionsbezeichnern durch ihren Rumpf.

Von den vielen Möglichkeiten scheinen die einfachsten und wichtigsten die folgenden zu sein:

(a) Ersetzt werden stets (parallel) alle Bezeichner (**Vollsubstitution**, vgl. 7.2.3, Lindenmayer-Systeme).

(b) Ersetzt werden stets (parallel) alle diejenigen Bezeichner, die „ganz innen" (im Kantorovic-Baum den Blättern am nächsten) ansetzen (*parallel-innermost*-**Substitution**).

(c) Ersetzt wird stets derjenige der „ganz innen" ansetzenden Bezeichner, der in der linearen Aufschreibung am weitesten links vorkommt (*leftmost-innermost*-**Substitution**).

(d) Ersetzt wird stets derjenige der „ganz außen" (im Kantorovic-Baum der Wurzel am nächsten) ansetzenden Bezeichner, der in der linearen Aufschreibung am weitesten links vorkommt (*leftmost-outermost*-**Substitution**).

(a) bringt gelegentlich unnötigen Aufwand für Ersetzungen, welche später gekappt werden. (c) ist eine Sequentialisierung von (b), die möglichst oft Zweige zu kappen versucht. (b) und (c) führen zu Wertaufrufen, (d) führt zu Formelaufrufen.

In den Beispielen von Kap. 2 machen diese verschiedenen Festsetzungen der operativen Semantik der Rekursion keinen Unterschied. Für manche geschachtelt rekursiven Rechenvorschriften kann es jedoch vorkommen, daß eine Berechnung etwa nach (b) oder (c) nicht terminiert, während sie nach (a) oder (d) terminiert.

Wenn jedoch die Berechnungen nach zwei verschiedenen Festsetzungen terminieren, so liefern sie ein und denselben Wert.

Beispiel (MANNA, NESS, VUILLEMIN 1973):

funct *ble* ≡ (**int** x, **int** y) **int** :
    if $x = 0$ **then** 1
        else $ble(x - 1, ble(x - y, y))$ **fi**

Abb. 258 zeigt das zugehörige Rechenformular, mit teilweise eingetragener Berechnung $ble(1, 0)$.

Die für das Arbeiten mit Formularen naheliegende ,leftmost-innermost'-Berechnung terminiert in diesem Fall nicht; sie terminiert zur Berechnung von $ble(a, b)$ genau dann, wenn $a = 0$ oder wenn $a > 0 \wedge b > 0$ und b ein Teiler von a ist. Dagegen terminiert die mit der Voll-Substitution arbeitende Berechnung stets, wenn nur $a \geq 0$. Für die Formularmaschine ist ein solches Vorgehen, das ständig das Anlegen neuer Formulare erfordert, weniger effizient.

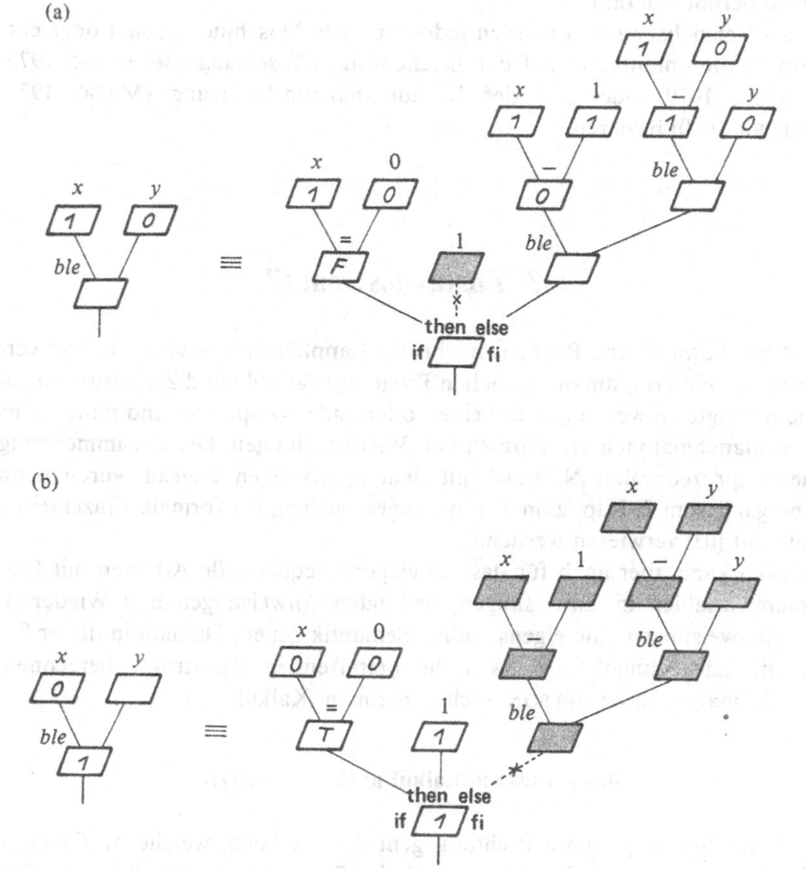

Abb. 259. Rechenformular für eine geschachtelte Rekursion:
(a) Aufruf $ble(1, 0)$ und (b) Teilberechnung $ble(0, .)$

Abb. 259 zeigt die Durchführung für das gegebene Beispiel; eine Teilberechnung mit Hilfe des ersten Argumentwertes von $ble(0, .)$ schneidet den Ast $ble(1, 0)$ ab und bringt damit Terminierung.

8.2.7 Reduktionsmaschinen

Die volle Mechanisierung spezifischer Formularmaschinen[7] wird bis heute meist durch Programmierung auf konventionellen Maschinen vom „von Neumann-Typus" simuliert. Die Übersetzer höherer Programmiersprachen wie ALGOL 68 und PASCAL, aber auch spezielle interpretative Systeme beruhen darauf.

Zu Versuchszwecken wurden jedoch bereits Maschinen gebaut oder entworfen, die unmittelbar auf der Zeichenfolgen-Ersetzung (BERKLING 1975, TURNER 1979) oder auf der Kantorovicbaum-Ersetzung (MAGÓ 1979, KELLER 1980) basieren.

8.3 Zustandssemantik

Über Formeln und Rechenvorschriften (‚applikatives Niveau') hinaus verwenden viele Programmiersprachen Programmvariable und Zuweisungen sowie bedingte Anweisungen der einen oder anderen Spielart, und mindestens eine, manchmal mehrere Formen von Wiederholungen. Der Zusammenhang dieses ‚prozeduralen Niveaus' mit dem applikativen Niveau wurde beim Übergang vom 2. Kap. zum 3. Kap. angesprochen, für formale Einzelheiten muß auf [03] verwiesen werden.

Man kann aber auch für das vorwiegend sequentielle Arbeiten mit Programmvariablen in Zuweisungen, bedingten Anweisungen und Wiederholungsanweisungen eine eigenständige Semantik geben. Da man in dieser Semantik ‚ausrechnen' kann, was die betreffenden Konstrukte berechnen, spricht man nach SAMELSON auch von einem ‚Kalkül'.

8.3.1 Zustandskalkül nach MCCARTHY

Einen Schritt in diese Richtung geht die Methode, welche MCCARTHY (1962) als Grundlage für die semantische Beschreibung von Programmiersprachen vorgeschlagen hat[8]. MCCARTHY faßt die Abarbeitung eines prozeduralen Programms als eine Folge explizit benannter **Zustände** $\xi_1, \xi_2, \xi_3, \ldots$ initialisierter Programmvariablen (vgl. 3.3.2.1) auf.

---

[7] Etwa die ‚Kellermaschine' in [03], oder Systeme für den Lambda-Kalkül.

[8] In dieser Richtung waren Versuche sowjetischer Autoren vorangegangen. MCCARTHY verwendet eine Funktionsschreibweise.

Jeder Zustandsübergang $\xi_i \to \xi_{i+1}$ stellt die Ausführung einer Anweisung dar. Zur Beschreibung konkreter Zustandsübergänge führen wir folgende an die Beschreibung von Automaten anklingende Schreibweise ein:

$$\xi_{i+1} \cong \xi_i \,|\, \mathscr{S}$$

mit der Bedeutung

«führe im Zustand ξ_i die Anweisung $\mathscr{S}$ aus, wodurch der Zustand ξ_{i+1} erreicht wird».

Dann erhält etwa

$$b := a \,;$$
$$c := b$$

die Bedeutung

$$\xi_2 \cong \xi_1 \,|\, b := a$$
$$\xi_3 \cong \xi_2 \,|\, c := b$$

oder zusammengezogen

$$\xi_3 \cong \xi_1 \,|\, b := a \,;\, c := b$$

8.3.1.1 Die Tragfähigkeit von MCCARTHY's Ideen erweist sich dadurch, daß sich in dieser Schreibweise gewisse Grundtatsachen formulieren lassen, welche vorher nur pragmatische Feststellungen waren. Insbesondere lassen sich funktionale semantische Äquivalenzen zwischen verschiedenen Ausführungsvorschriften formulieren. Damit wird Programmiersprache manipulierbar, Programme lassen sich durch bestimmte andere ersetzen. Ein geeignetes System solcher Äquivalenzen ist (x und y seien verschiedene Bezeichner, A, B seien (von Ω verschiedene) Objekte)

(1) $\qquad\qquad \xi \,|\, x := A \,;\, y := x \quad \cong \quad \xi \,|\, x := A \,;\, y := A$

(„ob die Kopie von A aus x, oder A selbst an y zugewiesen wird, ist gleich")

(2) $\qquad\qquad \xi \,|\, x := A \,;\, x := x \quad \cong \quad \xi \,|\, x := A$

(„$x := x$ ist eine leere Anweisung")

(3) $\qquad\qquad \xi \,|\, x := A \,;\, x := B \quad \cong \quad \xi \,|\, x := B$

(„die letzte der Zuweisungen an x bestimmt den Zustand")

(4) $\qquad\qquad \xi \,|\, x := A \,;\, y := B \quad \cong \quad \xi \,|\, y := B \,;\, x := A$

(„zwei „isolierte" Zuweisungen sind vertauschbar")

Aufgrund dieser einleuchtenden Regeln ist es dann beispielsweise möglich, zu beweisen, daß

$$x := y \,;\quad y := x \quad \text{mit}$$
$$x := y$$

gleichwertig ist:

$$\xi \,|\, x := y; y := x \overset{(1)}{\cong} \xi \,|\, x := y; y := y \overset{(2)}{\cong} \xi \,|\, x := y$$

8.3.1.2 Dieser Kalkül kann auch verwendet werden, um Sequentialisierungen kollektiver Zuweisungen zu vereinfachen:
Eine kollektive Zuweisung (3.2.6)

$$(x_1, x_2, \ldots, x_k) := (\mathscr{A}_1, \mathscr{A}_2, \ldots, \mathscr{A}_k)$$

(wobei x_i paarweise verschiedene Bezeichner sind) heißt **kollateral**, wenn die k Einzelzuweisungen $x_i := \mathscr{A}_i$ in jeder Reihenfolge den selben Zustandsübergang bewirken. Hinreichend dafür ist, daß für $j \neq i$ stets „x_i kommt in $\mathscr{A}_j$ nicht ungebunden vor" gilt. In orthodoxem ALGOL 68 darf man dann die ‚kollaterale Anweisung'

$$\ulcorner x_1 := \mathscr{A}_1, x_2 := \mathscr{A}_2, \ldots, x_k := \mathscr{A}_k \urcorner$$

schreiben.

Nach dem "*master-slave*"-Prinzip (3.3.4) kann eine beliebige kollektive Zuweisung unter Einführung von k lokalen Hilfsvariablen (oder Zwischenergebnisbezeichnungen) stets als Abfolge zweier kollateraler Anweisungen geschrieben werden:

$$\xi_2 \cong \xi_1 \,|\, \ulcorner \textbf{var } \lambda h_1 := \mathscr{A}_1, \textbf{var } \lambda h_2 := \mathscr{A}_2, \ldots, \textbf{var } \lambda h_k := \mathscr{A}_k \urcorner$$
$$\xi_3 \cong \xi_2 \,|\, \ulcorner x_1 := h_1, x_2 := h_2, \ldots, x_k := h_k \urcorner \quad,$$

die ihrerseits nun in beliebiger Reihenfolge sequentialisiert werden dürfen. Für

$$\xi_3 \cong \xi_1 \,|\, (a, b) := (b, a)$$

(vgl. 3.3.4) ergibt sich damit

$$\xi_2 \cong \xi_1 \,|\, \ulcorner \textbf{var } \lambda h_1 := b, \textbf{var } \lambda h_2 := a \urcorner$$
$$\xi_3 \cong \xi_2 \,|\, \ulcorner a := h_1, b := h_2 \urcorner \quad.$$

Die Sequentialisierung in der Aufschreibungsreihenfolge bringt keine Umformungsmöglichkeit, wohl aber die folgende

$$\xi_3 \cong \xi_1 \,|\, \ulcorner \textbf{var } \lambda h_1 := b; \textbf{var } \lambda h_2 := a; b := h_2; a := h_1 \urcorner$$

die mittels (1) zu

$$\xi_3 \cong \xi_1 \,|\, \ulcorner \textbf{var } \lambda h_1 := b; \textbf{var } \lambda h_2 := a; b := a; a := h_1 \urcorner$$

umgeformt werden kann. Da aber h_2 lokal ist, also außerhalb des durch die Winkelklammern begrenzten Abschnitts nicht vorkommt und nunmehr auch innerhalb nicht gebraucht wird, kann $\lambda h_2 := a$ eliminiert werden, es verbleibt

$$\xi_3 \cong \xi_1 \,|\, \ulcorner \textbf{var } \lambda h_1 := b; b := a; a := h_1 \urcorner$$

8.3.1.3 McCARTHY's Semantik reicht jedoch in ihrer „klassischen" Fassung nicht aus, um paralleles Arbeiten einzubeziehen. Dazu muß insbesondere die Zusammenfassung zweier Prozesse (2.2.2.2) zu einem Ganzen, die **Sammlung** (Abb. 81), verfügbar sein. Schreibt man etwa

$$\xi' \mp \xi''$$

um auszudrücken, daß ein Prozeß, der zum Zustand ξ' führt, und einer, der zum Zustand ξ'' führt, gesammelt werden sollen, so läßt sich der Austauschanweisung

$$(a, b) := (b, a)$$

folgende Zustandssemantik geben:

$$\xi_2' \cong \xi_1 \,|\, \mathbf{var}\ \lambda\, h_1 := b \qquad \xi_2'' \cong \xi_1 \,|\, \mathbf{var}\ \lambda\, h_2 := a \qquad (\text{,Aufspaltung'})$$
$$\xi_2 \cong \xi_2' \mp \xi_2'' \qquad\qquad\qquad (\text{,Sammlung'})$$
$$\xi_3' \cong \xi_2 \,|\, a := h_1 \qquad\quad \xi_3'' \cong \xi_2 \,|\, b := h_2 \qquad (\text{,Aufspaltung'})$$
$$\xi_3 \cong \xi_3' \mp \xi_3'' \qquad\qquad\qquad (\text{,Sammlung'})$$

Häufig ‚konkurrieren' jedoch zwei parallele Prozesse, d. h. muß der eine Prozeß erst gewisse Bedingungen erfüllen – etwa terminieren –, damit der andere fortschreiten kann. Diese ‚Prozeßkommunikation' kann mittels gemeinsam benutzter Variablen erfolgen, wenn man der bewachten Anweisung die erweiterte, mit der bisherigen Bedeutung konsistente Bedeutung «warte, bis Bedingung erfüllt ist, dann fahre fort» gibt (HOARE 1972, DIJKSTRA 1975). Andere für diesen Zweck vorgeschlagene, zum Teil kompliziertere Kommunikationsmechanismen (‚Semaphore': DIJKSTRA 1965, ‚Monitore': BRINCH HANSEN 1978) können auf diese Grundoperation zurückgeführt werden.

8.3.2 Zusicherungskalkül nach FLOYD, HOARE und DIJKSTRA

Über den Zustandskalkül von McCARTHY hinausgehend, will man auch Aussagen über Zustände machen, insbesondere Zustände implizit durch ihre Eigenschaften charakterisieren. Sei $\mathcal{R}$ ein Prädikat, das entweder richtig oder falsch sein kann; dann soll[9]

$$\xi \vDash \mathcal{R}$$

heißen, daß $\mathcal{R}$ im Zustand ξ richtig ist. Ist $\mathcal{S}$ eine (möglicherweise zusammengesetzte) Anweisung, dann bedeutet

---

[9] Das Zeichen $\vDash$ wird gelesen „gültig".

$$\text{Wenn } \xi \models \mathscr{R}, \text{ dann } \xi \,|\, \mathscr{S} \models \mathscr{R},$$

daß „die Abarbeitung der Anweisung $\mathscr{S}$ im Zustand ξ die Eigenschaft $\mathscr{R}$ invariant läßt".

8.3.2.1 *Das Zuweisungsaxiom*

Mit dieser Schreibweise, die begrifflich auf FLOYD (1967) zurückgeht, lassen sich weitere Grundtatsachen formulieren, etwa

$$\text{Wenn } \xi \models \mathscr{R}^{x}_{\mathscr{A}}, \text{ dann } \xi \,|\, x := \mathscr{A} \models \mathscr{R}$$

wobei man $\mathscr{R}^{x}_{\mathscr{A}}$ dadurch erhält, daß man in $\mathscr{R}$ alle ungebundenen Vorkommnisse von x durch einen definierten und determinierten Abschnitt $\mathscr{A}$ ersetzt (**Zuweisungsaxiom** von FLOYD und HOARE, in Analogie zum Axiom von der Substitution des *definiens* in der Logik).

Eine abkürzende Schreibweise hierfür ist (HOARE, 1969)[10]

$$\{\mathscr{R}^{x}_{\mathscr{A}}\} \quad x := \mathscr{A} \quad \{\mathscr{R}\},$$

wobei man $\mathscr{R}$ und $\mathscr{R}^{x}_{\mathscr{A}}$ **Zusicherungen** (*assertions*) nennt. Über die schon im 2. Kap. gebrauchte bloße Kommentarangabe

$$\textbf{co } \mathscr{R}^{x}_{\mathscr{A}} \textbf{ co} \quad x := \mathscr{A} \quad \textbf{co } \mathscr{R} \textbf{ co}$$

hinausgehend, sind Zusicherungen formalisiert (als Formeln mit Ergebnissen aus $\mathbb{B}_2$) und formal überprüfbar. Kommt in einer Zusicherung eine Variable vor, so soll angenommen werden, daß diese initialisiert ist.

DIJKSTRA hat nun 1975 darauf hingewiesen, daß tatsächlich jedes Prädikat $\mathscr{P}$, für das

$$\text{Wenn } \xi \models \mathscr{P}, \text{ dann } \xi \,|\, x := \mathscr{A} \models \mathscr{R}$$

gilt, das Prädikat $\mathscr{R}^{x}_{\mathscr{A}}$ impliziert, dieses also die **schwächste Vorbedingung** (*weakest precondition*) für $\mathscr{R}$ unter $x := \mathscr{A}$ ist. Dafür schreibt man funktional

$$\text{wp}(x := \mathscr{A} \,|\, \mathscr{R}) \Leftrightarrow \mathscr{R}^{x}_{\mathscr{A}}$$

und nennt die Abbildung $\text{wp}(x := \mathscr{A}, .)$ eine **Prädikattransformation**[11]. Beispiele:

$$\text{wp}(x := x+1 \,|\, x>0) \Leftrightarrow (x+1>0) \Leftrightarrow x>-1$$
$$\text{wp}(x := x \times x \,|\, x>0) \Leftrightarrow x \times x>0 \Leftrightarrow x \neq 0$$
$$\text{wp}(x := x \times x \,|\, x \geq 0) \Leftrightarrow x \times x \geq 0 \Leftrightarrow \textbf{T}$$

---

[10] HOARE schrieb ursprünglich $\mathscr{P}\{\mathscr{S}\}\mathscr{R}$, wo jetzt $\{\mathscr{P}\}\mathscr{S}\{\mathscr{R}\}$ steht.

[11] $\{\mathscr{P}\}\mathscr{S}\{\mathscr{R}\}$ steht also abkürzend für $\mathscr{P}$ impliziert $\text{wp}(\mathscr{S}, \mathscr{R})$.

Die schwächste Vorbedingung kann sich also auch als ein konstantes Prädikat ergeben; wie ferner in

$$\text{wp}(x := 5 \,|\, x = 5) \Leftrightarrow (5 = 5) \Leftrightarrow \mathsf{T}$$
$$\text{wp}(x := 5 \,|\, x \neq 5) \Leftrightarrow (5 \neq 5) \Leftrightarrow \mathsf{F}$$

In diesem Zusammenhang nehmen wir üblicherweise an, daß die Formel $\mathscr{A}$ stets einen definierten Wert hat, was allenfalls durch eine geeignete Zusicherung, unter der die Anweisung steht, erreicht werden kann. Wir könnten aber auch die schwächste Zusicherung $\text{def}(\mathscr{A})$, daß $\mathscr{A}$ definiert ist, in das Axiom aufnehmen:

$$\text{wp}(x := \mathscr{A} \,|\, \mathscr{R}) \quad \Leftrightarrow \quad \text{def}(\mathscr{A}) \wedge \mathscr{R}^x_{\mathscr{A}} \, .$$

Beispiel:

$$\text{wp}(x := x/p \,|\, 0 \leqq x < 1 \wedge p \geqq 0) \Leftrightarrow p \neq 0 \wedge 0 \leqq (x/p) < 1 \wedge p \geqq 0$$
$$\Leftrightarrow p > 0 \wedge 0 \leqq x < p \Leftrightarrow 0 \leqq x < p \, .$$

Die Prädikattransformation $\text{wp}(x := x \,|\, .)$ ist die Identität. Da die leere Anweisung (3.3.6) *skip* (in ALGOL 68 **skip**) die Äquivalenzklasse aller Zuweisungen einer Variablen an sich selbst umfaßt, gilt

$$\text{wp}(skip \,|\, \mathscr{R}) \quad \Leftrightarrow \quad \mathscr{R} \, .$$

Bezeichnenderweise ergibt sich ein komplizierteres Axiom, wenn man zu einer Vorbedingung $\mathscr{Q}$ die stärkste Nachbedingung (*strongest postcondition*) sucht:

$$\text{sp}(\mathscr{Q} \,|\, x := \mathscr{A}) \Leftrightarrow \exists \lambda n \colon \mathscr{Q}^x_n \wedge x = \mathscr{A}^x_n$$

Überdies gilt lediglich (GRIES 1981)

$$\mathscr{Q} \text{ impliziert } \text{wp}(x := \mathscr{A} \,|\, \text{sp}(\mathscr{Q} \,|\, x := \mathscr{A}))$$

Für kollektive Zuweisungen

$$(x_1, x_2, \ldots, x_k) := (\mathscr{A}_1, \mathscr{A}_2, \ldots, \mathscr{A}_k)$$

gilt

$$\text{wp}((x_1, x_2, \ldots, x_k) := (\mathscr{A}_1, \mathscr{A}_2, \ldots, \mathscr{A}_k) \,|\, \mathscr{R}) \Leftrightarrow \mathscr{R}^{\bar{x}}_{\mathscr{J}} \, ,$$

wobei $\mathscr{R}^{\bar{x}}_{\mathscr{J}}$ bedeutet, daß zunächst (in beliebiger Reihenfolge) jedes in $\mathscr{R}$ ungebunden vorkommende x_i durch eine Hilfsbezeichnung h_i ersetzt wird und sodann (in beliebiger Reihenfolge) jedes h_i durch $\mathscr{A}_i$ ersetzt wird – vgl. 8.3.1.

Beispiel:

$$\text{wp}((a, b) := (b, a) \,|\, a \neq b)$$
$$\Leftrightarrow \quad h_1 \neq h_2$$
$$\Leftrightarrow \quad b \neq a \quad (\text{mit } b \text{ für } h_1 \text{ und } a \text{ für } h_2)$$

Die Ersetzung ist unproblematisch bei kollektiven Zuweisungen, die kollateral sind, etwa im Beispiel

$$\text{wp}((y,z):=(y-1,z+x)\,|\,y\geq 0 \land z+x\times y=c)$$
$$\Leftrightarrow (y-1)\geq 0 \land (z+x)+x\times(y-1)=c$$
$$\Leftrightarrow y\geq 1 \land z+x\times y=c \quad .$$

Sind nicht alle $\mathscr{A}$ total definiert, muß noch die Bedingung

$$\text{def}(\mathscr{A_1}) \land \text{def}(\mathscr{A_2}) \land \dots \land \text{def}(\mathscr{A_n})$$

in das Axiom aufgenommen werden.

Die Zusicherungssemantik von Zuweisungen an indizierte Variable mit einer Formel auf Indexposition bedarf besonderer Erläuterung. Es gilt

$$\text{wp}(x[\mathscr{E}\,]:=\mathscr{A}\,|\,\mathscr{R}) \Leftrightarrow \mathscr{R}_{\mathscr{A}}^{x[E]}\,,$$

wobei E der errechnete Wert der Indexformel $\mathscr{E}$ ist – es wird also die Variable $x[E]$, wo immer sie in $\mathscr{R}$ vorkommt, durch $\mathscr{A}$ ersetzt ("*call by reference*").

Beispiel:

$$\text{wp}(x[i+1]:=0\,|\,x[i]=x[j])$$
$$\Leftrightarrow (x[i]=x[j])_0^{x[i+1]}$$
$$\Leftrightarrow (i+1\neq j \land x[i]=x[j]) \lor (i+1=j \land x[i]=0)$$

(beachte, daß $i+1\neq i \Leftrightarrow \textbf{T}, i+1=i \Leftrightarrow \textbf{F}$).

Die Durchführung der Berechnung der schwächsten Vorbedingung erfordert hier also eine sorgfältige Fallunterscheidung. Dies zeigt sich auch in folgendem Beispiel, das ein überraschendes Ergebnis hat:

$$\text{wp}(x[i]:=0\,|\,x[i]=x[j])$$
$$\Leftrightarrow (x[i]=x[j])_0^{x[i]}$$
$$\Leftrightarrow (i\neq j \land 0=x[j]) \lor (i=j \land 0=0)$$
$$\Leftrightarrow (i\neq j \land 0=x[j]) \lor i=j$$
$$\Leftrightarrow (i\neq j \lor i=j) \land (0=x[j] \lor i=j)$$
$$\Leftrightarrow 0=x[j] \lor i=j$$

Intuitiv erwartet man vielleicht lediglich $0=x[j]$; die formale Semantik ist nicht nur hier der Intuition überlegen.

8.3.2.2 *Das Zusammensetzungsaxiom*

Für die durch Zusammensetzung zweier Anweisungen $\mathscr{S}_1$ und $\mathscr{S}_2$ (sie entspricht dem Einsetzen eines Ausdrucks in einen Ausdruck, vgl. 3.2.1) sich ergebende Anweisung $\mathscr{S}_1; \mathscr{S}_2$ gilt das Axiom

$$\text{wp}(\mathscr{S}_1; \mathscr{S}_2\,|\,\mathscr{R}) \Leftrightarrow \text{wp}(\mathscr{S}_1\,|\,\text{wp}(\mathscr{S}_2\,|\,\mathscr{R}))\,.$$

Beispiel:

$$\text{wp}(y := y - 1; \ z := z + x \,|\, y \geq 0 \wedge z + x \times y = c)$$
$$\Leftrightarrow \text{wp}(y := y - 1 \,|\, y \geq 0 \wedge (z + x) + x \times y = c)$$
$$\Leftrightarrow (y - 1) \geq 0 \wedge (z + x) + x \times (y - 1) = c$$
$$\Leftrightarrow y \geq 1 \ \wedge \ z + x \times y = c$$

Da die Funktionszusammensetzung assoziativ ist, ist auch die Zusammensetzung von Anweisungen assoziativ, weswegen man auf Klammern verzichten kann:

$$\text{wp}(\mathscr{S}_1; \ \mathscr{S}_2; \ \mathscr{S}_3 \,|\, \mathscr{R}) \Leftrightarrow \text{wp}(\mathscr{S}_1; \ \mathscr{S}_2 \,|\, \text{wp}(\mathscr{S}_3 \,|\, \mathscr{R}))$$
$$\Leftrightarrow \text{wp}(\mathscr{S}_1 \,|\, \text{wp}(\mathscr{S}_2; \ \mathscr{S}_3 \,|\, \mathscr{R}))$$
$$\Leftrightarrow \text{wp}(\mathscr{S}_1 \,|\, \text{wp}(\mathscr{S}_2 \,|\, \text{wp}(\mathscr{S}_3 \,|\, \mathscr{R}))).$$

Daraus ergibt sich beispielsweise, daß *skip* ein neutrales Element unter der Komposition von Anweisungen ist:

$$\text{wp}(\mathscr{S}; \ skip \,|\, .) \Leftrightarrow \text{wp}(skip; \ \mathscr{S} \,|\, .) \Leftrightarrow \text{wp}(\mathscr{S} \,|\, .) \ .$$

Der semantischen Natur des (Semikolons als) Verknüpfungszeichens für Anweisungen wird nicht Rechnung getragen, wenn man es zudem, wie in PL/I und ADA, als Schlußzeichen für Anweisungen mißbraucht.

8.3.2.3 *Die Fallunterscheidungs-Axiome*

Für die alternative Anweisung (3.3.5.1) gilt das Axiom

$$\text{wp}(\textbf{if } \mathscr{B} \textbf{ then } \mathscr{S}_1 \textbf{ else } \mathscr{S}_2 \textbf{ fi} \,|\, \mathscr{R})$$
$$\Leftrightarrow (\mathscr{B} \wedge \text{wp}(\mathscr{S}_1 \,|\, \mathscr{R})) \vee (\neg \mathscr{B} \wedge \text{wp}(\mathscr{S}_2 \,|\, \mathscr{R}))$$

Beispiel:

$$\text{wp}(\textbf{if } x < 0 \textbf{ then } x := -x \textbf{ else skip fi} \,|\, x > 0) \Leftrightarrow$$
$$(x < 0 \wedge -x > 0) \vee (x \geq 0 \wedge x > 0) \Leftrightarrow x < 0 \vee x > 0 \Leftrightarrow x \neq 0$$

$$\text{wp}(\textbf{if } x < 0 \textbf{ then } x := -x \textbf{ else skip fi} \,|\, x \geq 0) \Leftrightarrow$$
$$(x < 0 \wedge -x \geq 0) \vee (x \geq 0 \wedge x \geq 0) \Leftrightarrow x < 0 \vee x \geq 0 \Leftrightarrow \textsf{T}$$

Für die (nichtdeterministische) bewachte Anweisung (3.3.5.3) gilt das Axiom

$$\text{wp}(\textbf{if } \mathscr{B}_1 \textbf{ then } \mathscr{S}_1 \,\square\, \mathscr{B}_2 \textbf{ then } \mathscr{S}_2 \,\square\, \dots \,\square\, \mathscr{B}_k \textbf{ then } \mathscr{S}_k \textbf{ fi} \,|\, \mathscr{R}) \Leftrightarrow$$
$$\exists i \in \{1, 2, \dots k\} : \mathscr{B}_i \wedge \forall i \in \{1, 2, \dots k\} : (\neg \mathscr{B}_i \vee \text{wp}(\mathscr{S}_i \,|\, \mathscr{R}))$$

mit folgender ‚Deutung': die schwächste Vorbedingung für die bewachte Anweisung ist wahr, wenn ein Wächter existiert, der wahr ergibt, und wenn für jeden Wächter, der wahr ergibt, auch die schwächste Vorbedingung des betreffenden Zweigs wahr ist.

Beispiel:

$$\text{wp}(\text{if } x \leq 0 \text{ then } x := -x \, \Box \, x \geq 0 \text{ then skip fi} \,|\, x > 0) \Leftrightarrow$$
$$(x \leq 0 \vee x \geq 0) \wedge (x > 0 \vee -x > 0) \wedge (x < 0 \vee x > 0) \Leftrightarrow x \neq 0$$

Wiederum nehmen wir üblicherweise an, daß die Bedingungen $\mathscr{B}_i$ sämtlich stets einen definierten Wert haben. Andernfalls muß noch die Bedingung, daß $\text{def}(\mathscr{B}_1 \wedge \mathscr{B}_2 \wedge \ldots \wedge \mathscr{B}_k)$ gilt, in das Axiom aufgenommen werden.

Die zweigliedrige bewachte Anweisung

$$\text{if } \mathscr{B} \text{ then } \mathscr{S}_1 \, \Box \, \neg \mathscr{B} \text{ then } \mathscr{S}_2 \text{ fi}$$

bewirkt die gleiche Prädikattransformation wie die alternative; die aussagenlogische Identität

$$(\mathscr{B} \wedge \text{wp}(\mathscr{S}_1 \,|\, \mathscr{R})) \vee (\neg \mathscr{B} \wedge \text{wp}(\mathscr{S}_2 \,|\, \mathscr{R}))$$
$$\Leftrightarrow (\neg \mathscr{B} \vee \text{wp}(\mathscr{S}_1 \,|\, \mathscr{R})) \wedge (\mathscr{B} \vee \text{wp}(\mathscr{S}_2 \,|\, \mathscr{R}))$$

beweist man etwa durch Übergang zur Normalform (4.1.2).

Für die eingliedrige bewachte Anweisung

$$\text{if } \mathscr{B} \text{ then } \mathscr{S} \text{ fi}$$

gilt

$$\text{wp}(\text{if } \mathscr{B} \text{ then } \mathscr{S} \text{ fi} \,|\, \mathscr{R}) \Leftrightarrow \mathscr{B} \wedge \text{wp}(\mathscr{S} \,|\, \mathscr{R}) \quad ;$$

im Gegensatz zur ‚einarmigen‘ alternativen Anweisung (3.3.5.3),

$$\text{wp}(\text{if } \mathscr{B} \text{ then } \mathscr{S} \text{ else skip fi} \,|\, \mathscr{R}) \Leftrightarrow (\mathscr{B} \wedge \text{wp}(\mathscr{S} \,|\, \mathscr{R})) \vee (\neg \mathscr{B} \wedge \mathscr{R}) \quad .$$

Beachte, daß der Nichtdeterminismus der bewachten Fallunterscheidung sich in natürlicher Weise in überlappenden Bedingungen ausdrückt, während der deterministische Spezialfall auf disjunkte Bedingungen hinausläuft.

Die nullgliedrige bewachte Fallunterscheidung

$$\text{if fi}$$

wie auch jede k-gliedrige, deren sämtliche Wächter sperren, ergeben eine Prädikattransformation, die konstant **F** liefert. Die Äquivalenzklasse all dieser bewachten Anweisungen soll mit $trap$[12] bezeichnet werden, es gilt

$$\text{wp}(trap \,|\, \mathscr{R}) \Leftrightarrow \textbf{F} \quad .$$

Wie sollte $trap$ ausgeführt werden? Die Menge aller Zustände ξ, in denen es ausgeführt werden sollte, um die Nachbedingung $\mathscr{R}$ sicherzustellen, ist

---

[12] In der englischsprachigen Literatur ist die Bezeichnung *abort* (engl. *abortion*, Fehlgeburt) zu finden, die sich nicht zur Verwendung im Deutschen eignet. Auch wird sich in 8.3.2.5 ergeben, daß die Deutung als ‚Fangzustand‘ zweckmäßig ist.

leer[13]. *trap* wird also nie ausgeführt, es hält jeden Berechnungsgang im ‚Fehlerzustand' an. *trap* entspricht dem Sonderobjekt Ω auf applikativem Niveau. Formal ergibt sich

$$\text{wp}(trap; \mathscr{S}|.) \Leftrightarrow \text{wp}(trap|.).$$

Die Berechnung der schwächsten Vorbedingung kann wieder zu überraschenden Ergebnissen führen: In folgendem Programmstück wird das Maximum $max(M, N)$ zweier (natürlicher) Zahlen M, N in der Variablen x berechnet:

$$x := N;\ \text{if } x < M \text{ then } x := M \text{ else skip fi}$$

also erwartet man

$$\{x = N\} \text{ if } x < M \text{ then } x := M \text{ else skip fi } \{x = max(M, N)\}\ .$$

Was ist $\text{wp}(\text{if } x < M \text{ then } x := M \text{ else skip fi}|x = max(M, N))$? Ist $x = N$ die schwächste Vorbedingung?

Eine kurze Rechnung ergibt

$$((x < M) \wedge (M = max(M, N))) \vee ((x \geq M) \wedge (x = max(M, N)))$$
$$\Leftrightarrow ((x < M) \wedge (N \leq M)) \vee (x = max(M, N))$$
$$\Leftrightarrow ((x \leq M) \wedge (N \leq M)) \vee ((x = N) \wedge (N > M)),$$

ein Prädikat, das offensichtlich echt schwächer ist als das Prädikat $x = N$. Jedoch ist

$$\text{wp}(x := N|((x \leq M) \wedge (N \leq M)) \vee ((x = N) \wedge (N > M))) \Leftrightarrow \mathsf{T}$$

wie auch

$$\text{wp}(x := N|x = N) \Leftrightarrow \mathsf{T}\ .$$

8.3.2.4 *Das Wiederholungs-Axiom*

Waren die bisher behandelten Axiome insofern einfach, als sich die schwächste Vorbedingung einfach „ausrechnen" ließ, so ist das bei der bedingten Wiederholungsanweisung (3.3.2) anders: Dem Charakter einer versteckten (repetitiven) Rekursion entsprechend, ist auch das Wiederholungs-Axiom von rekursiver Bauart.

Aus der Definition in 3.5.8.2

while $\mathscr{B}$ **do** $\mathscr{S}$ **od** $\equiv$ **if** $\mathscr{B}$ **then** $\mathscr{S}$; **while** $\mathscr{B}$ **do** $\mathscr{S}$ **od else skip fi**

ergibt sich für $\mathscr{W} \triangleq \text{wp}(\textbf{while } \mathscr{B} \textbf{ do } \mathscr{S} \textbf{ od}|\mathscr{R})$

$$\mathscr{W} \Leftrightarrow (\mathscr{B} \wedge \text{wp}(\mathscr{S}|\mathscr{W})) \vee (\neg\mathscr{B} \wedge \mathscr{R})\ .$$

---

[13] Beachte: $\{\xi : \mathsf{F}\} = \emptyset$!

Da nach Beendigung der Wiederholung ohnehin $\neg\mathcal{B}$ gilt, spaltet man $\mathcal{R}$ in der Form $\neg\mathcal{B} \wedge \mathcal{P}$ auf:

$$\mathcal{W} \triangleq \text{wp}(\textbf{while } \mathcal{B} \textbf{ do } \mathcal{S} \textbf{ od} \,|\, \neg\mathcal{B} \wedge \mathcal{P})$$

und erhält die Funktionalgleichung für $\mathcal{W}$

$$\mathcal{W} \Leftrightarrow (\mathcal{B} \wedge \text{wp}(\mathcal{S}\,|\,\mathcal{W})) \vee (\neg\mathcal{B} \wedge \mathcal{P}) \quad.$$

Die theoretische Lösung dieser Funktionalgleichung durch Funktionaliteration wird in 8.4.1.2 angesprochen werden. Zu ihrer praktischen Lösung bedient man sich eines (nicht immer funktionierenden) Tricks: man wählt das Prädikat $\mathcal{P}$ so, daß es unter der Anweisung $\mathcal{S}$ invariant bleibt, solange während der Wiederholung $\mathcal{B}$ gilt:

Satz 1: Für terminierende Wiederholungen gilt:
Falls

(1) $\{\mathcal{P} \wedge \mathcal{B}\}\, \mathcal{S}\, \{\mathcal{P}\}$, d.h. $\mathcal{P} \wedge \mathcal{B}$ impliziert $\text{wp}(\mathcal{S}\,|\,\mathcal{P})$,

so gilt

(2) $\{\mathcal{P}\}\, \textbf{while } \mathcal{B} \textbf{ do } \mathcal{S} \textbf{ od}\, \{\neg\mathcal{B} \wedge \mathcal{P}\}$, d.h.
$\qquad\qquad \mathcal{P}$ impliziert $\text{wp}(\textbf{while } \mathcal{B} \textbf{ do } \mathcal{S} \textbf{ od}\,|\,\neg\mathcal{B} \wedge \mathcal{P})$.

Die Voraussetzung (1) ist insbesondere erfüllt, wenn

(1a) $\{\mathcal{P}\}\, \mathcal{S}\, \{\mathcal{P}\}$, d.h. $\mathcal{P}$ impliziert $\text{wp}(\mathcal{S}\,|\,\mathcal{P})$;

aber auch, wenn

(1b) $\mathcal{B}$ impliziert $\mathcal{P} \Leftrightarrow \text{wp}(\mathcal{S}\,|\,\mathcal{P})$, d.h.
$\qquad\qquad \mathcal{S}$ läßt die Eigenschaft $\mathcal{P}$ invariant.

Beweis: (1) bedeutet: $\mathcal{B}$ impliziert, daß $\{\mathcal{P}\}\, \mathcal{S}\, \{\mathcal{P}\}$ gilt. Terminiert nun die Wiederholung nach $k \geq 0$ Schritten, so ist sie gleichwertig zur zusammengesetzten Anweisung $\mathcal{S}; \mathcal{S}; \ldots ; \mathcal{S}$; für diese gilt aber $\{\mathcal{P}\}\, \mathcal{S}; \mathcal{S}; \ldots ; \mathcal{S}\{\neg\mathcal{B} \wedge \mathcal{P}\}$, denn nach dem letzten $\mathcal{S}$ muß $\mathcal{B}$ verletzt sein.

Beispiel (i): Sei $\mathcal{B} \triangleq y \geq 1$ und $\mathcal{S} \triangleq (y, z) := (y-1, z+N)$, die bedingte Wiederholung laute also

$$\mathcal{U} \triangleq \textbf{while } y \geq 1 \textbf{ do}\,(y, z) := (y-1, z+N) \textbf{ od} \quad.$$

Wählt man $\mathcal{P} \triangleq y \geq 0 \wedge z + N \times y = c$, so gilt (8.3.2.2, Beispiel)

$$\text{wp}(\mathcal{S}\,|\,\mathcal{P}) \Leftrightarrow y \geq 1 \wedge z + N \times y = c \Leftrightarrow \mathcal{B} \wedge \mathcal{P} \quad,$$

die Bedingung (1) ist also erfüllt (und sogar scharf!). Somit gilt mit

$$\mathscr{P} \wedge \neg \mathscr{B} \Leftrightarrow y = 0 \wedge z = c, \text{ daß}$$
$$y \geq 0 \wedge z + N \times y = c \text{ impliziert } \text{wp}(\mathscr{U} \,|\, y = 0 \wedge z = c) \quad.$$

Unter der Zusicherung $y \geq 0$ berechnet also die Wiederholung $\mathscr{U}$ (Terminierung ist hier evident) $z := z + N \times y;\ y := 0$.

Das Problem ist aber nicht nur, ein invariantes Prädikat zu finden, sondern unter den vielen ein ‚richtiges' aufzuspüren.

Beispiel (ii): Sei $\mathscr{B} \triangleq x < M$ und $\mathscr{S} \triangleq x := x + 1$, die bedingte Wiederholung laute also

$$\mathscr{U} \triangleq \textbf{while } x < M \textbf{ do } x := x + 1 \textbf{ od} \quad.$$

Intuitiv sieht man, daß $\mathscr{U}$ mit

$$\textbf{if } x < M \textbf{ then } x := M \textbf{ else skip fi}$$

in der Zustandssemantik übereinstimmt und erwartet deshalb, daß (vgl. 8.3.2.3, Schluß)

$$\{x = N\} \textbf{ while } x < M \textbf{ do } x := x + 1 \textbf{ od } \{x = max(M, N)\}$$

im wp-Kalkül hergeleitet werden kann. Ein invariantes Prädikat, das sich anbietet, ist

$$\mathscr{P}_0 \triangleq x \leq max(M, N) \,.$$

Es gilt

$$\text{wp}(x := x + 1 \,|\, x \leq max(M, N)) \Leftrightarrow x + 1 \leq max(M, N) \Leftrightarrow x < max(M, N);$$
falls $x < M$ gilt, impliziert $x \leq max(M, N)$ aber $x < max(M, N)$. Es ist also die Bedingung (1) erfüllt, und Satz 1 ergibt

$$\{x \leq max(M, N)\} \textbf{ while } x < M \textbf{ do } x := x + 1 \textbf{ od } \{M \leq x \leq max(M, N)\} \quad,$$

was nicht ganz das Gewünschte ist.

Besser geht es mit dem Prädikat (vgl. 8.3.2.3, Schluß)

$$\mathscr{P}_1 \triangleq ((x \leq M) \wedge (N \leq M)) \vee ((x = N) \wedge (N > M))$$

Es ergibt sich

$$\text{wp}(x := x + 1 \,|\, \mathscr{P}_1) \Leftrightarrow ((x < M) \wedge (N \leq M)) \vee ((x = N) \wedge (N > M))$$

Nun ist aber

$$\mathscr{P}_1 \wedge \mathscr{B} \Leftrightarrow (x < M) \wedge (N \leq M) \,,$$

es gilt also

$$\{\mathscr{P}_1 \wedge \mathscr{B}\} \, \mathscr{S} \, \{\mathscr{P}_1\} \;;$$

$\mathscr{P}_1$ ist ebenfalls eine Invariante. Nun ergibt sich $\neg \mathscr{B} \wedge \mathscr{P}_1$ zu

$$x \geq M \wedge ((x \leq M \wedge N \leq M) \vee (x = N \wedge N > M))$$
$$\Leftrightarrow (M \leq x \leq M \wedge N \leq M) \vee (x = N \wedge N > M)$$
$$\Leftrightarrow (x = M \wedge N \leq M) \vee (x = N \wedge N > M)$$
$$\Leftrightarrow x = max(M, N) \quad .$$

Ferner impliziert $x = N$ offenbar $\mathscr{P}_1$. Somit ist

$$\{x = N\} \text{ while } x < M \text{ do } x := x + 1 \text{ od } \{x = max(M, N)\}$$

was zu erwarten war, erwiesen.

Abschließend soll noch erwähnt werden, daß

$$\text{wp}(\text{while } \mathscr{B} \text{ do } \mathscr{S} \text{ od} | \mathsf{T})$$

die Bedingung für die Terminierung der Wiederholung ist.

8.3.2.5 *Allgemeine Regeln*

Zu den Axiomen, die die Semantik bestimmter programmierungssprachlicher Konstrukte festlegen, treten allgemeine Regeln für den Umgang mit Prädikaten im wp-Kalkül. Nicht sonderlich überraschend sind die
Regel der Isotonie:

Wenn $\mathscr{R}_1$ impliziert $\mathscr{R}_2$
dann $\text{wp}(\mathscr{S} | \mathscr{R}_1)$ impliziert $\text{wp}(\mathscr{S} | \mathscr{R}_2)$

Regel der Konjunktions-Verträglichkeit:

$$\text{wp}(\mathscr{S} | \mathscr{R}_1 \wedge \mathscr{R}_2) \Leftrightarrow \text{wp}(\mathscr{S} | \mathscr{R}_1) \wedge \text{wp}(\mathscr{S} | \mathscr{R}_2)$$

Regel der schwachen Disjunktions-Verträglichkeit:

$$\text{wp}(\mathscr{S} | \mathscr{R}_1 \vee \mathscr{R}_2) \text{ wird impliziert von } \text{wp}(\mathscr{S} | \mathscr{R}_1) \vee \text{wp}(\mathscr{S} | \mathscr{R}_2) .$$

Ist $\mathscr{S}$ deterministisch, so gilt in der letzten Regel sogar Gleichheit.
Überraschend wirkt die
Regel vom „ausgeschlossenen Wunder":

$$\text{wp}(\mathscr{S} | \mathsf{F}) \Leftrightarrow \mathsf{F}$$

Es gilt auch $\text{sp}(\mathsf{F} | \mathscr{S}) \Leftrightarrow \mathsf{F}$, aber kein Gegenstück für $\text{wp}(\mathscr{S} | \mathsf{T})$ – außer man beschränkt sich ausschließlich auf terminierende Programmstücke.

Die Regel vom „ausgeschlossenen Wunder" ist auch verantwortlich dafür, daß $\text{wp}(\mathscr{S}; trap | .) \Leftrightarrow \text{wp}(trap | .)$ gilt, also $\mathscr{S}; trap$ semantisch äquivalent zu *trap* ist:

$$\text{wp}(\mathscr{S}; trap | \mathscr{R}) \Leftrightarrow \text{wp}(\mathscr{S} | \mathsf{F}) \Leftrightarrow \mathsf{F} \Leftrightarrow \text{wp}(trap | \mathscr{R}) .$$

trap führt also auf einen **Fangzustand**, aus dem es innerhalb des Systems kein Herauskommen mehr gibt.

Diese allgemeinen Regeln zusammen mit den Axiomen, die zu speziellen Konstrukten gehören, reichen aus, um mit dem Zusicherungskalkül die Bedeutung von Programmen festzustellen.

8.3.2.6 *Verifikation von Programmen*

Es sei $\mathscr{R}$ die Spezifikation einer Programmierungsaufgabe wie
„Gegeben seien die Parameter $a_1, a_2, \ldots, a_s$; es sollen die Programmvariablen $x_1, x_2, \ldots, x_r$ derart bestimmt werden, daß $\mathscr{R}(a_1, a_2, \ldots, a_s, x_1, x_2, \ldots, x_r)$ gilt"

Ist dann $\mathscr{U}$ ein Programmstück und gilt

$$\{\mathbf{T}\}\,\mathscr{U}\,\{\mathscr{R}\}\ ,$$

so löst das Programmstück $\mathscr{U}$ die gestellte Aufgabe bedingungslos. Dabei ist es unerheblich, ob $\mathscr{R}$ die Lösung eindeutig bestimmt oder nicht.

Ist für die Parameter a_i eine Zusicherung $\mathscr{Q}$ gegeben,

$$\mathscr{Q}(a_1, a_2, \ldots, a_s)\ ,$$

ist wieder $\mathscr{U}$ ein Programmstück und gilt

$$\{\mathscr{Q}\}\,\mathscr{U}\,\{\mathscr{R}\}\ ,$$

so löst das Programmstück $\mathscr{U}$ die gestellte Aufgabe unter der gegebenen Zusicherung.

Beispiel (i): „Für einen Parameter **real** a soll **var real** x so bestimmt werden, daß $x\uparrow 2 = a \vee x\uparrow 2 = -a$ gilt."

Hier ist $\mathscr{R} \triangleq x\uparrow 2 = a \vee x\uparrow 2 = -a$
$\mathscr{Q} \triangleq \mathbf{T}$.

Das Programmstück

$$\mathscr{U} \triangleq \textbf{if}\ a \geq 0\ \textbf{then}\ x := sqrt\,(a)\ \textbf{else}\ x := sqrt\,(-a)\ \textbf{fi}$$

ist eine Lösung (aber nicht die einzige):

$$\text{wp}\,(\textbf{if}\ a \geq 0\ \textbf{then}\ x := sqrt\,(a)\ \textbf{else}\ x := sqrt\,(-a)\ \textbf{fi}\,|$$
$$x\uparrow 2 = a \vee x\uparrow 2 = -a)$$
$$\Leftrightarrow (a \geq 0 \wedge (sqrt\,(a)\uparrow 2 = a \vee sqrt\,(a)\uparrow 2 = -a)) \vee$$
$$(a < 0 \wedge (sqrt\,(-a)\uparrow 2 = a \vee sqrt\,(-a)\uparrow 2 = -a))$$
$$\Leftrightarrow (a \geq 0 \wedge (a = a \vee a = -a)) \vee (a < 0 \wedge (-a = a \vee -a = -a)) \Leftrightarrow \mathbf{T}\ ;$$

es gilt also $\{\mathscr{Q}\}\,\mathscr{U}\,\{\mathscr{R}\}$.

Beispiel (ii): „Für Parameter **int** M, **int** N mit der Zusicherung $M \geq 0$ soll $z = N \times M$ berechnet werden, wobei als primitive Operationen lediglich Addition, Subtraktion und Größenvergleich verfügbar sind."

Hier ist $\mathcal{R} \triangleq z = N \times M$

$\mathcal{Q} \triangleq M \geq 0$

Das Beispiel (i) von 8.3.2.4 legt nahe, das Programmstück

$$\mathcal{U} \triangleq (x, y, z) := (N, M, 0) \, ;$$
$$\text{\textbf{while} } y \geq 1 \text{ \textbf{do} } (y, z) := (y - 1, z + x) \text{ \textbf{od}}$$

heranzuziehen, wobei

$$\{ y \geq 0 \wedge z + x \times y = c \} \text{ \textbf{while} } y \geq 1 \text{ \textbf{do} } (y, z) := (y - 1, z + x) \text{ \textbf{od}}$$
$$\{ y = 0 \wedge z = c \}$$

und

$$\{ M \geq 0 \wedge N \times M = c \} \, (x, y, z) := (N, M, 0) \, \{ y \geq 0 \wedge z + x \times y = c \}$$

gelten. Also gilt nach Elimination von c

$$\{ M \geq 0 \} \, \mathcal{U} \, \{ y = 0 \wedge z = N \times M \}$$

und natürlich erst recht·

$$\{ M \geq 0 \} \, \mathcal{U} \, \{ z = N \times M \} \quad .$$

Beispiel (iii): In 3.5.4 findet sich die Prozedur *moddiv1* mit dem sequentialisierten Rumpf

$$\mathcal{U} \triangleq q := 0 \, ; r := m \, ; \text{ \textbf{while} } r \geq n \text{ \textbf{do} } q := q + 1 \, ; r := r - n \text{ \textbf{od}} \quad .$$

Als Spezifikation der Division mit Rest mag gelten (vgl. 2.1.3.1, Fußnote 7)

$$\mathcal{R} \triangleq q \times n + r = m \wedge 0 \leq r < n \quad ,$$

die Zusicherung lautet

$$\mathcal{Q} \triangleq m \geq 0 \wedge n > 0 \quad .$$

Die zu wiederholende Anweisung

$$\mathcal{S} \triangleq q := q + 1 \, ; r := r - n$$

läßt

$$\mathcal{P} \triangleq q \times n + r = m \wedge 0 \leq r$$

invariant:

$$\mathrm{wp}(\mathscr{S}\,|\,\mathscr{P})\Leftrightarrow\mathrm{wp}(\mathscr{S}\,|\,q\times n+r=m\,\wedge\,0\leqq r)$$
$$\Leftrightarrow(q+1)\times n+(r-n)=m\,\wedge\,0\leqq r-n$$
$$\Leftrightarrow q\times n+r=m\,\wedge\,n\leqq r$$
$$\Leftrightarrow q\times n+r=m\,\wedge\,(0\leqq r\,\wedge\,n\leqq r)$$
$$\Leftrightarrow(q\times n+r=m\,\wedge\,0\leqq r)\,\wedge\,n\leqq r$$
$$\Leftrightarrow\mathscr{P}\wedge\mathscr{B}\ .$$

Also gilt mit $\mathscr{B}\triangleq r\geqq n$ und $\neg\mathscr{B}\triangleq r<n$

$$\{q\times n+r=m\,\wedge\,0\leqq r\,\wedge\,n>0\}\ \textbf{while}\ r\geqq n\ \textbf{do}\ q:=q+1;\ r:=r-n\ \textbf{od}$$
$$\{q\times n+r=m\,\wedge\,0\leqq r\,\wedge\,r<n\}\ \ .$$

Die Vorbedingung $n>0$ garantiert Terminierung.
Des weiteren gilt

$$\{m=m\,\wedge\,0\leqq m\,\wedge\,n>0\}\,q:=0\,;\ r:=m\,\{q\times n+r=m\,\wedge\,0\leqq r\,\wedge\,n>0\}\ \ .$$

Also gilt

$$\{m\geqq0\,\wedge\,n>0\}\,\mathscr{U}\,\{q\times n+r=m\,\wedge\,0\leqq r<n\}\ \ ,$$

die Prozedur *moddiv1* löst die gestellte Aufgabe.

Bei der Benutzung des wp-Kalküls muß man oft eine schwächste Vorbedingung verstärken (etwa durch UND-Verknüpfung mit einer weiteren Bedingung) oder eine stärkste Nachbedingung abschwächen (etwa durch
ODER-Verknüpfung mit einer weiteren Bedingung). In der Freiheit dieser
"*rule of consequence*" liegt die Qual der Wahl. Die Verifikation eines vorgelegten („vom Himmel gefallenen") Programms $\mathscr{U}$ bzgl. einer Zusicherung $\mathscr{Q}$
und einer Spezifikation $\mathscr{P}$ ist ohnehin problematisch: abgesehen davon, daß
ein „fehlerhaftes", d.h. die Spezifikation nicht erfüllendes Programm nicht
verifizierbar ist – ob man den Fehler beim mißglückten Verifikationsversuch
findet, ist fraglich –, ist das Auffinden eines invarianten Prädikats auch in
einfachen Fällen, wie die Beispiele zeigten, nicht immer leicht. Methodisch
gesehen, wird man deshalb besser Programm und Verifikation nebeneinander
Schritt für Schritt aufbauen. Damit bedient man sich eines sehr speziellen
Falles der allgemeinen Methode der Programmtransformation. Ist jedoch die
Spezifikation einer Aufgabe bereits rekursiv gegeben, so legt die Rekursions-
gleichung oft eine „natürliche" invariante Eigenschaft für die Verifikation
nahe. So erhält man aus der Gleichung

$$mult\,(N,M)=N+mult\,(N,M-1)$$

(vgl. 2.6.3) die Invariante

$$z+mult\,(N,M)=z+N+mult\,(N,M-1)\quad\text{bzw.}$$
$$z+x\times y=z+x+x\times(y-1)=c$$

der obigen Aufgabe (ii).

8.3.2.7 *Sprünge und Schleifeninvarianten*

In den vorangehenden Abschnitten wurden diejenigen Konstrukte behandelt, die in Nassi-Shneiderman-Diagrammen (3.3.2.3) vorkommen. Ergänzend soll nun noch auf die Zustandssemantik von Sprüngen und Programmablaufplänen eingegangen werden.

Wegen der größeren strukturellen Freiheit, die mit der Verwendung von Sprüngen einhergeht, ist ihre formale Behandlung umständlicher. Die Grundidee bleibt jedoch einfach, sie fand sich schon in den ersten Arbeiten von FLOYD (1967): Für jede Schleife (vgl. 3.4.2.2), d. h. für jeden Zyklus im Programmablaufplan, ist an geeigneter Stelle ein bezüglich der Schleife invariantes Prädikat anzugeben. Das Auffinden geeigneter Schleifeninvarianten ist, besonders in diesem allgemeinen Fall, das Problem.

Sprünge wurden in 3.4.1 als verkümmerte schlichte Prozeduraufrufe eingeführt. Die Behandlung der Zustandssemantik von Prozeduren mit Parametern schließt sich also hier an, wobei insbesondere für indizierte Variable als Parameter noch einige Subtilitäten zu klären sind. Damit kann man für die grundlegenden Konstrukte des prozeduralen Niveaus eine vollständige Zustandssemantik angeben. Für Einzelheiten sei etwa auf GRIES [82] verwiesen.

8.4 Mathematische Semantik

Im Gegensatz zur operativen Semantik sieht die Zustandssemantik davon ab, die Bedeutung programmiersprachlicher Konstrukte an eine spezielle Durchführung der Berechnung zu binden. Sie abstrahiert also von einer Reihe für die Bedeutung des Programms unwichtiger Auswertungsdetails und gewinnt damit die Möglichkeit, zu abstrakten Aussagen über Programme zu kommen. Sie ist aber im wesentlichen auf das prozedurale Niveau beschränkt. Für das applikative Niveau hingegen ist eine *funktionale* („mathematische') *Semantik* angebracht, wenn man auch hier von Fragen der Berechnungsdurchführung abstrahiert. Aus dem selben Grund ist man auch bestrebt, die Semantik primitiver Rechenstrukturen algebraisch zu erfassen und damit über die Pragmatik hinauszukommen durch Einführung *abstrakter* (*Daten-*)*Typen*.

Die mathematische Semantik wird mancherorts in einer eigentümlichen Sprech- und Schreibweise wiedergegeben, die "denotational semantics" genannt wird. Es sei etwa der Aufbau von Formeln über einer Grundsorte D^Ω (eine linear geordnete Objektmenge mit ausgezeichnetem Objekt 0) vereinfacht geregelt (unter Beschränkung auf Funktionsschreibweise) durch folgende Grammatik (vgl. Abb. 248, 249)

⟨expr⟩ ::= ⟨function id⟩ (⟨expr⟩ (,⟨expr⟩)*) |
⟨parameter id⟩ |
⟨constant⟩ |
if ⟨expr⟩ > 0 **then** ⟨expr⟩ **else** ⟨expr⟩ **fi**

mit Terminalzeichen $\mathcal{T} = \{ (,)$, **if**, **then**, **else**, **fi**, $>, 0 \}$; wobei ⟨constant⟩, ⟨function id⟩, ⟨parameter id⟩ anderswo definiert sind. Dann wird die "denotational semantics" der (arithmetischen) Formeln durch eine Abbildung der Elemente der syntaktischen Klasse ⟨expr⟩ (in die ganzen Zahlen) bestimmt,

$$\mathfrak{E} \colon \langle expr \rangle \longrightarrow D^{\Omega} \quad ,$$

wobei $\mathfrak{E}$ induktiv definiert wird durch die folgenden ‚semantischen Gleichungen'

$$\mathfrak{E}[\![f(e_1, e_2, \ldots, e_n)]\!] = \begin{cases} \Omega & \begin{array}{l} \text{falls } \mathfrak{E}[\![e_i]\!] = \Omega \\ \text{für irgendein } i \text{ mit} \\ 1 \leq i \leq n \end{array} \\ \mathfrak{F}[\![f]\!](\mathfrak{E}[\![e_1]\!], \mathfrak{E}[\![e_2]\!], \ldots, \mathfrak{E}[\![e_n]\!]) & \text{sonst} \end{cases}$$

(wobei $\mathfrak{F}[\![f]\!]$ die zu dem Funktionsbezeichner f gehörende Funktion aus $(D^n)^{\Omega} \to D^{\Omega}$ ist)

$$\mathfrak{E}[\![x]\!] = \pi(x)$$

(wobei $\pi(x) \in D^{\Omega}$ der Wert des Parameters x in der ‚Parameterumgebung' π ist)

$$\mathfrak{E}[\![i]\!] = \mathfrak{Z}[\![i]\!]$$

(wobei $\mathfrak{Z}[\![i]\!] \in D$ der Wert der Konstanten i ist)

$$\mathfrak{E}[\![\mathbf{if}\ e_1 > 0\ \mathbf{then}\ e_2\ \mathbf{else}\ e_3\ \mathbf{fi}]\!] = \begin{cases} \mathfrak{E}[\![e_2]\!] & \text{falls } \mathfrak{E}[\![e_1]\!] > 0 \\ \mathfrak{E}[\![e_3]\!] & \text{falls } \mathfrak{E}[\![e_1]\!] \leq 0 \\ \Omega & \text{falls } \mathfrak{E}[\![e_1]\!] = \Omega \quad . \end{cases}$$

Wie man sieht, gibt dieser Apparat streng formalisiert wieder, was man ungefähr ohnehin erwartet, aber präzisiert etwa im Hinblick auf partielle Funktionen (Argumentbereich $(D^n)^{\Omega}$, nicht $(D^{\Omega})^n$). Ähnlich, jedoch mit wachsenden Komplikationen, verfährt man mit Vereinbarungen für Rechenvorschriften und Zwischenergebnisse; die Technik läßt sich auch auf das prozedurale Niveau (8.4.4) ausdehnen.

Eine besondere Behandlung erfordern jedoch rekursive Rechenvorschriften und Systeme solcher.

8.4.1 Fixpunkttheorie

‚Fixpunkt' ist ein weitverbreiteter mathematischer Begriff: In der Geometrie sind es Punkte, die unter einer Abbildung invariant bleiben, in der numerischen Algebra Richtungen, die unter einer Abbildung eines Vektorraums in sich übergehen (‚Eigenvektoren'), in der Funktionalanalysis sind es Lösungen einer Funktionalgleichung.

Rekursive Definitionen von Rechenvorschriften und von Systemen solcher können als Funktionalgleichungen $f = \tau(f)$ aufgefaßt werden; darauf kann eine mathematische Semantik des vollständigen applikativen Niveaus gegründet werden. Zunächst muß jedoch eine Schwierigkeit behoben werden: Funktionalgleichungen haben im allgemeinen keine oder keine eindeutigen Fixpunkte[14].

Die Existenzfrage behandelten schon KNASTER 1928, KANTOROVIC 1939, TARSKI 1942. Sie erkannten auch, daß man in einleuchtender Weise eine Ordnung einführen kann, derart daß (unter geeigneten Umständen) ein im Sinne dieser Ordnung kleinster Fixpunkt existiert. KLEENE fand 1952, daß dieser Fixpunkt ‚intuitiv richtig' ist, d. h. mit dem Ergebnis der angestrebten operativen Semantik übereinstimmt.

8.4.1.1 *Fixpunkttheorie der Rekursion*

Zu einer rekursiven Rechenvorschrift (für Systeme gilt entsprechendes) der Form

$$\textbf{funct } f \equiv (\lambda x)\mu : \tau(f)(x)$$

mit einem Rumpf τ, in dem rekursive Aufrufe von f vorkommen, gehört die Funktionalgleichung

$$f = \tau(f) \,.$$

Hier ist f eine totale Funktion der Funktionalität $D \longrightarrow W$, mit der Sorte λ^Ω als Argumentbereich D und der Sorte μ^Ω als Wertebereich W. Das **Funktional** τ ist eine Abbildung der Menge der Funktionen der Funktionalität $D \longrightarrow W$ in sich. Gilt $f = \tau(f)$, so heißt die Funktion f ein **Fixpunkt** des Funktionals τ.

Es seien f_1 und f_2 totale Funktionen mit übereinstimmender Funktionalität $D \longrightarrow W$. f_1 soll **schwächer definiert** als f_2 heißen, in Zeichen

$$f_1 \sqsubseteq f_2 \,,$$

---

[14] Die Funktionalgleichung $e(x+y) = e(x) \cdot e(y)$ für $e : \mathbb{R} \longrightarrow \mathbb{R}$ liefert nur dann (bis auf einen konstanten Faktor) eindeutig die Exponentialfunktion, wenn man sich auf stetige Lösungen beschränkt. Die Funktionalgleichung $f(x) = f(x) + 1$ für $f : \mathbb{Z} \longrightarrow \mathbb{Z}$ hat keine totale Funktion als Lösung.

wenn für alle $x \in D$ gilt:

$$f_1(x) \neq \Omega \text{ impliziert } f_1(x) = f_2(x).$$

$f_1(x)$ kann also für Argumente x undefiniert sein, für die $f_2(x)$ definiert ist.

Offenbar ist die Relation $\sqsubseteq$ auf den totalen Funktionen $D \longrightarrow W$ eine Ordnung. Die am schwächsten definierte Funktion ist die Funktion Ω, die überall undefiniert ist: $\Omega(x) = \Omega$. Als **schwächsten Fixpunkt** bezeichnet man eine Funktion, die im Sinne dieser Ordnung unter den Fixpunkten am schwächsten definiert ist.

Fixpunkte erhält man unter gewissen Voraussetzungen als Grenzwerte eines Iterationsprozesses (**funktionale Iteration**)

$$f^{(i+1)} = \tau(f^{(i)}),$$

den man mit $f^{(0)} = \Omega$ beginnen kann, und der schrittweise bessere Annäherungen (,Approximationen') des Grenzwerts liefert.

Beispiel:

> **funct** $zer \equiv (\textbf{int } n \textbf{ co } n \geq 0 \textbf{ co}) \textbf{ int}:$
> $\quad$ **if** $n > 0$ **then** $n - 1$ **else** $zer(zer(n+2))$ **fi**

Es ist

> $\tau(f) = (\textbf{int } n \textbf{ co } n \geq 0 \textbf{ co}) \textbf{ int}:$
> $\quad$ **if** $n > 0$ **then** $n - 1$ **else** $f(f(n+2))$ **fi** .

Setzt man

$$f_0 = \Omega,$$

so ergibt sich aus $f_1 = \tau(f_0)$

> $f_1 = (\textbf{int } n \textbf{ co } n \geq 0 \textbf{ co}) \textbf{ int}:$
> $\quad$ **if** $n > 0$ **then** $n - 1$ **else** $f_0(f_0(n+2))$ **fi**
> $= (\textbf{int } n \textbf{ co } n \geq 0 \textbf{ co}) \textbf{ int}:$
> $\quad$ **if** $n > 0$ **then** $n - 1$ **else** Ω **fi** .

f_1 ist also bereits außer für $n = 0$ definiert. Beispielsweise erhält man

$$f_1(n+2) = \textbf{if } n + 2 > 0 \textbf{ then } (n+2) - 1 \textbf{ else } \Omega \textbf{ fi}$$
$$= n + 1 \quad \text{aufgrund der Zusicherung } n \geq 0 \quad.$$

Weiter ergibt sich aus $f_2 = \tau(f_1)$

> $f_2 = (\textbf{int } n \textbf{ co } n \geq 0 \textbf{ co}) \textbf{ int}:$
> $\quad$ **if** $n > 0$ **then** $n - 1$ **else** $f_1(f_1(n+2))$ **fi**

Bei der Rechenvorschrift zer führt also bereits der zweite Iterationsschritt zur total definierten Funktion

> **funct** $f \equiv (\textbf{int } n \textbf{ co } n \geq 0 \textbf{ co}) \textbf{ int}: \textbf{if } n > 0 \textbf{ then } n - 1 \textbf{ else } n \textbf{ fi} \quad,$

die sich als (einziger) Fixpunkt erweist.

Im allgemeinen erhält man jedoch einen Fixpunkt erst als Grenzwert der Iteration. Beschränkt man sich etwa im obigen Beispiel nicht auf die natürlichen Zahlen als Argumentbereich, so erhält man

$$f_i = (\textbf{int } n) \textbf{ int}:$$
$$\textbf{if } n > 0 \qquad \textbf{then } n - 1$$
$$\textbf{elsf } n > 3 - 2 \times i \textbf{ then } 0$$
$$\textbf{else } \Omega \textbf{ fi}$$

mit dem Grenzwert

$$\textbf{funct } f \equiv (\textbf{int } n) \textbf{ int}:$$
$$\textbf{if } n > 0 \textbf{ then } n - 1 \textbf{ else } 0 \textbf{ fi} \quad.$$

Die Ordnung $\sqsubseteq$ erlaubt nun, auf einer geeigneten Teilmenge der totalen Funktionen $D \longrightarrow W$ einen Monotoniebegriff („regular table', KLEENE 1952) und damit eine Topologie einzuführen (SCOTT 1970). Für im Sinne dieser Topologie stetige Funktionale existiert nach einem bekannten Satz von KLEENE stets der Grenzwert der funktionalen Iteration und liefert den schwächsten Fixpunkt des Funktionals. Beschränkt man sich auf strikte Funktionen (8.2.2), so kann man zeigen, daß der mit der Topologie der strikten Funktionen definierte schwächste Fixpunkt gerade mit der *leftmost-innermost-* oder der *parallel-innermost*-Berechnungsregel operativ bestimmt wird. Die Rekursion terminiert nach diesen Berechnungsregeln genau für solche Argumente, für die der Funktionswert des schwächsten Fixpunkts definiert ist, und mit dem selben Ergebniswert (MANNA, NESS, VUILLEMIN 1973).

Das Beispiel zeigt, wie mittels der mathematischen Semantik Algorithmen analysiert werden können: es wird hier auf der Basis des gegebenen Algorithmus *zer* ein einfacherer gleichwertiger Algorithmus f errechnet.

8.4.1.2 *Fixpunkttheorie im wp-Kalkül*

Auch im wp-Kalkül kommt eine Funktionalgleichung vor, und zwar im Zusammenhang mit dem Wiederholungsaxiom (8.3.2.4), hinter dem sich eine Rekursion versteckt. Durch funktionale Iteration erhält man eine theoretische Lösung für die schwächste Vorbedingung:

$$\text{wp}(\textbf{while } \mathscr{B} \textbf{ do } \mathscr{S} \textbf{ od} \,|\, \mathscr{R}) \Leftrightarrow \exists k \in \mathbb{N}: W_k \Leftrightarrow \textsf{T}$$
$$\text{wo } W_0 \ = \neg \mathscr{B} \wedge \mathscr{R}$$
$$W_{i+1} = \text{wp}(\textbf{if } \mathscr{B} \textbf{ then } \mathscr{S} \textbf{ else } skip \textbf{ fi} \,|\, W_i)$$

8.4.1.3 *Rekursive Definition der Semantik einer algorithmischen Sprache*

Werden die Konstrukte einer algorithmischen Sprache syntaktisch durch eine Strukturgrammatik oder gleichwertig durch Kantorovic-Bäume beschrieben, so können letztere selbst als Objekte einer Verarbeitung aufgefaßt werden, d.h., es können Programme formuliert werden, die aus Programmen neue Programme errechnen. Hierin liegt ein neues und noch kaum erschlossenes Feld der Programmierungstechnik, das unter dem Stichwort ‚Programmtransformation' zunehmend auch praktische Bedeutung erlangt. Darauf wurde bereits eingangs des 2. Kapitels abgehoben.

Insbesondere ist es möglich, auch eine höhere Programmiersprache so auszulegen, daß sie gestattet, ihre eigenen Programme zu verarbeiten. Dies geschieht beispielsweise in LISP einfach durch den Zwang, Terme selbst als beblätterte (binäre) Bäume (2.1.3.5) darzustellen (MCCARTHY 1959, *eval*-Operator), ist aber nicht an die Beschränkung in LISP auf eine einzige Objektart gebunden.

Die operative Semantik einer Programmiersprache fixpunktartig mittels ihrer selbst zu charakterisieren, liefert auch einen praktischen Vorteil, insbesondere bei der Erstellung von Übersetzern in Maschinensprache ("*bootstrapping*").

8.4.2 Abstrakte (Daten-)Typen

In einem **abstrakten algebraischen Typ** oder **abstrakten (Daten-)Typ** faßt man die syntaktischen und semantischen formalen Merkmale einer Rechenstruktur zusammen: das sind

a) die Menge S aller in der Rechenstruktur vorkommenden Bezeichner für ‚Trägermengen' (**Sorten**) und die Menge F aller Bezeichner für null-, ein-, zwei- usw. stellige Grundoperationen samt ihrer jeweiligen Funktionalität (2.1.2, 2.1.3); man nennt dies die **Signatur** $\Sigma = (S, F)$ der Rechenstruktur bzw. des Typs;

b) die Gesamtheit E der für das Arbeiten mit der Rechenstruktur geltenden Grundgesetze (aus denen sich in der Regel weitere herleiten lassen).

Beispielsweise umfaßt die Signatur der Rechenstruktur $\mathbb{N}$ der natürlichen Zahlen nach PEANO (2.1.3.2) eine Sorte **nat** mit zwei Grundoperationen: einer nullstelligen, mit 0 bezeichneten Operation (das ausgezeichnete Objekt ‚Null') und einer einstelligen, mit *succ* bezeichneten totalen Operation (‚Nachfolger'); für die Signatur $\Sigma = (S, F)$ gilt also

$$S = \{\textbf{nat}\} \quad \text{und} \quad F = \{\textbf{funct nat } 0, \textbf{ funct (nat) nat } succ\} \quad .$$

Grundgesetze dieser Rechenstruktur sind

$\forall$ **nat** $a : succ(a) \neq 0$ („nichtendliche Ordnung der Operation *succ*")
$\forall$ **nat** $a, b : succ(a) = succ(b)$ impliziert $a = b$
(„Injektivität der Operation *succ*")

Der algebraische Typ **FOLGEN** zur Rechenstruktur $(\mathbb{V}^*, \mathbb{V})$ der Zeichenfolgen über $\mathbb{V}$ besitzt zwei Sorten: die Sorte **char** der Zeichen und die Sorte

string der Zeichenfolgen. Auf der Sorte der Zeichen sind die zweistelligen Prädikate des Vergleichs auf Rangordnung im Alphabet definiert, ferner gibt es auf der Sorte der Zeichenfolgen zweistellige und partielle einstellige innere Operationen, zweistellige und partielle einstellige gemischte Operationen, nullstellige Operationen (das ausgezeichnete Objekt ‚leere Zeichenfolge') und Prädikate für den lexikographischen Vergleich; sie sind im einzelnen in Tabelle 7 aufgeführt samt ihren Funktionalitäten. Einige Grundgesetze dieser Rechenstruktur sind ebenfalls in 2.1.3.4 aufgeführt.

Abstrakte Typen, deren Signatur nur eine einzige Sorte enthält, heißen **homogen**; die übrigen heißen **heterogen**. Homogen ist auch der Typ **BOOLESCHE ALGEBRA** zur Rechenstruktur $\mathbb{B}_2$ der Wahrheitswerte (2.1.3.6); die Sorte **bool** wird wegen des Vorkommens von Prädikaten zu vielen Typen stillschweigend hinzugenommen.

8.4.2.1 *Der Signaturgraph*

Die Signatur beschreibt man vorteilhaft durch einen bipartiten Graphen (7.3.1), den **Signaturgraphen**, dessen Plätze mit den Sorten und dessen Hürden mit den Operationen bezeichnet werden. Die Kanten ergeben sich aus den Funktionalitäten der einzelnen Operationen. Für die beiden obigen Beispiele zeigen Abb. 260 und Abb. 261 den Signaturgraphen. Der Signaturgraph vergißt die Reihenfolge der Sorten in der Funktionalität einer Operation, vgl. *prefix – postfix*. Abb. 262 zeigt einen Signaturgraph in dualer, Datenflußplänen angepaßter Form.

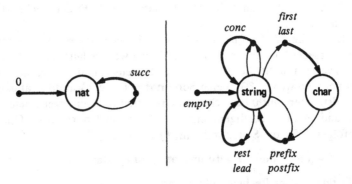

Abb. 260.
Signaturgraph für die Rechenstruktur $\mathbb{N}$ nach PEANO

Abb. 261.
Signaturgraph für die Rechenstruktur $SEQU(\mathbb{V})$.
(Prädikate sind weggelassen)

Abstrakte Typen, deren Signaturgraphen (bis auf konsistente Umbezeichnungen) übereinstimmen, heißen **homolog**. Beispielsweise haben Gruppen,

Monoide und Gruppoide die gleiche Signatur; Abb. 263(a) zeigt ihren gemeinsamen Signaturgraphen, wobei das neutrale Element mit *e* und die Verknüpfung mit + bezeichnet ist. Auch eine Abmagerung der Rechenstruktur der Zeichenfolgen auf *empty* und *conc* führt auf diese Signatur (Abb. 263(b)). Eine weniger starke Abmagerung führt auf Stapel und Schlangen (Abb. 264).

Für eine gegebene Signatur Σ soll ein Satz von Sorten und Operationen dieser Signatur eine **Σ-Algebra** heißen.

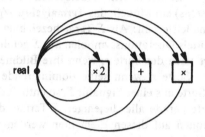

Abb. 262. Signaturgraph für arithmetische Operationen in Datenfluß-Form (vgl. Abb. 42)

(a)   (b)

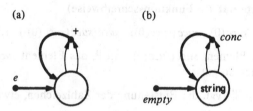

Abb. 263.   Signaturgraph
(a) von Gruppoiden, Monoiden und Gruppen
(b) des Monoids der Worte über **V**

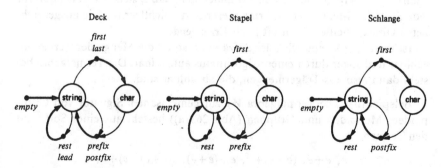

Abb. 264.   Signaturgraph für Decks, Stapel und Schlangen

8.4.2.2 *Die Termalgebra eines abstrakten Typs*

Ist eine Signatur Σ und eine Gesamtheit E von Grundgesetzen gegeben, so heißt jede Σ-Algebra mit nichtleeren Trägermengen, deren Operationen diese Grundgesetze erfüllen, ein **Modell** des abstrakten Typs (Σ, E). Besitzt jeder Typ mindestens ein Modell? Dies hängt von E ab. Wenn E Gesetze enthält, aus denen sich ein Widerspruch ableiten läßt, gibt es kein Modell des Typs (Σ, E).

Betrachten wir deshalb zunächst abstrakte Typen ohne irgendwelche Gesetze, also mit $E = \emptyset$, so ist sicher kein Widerspruch ableitbar. Für $(\Sigma, \emptyset)$ gibt es auch stets (mindestens) ein Modell, das **Termalgebra** W_Σ genannt wird und das man folgendermaßen erhält: Als Σ-**Term** bezeichnet man jede Formel, die ausschließlich mittels Operationssymbolen aus Σ gebildet wird. Man sagt, eine Operation **führt** nach der Sorte s, wenn ihre Bildmenge in s liegt, und ein Term ist von der Sorte s, wenn seine dominierende Operation nach s führt. Ist nun s eine Sorte aus einer Signatur Σ, so enthält die Termalgebra als Elemente dieser Sorte gerade alle diejenigen Σ-Terme, die auf diese Sorte führen. Die Operationen auf diesen Elementen werden als Termbildungen definiert und sind sämtlich total.

Beispiel (i): Für die Signatur der natürlichen Zahlen $\mathbb{N}$ nach Peano sind Terme der Sorte **nat** (in Funktionsschreibweise)

$$0, \; succ(0), \; succ(succ(0)), \; succ(succ(succ(0))), \; \ldots \; ;$$

wird etwa das Element $succ(succ(0))$ mit $\|$, das Element $succ(succ(succ(0)))$ mit $\|\|$ abgekürzt, so gilt

$$succ(\|) = \|\| \quad \text{(vgl. die Entstehung der Zahlzeichen, etwa Abb. 2)}$$

In der Termalgebra $W_{(S, F)}$ sind diejenigen Trägermengen leer, für deren Sorte es keine Terme gibt (etwa weil die Menge F kein nullstelliges Operationssymbol enthält, mit dem als ausgezeichnetem Objekt der Termaufbau beginnen kann). Für das folgende werden wir annehmen, daß Σ stets derart ist, daß für jede Sorte die Menge der Σ-Terme dieser Sorte nichtleer ist. Die ausgezeichneten Objekte heißen dann oft auch **Erzeugende**.

Ist die Signatur endlich oder aufzählbar, so ist die Menge der Terme abzählbar und sogar durch einen Algorithmus aufzählbar. Die Termalgebra besteht dann also aus Trägermengen, die abzählbar sind.

Beispiel (ii): Die Termalgebra W_Σ zur gemeinsamen Signatur von Gruppoiden, Monoiden und Gruppen (Abb. 263 (a)) besteht aus einer Sorte mit den Termen

$$e, \; e+e, \; (e+e)+e, \; e+(e+e), \; ((e+e)+e)+e,$$
$$(e+e)+(e+e), \; e+(e+(e+e)), \; \ldots \; .$$

Sie bildet ein Gruppoid, das isomorph ist dem Gruppoid der beblätterten Binärbäume (2.1.3.5) über dem einelementigen Alphabet $\mathbb{V} \triangleq \{e\}$.

Neben der Termalgebra W_Σ selbst sind stets alle ‚Klasseneinteilungen' von W_Σ, d. h. Zerlegungen von W_Σ in Äquivalenzklassen, die mit allen Operationen von Σ kompatibel sind (**Kongruenzklassen**), Modelle des Typs $(\Sigma, \emptyset)$. Dabei heißt eine k-stellige Operation f mit der Relation $\equiv$ **kompatibel** (vgl. auch 7.2.1), wenn

$$a_1 \equiv b_1, a_2 \equiv b_2, \ldots, a_k \equiv b_k \text{ impliziert } f(a_1, a_2, \ldots, a_k) \equiv f(b_1, b_2, \ldots, b_k) \ .$$

Mit $[a]_\equiv$ oder kurz $[a]$ bezeichnen wir die Kongruenzklasse, in der das Element a liegt.

Soll in obigem Beispiel (ii) etwa $e \equiv e + e$ gelten, so fallen alle Terme in eine Kongruenzklasse, es entsteht eine einelementige Algebra, die **triviale Algebra** $\mathbb{1}$. Faßt man dagegen alle Terme, die gleich viele Vorkommnisse von e enthalten, in eine Kongruenzklasse zusammen, so entsteht eine Algebra $\mathbb{N}^0$, die der Halbgruppe der positiven natürlichen Zahlen unter der Addition isomorph ist.

Eine Abbildung φ einer Σ-Algebra in eine Σ-Algebra heißt ein Σ-**Homomorphismus**, wenn sie mit allen Operationen von Σ kompatibel ist. Dabei heißt eine k-stellige Operation f mit der Abbildung φ **kompatibel**, wenn

$$\varphi(f(a_1, a_2, \ldots, a_k)) = f(\varphi(a_1), \varphi(a_2), \ldots, \varphi(a_k))$$

Jede Klasseneinteilung von W_Σ in Kongruenzklassen läßt sich durch einen Σ-Homomorphismus beschreiben, der jeweils allen kongruenten Termen ihre Kongruenzklasse zuordnet. Damit kann man auch sagen:

Die Termalgebra W_Σ und alle ihre Bilder unter einem Σ-Homomorphismus sind Modelle des abstrakten Typs $(\Sigma, \emptyset)$.

Sind die Σ-Algebren A und B Σ-homomorphe Bilder von W_Σ, so gibt es eine Σ-Algebra C und Σ-Homomorphismen $A \to C$ und $B \to C$. Die Relation $A \twoheadrightarrow B$, definiert durch „es gibt einen Σ-Homomorphismus $\gamma : A \to B$", ist auf der Menge aller homomorphen Bilder von W_Σ reflexiv, transitiv und auf den Isomorphieklassen antisymmetrisch; also eine Ordnung. Man kann zeigen, daß sie sogar die Ordnung eines Verbands ist[15], mit W_Σ als größtem und der Algebra mit einelementigen Trägermengen als kleinstem Element.

In der Praxis findet man häufig abstrakte Typen, bei denen ein oder mehrere **Grundtypen** mit Sorten und Operationen eingebracht werden und Terme über diesem Grundtyp betrachtet werden (**hierarchische Typen**). Beispiele bieten die Rechenstruktur $(\mathbb{V}^*, \mathbb{V})$ der Zeichenfolgen und die Rechenstruktur $(\mathbb{V}^\wedge, \mathbb{V})$ der beblätterten Binärbäume, die beide das Alphabet $\mathbb{V}$ als Grundtyp haben.

---

[15] Vgl. BIRKHOFF-BARTEE, Angewandte Algebra, Oldenbourg 1973, S. 266ff.

8.4.2.3 *Rechenstrukturen als endlich erzeugte Modelle eines abstrakten Typs*

Zu Modellen des abstrakten Typs (Σ, E) gelangt man, indem man unter den Modellen des abstrakten Typs $(\Sigma, \emptyset)$, insbesondere also unter den Σ-homomorphen Bildern von W_Σ, diejenigen auswählt, die den Gesetzen E genügen. Wird etwa bei der Signatur von Abb. 263(a) (Beispiel (ii)) das Assoziativgesetz

$$\forall a, b, c: \ a+(b+c)=(a+b)+c$$

gefordert, so verbleiben als Modelle des zugehörigen Typs u. a. die triviale Algebra $\mathbb{1}$ und die Algebra $\mathbb{N}^0$; W_Σ dagegen scheidet aus. Wird stattdessen die Existenz eines neutralen Elements gefordert, so verbleibt die triviale Algebra $\mathbb{1}$ als Modell; $\mathbb{N}^0$ dagegen ist kein Modell mehr.

Die Auswirkung von Gesetzen auf das Verbleiben oder Wegfallen von homomorphen Bildern der Termalgebra als Modelle ist ganz unterschiedlich. Gesetze, die sämtlich in Form von Termgleichungen sind, führen zur Identifizierung von gewissen Termen; sie belassen die triviale Algebra als Modell, rücken aber die zulässigen Modelle von der Termalgebra ab, da sie Terme identifizieren. Dual erzwingen Gesetze in Form von Ungleichungen die Unterscheidung gewisser Terme und rücken die zulässigen Modelle von der trivialen Algebra ab. Im allgemeinen Fall beliebiger Prädikate mit All- und Existenzquantoren über Termgleichungen erfolgt ein „Ausdünnen" der homomorphen Bilder der Termalgebra.

Es gibt häufig auch Modelle vom Typ (Σ, E), die nicht homomorphe Bilder der Termalgebra sind. Ein Beispiel für eine solche Algebra von der Signatur der Abb. 263(a) ist die Gruppe der Drehungen in der Ebene $\mathbb{R}^2$. Es gibt überabzählbar viele verschiedene Drehungen, denn die Menge der Winkel von 0 bis 2π ist von der Mächtigkeit des Kontinuums; das Modell kann also nicht aus der Termalgebra gewonnen werden.

In klassischen algebraischen Disziplinen wie Gruppen- oder Ringtheorie würde eine Beschränkung auf homomorphe Bilder der Termalgebra wichtige Modelle ausschließen. Für die Informatik ist aber diese Beschränkung auf ‚endlich erzeugte' Modelle wesensgemäß: Durch sie wird sichergestellt, daß jedes Objekt, das als Element einer Rechenstruktur eingeführt wird, durch einen endlichen Term darstellbar ist, also durch einen terminierenden Algorithmus mit endlich vielen Grundoperationen erzeugbar ist (**Erzeugungsprinzip**)[16]. Hier tritt der finitäre Charakter der Aufschreibung in der Informatik deutlich zu Tage.

---

[16] Man kann einen Schritt weitergehen und neben endlichen Termen auch unendliche Terme zulassen, deren Baumuster durch einen nichtterminierenden Algorithmus festgelegt ist (**berechenbare unendliche Terme**). Diese **unendliche Termalgebra** W_Σ^σ und ihre homomorphen Bilder schließt dann auch „berechenbare unendliche Objekte" ein (HENDERSON, MORRIS 1976, FRIEDMANN, WISE 1976, MÖLLER 1982).

Wir definieren also:

Eine **Rechenstruktur** vom abstrakten Typ (Σ, E) mit totalen Operationen ist ein Modell dieses Typs, das homomorphes Bild der Termalgebra ist.

Ein abstrakter Typ heißt **monomorph**, wenn es bis auf Isomorphie genau eine Rechenstruktur dieses Typs gibt; **polymorph**, wenn es mindestens zwei nichtisomorphe Rechenstrukturen dieses Typs gibt.

$(\Sigma, \emptyset)$ ist in der Regel polymorph, und weitere polymorphe Typen (Σ, E) erhält man dann, wenn man in E „nicht zuviel" fordert. Fügt man aber zu E mehr und mehr Gesetze hinzu, so kann man leicht, über das Ziel hinausschießend, zu einem Widerspruch kommen. Monomorphe Typen sind der Grenzfall zwischen polymorphen und widersprüchlichen Typen.

Man beachte: Die übliche Definition einer Gruppe ergibt einen monomorphen Typ **GRUPPE**, dessen einziges erzeugbares Modell die triviale Gruppe $\mathbb{1}$ ist. Die Theorie der endlich erzeugbaren Gruppen, wie sie vor allem COXETER ausgebaut hat, betrifft jedoch Rechenstrukturen und ist für die Informatik von unmittelbarer Bedeutung.

Für eine Rechenstruktur A vom Typ (Σ, E) mit totalen Operationen erhält man den Homomorphismus von W_Σ auf A dadurch, daß man in den Termen die Operationssymbole durch die konkreten Operationen der Algebra A ersetzt und die entstehenden Formeln auswertet. Man nennt diese Abbildung auch die **Interpretation** der Terme der Signatur Σ durch die Rechenstruktur A vom Typ (Σ, E).

Auch für ein beliebiges Modell A vom Typ (Σ, E) kann man die Terme von W_Σ interpretieren, erhält aber dadurch einen Homomorphismus in A, wobei das Bild eine Unteralgebra von A, der **erzeugbare Kern** der Σ-Algebra A, ist.

Für einen Typ mit partiellen Operationen – etwa *first* und *rest* im Typ der Stapel – erhält man Rechenstrukturen als homomorphe Bilder der Menge aller definierten Terme. Die Untersuchung auf Monomorphie oder im Falle der Polymorphie eines Typs die Angabe eines vollständigen Repräsentantensystems der Isomorphieklassen (das i. a. unendlich viele Repräsentanten umfaßt) erfordert tiefliegende Hilfsmittel. Für Einzelheiten sei auf [03] und auf die dort angegebene Spezialliteratur verwiesen.

Ein Zusammenhang mit der Fixpunkttheorie (8.4.1) sei noch erwähnt: Gegeben sei ein System von Rechenvorschriften

$$r_i \equiv \tau_i[r_1, r_2, \ldots, r_s] \quad (i = 1, 2, \ldots, s)$$

über einer primitiven Rechenstruktur vom Typ (Σ, E). Wird die Signatur Σ erweitert durch Hinzunahme der Operationen

$$r_1, r_2, \ldots, r_s : \Sigma' = \Sigma \cup \{r_1, r_2, \ldots, r_s\}$$

und E ergänzt durch die Gleichungen

$$\gamma_i : r_i = \tau_i(r_1, r_2, \ldots, r_s) : E' = E \cup \{\gamma_1, \gamma_2, \ldots, \gamma_s\}$$

so ist (Σ', E') ein neuer Typ, dessen Modelle als homomorphe Bilder der Termalgebra Σ' wie auch als Erweiterungen der primitiven Rechenstrukturen
vom Typ (Σ, E) durch die Fixpunkte des Systems von Rechenvorschriften
aufgefaßt werden können. Die Fixpunkttheorie kann generell auf eine ‚Modelltheorie' abstrakter Typen gegründet werden (BROY, WIRSING 1982), die
Gleichungen γ_i definieren dabei ein formales (Ersetzungs-)System (7.1.2.5)
über der Termalgebra.

Schließlich sei noch vermerkt, daß man von den Grundtypen eines hierar-
chischen Typs häufig voraussetzt, daß sie monomorph sind – beispielsweise
vom Alphabet V bei Zeichenfolgen und beblätterten Binärbäumen.

8.4.2.4 *Beispiele polymorpher Typen*

Der abstrakte Typ mit der Signatur der natürlichen Zahlen (Abb. 260), in
dem lediglich die Injektivität der totalen Operation *succ* gefordert wird, ist
polymorph: es ist nicht nur die Termalgebra ein Modell, isomorph der Rechenstruktur $\mathbb{N}$ der natürlichen Zahlen, sondern es gibt auch nichttriviale
Kongruenzrelationen auf der Termalgebra, nämlich für beliebiges $k \geq 1$ und
alle i, $0 \leq i < k$ sowie für alle $n > 0$

$$succ^{i+n \times k}(0) \equiv succ^i(0)$$

und entsprechende Quotientenalgebren $\mathbb{Z}_k$ mit k Elementen (**Zykelzahlen**).
Alle Rechenstrukturen dieses Typs sind homomorphe Bilder der Rechenstruktur W_Σ. Für $k = 1$ erhält man die triviale einelementige Rechenstruktur
$\mathbb{1}$. Jede Rechenstruktur dieses Typs erlaubt einen Homomorphismus auf dieses Modell, das deshalb eine **terminale** Rechenstruktur genannt wird. Zykelzahlen mit $k \geq 2$ treten in vielen Anwendungen auf, beispielsweise in der Codierungstheorie. Um gewisse von der Wahl von k unabhängige Aufgaben wie
Addition und ihre Umkehrung zu beschreiben und algorithmisch zu lösen,
stützt man sich vorteilhaft auf diesen polymorphen abstrakten Typ.

Fordert man zusätzlich

$$\exists \, \text{nat} \, a : \quad succ(a) = 0 \quad (\text{„endliche Ordnung der Operation } succ\text{“}),$$

so scheiden die natürlichen Zahlen als Rechenstruktur dieses Typs aus. Es
gibt dann keine **initiale** Rechenstruktur dieses Typs mehr, eine Rechenstruktur, aus der sich alle Rechenstrukturen als homomorphe Bilder erhalten lassen.

Zu einem weiteren Beispiel gelangt man folgendermaßen: Der abstrakte
Typ **STAPEL** hat die Signatur von Abb. 264 und die in 2.1.3.4 aufgelisteten
Gesetze

$$first\,(prefix\,(X, a)) = X$$
$$rest\,(prefix\,(X, a)) = a$$
$$prefix\,(first\,(a), rest\,(a)) = a \quad \text{falls } a \neq empty$$

sowie das dort nicht eigens erwähnte Gesetz

$$prefix\,(X, a) \neq empty \quad .$$

Fordert man letzteres Gesetz nicht, so gibt es nichtisomorphe Modelle, allerdings mit total definierten Operationen *first* und *rest*.

Man kann aber die Rechenstruktur der Stapel auch operativ anreichern durch die zweistellige Operation *delete*, die in der Zeichenfolge a das „vorderste" Vorkommnis des Elements X entfernt – rekursiv definiert durch

funct *delete* ≡ (**char** X, **string** a) **string** :
    if $a = \Diamond$ **then** $\Diamond$
    elsf $first\,(a) = X$ **then** $rest\,(a)$
                else $prefix\,(first\,(a), delete\,(X, rest\,(a)))$ **fi**

Dann gilt (Allquantifizierung freier Bezeichner unterstellt)

    (1) $delete\,(X, empty) = empty$

und

    (2) $delete\,(Y, prefix\,(X, a)) = \begin{cases} a & \text{falls } X = Y \\ prefix\,(X, delete\,(Y, a)) & \text{falls } X \neq Y \end{cases}$

Da für nichtleeres a

$$delete\,(first\,(a), a) = rest\,(a)$$

gilt, kann man die primitive Operation *rest* entbehren und den Typ **STAPEL** ‚kryptäquivalent' charakterisieren durch $F = \{delete, prefix, first, empty\}$ mit den Gesetzen (1), (2) sowie den sich aus den bisherigen durch Umschreibung ergebenden Gesetzen

    (3) $first\,(prefix\,(X, a)) = X$
    (4) $delete\,(X, prefix\,(X, a)) = a$
    (5) $prefix\,(first\,(a), delete\,(first\,(a), a)) = a \quad \text{falls } a \neq empty$
    (6) $prefix\,(X, a) \neq empty \quad .$

Dabei ist (4) ein Spezialfall von (2) und kann entbehrt werden. Ein Stapel, bei dem es auf die Reihenfolge der Elemente nicht ankommt, heißt **Haufen**. Bei gleichbleibender Signatur müßte man zu seiner Kennzeichnung hinzunehmen das Vertauschbarkeitsgesetz

    (7) $prefix\,(X, prefix\,(Y, a)) = prefix\,(Y, prefix\,(X, a))$

Würde man weiterhin (3) fordern, so erhielte man

$$\forall \text{ char } X, Y : X = y \,,$$

also wären nurmehr Modelle mit einelementigem V erlaubt. Man schwächt deshalb (3) ab zu

(3') $first\,(prefix\,(X, empty)) = X$

(1), (2), (3'), (5) und (6) – zunächst ohne (7) – bestimmen nun einen polymorphen Typ. Da wir (3) abgeschwächt haben, nimmt nicht wunder, daß Stapel weiterhin Modelle sind – bei ihnen liefert *first* nach wie vor das zuletzt vorangestellte Element.

Von anderen Isomorphieklassen dieses Typs geben wir nur eine an, wobei *first* jetzt nicht mehr unbedingt das bedeutet, was die Bezeichnung bisher suggeriert hat, nämlich das ‚vorderste‘ Element, und *prefix* nicht mehr stets als ‚Voranstellen‘ gedeutet werden darf.

Nehmen wir der Einfachheit halber an, V sei das endliche Alphabet {‘A’, ‘B’, … ‘E’}. Dann betrachten wir als Elemente des Modells Häufigkeitstabellen wie

‘A’	‘B’	‘C’	‘D’	‘E’
3	7	2	5	3

‘A’	‘B’	‘C’	‘D’	‘E’
0	0	2	1	3

mit nichtnegativen Einträgen. Wir realisieren *empty* durch eine Tabelle, deren sämtliche Einträge 0 sind, *prefix* durch Erhöhen und *delete* durch Erniedrigen des betreffenden Eintrags, sofern dieser positiv ist. *first* soll das erste in der Alphabetreihenfolge vorhandene Element liefern, also ‘A’ im linken, ‘C’ im rechten Beispiel.

Isomorph zu diesem Modell sind geordnete Stapel von Zeichen, mit der Alphabetreihenfolge als Ordnungsmerkmal; der linken Häufigkeitstabelle entspricht ‘AAABBBBBBBCCDDDDDEEE’, der rechten ‘CCDEEE’.

Ein anderes Modell erhält man, wenn man die Elemente nach möglichst vollständigen Sätzen ordnet: der linken Tabelle entspricht dann ‘ABCDEABCDEABDEBDBDBB’, der rechten ‘CDECEE’; nimmt man in diesem Fall für *first* das letzte Element des Stapels, so liefert *first* stets ein häufigstes Element ab.

Diese Beispiele machen deutlich, daß die abstrakte darstellungsunabhängige Festlegung von Rechenstrukturen nicht nur theoretische, sondern auch große praktische Bedeutung hat; die Wahlfreiheit zwischen isomorphen Modellen wie geordneten Stapeln und Häufigkeitstabellen führt zur Effizienzsteigerung in Anpassung an die jeweilige Situation – man denke nur an einen Austausch von Speicherplatzbedarf gegen operativen Aufwand. Wenn die Aufgabenstellung eine polymorphe Kennzeichnung zuläßt, besteht noch größere Freiheit: Es mag gelegentlich günstiger sein, Stapel zu verwenden, auch wenn es sich um Haufen handelt – wenn etwa die Kardinalität von V sehr groß ist gegenüber der durchschnittlich auftretenden Stapellänge („dünn besetzte" Häufigkeitstabellen). Im allgemeinen bleibt offen, ob Modelle, die im zulässigen Rahmen der Polymorphie mehr zur Identifizierung von Elementen (wie das terminale Modell) oder mehr zur Separierung von Elementen (wie das initiale Modell) neigen, praktisch günstiger sind.

8.4.3 Abstrakte Typen und die Charakterisierung primitiver Rechenstrukturen

'Quot capita, tot sensus'
HORAZ

Die in 2.1 eingeführten grundlegenden Rechenstrukturen sind durch monomorphe Typen charakterisierbar.

8.4.3.1 Für $\mathbb{N}$ mit der Signatur von Abb. 260 wurden die geeigneten Gesetze eingangs angegeben. Die Termalgebra selbst ist (bis auf Isomorphie) einzige Rechenstruktur dieses Typs mit total definierten Operationen: Jeder nicht-injektive Homomorphismus müßte zwei Terme $succ^i(0)$ und $succ^k(0)$, $i < k$, in eine Kongruenzklasse werfen. Das Gesetz der nichtendlichen Ordnung von $succ$ schließt den Fall $i = 0$ aus. Es ist also $i \geq 1$, $k \geq 2$. Damit aber nicht mit $a = [succ^{i-1}(0)]$, $b = [succ^{k-1}(0)]$ das Gesetz der Injektivität von $succ$ verletzt ist, müßten auch $succ^{i-1}(0)$ und $succ^{k-1}(0)$ in der selben Kongruenzklasse liegen. Somit müßte schließlich 0 und $succ^{k-i}(0)$ kongruent sein. Damit wäre aber mit $a = [succ^{k-i-1}(0)]$ das Gesetz der nichtendlichen Ordnung von $succ$ verletzt.

Erweitert man die Signatur etwa durch Addition und Multiplikation, so muß man nur die Rekursionsgleichungen (2.4.1, 2.6.3) zu den Gesetzen hinzunehmen; Kommutativität und Assoziativität usw. lassen sich dann herleiten (SKOLEM 1923). Nimmt man auch die Subtraktion und die Division hinzu, so führt man Operationen ein, die auf $\mathbb{N}$ nur partiell definiert sind. Auch die Vorgängeroperation $pred$ gehört dazu.

8.4.3.2 Für $\mathbb{Z}$ kann man mit der Signatur

$$(\{int\}, \{0 : \longrightarrow int, succ : int \longrightarrow int, pred : int \longrightarrow int\})$$

beginnen und die Gesetze

$$\forall\, int\, a : pred(succ(a)) = a$$
$$\forall\, int\, a : succ(pred(a)) = a$$

zugrundelegen. Die Injektivität von $succ$ und $pred$ folgt dann.

Die Termalgebra ist nunmehr kein Modell dieses Typs mehr. Für Kongruenzklassen, die den Gesetzen genügen, erhält man Repräsentanten durch das in 8.2.1 eingeführte formale System (mit s. für $succ(.)$ und p. für $pred(.)$ sowie o für 0)

$$s\,p \succ\!\!-\,\lambda, \quad p\,s \succ\!\!-\,\lambda \quad \text{über dem Zeichenvorrat } \{o, s, p\}:$$

Der Ersetzungsalgorithmus liefert sie als Normalformen.

Bezeichnet man dieses Modell mit $\mathbb{Z}$, so erhält man aus $\mathbb{Z}$ durch weitere Kongruenzen wie in 8.4.2.4 die Modelle $\mathbb{Z}_k$. $\mathbb{Z}$ ist als initiale Rechenstruktur des polymorphen Typs gekennzeichnet.

8.4.3.3 Für die Rechenstruktur $SEQU(\mathbb{V})$ mit dem Signaturgraph von Abb. 261 wurden in 2.1.3.4 nicht sämtliche Gesetze angegeben, die den Typ monomorph machen. Es fehlt noch das Gesetz von der Unzerlegbarkeit des leeren Wortes

$$a + b = \Diamond \Leftrightarrow a = \Diamond \wedge b = \Diamond$$

(Gesetze wie $prefix(X, a) \neq \Diamond$ und $postfix(a, X) \neq \Diamond$ sind ableitbar.) Es gelten ferner noch Gesetze für das Arbeiten „von beiden Enden her":

$$rest(postfix(a, X)) = \begin{cases} postfix(rest(a), X) & \text{falls } a \neq \Diamond \\ \Diamond & \text{falls } a = \Diamond \end{cases}$$

$$first(postfix(a, X)) = \begin{cases} first(a) & \text{falls } a \neq \Diamond \\ X & \text{falls } a = \Diamond \end{cases}$$

und entsprechend mit Vertauschung der Enden. Es läßt sich dann beispielsweise das Gesetz herleiten

$$postfix(\Diamond, X) = prefix(X, \Diamond)$$

Beweis: Aus $first(postfix(\Diamond, X)) = X$ und
$rest(postfix(\Diamond, X)) = \Diamond$ folgt

$$postfix(\Diamond, X)$$
$$= prefix(first(postfix(\Diamond, X)), rest(postfix(\Diamond, X)))$$
$$= prefix(X, \Diamond) \quad .$$

Weiterhin läßt sich zeigen, daß die leere Zeichenfolge $\Diamond$ neutrales Element der Konkatenation ist:

$$\Diamond + b = b + \Diamond = b \quad .$$

Beweis: Sei $b \neq \Diamond$, dann gilt nach 2.1.3.4

$$\Diamond + b = prefix(first(\Diamond + b), rest(\Diamond + b))$$
$$= prefix(first(b), rest(b)) = b \, ;$$

sei $b = \Diamond$, dann ist (s. o.)

$$\Diamond + b = \Diamond + \Diamond = \Diamond = b \quad ;$$

entsprechend für $b + \Diamond$.

Induktion erfordert die Herleitung des Assoziativgesetzes für die Konkatenation oder der Kürzbarkeitsgesetze

$$a + c = b + c \implies a = b$$
$$c + a = c + b \implies a = b \quad .$$

Dagegen erhält man unmittelbar Injektivitätsgesetze wie

$$prefix(X, a) = prefix(Y, b) \implies (X = Y) \wedge (a = b)$$
$$postfix(a, X) = postfix(b, Y) \implies (a = b) \wedge (X = Y) \quad .$$

Auch für diesen abstrakten Typ ist die Termalgebra keine Rechenstruktur. Wiederum kann man auf Grund der Gesetze ein formales System angeben, das über seine Normalformen zu Repräsentanten von Kongruenzklassen führt. Die sich so ergebende Algebra kann dann ebenfalls an Hand der Injektivitätsgesetze als (bis auf Isomorphie) einzige Rechenstruktur nachgewiesen werden.

Man kann diesen Typ der Zeichenfolgen durch Weglassen aller Operationen außer . + . und $\Diamond$ zum Typ der **Worte** über $\mathbb{V}$ abmagern, mit dem Signaturdiagramm der Abb. 263 (a) und den Gesetzen eines Monoids (. + . ist assoziativ, $\Diamond$ ist neutrales Element). Entgegengesetzt kommt man durch Weglassen der Konkatenation zu Typen für die in 6.3.1 behandelten Teilstrukturen der Zeichenfolgen: der Decks (*"double-ended queue"*), Schlangen und Stapel. Die Signaturdiagramme zeigt die Abb. 264.

8.4.3.4 Auch für beblätterte Binärbäume (2.1.3.5) sowie für allgemeine beblätterte Bäume und alle Arten von Reihungen mit Indizierung durch natürliche oder ganze Zahlen (6.3.1) existieren jeweils monomorphe Charakterisierungen durch abstrakte (Daten-)Typen. Für Einzelheiten muß auf [03] verwiesen werden.

8.4.4 Abstrakte Typen und die Charakterisierung der Syntax und Semantik von Programmiersprachen

> 'Non est ad astra mollis e terris via'
> „Der Weg von der Erde zu den Sternen ist nicht eben"
>
> SENECA

Nicht nur Terme über den Operationen einer Rechenstruktur gehorchen Formgesetzen, sondern auch Programme. Deshalb können auch ihre Syntax und Semantik durch abstrakte Typen charakterisiert werden, wobei syntaktische Klassen als Sorten aufgefaßt werden, programmiersprachliche Konstrukte als Operationen.

Programme werden damit zu formalen, manipulierbaren Objekten, was bei Programmtransformation, -übersetzung und -interpretation wichtig ist.

Im folgenden betrachten wir einen sehr knappen Ausschnitt aus einer prozeduralen Programmiersprache. Der heterogene, hierarchische Typ umfasse die Grundsorten ⟨d⟩ (linear geordnete Objektmenge mit ausgezeichnetem Element 0), ⟨expr⟩ (Ausdrücke) und ⟨id⟩ (Variablenbezeichner), deren Einzelheiten nicht interessieren – insbesondere sei ⟨d⟩ lediglich durch einen monomorphen abstrakten Typ bestimmt und ⟨expr⟩ ist die Termalgebra über ⟨d⟩ und den Variablen aus ⟨id⟩, vgl. 8.4. Über diesen Grundsorten und -operationen ist ein abstrakter Typ bestimmt mit der Sorte ⟨stat⟩ (Anweisungen) und den Operationen

skip :	→ ⟨stat⟩	(„leere Anweisung")
assign :	⟨id⟩ × ⟨expr⟩ → ⟨stat⟩	(„Zuweisung")
comp :	⟨stat⟩ × ⟨stat⟩ → ⟨stat⟩	(„zusammengesetzte Anweisung")
val :	⟨stat⟩ × ⟨expr⟩ → ⟨d⟩	(„Auswertung")
branch :	⟨expr⟩ × ⟨stat⟩ × ⟨stat⟩ → ⟨stat⟩	(„bedingte Anweisung")
loop :	⟨expr⟩ × ⟨stat⟩ → ⟨stat⟩	(„Wiederholungsanweisung")

Die Funktionsschreibweise mag hier ungewohnt sein; nachfolgend findet sich eine Übertragung in die Infixschreibweisen von ALGOL 68 und PASCAL:

abstrakt	ALGOL 68	PASCAL
skip	**skip**	λ (*skip*)
assign $(x, \mathcal{E})$	$x := \mathcal{E}$	$x := \mathcal{E}$
comp $(\mathcal{S}, \mathcal{T})$	$\mathcal{S}; \mathcal{T}$	$\mathcal{S}; \mathcal{T}$
val $(\mathcal{S}, \mathcal{E})$	$\ulcorner \mathcal{S}; \mathcal{E} \urcorner$	**begin** $\mathcal{S}$; ›Res‹ ⇐ $\mathcal{E}$ **end**
branch $(\mathcal{B}, \mathcal{S}, \mathcal{T})$	**if** $\mathcal{B} > 0$ **then** $\mathcal{S}$ **else** $\mathcal{T}$ **fi**	**if** $\mathcal{B} > 0$ **then begin** $\mathcal{S}$ **end else begin** $\mathcal{T}$ **end**
loop $(\mathcal{B}, \mathcal{S})$	**while** $\mathcal{B} > 0$ **do** $\mathcal{S}$ **od**	**while** $\mathcal{B} > 0$ **do begin** $\mathcal{S}$ **end**

8.4.4.1 Offensichtlich entspricht jedem nach ⟨stat⟩ führenden Term eine programmiersprachliche Anweisung; die Syntax der Terme ist die Strukturgrammatik (7.3.6) der programmiersprachlichen Konstrukte. Der Signaturgraph (Abb. 265) ist lediglich eine Kurzfassung des Syntaxdiagramms der Strukturgrammatik in Funktionsschreibweise

$$\langle stat \rangle ::= skip \mid assign\,(\langle id \rangle, \langle expr \rangle) \mid comp\,(\langle stat \rangle, \langle stat \rangle)$$
$$\mid branch\,(\langle expr \rangle, \langle stat \rangle, \langle stat \rangle)$$
$$\mid loop\,(\langle expr \rangle, \langle stat \rangle)$$
$$\langle d \rangle ::= val\,(\langle stat \rangle, \langle expr \rangle) \quad ;$$

das Syntaxdiagramm der ALGOL 68-Schreibweise zeigt Abb. 266.

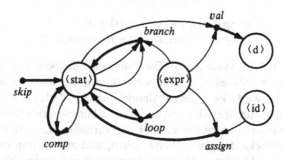

Abb. 265. Signaturgraph einer einfachen prozeduralen Programmiersprache

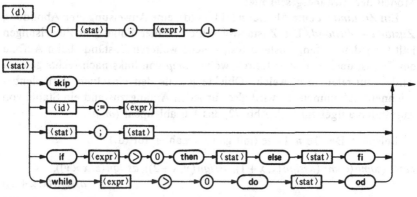

Abb. 266. Syntaxdiagramm einer einfachen prozeduralen Programmiersprache in ALGOL 68-Notation

Diese Entsprechung legt nahe zu definieren:

Die **abstrakte Syntax** (vgl. 8.1.3) einer Programmiersprache ist die Signatur Σ eines zugehörigen algebraischen Typs. Die Termalgebra W_Σ liefert die

Menge aller abstrakten Programme. Diese abstrakte Syntax sieht von Zufälligkeiten der Schreibweise – etwa von notationellen Unterschieden zwischen ALGOL 68 und PASCAL – ab.

Weiterhin wird die **abstrakte Semantik** einer Programmiersprache durch die Gesetze E eines (i. a. polymorphen) abstrakten Typs (Σ, E) festgelegt, wobei ein initiales Modell eine vollständig operative, ein terminales Modell eine rein mathematische Semantik ergibt.

8.4.4.2 Für den abstrakten Typ mit der Signatur $\Sigma = (S, F)$,

$$S = \{\langle\text{stat}\rangle, \langle\text{id}\rangle, \langle\text{expr}\rangle\} \qquad F = \{skip, assign, comp\}$$

führen wir zunächst folgende Gesetze ein, die Monoide kennzeichnen:

(1) $\qquad comp(s, skip) = s = comp(skip, s)$

(2) $\qquad comp(r, comp(s, t)) = comp(comp(r, s), t)$

Gesetze dieser Art („syntaktische Gleichungen") drücken nur aus, daß die abstrakte Syntax, wie es klassischerweise üblich ist, über einer Worthalbgruppe gebildet wird. Sie ergeben Algorithmen zur Reduktion auf Normalform (etwa linksbündige Klammerung bzw. Klammernunterdrückung). Der Einfachheit halber nehmen wir an, daß alle Variablen (zu 0) initialisiert sind und alle Ausdrücke definierte Werte haben, und ziehen nun *assign* in Betracht. Das Monoid aller endlichen Folgen von Zuweisungen bildet ein Modell, das den Gesetzen (1) und (2) genügt. Isomorph dazu ist das folgende Modell der **Zustandsgeschichte**:

Ein *Zustand* ist eine Abbildung $\langle\text{id}\rangle \rightarrow \langle\text{d}\rangle$, eine Anweisung eine Abbildung *Zustand → Zustand*. Die Zustandsgeschichte einer Folge von Zuweisungen hält für jeden Anfangszustand fest, welche weiteren Zustände beim Aufbau des Terms, der nach $\langle\text{stat}\rangle$ führt – wobei *comp* von links nach rechts gelesen wird – auftreten, d. h. welche Objekte jeweils den einzelnen Variablenbezeichnern zukommen. Es wird also für jeden Anfangszustand ein Stapel von Zuständen aufgebaut (vgl. Abb. 72, das Variablenpaar (m, n)).

Beispiel: Der Term laute (mit ganzen Zahlen für $\langle\text{d}\rangle$)

$$comp(comp(comp(assign(x, x+1), assign(y, x+2)), assign(z, x \times y)),$$
$$assign(x, x+2))$$

bzw. in konkreter Notation

$$x := x+1; \; y := x+2; \; z := x \times y; \; x := x+2$$

Es genügt, nur die auftretenden Variablen x, y, z aus $\langle\text{id}\rangle$ zu betrachten. Für die Anfangszustände $(0, 0, 0)$ und $(1, 1, 1)$ ergibt sich

(x, y, z)	(x, y, z)
$(0, 0, 0)$	$(1, 1, 1)$
$(1, 0, 0)$	$(2, 1, 1)$
$(1, 3, 0)$	$(2, 4, 1)$
$(1, 3, 3)$	$(2, 4, 8)$
$(3, 3, 3)$	$(4, 4, 8)$

Für den Term (in vertrauter Notation)

$$y := x + 3 \; ; \; x := x + 1 \; ; \; z := x \times y \; ; \; x := x + 2$$

und die gleichen Anfangszustände erhält man

(x, y, z)	(x, y, z)
$(0, 0, 0)$	$(1, 1, 1)$
$(0, 3, 0)$	$(1, 4, 1)$
$(1, 3, 0)$	$(2, 4, 1)$
$(1, 3, 3)$	$(2, 4, 8)$
$(3, 3, 3)$	$(4, 4, 8)$

Ein dazu nichtisomorphes Modell entspringt aus dem Modell der Zustandsgeschichte, wenn man für jede einzelne Variable lediglich festhält, welche wechselnden Objekte ihr der Reihe nach zugewiesen werden, aber die Reihenfolge der Zuweisungen an verschiedene Variable vergißt:

Für die Anfangszustände $(0, 0, 0)$ bzw. $(1, 1, 1)$ ergibt sich für die obigen beiden, verschiedenen Terme übereinstimmend

x	y	z		x	y	z
0	0	0		1	1	1
1	3	3		2	4	8
3				4		

Dieses gröbere Modell ist das Modell der **Geschichte der einzelnen Programmvariable** (vgl. 3.2.1 sowie Abb. 80, die Programmvariablen *mvar* und *nvar*).

Ein drittes nichtisomorphes Modell erhält man, wenn man die gesamte Vorgeschichte vergißt und nur den jeweils letzten Zustand festhält. In diesem Modell, das „mit Radiergummi und Bleistift arbeitet" und nur schließlich das Abbildungsverhalten registriert, fällt auch der Term (in konkreter Notation)

$$z := (x + 1) \times (x + 3) \; ; \; x := x + 3 \; ; \; y := x$$

mit den beiden obigen Termen zusammen; es handelt sich jetzt um das Modell der **Speichervariablen** (vgl. 3.6.4), mit kollektiven Zuweisungen (3.2.6) als Normalformen für Anweisungen; in unserem Beispiel

$$(x, y, z) := (x + 3, x + 3, (x + 1) \times (x + 3)) \quad .$$

Der Typ mit der Signatur ($\{\langle \text{stat} \rangle, \langle \text{id} \rangle, \langle \text{expr} \rangle\}$, $\{skip, assign, comp\}$) und den Gesetzen (1) und (2) hat also interessante nichtisomorphe Modelle, neben so uninteressanten wie der trivialen Algebra.

Durch welche Gesetze lassen sich diese Modelle unterscheiden? Fordert man

(3)   Wenn sowohl x in f wie y in e nicht vorkommen, und $x \neq y$ ist, so gilt

$$comp\,(assign\,(x, e), assign\,(y, f)) = comp\,(assign\,(y, f), assign\,(x, e)) \quad ,$$

so ist dieses Gesetz im Modell der Zustandsgeschichte verletzt, in den beiden anderen Modellen aber erfüllt. Wenn insbesondere e der aus dem Objekt A und f der aus dem Objekt B bestehende Ausdruck ist, lautet (3) in vertrauter Notation (vgl. 8.3.1.1, (4)), wobei x und y verschiedene Bezeichner seien

$$\xi \,|\, x := A \,;\, y := B \;\cong\; \xi \,|\, y := B \,;\, x := A \quad .$$

Weiter kann man fordern

(4) $comp\,(assign\,(x, e), assign\,(x, f)) = assign\,(x, f_e^x)$

Dies ist allerdings kein reines Gleichungsgesetz, da die Substitutionsoperation f_e^x (vgl. 8.3.2.1) *ad hoc* angeführt ist. Sie kann aber durch eine Hilfsalgebra ausgedrückt werden.

Aus (4) folgt

(4')   Wenn x in f nicht vorkommt, so gilt

$$comp\,(assign\,(x, e), assign\,(x, f)) = assign\,(x, f) \quad .$$

Wenn insbesondere f der aus dem Objekt B bestehende Ausdruck ist, lautet (4') in vertrauter Notation (vgl. 8.3.1.1, (3))

$$\xi \,|\, x := e \,;\, x := B \;\cong\; \xi \,|\, x := B \quad .$$

Ferner folgt aus (4), wenn E_x der aus der Variablen x bestehende Ausdruck ist

(4'') $comp\,(assign\,(x, e), assign\,(x, E_x)) = assign\,(x, (E_x)_e^x) = assign\,(x, e)$

und

(4''') $comp\,(assign\,(x, E_x), assign\,(x, f)) = assign\,(x, f_{E_x}^x) = assign\,(x, f) \quad ;$

assign (x, E_x) (d. h. in vertrauter Notation x:=x) ist also für *assign* (x, e) beidseitig neutrales Element. Wir verlangen schärfer

(5) $assign\,(x, E_x) = skip$,

d. h. in vertrauter Notation (vgl. 8.3.1.1, (2))

$$\xi\,|\,x := x \;\cong\; \xi\;.$$

Darüber hinaus soll gelten

(6)   Wenn x in e nicht vorkommt, so gilt

$comp\,(assign\,(x, e), assign\,(y, f)) = comp\,(assign\,(x, e), assign\,(y, f_e^x))$

Aus (6) folgt, wenn $f \triangleq E_x$ und e der aus dem Objekt A bestehende Ausdruck ist

(6′) $comp\,(assign\,(x, A), assign\,(y, E_x)) = comp\,(assign\,(x, A), assign\,(y, A))$,

in vertrauter Notation (8.3.1.1, (1))

$$\xi\,|\,x := A\;;\;y := x \;\cong\; \xi\,|\,x := A\;;\;y := A\;.$$

8.4.4.3 Im Modell der Zustandsgeschichte und im Modell der Programmvariablen sind die Gesetze (4) bis (6) verletzt, im Modell der Speichervariablen sind sie jedoch erfüllt. Die ersten beiden Modelle beziehen sich auf Einzelheiten der Durchführung der Berechnung, sie liefern jeweils eine operative Semantik; das Modell der Speichervariablen kann man bereits nicht mehr als voll operativ bezeichnen. Die mathematische Semantik führt noch weitere Gesetze ein und identifiziert damit weitere Terme, die selbst im Modell der Speichervariablen verschieden sind.

Dazu kommt jetzt noch die Operation *val* ins Spiel. So sind die Terme

$$comp\,(assign\,(x, 3), assign\,(y, 5))\quad \text{und}$$
$$comp\,(assign\,(x, 2), assign\,(y, 6))$$

in jedem der aufgeführten Modelle verschieden, aber

$$val\,(comp\,(assign\,(x, 3), assign\,(y, 5)), x + y)\quad \text{und}$$
$$val\,(comp\,(assign\,(x, 2), assign\,(y, 6)), x + y)$$

ergeben in jedem dieser Modelle den gleichen Wert, nämlich 6. Aus $val\,(s, e) = val\,(t, e)$ darf also nicht auf $s = t$ geschlossen werden. Auch

$$assign\,(x, E_{val(s, e)}) = comp\,(s, assign\,(x, e))$$

gilt i. a. nicht!

Da Anweisungen aus Zuweisungen aufgebaut sind, muß das Zusammenspiel von Zuweisung und Auswertung festgelegt werden. Dies geschieht durch das Gesetz

$$(7) \qquad val\,(comp\,(s, assign\,(x, e)), f) = val\,(s, f_e^x) \quad,$$

das in vertrauter Notation lautet

$$\lceil s\,;\,x := e\,;\,f \rfloor = \lceil s\,;\,f_e^x \rfloor \quad.$$

(7) hat zur Konsequenz, daß über $(\{\langle stat\rangle, \langle id\rangle, \langle expr\rangle, \langle d\rangle\}, \{skip, assign, comp, val\})$ alle Terme, die auf $\langle d\rangle$ führen, auf solche der Form $val\,(skip, g)$ reduziert werden können. Die eigentliche Auswertung erfolgt dann mit Hilfe des Gesetzes

(8)   Wenn in g keine Variable vorkommt, ist

$$val\,(skip, g) = \bar{g}$$

wo $\bar{g}$ die Auswertung des Ausdrucks g ist.

Durch val und die zugehörigen Gesetze erhält man aus der prozeduralen Sprache eine rein applikative.

Man beachte auch, daß

$$val\,(assign\,(x, E_A), x) = val\,(skip, E_A) = A$$

und

$$val\,(assign\,(x, E_B), x) = val\,(skip, E_B) = B$$

verschieden ausfallen, falls nur $A \neq B$ gilt. Damit kann aber in der mathematischen Semantik für $A \neq B$ die Zuweisung $x := A$ und die Zuweisung $x := B$ nicht in einen Topf geworfen werden; das Modell $\mathbb{1}$ für die Semantik der Anweisungen ist in dem erweiterten Typ ausgeschlossen. BROY, PEPPER und WIRSING (1981) haben gezeigt, daß der durch die Gesetze (1) bis (8) bestimmte Typ immer noch polymorph ist, und haben ein initiales und ein terminales Modell angegeben – letzteres definiert *par excellence* die mathematische Semantik.

8.4.4.4 Die Umstände werden nicht wesentlich komplizierter, wenn man noch die Operation *branch* hinzunimmt und das Gesetz

$$(9) \qquad comp\,(branch\,(b, r, s), t) = branch\,(b, comp\,(r, t), comp\,(s, t)) \quad,$$

eine Art Distributivgesetz. Insbesondere soll aber für die Auswertung der bedingten Anweisung gelten

$$(10) \quad val\,(comp\,(t, branch\,(b, r, s)), e) = \begin{cases} val\,(comp\,(t, r), e) & \text{falls } val\,(t, b) > 0 \\ val\,(comp\,(t, s), e) & \text{falls } val\,(t, b) \leq 0 \end{cases}$$

Schließlich ist noch die Operation *loop* hinzuzunehmen, und das Gesetz

$$loop(b, s) = branch(b, comp(s, loop(b, s)), skip)$$

das die übliche rekursive Definition der Wiederholung (3.5.8.2) widerspiegelt. Dabei treten allerdings technische Schwierigkeiten auf: es gibt nichtterminierende Schleifen, die Operation *val* ist nicht mehr total definiert. Da das Terminierungsproblem i. a. unentscheidbar ist, kann der Definitionsbereich von Operationen wie *val* nicht mehr durch ein Prädikat explizit beschrieben werden. Zur algebraischen Behandlung von Programmiersprachen ist es daher angezeigt, die Theorie der abstrakten Typen auf partielle Algebren auszudehnen (BROY, WIRSING 1980). Für Einzelheiten sei auf die Spezialliteratur verwiesen.

> „Sparen wir daher die weit'ren termini technici"
> JOACHIM RINGELNATZ

Anhang C: Korrespondenzen und Funktionen

Korrespondenzen und Funktionen gehören zu den wichtigsten mathematischen Grundbegriffen. Ihr allgemeiner Hintergrund ist die Theorie der Relationen.

Allgemeinere (p-adische) **heterogene Relationen**, nämlich Teilmengen von $\mathcal{M}_1 \times \mathcal{M}_2 \times \ldots \times \mathcal{M}_p$, der Menge aller p-Tupel von Elementen aus $\mathcal{M}_1, \mathcal{M}_2, \ldots, \mathcal{M}_p$ werden wir für $p > 2$ nicht behandeln. Speziell für $p = 2$ haben wir es mit **heterogenen dyadischen Relationen** über $\mathcal{M}_1$, $\mathcal{M}_2$ oder **Korrespondenzen** $K: \mathcal{M}_1 \dashrightarrow \mathcal{M}_2$ zu tun, wo $K \subseteq \mathcal{M}_1 \times \mathcal{M}_2$.

Zu jeder Korrespondenz $K \subseteq \mathcal{M}_1 \times \mathcal{M}_2$ gibt es eine **konverse** (auch ‚inverse') **Korrespondenz**

$$K^T \subseteq \mathcal{M}_2 \times \mathcal{M}_1 \quad \text{mit}$$
$$K^T = \{(y, x) : (x, y) \in K\}.$$

Die Menge $\{y \in \mathcal{M}_2 : (x, y) \in K\}$ aller $y \in \mathcal{M}_2$, die zu einem $x \in \mathcal{M}_1$ ‚Hinterglieder' bzgl. K sind, heißt die **Rechtsfaser** von x. Konvers ist die **Linksfaser** definiert.

C.1 Spezielle Eigenschaften von Korrespondenzen

C.1.1 Funktionen

Eine Korrespondenz F, die **rechtseindeutig** ist:

$$(x, y_1) \in F \wedge (x, y_2) \in F \text{ impliziert } y_1 = y_2,$$

heißt **(partielle) Funktion** $F: \mathcal{M}_1 \longrightarrow \mathcal{M}_2$. Zu jedem x gibt es dann höchstens ein y derart, daß $(x, y) \in F$. Ein solches wird auch kurz als $F(x)$ bezeichnet:

$$F(x) = \text{dasjenige } y \in \mathcal{M}_2 : (x, y) \in F.$$

$F(x)$ kann auch undefiniert sein. Die Rechtsfasern einer Funktion sind also leer oder einelementig. Statt $(x, y) \in F$ schreibt man auch kurz

$$x \overset{F}{\longmapsto} y$$

und unterstellt damit, daß F eine Funktion ist. Es gilt also

$$x \overset{F}{\longmapsto} F(x)$$

oder $F(x)$ ist undefiniert.

Die Teilmenge

$$\{x \in \mathscr{M}_1 : \exists y \in \mathscr{M}_2 : x \overset{F}{\longmapsto} y\}$$

von $\mathscr{M}_1$, auf der F definiert ist, wird **Vorbereich** oder **Argumentbereich** (engl. *domain*), die Teilmenge

$$\{y \in \mathscr{M}_2 : \exists x \in \mathscr{M}_1 : x \overset{F}{\longmapsto} y\}$$

von $\mathscr{M}_2$ der ‚Werte' wird **Nachbereich** oder **Wertebereich** (engl. *range*) genannt („Funktionsterminologie").

Eine Korrespondenz, deren Rechtsfasern sämtlich einelementig oder leer sind, ist eine Funktion. Eine Korrespondenz K, die **linkseindeutig**, bzw. eine Funktion K, die **injektiv** ist

$$(x_1, y) \in K \wedge (x_2, y) \in K \text{ impliziert } x_1 = x_2,$$

hat als konverse Korrespondenz eine Funktion $\mathscr{M}_2 \longrightarrow \mathscr{M}_1$. Sie definiert dadurch eindeutig eine **inverse Funktion** oder **Umkehrfunktion** K^T bzw. K^{-1}. Die Elemente einer mehr als einelementigen Rechtsfaser eines Elements aus dem Argumentbereich werden **Homophone** genannt.

Eine Korrespondenz, die sowohl rechtseindeutig als auch linkseindeutig ist (**eineindeutige** Korrespondenz), ist eine injektive Funktion und hat als konverse Korrespondenz eine eineindeutige Korrespondenz; sie definiert eindeutig eine injektive Umkehrfunktion.

Eine Korrespondenz K heißt **linkstotal** (oder als Funktion **total**), wenn

$$\forall x \in \mathscr{M}_1 \exists y \in \mathscr{M}_2 : (x, y) \in K,$$

anderenfalls **partiell**. Sie heißt **rechtstotal** (oder als Funktion **surjektiv**), wenn

$$\forall x \in \mathscr{M}_2 \exists y \in \mathscr{M}_1 : (x, y) \in K.$$

Total und surjektiv sind konverse Begriffe.

Eine Funktion, die injektiv und surjektiv ist, heißt **bijektiv**. Sie kann partiell sein, ihre Umkehrung ist aber eine totale Funktion von $\mathscr{M}_2$ in $\mathscr{M}_1$. Eine totale bijektive Funktion hat als Umkehrung eine totale bijektive Funktion.

Zwei Mengen $\mathscr{M}_1$ und $\mathscr{M}_2$ heißen **gleichmächtig**, wenn es eine totale bijektive Funktion $\mathscr{M}_1 \longleftrightarrow \mathscr{M}_2$ der einen auf die andere und umgekehrt gibt. Beispielsweise sind $\mathbb{N}$ und $\mathbb{N} \backslash \{0\}$ gleichmächtig.

C.1.2 Abbildungen

Eine totale Funktion $\mathscr{M}_1 \longrightarrow \mathscr{M}_2$ heißt auch **Abbildung** von $\mathscr{M}_1$ in $\mathscr{M}_2$; falls sie surjektiv ist, Abbildung von $\mathscr{M}_1$ **auf** $\mathscr{M}_2$.

Statt $F(a)$ wird in der Abbildungsterminologie oft a^F geschrieben, statt von Wertebereich bzw. Argumentbereich der Funktion spricht man von **Bild-menge** bzw. von **Urbildmenge** der Abbildung. a^F heißt das **Bild** von a unter F, für ein Element x aus der Bildmenge wird die Teilmenge $\{a \in \mathscr{M}_1 : a^F = x\}$ von $\mathscr{M}_1$ als **(Urbild-)Faser** bezeichnet.

C.1.3 ‚Mehrdeutige' Funktionen

Zu jeder Korrespondenz $K \subseteq \mathscr{M}_1 \times \mathscr{M}_2$ gibt es je eine eindeutig bestimmte Funktion

$$\hat{K}_L : \mathscr{M}_1 \longrightarrow \mathfrak{P}(\mathscr{M}_2) \quad \text{und} \quad \hat{K}_R : \mathscr{M}_2 \longrightarrow \mathfrak{P}(\mathscr{M}_1) \,,$$

nämlich die Zuordnung der Rechtsfasern zu den Elementen von $\mathscr{M}_1$ bzw. die der Linksfasern zu den Elementen von $\mathscr{M}_2$.

Eine ‚mehrdeutige' Funktion f (1.6.1) kann aus einer Korrespondenz K er-halten werden, mit der Maßgabe, daß man jeweils einen (beliebigen) Funk-tionswert aus der Rechtsfaser auswählt:

$$f(a) = \textbf{some } x : x \in \hat{K}_L(a) \,.$$

C.1.4 Darstellungen von Korrespondenzen und Funktionen

Im allgemeinen wird eine Korrespondenz K durch eine Aussage $\mathscr{P}$ über x und y bestimmt:

$$K = \{(x, y) : \mathscr{P}(x, y)\}$$

bedeutet «Menge aller (x, y) derart, daß $\mathscr{P}(x, y)$ gilt».

Beispielsweise sei $\mathscr{M}_1 = \mathbb{N}$, $\mathscr{M}_2 = \mathbb{N} \backslash \{0\}$ und

$$K = \{(x, y) : x < y\} \,.$$

Ist K eine endliche Menge, so wird K häufig angegeben durch Aufweisung der Paare (x, y).

C.2 Diagramme für Korrespondenzen und Funktionen

Sind insbesondere $\mathcal{M}_1$ und $\mathcal{M}_2$ endlich, kann eine Korrespondenz auch graphisch dargestellt werden durch ein **Paardiagramm** (‚Pfeildiagramm‘), wie etwa in Abb. 267 für $\mathcal{M}_1 = \{a, b, c, d, e\}$, $\mathcal{M}_2 = \{x, y, z\}$.

(a)   Korrespondenz

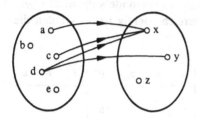

(b) rechtseindeutige Korrespondenz, (partielle) Funktion

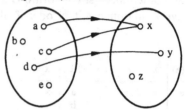

(c) linkseindeutige Korrespondenz

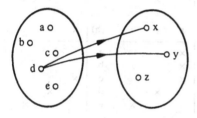

(d) eineindeutige Korrespondenz, injektive (partielle) Funktion

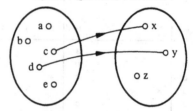

(e)   totale Funktion

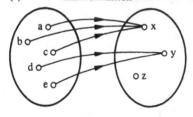

(f) surjektive (partielle) Funktion

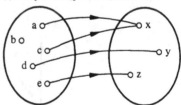

(g)   surjektive totale Funktion

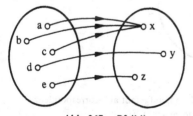

(h) bijektive (partielle) Funktion

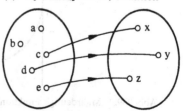

Abb. 267.   Pfeildiagramme von Korrespondenzen und Funktionen

Eine totale, bijektive Funktion $\mathscr{M}_1 \longleftrightarrow \mathscr{M}_2$ existiert hier nicht: $\mathscr{M}_1$ und $\mathscr{M}_2$ sind nicht gleichmächtig.

Eine andere Darstellung von Korrespondenzen benutzt eine lineare Anordnung von $\mathscr{M}_1$ wie von $\mathscr{M}_2$ und eine Auszeichnung von Punkten des Produktraums: dies umfaßt sowohl Kreuzchentabellen für endliche $\mathscr{M}_1$, $\mathscr{M}_2$ (Abb. 268) wie auch ‚geometrische Örter' in $\mathbb{Q} \times \mathbb{Q}$ oder $\mathbb{R} \times \mathbb{R}$, insbesondere die klassischen „Funktionsdiagramme" der eindimensionalen Analysis (Abb. 269) und Punktmengendiagramme (Abb. 270). Auf Funktionen beschränkt ist eine dritte Darstellungsart, die besonders für nicht-injektive Funktionen mit $\mathbb{N}$ oder $\mathbb{Z}$ als Wertebereich wichtig ist: es werden die

(a)	x	y	z
a	x		
b			
c	x		
d	x	x	
e			

(b)	x	y	z
a	x		
b			
c	x		
d		x	
e			

(e)	x	y	z
a	x		
b	x		
c	x		
d		x	
e		x	

(f)	x	y	z
a	x		
b			
c	x		
d		x	
e			x

(c)	x	y	z
a			
b			
c			
d	x	x	
e			

(d)	x	y	z
a			
b			
c	x		
d		x	
e			

(g)	x	y	z
a	x		
b	x		
c	x		
d		x	
e			x

(h)	x	y	z
a			
b			
c	x		
d		x	
e			x

Abb. 268.   Kreuzchentabelle für die Korrespondenzen von Abb. 267

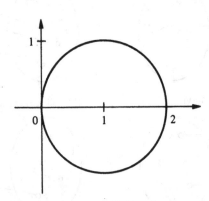

Abb. 269.   ‚Mehrdeutige Funktion' $y = \sqrt{x \times (2-x)}$, aufgefaßt als Korrespondenz
$\{(x,y) : x^2 - 2x + y^2 = 0\} \subseteq [0, 2] \times [-1, 1]$

Punkte einzelner Fasern der Funktion verbunden und (Abb. 271) durch Angabe des Funktionswerts unterschieden („kotiert"). In der Praxis spricht man statt von Fasern von ‚Schichten' (Höhenschicht, Schicht gleichen Luftdrucks, gleicher Temperatur).

Im Spezialfall $\mathcal{M}_1 = \mathcal{M}_2 = \mathcal{M}$ spricht man von einer Abbildung von $\mathcal{M}$ in sich bzw., wenn sie surjektiv ist, von einer Abbildung von $\mathcal{M}$ auf sich; von einer **Permutation** von $\mathcal{M}$ spricht man, wenn die Abbildung bijektiv ist. Durch Identifizierung von $\mathcal{M}_1$ und $\mathcal{M}_2$ vereinfachen sich die Pfeildiagramme (vgl. Abb. 208), in den Kreuzchentabellen bekommt man übereinstimmend bezeichnete horizontale und vertikale Eingänge.

(a)   (b)   (c)

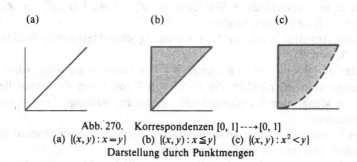

Abb. 270.   Korrespondenzen $[0, 1] \dashrightarrow [0, 1]$
(a) $\{(x, y) : x = y\}$ (b) $\{(x, y) : x \leqq y\}$ (c) $\{(x, y) : x^2 < y\}$
Darstellung durch Punktmengen

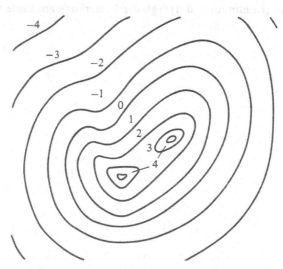

Abb. 271.   Darstellung einer Funktion $\mathbb{R} \times \mathbb{R} \longrightarrow \mathbb{Z}$ durch Angabe von Fasern
(„Schichten")

C.3 Mengenpotenzierung

„Das Unendliche! Keine andere Frage hat je
den menschlichen Geist so tief bewegt."

DAVID HILBERT (1921)

Eine Menge heißt **unendlich** (BOLZANO 1837, DEDEKIND 1887), wenn sie zu einer ihrer echten Teilmengen gleichmächtig ist, andernfalls heißt sie **endlich**. $\mathbb{N}$ ist (vgl. C.1) unendlich.

Eine Menge heißt **abzählbar**, wenn sie endlich oder zu $\mathbb{N}$ gleichmächtig ist, andernfalls heißt sie **überabzählbar**.

Sind $\mathcal{M}_1$ und $\mathcal{M}_2$ endlich und besteht $\mathcal{M}_1$ aus m_1, $\mathcal{M}_2$ aus m_2 Elementen, so gibt es $m_2^{m_1}$ verschiedene Abbildungen $\mathcal{M}_1 \longrightarrow \mathcal{M}_2$. Für $\mathcal{M}_1 \longrightarrow \mathcal{M}_2$ wird deshalb auch $\mathcal{M}_2^{\mathcal{M}_1}$ geschrieben.

Interessant sind in diesem Zusammenhang ‚charakteristische Funktionen' $\mathcal{M} \longrightarrow \mathbb{B}_2$ bzw. $\mathbb{B}_2^{\mathcal{M}}$.

Jeder Abbildung $\mathcal{M} \longrightarrow \mathbb{B}_2$ bzw. $\mathbb{B}_2^{\mathcal{M}}$ ist eineindeutig zugeordnet eine Teilmenge von $\mathcal{M}$, nämlich die Faser von T (oder von F). Damit liegt es nahe, die Menge aller Teilmengen von $\mathcal{M}$, die **Potenzmenge** von $\mathcal{M}$, mit $2^{\mathcal{M}}$ zu bezeichnen.

Die Potenzmenge einer endlichen (aus n Elementen bestehenden) Menge ist endlich und besteht aus 2^n Elementen.

Die Potenzmenge einer abzählbaren unendlichen Menge ist überabzählbar, sie ist gleichmächtig der Menge aller (unendlichen) binären Zeichenfolgen oder dem ‚Kontinuum' [0, 1] (vgl. die Bemerkung am Ende von 2.1.3.4).

Anhang D: Datenendgeräte

Im 6. Kapitel sind wir auf die Probleme der Speicherung und des Transports von Daten in Rechenanlagen eingegangen; die gerätetechnischen Probleme der verständlichen Ein/Ausgabe wurden nur kurz gestreift. In diesem Anhang stellen wir wichtige Einzelheiten über dieses Gebiet zusammen.

D.1 Anforderungen und Möglichkeiten

Verständliche, durch die menschlichen Sinnesorgane unmittelbar faßbare Ein/Ausgabe erfolgt noch häufig **abgesetzt** von der Verarbeitung in der Rechenanlage. Auf der Seite der menschlichen Bediener werden Eingabewerte in maschinell lesbare Form gebracht und dann gesammelt in den Rechner eingegeben; bei der Ausgabe werden Ergebnisse gesammelt ausgegeben und dann vom Menschen weiterverarbeitet. Zur Kontrolle der Richtigkeit der Eingabewerte ist es günstig, wenn die Eingabewerte nicht nur maschinell, sondern auch für den Menschen lesbar codiert sind; zumindest sollte während der Codierung ein verständliches Protokoll erstellt werden. Bei der Ausgabe ist auf gute Reproduktionsfähigkeit, insbesondere im xerographischen Verfahren, zu achten.

Bei abgesetzter Ein/Ausgabe können die E/A-Geräte mit einer den technischen Möglichkeiten angepaßten Geschwindigkeit arbeiten. Daher können hier rasch große Datenmengen eingelesen oder ausgegeben werden. Anders verhält es sich bei **gleichlaufender** Ein/Ausgabe. Hier hängt die Eingabegeschwindigkeit ab von der Arbeitsgeschwindigkeit des Bedieners. Auch bei der Ausgabe muß Rücksicht auf die Arbeitsgeschwindigkeit des Menschen genommen werden, wenn eine sofortige Auswertung der Ergebnisse beabsichtigt ist. Dafür ist eine sofortige Reaktion auf die Ausgabe in Form einer neuen Eingabe möglich. Jedoch entfallen bei gleichlaufender Eingabe die Geräte, die bei abgesetzter Eingabe zur vorbereitenden Codierung der Daten in maschinell lesbare Form benötigt werden.

Für die Eingabe wie für die Ausgabe unterscheiden wir den Fall der Übergabe von Zeichenreihen oder Zahlwerten, also von digitalen Nachrichten, von der Übergabe von Nachrichten in nicht-digitaler („analoger") Form, bei denen die Rasterung oder Quantelung bzw. bei der Ausgabe die Interpolation dem Rechner obliegt.

D.2 Ausgabe

Bei der verständlichen Ausgabe unterscheiden wir

> die Ausgabe digitaler Nachrichten, üblicherweise in
> gedruckter Form;
> die Ausgabe nicht-digitaler Nachrichten in gezeichneter
> oder gesprochener Form.

Bei gedruckter und gezeichneter Ausgabe tritt neben Drucker, Plotter (Kurvenschreiber) und Schreibmaschine (Ausgabe auf Papier) die Ausgabe auf Bildschirm und (Mikro-)Film. Die Sprachausgabe setzt Texte aus vorher aufgezeichneten Worten zusammen. In Sonderfällen hat man auch taktil lesbare Ausgabe.

D.2.1 Zeichendrucker

Bei Zeichendruckern werden die Zeichen einzeln von links nach rechts geschrieben. Neben den Druckwerken von Schreibmaschinen und anderen **Typendruckern** sind hier besonders die **Rasterdrucker** (gelegentlich auch Matrixdrucker genannt) zu erwähnen.

Bei Schreibmaschinen werden neben herkömmlichen Typenhebeldruckern heute in großem Umfang Druckwerke eingesetzt, bei denen die Typen auf einem Kugelkopf, einem Typenrad oder einer ähnlichen, meist auswechselbaren Vorrichtung aufgebracht sind. Mit Schreibmaschinen lassen sich Geschwindigkeiten von 10–50 Zeichen/sec erreichen.

Bei Rasterdruckern werden die einzelnen Zeichen aus Punkten in einem 9×11-Raster aufgebaut; auch ein 11×18-Raster kommt recht häufig vor. Für jeden Punkt gibt es einen Stift (Nadel), geführt in einer Hülse, der elektromagnetisch gesteuert gegen das Farbband und das Papier geschlagen werden kann (**Nadeldrucker**). Derartige Drucker gibt es mit fest eingebautem **Zeichengenerator**, d.i. ein Schaltwerk, welches das Punkteraster aus dem von der Zentraleinheit gelieferten Code, z. B. dem ISO 7-Bit-Code, für einen vorgegebenen Zeichenvorrat berechnet. Ist das Punkteraster hingegen frei programmierbar – jedes Zeichen wird dann durch einen 99- bzw. 198-Bit-Code verschlüsselt – so lassen sich beliebige Zeichenvorräte wiedergeben, begrenzt von den technischen Möglichkeiten des Rasters. Nadeldrucker mit einem

Kopf, der sich zeichenweise vorwärtsbewegt, erreichen eine Geschwindigkeit von etwa 100 bis 500 Zeichen/sec. Die Auflösung beträgt 6 Punkte/mm.

D.2.2 Zeilendrucker

Zeilendrucker drucken eine oder sogar mehrere Zeilen in einem Arbeitsgang. Man unterscheidet typenweise und rasterweise arbeitende Zeilendrukker.

Beim **Trommeldrucker**, einem weitverbreiteten typenweise arbeitenden Zeilendrucker, befinden sich die Drucktypen auf einer Trommel; jeder Druckposition entspricht ein eigener Kranz von Drucktypen, so daß jeder Position der gesamte Zeichensatz zur Verfügung steht (Abb. 272). Für jede Druckposition gibt es einen Druckhammer. Dieser wird elektromagnetisch ausgelöst und schlägt von hinten gegen das Papier, wenn das gewünschte Zeichen auf der Trommel erscheint. Das Farbband ist hier ein Drucktuch, welches über die gesamte Papierbreite geht. Eine Druckzeile entsteht also folgendermaßen (unter der Annahme, daß die Zeilen auf der Trommel zyklisch-alphabetisch angeordnet sind und daß im Augenblick des Druckwunsches als erstes das Zeichen N angeschlagen werden kann):

```
                        N
          P             N
          P             N        R
        S P             N   S    R                    S
        S P             N   S    R        T     T     S
        S P             N   S    R U      T     T     S
        S P             N   S    R U      T  X  T     S
    B   S P             N   S    R U      T  X  T.    S
    B   S P             N   S    R U C    T  X  T     S
    B   S P             N   S  D R U C    T  X  T     S
    B E S P  E    E  N E S  D R U C    T E X T E S
    B E I S P I E      E I N E S  D R U C    T E X T E S
    B E I S P I E      E I N E S  D R U C K T E X T E S
    B E I S P I E L  E I N E S  D R U C K T E X T E S
```

Mit Trommeldruckern lassen sich heute bis zu 2000 Zeilen/min erreichen.

Etwa ebenso schnell sind **Kettendrucker**. Bei diesen befinden sich die Drucktypen auf einer endlosen Kette oder einem Stahlband, welches zeilenparallel am Papier vorbeigeführt wird. Wie beim Trommeldrucker schlägt ein Druckhammer von hinten gegen das Papier, wenn das gewünschte Zeichen an der Druckposition erscheint. Auf der Kette ist z. B. Platz für 256 Zeichen (auf der Drucktrommel eines Trommeldruckers nur für 64 oder 96), so daß sich mit Kettendruckern, allerdings auf Kosten der Druckgeschwindigkeit, sehr große Zeichenvorräte verarbeiten lassen; zudem ist die Kette auswechselbar. Bei den vorgenannten mechanischen Druckern bewegen sich neben dem Papiervorschub noch die Trommel bzw. die Kette, das Drucktuch und die Druckhämmer. Dies führt zu Ungleichmäßigkeiten und Störungen im Druck, da infolge von Dejustierungen, Verschmutzungen und Abnutzungserscheinungen ein gleichmäßiger Druckvorgang nicht immer gewährleistet ist. Durch Verringerung der Anzahl der bewegten Teile und der Genauigkeitsanforderungen an den Bewegungsablauf läßt sich die Störanfälligkeit herabsetzen; gleichzeitig läßt sich die Druckgeschwindigkeit steigern.

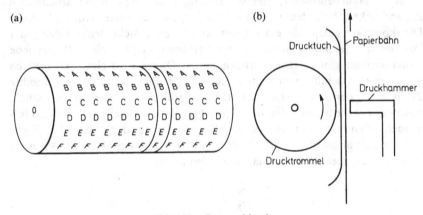

(a)

(b)

Abb. 272.   Trommeldrucker
(a) Drucktrommel
(b) Prinzip

Diesen Weg geht man bei Druckern mit elektronischer Schriftaufzeichnung (meist sind es Rasterdrucker). Hier wird zunächst durch Ablenkung des Strahls einer Kathodenstrahlröhre eine Zeile ähnlich wie auf einem Bildschirm elektronisch aufgezeichnet. Anschließend wird diese Zeile durch irgendeines der bekannten elektrostatischen, elektrothermischen oder elektrochemischen Vervielfältigungsverfahren fixiert. Mit solchen Druckern lassen sich Druckgeschwindigkeiten bis zu 5000 Zeilen/min erreichen. Die hohe Druckgeschwindigkeit ergibt sich u. a. dadurch, daß das Papier kontinuierlich durch das Druckwerk läuft, während bei mechanischen Druckern das Papier für jede Zeile angehalten werden muß. Mit einem Auflösungsvermögen von 12 bis 16 Punkten/mm lassen manche mit Laserstrahlen arbeitenden Geräte bei einer Schreibgeschwindigkeit von 12 bis 18 Seiten DIN A4 pro Minute (entsprechend etwa 700–1100 Zeilen/min) Drucke und Zeichnungen hoher Qualität zu.

Neuerdings kommen als Zeilendrucker auch Nadeldrucker, bei denen für jede Druckposition ein Raster vorhanden ist, in Verwendung. Sie erreichen bis zu 1000 Zeilen/min.

D.2.3 Zeichengeräte

Automatische Zeichengeräte oder **Plotter** dienen der Erstellung graphischer Darstellungen (Konstruktionspläne, Karten, Funktionsdarstellungen usw.). Die Zeichnung wird erstellt durch einen Zeichenstift, der sich in einem Kopf befindet, der noch weitere adressierbare Zeichenstifte aufnehmen kann. Der Zeichenkopf läuft entweder in beiden Achsenrichtungen frei beweglich über das Zeichenpapier oder kann sich nur in einer Achsenrichtung bewegen, während sich die Papierbahn in der anderen Achsenrichtung bewegen kann. Ersteres Verfahren erlaubt eine wesentlich höhere Zeichengenauigkeit (bis zu ±0,002 mm); der Zeichenkopf wird beispielsweise durch 2 Getriebestangen gesteuert. Das zweite Verfahren wird bei den weit verbreiteten **Trommelplottern** verwendet; hier wird das Papier über eine Trommel hin- und hergezogen.

Die zu zeichnenden Kurven werden zunächst durch eine Folge von Punkten dargestellt, zwischen denen linear interpoliert wird. Daraus werden Fahrbefehle für den Zeichenkopf erzeugt, die außerdem noch den Zeichenstift spezifizieren, einschließlich der Möglichkeit, die Position zu verändern ohne zu zeichnen („unsichtbares Zeichnen"). Ein solcher Fahrbefehl gibt entweder die absoluten Koordinaten des Zielpunktes an (aus Genauigkeitsgründen selten), oder er spezifiziert die Länge und Richtung des **Inkrements**, das benötigt wird, um den Zielpunkt zu erreichen. Die Richtung ergibt sich aus dem Verhältnis der Geschwindigkeiten, mit denen sich der Zeichenkopf in den beiden Achsenrichtungen bewegt. Häufig sind für diese Geschwindigkeiten und ebenso für die Strichlängen nur wenige diskrete Werte möglich; beispielsweise ergeben sich bei fünf Geschwindigkeitsstufen (Stillstand, langsam oder schnell in positiver oder negativer Richtung) insgesamt 16 mögliche Richtungen.

Wegen der niederen Geschwindigkeit werden Plotter häufig abgesetzt betrieben. Der Rechner berechnet die Fahrbefehle und speichert sie auf Lochkarten, Lochstreifen oder Magnetband, die dann als Eingabe für den abgesetzten Plotter dienen. Häufig werden die Fahrbefehle auch erst durch das Steuergerät des Plotters aus den eingegebenen Punktfolgen berechnet.

Statt herkömmlicher Zeichentechniken bedient man sich für höchste Genauigkeitsansprüche auch phototechnischer Verfahren. Statt auf Papier wird mit einem regulierbaren Lichtstrahl auf Photopapier geschrieben und dann entwickelt und fixiert.

Auch Nadel-Zeilendrucker, mit einem Raster von 0.25 mm, lassen sich als
Zeichengeräte mit geringer Zeichengenauigkeit einsetzen. Man erreicht eine
Zeichengeschwindigkeit bis zu 10^6 Rasterpunkte/min.

D.2.4 Bildschirmgeräte

Bildschirmgeräte oder kurz **Sichtgeräte** erlauben eine sehr schnelle Ausgabe alphanumerischer oder graphischer Informationen. Die Aufzeichnung
erfolgt heute meist auf einem fluoreszierenden Schirm gemäß dem Prinzip
der Braunschen Röhre durch Ablenkung eines Elektronenstrahls. Wir unterscheiden Speicherbildröhren und normale Kathodenstrahlröhren. Bei Speicherbildröhren bleibt das aufgezeichnete Bild solange erhalten bis es insgesamt gelöscht wird; es sind nachträgliche Ergänzungen zum Bild möglich, jedoch kein Beseitigen oder Ersetzen überflüssiger Bildteile.

Bei den Kathodenstrahlröhren muß wie bei der Fernsehröhre oder üblichen Oszillographen das Bild ständig aufgefrischt werden. Der Schirminhalt
muß daher zusätzlich in einem **Bildwiederholspeicher** aufbewahrt werden.
Dieser Speicher kann Bestandteil des Sichtgeräts sein, oder das Sichtgerät erhält unmittelbaren Zugriff zum Hauptspeicher eines Rechners und benutzt
Teile davon als Bildwiederholspeicher. Schließlich unterscheiden wir Geräte,
bei denen wie beim Fernsehen der Elektronenstrahl das Bild zeilenweise aufbaut und solche, bei denen der Elektronenstrahl beliebig über das Bild gesteuert werden kann. Dabei hängt die Helligkeit des Bildes von der Intensität
des Elektronenstrahls ab; farbige Bilder lassen sich mit verschiedenen Fluo-
reszenzschichten auf dem Schirm und Steuerung der Beschleunigungsspan-
nung der Elektronen erzielen.

Zeilenweises Schreiben des Bildschirms verwendet man vor allem bei
Sichtgeräten, die nur für die Textverarbeitung bestimmt sind (alphanumerische Sichtgeräte). Wie beim Nadeldrucker werden die Zeichen häufig durch
Punktmatrizen wiedergegeben. Dazu wird der Ausgabetext durch **Zeichenge-
neratoren** decodiert und in Steuersignale für den Elektronenstrahl umgesetzt.
Sichtgeräte zur Wiedergabe graphischer Darstellungen benutzen **Vektorgeneratoren**, das sind spezielle Schaltwerke, die ausgehend von der laufenden Zei-
chenposition aufgrund eines Inkrements oder einer neuen absoluten Position
die Signale zum Zeichnen einer Strecke zum nächsten gewünschten Punkt generieren; auch das Zeichnen von Kurvenstücken ist auf diese Weise möglich.
Bei komfortablen Geräten ist ferner die Verschiebung, Drehung und Maß-
stabsänderung des Bildes technisch, ohne Programmunterstützung, möglich.
Schließlich läßt sich der Eindruck einer dreidimensionalen Darstellung
durch Variation der Intensität mit der z-Koordinate erzielen. Der Inhalt des
Bildwiederholspeichers besteht bei solchen graphischen Sichtgeräten aus ei-

ner Folge von Befehlen und Daten für die verschiedenen Generatoren, dem **Bildprogramm**[1], das ständig zyklisch durchlaufen wird.

Bei Sichtgeräten wird die Ausgabegeschwindigkeit im allgemeinen nur von der Übertragungsgeschwindigkeit zwischen Rechenanlage und Sichtgerät begrenzt. Andererseits erhält man keine dauerhafte Kopie der ausgegebenen Nachrichten. Dem begegnet man mit speziellen Kopiereinrichtungen[2], die über einen Nebenanschluß mit dem Sichtgerät verbunden werden und das dort erscheinende Bild im Wege eines der üblichen Kopierverfahren festzuhalten gestatten.

Um die hohe Ausgabegeschwindigkeit der Kathodenstrahlröhre zu nutzen und zugleich die Nachrichten permanent aufzuzeichnen, nimmt man das von der Röhre entworfene Bild verkleinert auf **Mikrofilm** auf. Dies erlaubt die Ausgabe von Nachrichten nahezu mit einer Geschwindigkeit, wie wir sie von Magnetbändern gewohnt sind. Zugleich lassen sich auf diese Weise große Datenbestände auf kleinstem Raum in lesbarer Form archivieren. Schließlich ist man für die Textdarstellung nicht an einen festen Zeichenvorrat gebunden wie beim Drucker; über Vektorgeneratoren lassen sich beliebig umfangreiche Zeichenvorräte erzeugen.

D.2.5 Sprachausgabe

Zur Ausgabe von digitalen Nachrichten in gesprochener Form müssen die Worte, Sätze oder Satzfragmente, aus denen sich die Nachricht zusammensetzt, zunächst auf Magnetband oder Plattenspeicher aufgezeichnet worden sein – entweder in analoger Form im Sprachausgabegerät selbst oder digitalisiert auf dem Hintergrundspeicher des Rechners. Die vom Rechner auszugebende Nachricht wird dementsprechend als Adreßfolge der auszugebenden Worte codiert oder sie stellt den Text selbst dar, verschlüsselt durch Angabe von Zeitdauer, Frequenz und Amplitude der zu erzeugenden akustischen Signale. Der Umfang des Wortschatzes ist bei nicht-digitaler Speicherung bei den meisten im Handel befindlichen Geräten sehr begrenzt. Dies liegt an der mit ca. 0.5 sec/Wort doch recht langen Übertragungszeit pro Wort, die eine entsprechend hohe Speicherkapazität erfordert, verbunden mit der Forderung nach einer vergleichsweise kurzen Zugriffsverzögerung. Bei digitaler Speicherung ergeben sich günstigere Verhältnisse. Neuerdings ist auch synthetische Erzeugung aus Phonemen möglich.

---

[1] Engl. *display file*.
[2] Engl. *hardcopy unit*.

D.3 Eingabe

Aus Kostengründen hat bisher die Eingabe gesprochener oder hand-schriftlicher Texte keine praktische Bedeutung erlangt; die dabei auftreten-den Probleme der Erkennung akustischer oder optischer Muster werden aber bald gelöst sein. Sonst bleiben im wesentlichen zwei Möglichkeiten der Er-zeugung maschinell lesbarer Nachrichten durch den Menschen:

> die Eingabe digitaler Nachrichten über Tastaturen;
>
> die Eingabe digitaler Nachrichten (sowie nicht-digitaler Nachrichten, die noch auf dem Wege des Rasterns digitalisiert werden müssen) durch Spezifikation von Positionen in einem vorgelegten Feld („Markieren").

Diese Verfahren können natürlich auch zur abgesetzten Eingabe benutzt wer-den. Dabei werden gelegentlich Datenträger wie Lochkarten und Lochstrei-fen zusätzlich visuell lesbar beschriftet. Weiterhin werden Markierungsbogen verwendet oder sowohl maschinell als auch durch den Menschen lesbare Schriftstücke erstellt, deren Inhalt über Belegleser an die Rechenanlage über-mittelt werden kann. Belegleser erlauben insbesondere die Verarbeitung ge-druckter Nachrichten, die aus verschiedenen Quellen stammen können.

D.3.1 Tastaturen

Tastaturen werden bei Schreibmaschinen oder Bildschirmgeräten sowie bei abgesetzten Eingabegeräten für alphanumerische Nachrichten verwendet. Neben der Zehnertastatur zur Eingabe von Zahlen findet man die normale Schreibmaschinentastatur mit unterschiedlich großer Anzahl von Sonderzei-chen bis hin zu Tastaturen mit mehreren Alphabeten, wie sie auch im Buchsatz Verwendung finden. Tastaturen für die gleichlaufende Eingabe ver-fügen ferner über eine Reihe von **Funktionstasten** zur Übermittlung von Steu-erzeichen an den Rechner[3]. Die meisten dieser Zeichen werden zur Steue-rung des Übertragungsvorganges, zum Löschen des Bildschirms und ähnli-chem benutzt. Andere lassen sich zur Auslösung frei bestimmbarer program-mierter Funktionen verwenden.

Die eingetasteten Nachrichten werden zweckmäßig sofort über das ange-koppelte Schreibwerk (Schreibmaschine, Sichtgerät, usw.) wieder ausgege-ben. Dies erleichtert die Prüfung auf Richtigkeit. Werden die Zeichen erst

---

[3] Vgl. z. B. die ersten beiden Spalten im ISO 7-Bit-Code, 1. Kap., Abb. 27. Die Zeichen DC1, DC2, DC3, DC4 sind frei verfügbar; die anderen Steuerzeichen werden im allgemei-nen für die Steuerung des Übertragungsvorganges und der Formatierung verwendet.

zum Rechner gesandt und von diesem an das Schreibwerk zurückgegeben, so kontrolliert man zugleich die Korrektheit der Übertragung.

Tastaturen in Verbindung mit Sichtgeräten mit Bildwiederholspeicher erlauben in bequemer Weise die Korrektur oder anderweitige Veränderung bereits im Rechner vorhandener Nachrichten: Durch Ersetzen, Beseitigen oder Einfügen von Zeichen an der gewünschten Stelle über die Tastatur, eventuell verbunden mit einer Verschiebung von Teilen der Nachricht, wird zunächst der Inhalt des Bildwiederholspeichers verändert. Anschließend wird er ganz oder teilweise als neue Eingabe dem Rechner zur weiteren Verarbeitung übermittelt.

D.3.2 Positionseingabe am Bildschirm

Durch das Markieren von Punkten auf dem Bildschirm zusammen mit anderen Kommandos, z. B. zur Verbindung markierter Punkte durch eine Strecke, lassen sich graphische Darstellungen in die Rechenanlage eingeben, ohne daß man vorher die Koordinaten als Zahlen ermitteln muß. Durch das Deuten auf Worte in einem vorher ausgegebenen Text lassen sich diese Worte als Parameter von Rechenvorschriften kennzeichnen; beispielsweise kann es sich um die Schlüsselworte einer Befehlssprache handeln, und durch das Deuten wird das entsprechende Kommando ausgelöst (einfachste Form des „Programmierens durch Auswählen"). Schließlich lassen sich durch Bezugnahme auf eine vorher ausgegebene graphische Darstellung Objekte im Bild markieren, die irgendeiner Rechenvorschrift unterworfen werden sollen.

Zum Markieren werden verschiedenartige technische Geräte benutzt: Mit Hilfe eines Steuerknüppels werden Fadenkreuze auf dem Bildschirm bewegt; auf einer Zusatzfläche wird eine sog. Rollkugel bewegt unter gleichzeitiger Anzeige der Position auf dem Schirm; am elegantesten, allerdings oft nicht sehr präzise in der Ortsbestimmung, ist die Verwendung eines **Lichtgriffels**, mit dem man unmittelbar auf den Bildschirm zeigt. Trifft der den Schirm beschreibende Elektronenstrahl den Lichtgriffel, so wird in diesem über eine Photodiode ein Impuls ausgelöst und dadurch die Strahlposition festgehalten. Möglich ist eine zusätzliche Unterbrechung des Bildprogrammes.

Die Position der Markierung, gegeben als ein Punkt des Rasterfeldes, in das der Bildschirm aufgeteilt ist, wird benötigt, wenn man ein Bild neu zeichnen will; beim Markieren von Objekten in einem vorher ausgegebenen Text oder Bild ist es nachteilig, wenn die Zuordnung von Position und Objekt durch das Programm geschehen muß. Günstiger ist es hier, das Bildprogramm im Bildwiederholspeicher zu unterbrechen. Dadurch wird das zu markierende Objekt in Gestalt der entsprechenden Position im Bildprogramm unmittelbar aufgefunden.

D.3.3 Markierungsleser

Tastet man Lochkarten optisch ab, so kann man auch auf die Lochungen vollständig verzichten und sie durch manuell angebrachte (Bleistift-)Strich-markierungen ersetzen. Man gelangt damit zur **Zeichenlochkarte** oder dem **Markierungsbogen** (im Format DIN A4), wie er heute vielfach in der Daten-erfassung eingesetzt wird. Diese Markierungsbelege haben den Vorteil, daß keine aufwendigen Geräte zur Erstellung des maschinell lesbaren Belegs mehr notwendig sind. Sie erlauben jedoch nicht die Wiedergabe beliebiger Nachrichten: Durch das Anstreichen oder Ankreuzen einer bestimmten Posi-tion wird eine von mehreren möglichen Nachrichten ausgewählt und zur Weitergabe markiert. Der **Markierungsleser** liefert ein vollständiges Bild aller markierten Positionen an den Rechner, wo durch Programm die Markierun-gen in die gewünschten Nachrichten umgesetzt werden.

D.3.4 Belegleser

Freizügigkeit in der Darstellung von Nachrichten erhalten wir, wenn wir Zeichenfolgen aus einem geeigneten Zeichenvorrat so darstellen, daß sie durch optische oder magnetische **Belegleser** gelesen werden können. Dazu ist eine normierte Darstellung der Zeichen erforderlich, die jedem Zeichen ein-fache charakteristische Erkennungsmerkmale zuordnet und damit sichere maschinelle Lesbarkeit garantiert. Daneben wird natürlich gute visuelle Les-barkeit verlangt. Die üblichen Schriftarten von Schreibmaschinen sind für maschinelles Lesen weniger geeignet.

Technisch am einfachsten ist das Zufügen maschinell lesbaren Codes zur visuell lesbaren Schrift. Die Deutsche Bundespost verwendet beispielsweise in Briefverteilanlagen einen 2-aus-5-Code zur Wiedergabe der Postleitzahl, der fluoreszierend aufgedruckt wird.

Man kann auch durch vorgezeichnete Linien oder durch tintenabstoßende Imprägnierung eine Schablonenwirkung erzielen, die sicheres maschinelles Lesen handschriftlicher Eintragungen erlaubt (Abb. 273).

Neuerdings finden als optisch lesbare Codes weite Verbreitung die **Strich-codes** (engl. *bar code*), bei denen die Breite von schwarzen und weißen Fel-dern als Signalparameter dient. Wichtigstes Beispiel ist das dem Verbraucher

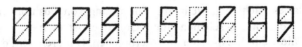

Abb. 273.   Schriftschablone für Ziffern, die in der Sowjetunion für Postleitzahlen verwendet wird

		li.	re.
0	OOOLLOL		
1	OOLLOOL		
2	OOLOOLL		
3	OLLLLOL		
4	OLOOOLL		
5	OLLOOOL -		
6	OLOLLLL		
7	OLLLOLL		
8	OLLOLLL		
9	OOOLOLL		

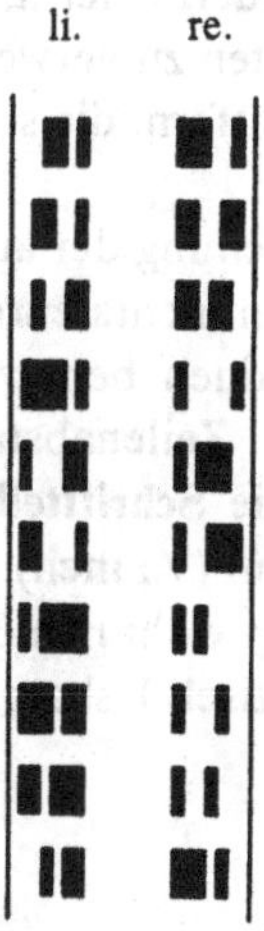

Abb. 274. EAN-Code

überall begegnende EAN-System ('Europäische Artikel-Numerierung'). Abb. 274 zeigt den zugrundeliegenden 7-Bit-Code, wobei das erste Bit stets **O**, das letzte stets **L** ist (also eigentlich ein 5-Bit-Code vorliegt) und nur solche Kombinationen benutzt werden, die genau zwei schwarze und zwei weiße Felder ergeben. Visuell ist der EAN-Code praktisch unleserlich.

Magnetisch lesbare Schriften werden mit magnetischer Tinte oder Druckfarbe geschrieben. Am weitesten verbreitet ist die für den amerikanischen Scheckverkehr entwickelte E13B-Schrift (Abb. 275(a)). Durch die verschieden großen magnetischen Flächen werden beim Lesen für das jeweilige Zeichen charakteristische Spannungssignale induziert. Eine andere magnetisch lesbare Schrift ist die CMC7-Schrift (Abb. 275(b)), bei der die Abstände zwischen den sieben (teilweise unterbrochenen) senkrechten Linien einen 6-Bit-Code (mit eng = **O**, weit = **L**) ergeben.

Optisch lesbare Schriften sind die OCR-A- und OCR-B-Schrift, die beide international genormt sind (Abb. 276). Die OCR-A-Schrift, welche z.B. im deutschen Bankwesen benutzt wird, arbeitet mit einem 5×9-Raster und liefert intern einen 45-Bit-Code. Die OCR-B-Schrift kommt von allen Schriftarten der üblichen Schreibweise am nächsten, ohne dabei auf einfache charakteristische Erkennungsmerkmale und maschinelle Lesesicherheit sowie auf Herstellbarkeit mit Typendruckern zu verzichten.

Überhaupt hat man dem Problem, Tastaturen und Schriften „physiologisch richtig" zu konstruieren, so daß möglichst geringe Fehlerraten und Ermüdungserscheinungen beim Gebrauch entstehen, vielfach nur sehr wenig Aufmerksamkeit geschenkt. Die auf Zeilendruckern am häufigsten verwendete Schriftart ist typographisch als wenig gelungen zu bezeichnen. Dabei hatte man bereits im 19. Jahrhundert gelernt, beim Druck von Tabellen, z. B. von Logarithmentafeln, Schriftarten zu verwenden, die das Auge beim Lesen wenig ermüden (sog. Mediäval-Ziffern, die stilistisch auf das 16. Jahrhundert zurückgehen).

Auch auf die eklatante Abweichung der auf dem angelsächsischen Zollsystem beruhenden Maße vom kontinentaleuropäischen System ist hinzuweisen. Drucker und Schreibmaschinen benutzen zumeist Teilungen, die auf dem Zollsystem beruhen. Der Zeilenabstand ist gewöhnlich 4.23$\overline{3}$ mm (⅙ inch); der Zeichenabstand, die **Schriftteilung**, beträgt 2.54 mm (¹⁄₁₀ inch) bei ‚Zehnerteilung' bzw. 2.126 mm (¹⁄₁₂ inch) bei ‚Zwölferteilung'. Für Belegleser beträgt die Schriftteilung gewöhnlich 3.175 mm für die magnetischen Schriften und 2.5 mm für die optisch lesbaren Schriften.

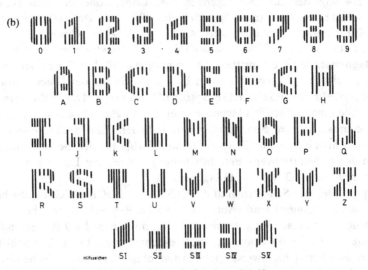

Abb. 275. Magnetisch lesbare Schriften
(a) E13B-Schrift (nur numerisch); (b) CMC7-Schrift

Das amerikanische typographische System benutzt den **Punkt**:

$$1\,\text{pt} = \frac{1}{72}\,\text{inch} = 0.352\overline{7}\,\text{mm}, \quad 1\,\text{pica} = 12\,\text{pt} = 4.23\overline{3}\,\text{mm}.$$

Das europäische typographische System beruht auf dem **Didot-Punkt**[4]:

$$1\,\text{p} = 1\,000\,333/2\,660\,000\,\text{mm} \approx 0,376065\,\text{mm}, \quad 1\,\text{Cicero} = 12\,\text{p} \approx 4,51278\,\text{mm}.$$

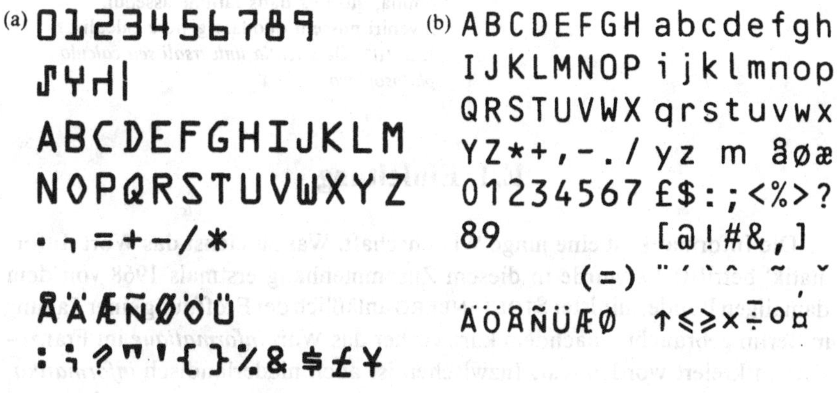

Abb. 276. Optisch lesbare Schriften
(a) OCR-A-Schrift; (b) OCR-B-Schrift

Quellennachweis Die Abb. 275(b) und 276 wurden mit Genehmigung des Deutschen Normenausschusses wiedergegeben. Maßgebend ist die jeweils neueste Ausgabe des Normblattes im Normformat A4, das bei der Beuth-Vertrieb GmbH, 1 Berlin 30 und 5 Köln, erhältlich ist.

---

[4] FRANÇOIS AMBROISE DIDOT, 1730–1804, französischer Buchdrucker und Schriftgießer.

Anhang E: Zur Geschichte der Informatik

'Si daretur vel lingua quaedam exacta ...
omnia, quae ex datis ratione assequi,
inveniri possent quodam genere calculi.'
LEIBNIZ, *De scientia universali seu calculo*
philosophico

E.1 Einleitung

Die Informatik ist eine junge Wissenschaft. Was zunächst das Wort ‚Informatik' betrifft: Es wurde in diesem Zusammenhang erstmals 1968 von dem damaligen Bundesminister STOLTENBERG anläßlich der Eröffnung einer Tagung in Berlin gebraucht – nachdem kurz vorher das Wort *informatique* im Französischen kreiert worden war. Inzwischen ist auch niederländisch *informatika*, ital. *informatica*, polnisch *informatyka*, russ. информатика, span. *informatica* gebräuchlich geworden. Im Angelsächsischen bleibt man offenbar bei *computer science*, wobei dieses Wort einen stärkeren theoretischen Einschlag hat.

Die Informatik von heute ist das Ergebnis einer stürmischen Entwicklung in den letzten 25 Jahren. Viele ihrer Wurzeln reichen aber weit in die Geschichte zurück. Wir können sagen, daß die Informatik dort beginnt, wo erstmals die Mechanisierung sogenannter geistiger Tätigkeiten versucht wird.

Zweifellos ist dies nicht das Werk eines einzelnen Menschen gewesen. Will man jedoch jemanden nennen, so stößt man unweigerlich auf LEIBNIZ, der sogar in mehrfacher Hinsicht zu den Begründern der Informatik zu zählen ist.

E.1.1 LEIBNIZ[1]

"If I were to choose a patron saint for
cybernetics out of the history of science,
I should have to choose Leibniz."
N. WIENER, *Cybernetics or Control and
Communication in the Animal and the Machine*

GOTTFRIED WILHELM LEIBNIZ wurde am 21. Juni 1646 in Leipzig geboren als Sohn eines Professors der Moralphilosophie an der dortigen Universität; er starb am 14. November 1716 in Hannover, in Diensten des Kurfürsten, der als George I. König von England geworden war, einsam und ohne Pflege, an einer nicht näher festgestellten Krankheit. Wo sein Grab liegt, ist nicht bekannt.

LEIBNIZ begann als Fünfzehnjähriger mit dem Studium der Rechtswissenschaft zu Leipzig. 1667, nach der Promotion in Altdorf bei Nürnberg, will er über Frankfurt und Mainz nach Holland reisen. In Mainz wird ihm jedoch vom Kurfürsten die Mitarbeit an einer Neuordnung des Römischen Rechts angeboten. Unter dem Kanzler BOINEBURG öffnet sich für LEIBNIZ ein Blick in die weite Welt, in der Philosophie und Theologie, Diplomatie und Politik, Mathematik und Alchemie den großen Geist fesseln.

1672 nach Paris entsandt, dem Treffpunkt der europäischen Gelehrten, beginnen seine ersten großen Ideen zu reifen: Seine naturphilosophischen und theologischen Schriften, sein aus Mainz mitgebrachter Plan einer Rechenmaschine (für die er freilich auch in Paris nicht die geeigneten Feinmechaniker fand) und, unter dem befruchtenden Einfluß der Atmosphäre um den großen HUYGENS erbracht, seine Differentialrechnung (1675). Die Beschäftigung mit SPINOZA und ein erster Versuch einer Theodizee fallen ebenso in die Pariser Zeit wie die ersten Überlegungen über das duale Zahlensystem, eine allumfassende Begriffsschrift (*characteristica universalis*) und den logischen Kalkül.

1676 tritt LEIBNIZ in den Dienst des Kurfürsten von Hannover. In der kleinen Residenzstadt findet der einfallsreiche Kopf Muße, sich den verschiedenartigsten Gedanken hinzugeben. Neben die experimentelle und theoretische Klärung des Begriffs der kinetischen Energie tritt, 1678, die Beschäftigung mit dem Thema, das in unserem Zusammenhang am meisten interessiert: Mit einer universellen symbolischen Sprache, einer Begriffsschrift zum Aufbau einer Universalwissenschaft, die in einem Kalkül alle Fragen auf einfachste Weise mit einer der Mathematik analogen Gewißheit zu beantwor-

---

[1] Nach ERICH HOCHSTETTER, Gottfried Wilhelm Leibniz. In: Herrn von Leibniz' Rechnung mit Null und Eins, Siemens AG Privatdruck 1966.

ten gestattet. Dazu kommen philosophische Schriften (1685/86 „*Discours de métaphysique*") und die Beschäftigung mit technischen Projekten, unter anderem der Fehlschlag eines Projekts, im Harz Windmühlen zum Auspumpen der Gruben verwenden zu lassen. Auch die Rechenmaschine wird nun gebaut (1694), die LEIBNIZ 24 000 Taler gekostet haben soll und doch kein voller Erfolg wurde, weil die Mechanik noch nicht genügend entwickelt war. Aber das Dualsystem beschäftigt LEIBNIZ weiterhin. In einer lateinischen Handschrift vom 15. März 1679 erläutert LEIBNIZ das Rechnen im dualen Zahlsystem, insbesondere die Multiplikation, und entwirft dann in Grundzügen eine dual arbeitende Rechenmaschine. In zahlreichen Briefen und in einer Schrift von 1703 „*Explication de l'Arithmétique Binaire*" kommt LEIBNIZ auf seine *binaria arithmetica* zurück.

Weit ausholende Reisen führen LEIBNIZ durch weite Teile Europas: Von 1687 bis 1690 durch Deutschland und Italien, um Unterlagen zu sammeln für eine Geschichte des welfischen Hauses; 1700 an den Berliner Hof, wo auf seine Initiative hin die Preußische Akademie gegründet wird; später zum Kaiserhof nach Wien und an den päpstlichen Hof; 1712 auch zu einer Begegnung mit dem Zaren Peter dem Großen, für den er ein drittes Exemplar seiner Rechenmaschine fertigen zu lassen versucht. Er ist ein „großer Mann" in der gelehrten Welt, und hat doch keinen glücklichen Lebensabend. 1714 nach Hannover zurückgekehrt, findet er am Hofe nur Unverständnis. Bald reißt der Lebensfaden des gichtkranken, einsamen, verbitterten Mannes.

E.1.2 Die Wurzeln der Informatik

> „ ... eine allgemeine Methode, in der alle Wahrheiten der Vernunft auf eine Art Berechnung zurückgeführt sind."
>
> LEIBNIZ

Die „Mechanisierung angeblich geistiger Tätigkeiten" tritt geschichtlich zuerst in einigen recht speziellen Fällen auf: Beim Rechnen mit Ziffern – den seit dem Beginn des 16. Jahrhunderts in Europa weitverbreiteten arabischen Dezimalziffern – und bei einigen anderen, ebenfalls „Rechnen" genannten algorithmischen Prozessen, deren Gegenstände etwa Begriffe, die mit Hilfe von Symbolen formuliert werden, oder logische Aussagen und Aussagenverbindungen sind. Mit der völligen Ausgestaltung dieses, in allen Teilen von LEIBNIZ skizzierten Programms ist das Wesen der Informatik gekennzeichnet. Fragen der Codierung, insbesondere der Binärcodierung, gehören hier hinein, mit der Kryptologie als interessantem Randgebiet. Die Ausgestaltung umfaßt auch die – bei LEIBNIZ noch fehlende – vollständige Automatisierung des Ablaufs, die sich im algorithmischen Denken niederschlägt und in den Fragen der Syntax und Semantik von algorithmischen Sprachen gipfelt.

Als eine angewandte Wissenschaft ist die Informatik in ihrer historischen Entwicklung stark von der technisch-ingenieurmäßigen Verwirklichungsmöglichkeit abhängig, und läuft parallel zur Entwicklung des Signalwesens, der (mechanischen, elektrischen oder elektronischen) Regelungs- und Steuerungstechnik und der Technik der Speicherung einschließlich der Lese- und Schreibgeräte.

E.2 Geschichte des Rechnens mit Ziffern und Symbolen

E.2.1 Das Ziffernrechnen

> „Die ganzen Zahlen hat der liebe Gott geschaffen, alles andere ist Menschenwerk."
>
> LEOPOLD KRONECKER

Zählen ist eine Errungenschaft des Menschen, eine relativ späte des *homo sapiens*. Unabhängige Kulturen haben es unabhängig entwickelt, wie wir aus dem Vorkommen verschiedener Zahlsysteme wissen. Bald hilft sich der Mensch mit Instrumenten zum Zählen und zum Rechnen, dem Arbeiten mit Zahlen.

E.2.1.1 *Mechanisierung des Rechnens*

> «La machine arithmétique fait des effets qui approchent plus de la pensée que tout ce que font des animaux.»
>
> BLAISE PASCAL

Von den Zähl„steinchen" der Römer, den lat. *calculi*, kommt die Sprachwurzel, die wir im „Kalkül" vor uns haben. Der römische *Abakus*, der chinesische *suanpan* oder *chu pan*, der russische счёты – die beiden letzteren bis heute in Gebrauch – dienten dem „Rechnen", dem Zurichten der Rechenpfennige auf dem Rechenbrett, engl. *counter*, frz. *comptoir*. Doch weder dieses „Rechnen auf den Linien" noch das mit dem Kerbholz, in das Zahlen eingeschnitten (spätlat. *computare*) werden, markiert den Beginn der Mechanisierung geistiger Tätigkeiten. Erst die in Indien entstehenden, durch die Araber nach Europa kommenden Ziffern, die zusammen mit der Null die Stellenwertschreibweise erlauben, führen zu einer technischen Lösung, bei der die Zähne eines Rädchens an die Stelle der Zählsteine treten. Dies ist

SCHICKARDs[2] Erfindung der Addiermaschine mit Ziffernübertrag von 1623, wobei für die Multiplikation mittels der NEPERschen Rechenstäbchen die Vielfachen ablesbar gemacht werden. Der Jesuitenpater JOHAN CIERMANS in s'Hertogenbosch schlägt 1640 vor, mit Hilfe von eisernen Rädchen zu rechnen.

PASCAL entwickelt ab 1641 ebenfalls eine Addiermaschine, die 1645 fertiggestellt ist. LEIBNIZ schließlich gelingt 1671–1674 die Erweiterung zur echten Vier-Spezies-Maschine durch Einführung des verschieblichen Zählwerk-Schlittens und der festen Einstellung des Multiplikanden mittels der **Staffelwalze**. Eine andere technische Lösung, das **Sprossenrad**, erfindet 1709 JOHANN POLENI in Padua. Im weiteren bauen ANTONI BRAUN in Wien um 1726 und ab 1770 PHILLIPP MATHÄUS HAHN in Echterdingen Maschinen mit konzentrisch um die Staffelwalze angeordneten Zählrädern, wohl die ersten wirklich gebrauchsfähigen Geräte – eine Konstruktion, die sich in der nur 230 Gramm wiegenden, wie eine Gebetsmühle aussehenden „*Curta*" von 1948 des Schweizers KURT HERZSTARK nochmals findet. Die noch heute gebräuchlichen Zahnstangen-Addiatoren erfinden 1666 der Engländer S. MORLAND, 1678 GRILLET in Frankreich, 1722 Ch. L. GERSTEN in Gießen. Weitere Verbesserungen ersinnt J. H. MÜLLER in Darmstadt 1783–84. Ab 1818 nimmt CHARLES XAVIER THOMAS aus Kolmar in Paris die Serienfabrikation eines „*arithmomètre*" auf, von dem bis 1878 etwa 1500 Stück verkauft sind.

Dann verliert sich die Entwicklung in technischen Details, in zahlreichen Patenten und Fabrikationen. Versuche (1886 SELLING, 1888 BOLLÉE), die von LEIBNIZ durch wiederholte Addition verwirklichte Multiplikation stattdessen – der NEPERschen Idee folgend – durch „Ein-mal-eins-Körper" durchzuführen, können sich technisch nicht behaupten. Die Multiplikation wird von TCHEBICHEFF 1896 in Paris und von HAMAN 1905 in der „*Mercedes*" auch ablauf-automatisiert, die Division 1908 in der „*Madas*" nach einem von ALEXANDER RECHNITZER 1902 erfundenen Prinzip. Ein Druckwerk wird erstmals von der Firma Burroughs 1889 an eine mechanische Tischrechenmaschine angeschlossen. Eine automatische Herstellung von Druckmatern sah aber auch die von CHARLES BABBAGE 1823 begonnene, zur Tafelberechnung mittels Interpolation dienende „*difference engine*" vor, die 1835 durch G. und E. SCHEUTZ in Schweden bis zur praktischen Verwendbarkeit weiterentwickelt wurde und im DUDLEY-Observatorium in Albany, USA, arbeitete. Auch kannte BABBAGE (1851) schon das Prinzip des einschrittigen Stellenübertrags.

---

[2] WILHELM SCHICKARD, Professor der biblischen Sprachen und später der Astronomie zu Tübingen, geb. 22. 4. 1592 zu Herrenberg, gest. 23. 10. 1635 an der Pest.

E.2.1.2 *Das Rechnen im Dualzahlsystem*

Andere Zahlsysteme als das dezimale waren zu Beginn der Neuzeit weniger befremdlich als heute[3]. So hatte PASCALs Maschine[4] auf den letzten beiden Stellen Rädchen mit 20 und 12 Zähnen, entsprechend der damaligen Unterteilung des Livre in 20 Sous zu 12 Deniers. LEIBNIZ jedoch machte konsequent den Schritt zur Zahlbasis 2. Die erste Niederschrift darüber stammt vom 15. März 1679, jedoch reichen die Überlegungen in die Pariser Zeit zurück. LEIBNIZ entwirft in dieser Schrift, was nicht genügend bekannt ist, auch in groben Zügen eine nach dem Dualsystem arbeitende Maschine:

„Diese Art Kalkül könnte auch mit einer Maschine ausgeführt werden. Auf folgende Weise sicherlich sehr leicht und ohne Aufwand: eine Büchse soll so mit Löchern versehen sein, daß diese geöffnet und geschlossen werden können. Sie sei offen an den Stellen, die jeweils 1 entsprechen, und bleiben geschlossen an denen, die 0 entsprechen. Durch die offenen Stellen lasse sie kleine Würfel oder Kugeln in Rinnen fallen, durch die anderen nichts. Sie werde so bewegt und von Spalte zu Spalte verschoben, wie die Multiplikation es erfordert. Die Rinnen sollen die Spalten darstellen, und kein Kügelchen soll aus einer Rinne in eine andere gelangen können, es sei denn, nachdem die Maschine in Bewegung gesetzt ist. Dann fließen alle Kügelchen in die nächste Rinne, wobei immer eines weggenommen wird, welches in ein leeres Loch fällt. Denn die Sache kann so eingerichtet werden, daß notwendig immer zwei zusammen herauskommen, sonst sollen sie nicht herauskommen."

Dann bleibt für 250 Jahre die Idee begraben, sieht man von der Bemerkung ab, die der oben erwähnte hessen-darmstädtische Ingenieurshauptmann J. H. MÜLLER 1786 macht, seine Maschine könne für die LEIBNIZsche *arithmetica dyadica* eingerichtet werden.

Ziffernrädchen mit $2^3 = 8$ Positionen verwendet R. VALTAT in einer französischen Patentschrift mit der Priorität 12. 9. 1931, er weist 1936 auf die Vorteile des dualen Rechnens für den (mechanischen) Rechenwerksaufbau hin, gefolgt 1936 von L. COUFFIGNAL in Frankreich und E. W. PHILLIPS in England. Letzterer führte ein mechanisches Modell zum Multiplizieren im Dualsystem vor und empfahl für Zahlentafeln das kompatible Oktalsystem. Noch vor diesen entschied sich KONRAD ZUSE 1933 für die Verwendung des dualen Zahlsystems (der früheste Beleg dafür ist eine Photographie des Versuchsaufbaus aus dem Jahr 1936) als einer natürlichen technischen Konsequenz der Verwendung von elektromagnetischen Relais, die zweier Zustände (angezogen, abgefallen) fähig sind. JOHN VON NEUMANN griff dann zusam-

---

[3] abgesehen von den Briten, die mit der Umstellung des Münzsystems bis 1971 warteten.

[4] PASCAL, Sohn eines Steuereinnehmers, entwarf die Maschine für Geld-Abrechnungsarbeiten.

men mit H. H. GOLDSTINE in dem Entwurf der „Princeton-Maschine", der 1946–48 als Bericht weite Verbreitung fand, das Dualsystem wieder auf. Aber auch die in England von A. M. TURING beeinflußte, von WOMERSLEY und HARTREE ab 1945 durchgeführte Entwicklung war, auf PHILLIPS Vorschlägen basierend, intern dual, extern oktal ausgelegt. Entsprechend waren auch alle anderen englischen Entwicklungen dual orientiert (WILKES, BOOTH, WILLIAMS und KILBURN), während in den USA die von H. H. AIKEN, von G. STIBITZ, von J. P. ECKERT und J. W. MAUCHLY sowie von W. J. ECKERT begonnenen Entwicklungen am Dezimalsystem klebten. Elektronische Zähler, im Dualsystem arbeitend, hatte 1931 C. E. WYNN-WILLIAMS benutzt.

E.2.1.3 *Gleitpunktrechnung*

ZUSE greift aber noch in anderer Weise in die Entwicklung ein. Er erkennt, daß die Größenordnung von Zahlen durch ihre Logarithmen besser dargestellt werden kann und führt die „halblogarithmische Form", heute als Gleitpunktdarstellung bezeichnet, ein; das erste Gerät Z1 hatte sieben Dualstellen für den Exponenten und sechzehn Dualstellen für die Mantisse. Auch diese Idee fand – abgesehen vom Relaisrechner Modell V von STIBITZ 1947 – in den USA sowie in England erst spät Eingang; verdrahtete Gleitpunktrechnung fand sich zuerst wieder in der schwedischen Entwicklung BARK und in sowjetischen Entwicklungen sowie in der Münchner PERM und der Zürcher ERMETH.

E.2.2 Das Rechnen mit Symbolen

> „Es wird dann beim Auftreten von Streitfragen für zwei Philosophen nicht mehr Aufwand an wissenschaftlichem Gespräch erforderlich sein als für zwei Rechnerfachleute. Es wird genügen, Schreibzeug zur Hand zu nehmen, sich vor das Rechengerät zu setzen und zueinander (wenn es gefällt, in freundschaftlichem Ton) zu sagen: Laßt uns rechnen."
> LEIBNIZ, um 1680: *De scientia universali seu calculo philosophico*

Daß der Begriff „Rechnen" sich auf mehr als auf Zahlen beziehen kann, zeigt sich im Gebrauch des Wortes „Buchstabenrechnen". Die Einführung von Buchstaben zur Bezeichnung beliebiger mathematischer Objekte ist der bedeutendste Beitrag, den die indische Mathematik im Frühmittelalter geleistet hat.

Nicht auf die Mathematik beschränkt, stellte ATHANASIUS KIRCHER schon 1663 eine universelle, mehrsprachige Begriffsschrift auf, die 1048

Begriffe enthielt (vgl. 1.4.3). LEIBNIZ verfolgte über Jahrzehnte die Idee, Begriffsinhalte symbolisch darzustellen und damit handhabbar zu machen. In „*De scientia universali seu calculo philosophico*" um 1680 drückt er die Hoffnung aus, daß wissenschaftlicher Disput durch „Ausrechnen" entschieden werden könnte. LEIBNIZ versuchte tastend, den Begriffen Zahlen zuzuordnen, wobei begriffliche Unterordnung durch Teilbarkeit ausgedrückt werden sollte. In heutiger Sprechweise führte er einen Verband der Begriffe ein. Die *ars magna*, von der LEIBNIZ in diesem Zusammenhang oft spricht, geht zurück auf RAMÓN LULL[5].

E.2.2.1 *Kryptologie*

Das älteste Manipulieren mit Symbolen ergibt sich beim Gebrauch von Geheimschriften und Geheimsprachen. Nicht umsonst findet sich ATHANASIUS KIRCHERS universelle Begriffsschrift in seinem großen Werk über Kryptographie „*Polygraphia nova et universalis*". Die wissenschaftliche Kryptographie hatte nicht viel früher begonnen. Die einfache Substitution (vgl. 1. Kap., S. 3), die JULIUS CAESAR nachweislich benutzte, und die einfache Transposition (vgl. 1. Kap., S. 3), die mit der griechischen σκυτάλη – einem Stab, um den man einen Pergamentstreifen wickelte – erzielt wurden, waren keine ernstzunehmenden Verfahren. Als Vater der Kryptologie sieht man den großen Architekten LEON BATTISTA ALBERTI (1404–1472) an, der polyalphabetische Substitutionen ebenso wie überschlüsselte Codes einführte. Sein Buch von 1466 oder 1467 ist das erste erhaltene Werk über Kryptologie. CICCO SIMONETTA, Sekretär eines SFORZA, lehrte 1474, wie man einfache Substitutions-Chiffrierung brechen kann, was um 1400 auch der Araber QALQASHANDI beschrieben hatte. Von dem gelehrten Würzburger Abt TRITHEMIUS erschien 1518 das erste gedruckte Buch über Kryptologie, es enthielt die erste Erwähnung einer maskierten Geheimschrift und erstmals die polyalphabetische Verschlüsselung mit einem fortlaufenden festen Schlüssel als eine periodische Folge von Cäsar-Substitutionen (fälschlich nach VIGENÈRE benannt). GIOVAN BATISTA BELASO führte 1553 das beliebige, periodisch wiederholte Schlüsselwort ein. GIOVANNI BATTISTA PORTA (1535–1615) unterschied bereits systematisch zwischen Substitution und Transposition. Er löste erstmals eine polyalphabetische Verschlüsselung. Die ARGENTIS (vgl. 1.4.2) am päpstlichen Hof, insbesondere MATTEO ARGENTI, wußten um 1600 bereits die Arbeit der Entzifferer durch eine Vielzahl von Kniffen zu erschweren, etwa indem sie ungleich lange Codewörter verwendeten – ein- oder zweistellige Zahlen – und **Homophone**, nämlich verschiedene Codewörter, die

---

[5] RAMÓN LULL (latinisiert RAIMUNDUS LULLIUS), geb. um 1235, von Moslems gesteinigt 1315.

willkürlich zu wählen waren, für dasselbe Zeichen. Francois Viète, Seigneur de la Bigotière, für Heinrich IV. von Frankreich arbeitend, ist nur einer der Mathematiker, die mit Dechiffrierung zu tun hatten[6]. Auch Girolamo Cardano schrieb einige Bücher über unseren Gegenstand. Von ihm stammt das erste Rasterverfahren einer getarnten Geheimschrift. Und John Wallis gewann 1649, in Anerkennung seiner Verdienste als Dechiffrierer, als 32jähriger eine Professur in Oxford[7].

Neue Impulse bringt das 19. Jahrhundert. Charles Wheatstone führt 1854 eine Bigrammverschlüsselung ein (fälschlich nach Playfair benannt), die wegen der Einfachheit der Durchführung „sogar Diplomaten zugemutet werden konnte". Auch Babbage versuchte sich in dem Metier, sowohl praktisch wie theoretisch.

Der große Wurf aber gelingt 1863 einem verabschiedeten preußischen Infanteriemajor, Friedrich W. Kasiski: Er lehrt, wie man polyalphabetische Substitutionsverschlüsselungen mit periodisch wiederholtem Schlüsselwort bricht. Da gleiche Ursachen gleiche Wirkungen haben, wird eine häufig auftretende Silbe oder ein häufig auftretendes Wort gelegentlich zum selben Code führen, nämlich wenn es auf den selben Teil des Schlüssels trifft. Der Abstand solcher „Parallelstellen" ist dann ein Vielfaches der Schlüssellänge. Hat man mehrere Parallelstellen gefunden, so enthält der größte gemeinsame Teiler der Abstände dieser Parallelstellen die Schlüssellänge. Teilt man aber nach der vermuteten Schlüssellänge auf, so ergeben sich lauter einzelne polyalphabetische Substitutionen, die durch Häufigkeitsanalyse zu lösen sind, möglicherweise sogar als Cäsar-Substitutionen.

Ein zweiter Erfolg gelingt Auguste Kerckhoff[8] 1883, in seiner glänzenden Monographie „La cryptographie militaire". Er zeigt, wie auch polyalphabetische Verschlüsselungen mit langen Schlüsseln gebrochen werden können, wenn diese Schlüssel für mehrere Sprüche verwendet werden.

Mit dem 20. Jahrhundert ziehen Maschinen in die Kryptologie ein. Die meisten benutzen polyalphabetische Substitutionen mit einem langen periodischen Schlüssel. Einige dieser Systeme wurden gebrochen. Gilbert S. Vernam jedoch, der 1917 eine Maschine zur Verschlüsselung von Fernschreibern, d. h. des Baudot-Alphabets, ersann, half das einzige absolut sichere System finden: Mittels eines Schlüssels, der völlig zufällig und ohne

---

[6] Als Viète eine spanische Botschaft entschlüsselt hatte, beschwerte sich Philipp V. beim Papst darüber, das könnte nur mit schwarzer Magie gelungen sein. Es war ein Schlag ins Wasser – der Papst hatte Giovanni Battista Argenti als Berater.

[7] Als Kurfürst Georg von Hannover König von England wurde, wollte er sich lieber auf Leibniz als auf Wallis als Entzifferer verlassen. Wallis jedoch wußte sich unentbehrlich zu machen.

[8] Auguste Kerckhoff, 1835–1903, ein glühender Anhänger der Kunstsprache VOLAPÜK.

jede Wiederholung ist („individueller Schlüssel"). Daß dies so ist, wurde letztlich bewiesen durch CLAUDE ELWOOD SHANNON, der während des Zweiten Weltkriegs mit mathematischen Methoden die Sicherheit von Verschlüsselungsverfahren untersuchte und im Verfolg dieser Studien die Informationstheorie begründete.

E.2.2.2 „Künstliche Intelligenz"

Während es das Anliegen der Kryptologie lediglich ist, den Sinn einer Nachricht hinter unsinnigen Worten zu verbergen, haben andere Bemühungen, mit Symbolen wirklich zu arbeiten, dem Terminus „Rechnen" einen weit tieferen Sinn gegeben. LEIBNIZ hatte bereits vom „Rechnen mit Begriffen" gesprochen. Insbesondere gilt das für mathematisches Arbeiten. Das einfachste Beispiel ist das Differenzieren. Es erfolgt nach einigen wenigen, festen Regeln. Die ersten Programme zur mechanischen Durchführung der formelmäßigen Differentiation wurden 1953 von H. G. KAHRIMANIAN und J. F. NOLAN geschrieben.

1961 behandelte J. R. SLAGLE die formelmäßige Integration heuristisch mit beachtlichem Erfolg. Schon 1793 gab der Astronom F. Th. v. SCHUBERT einen Algorithmus zur Faktorisierung von arithmetischen Ausdrücken. Seit 1963 sind Programmsysteme für Formelmanipulation weithin eingeführt. Ein anderes Beispiel ist die Textmanipulation. 1950 gab es an der EDSAC Programme für das Ediren von Text. Um 1960 folgen die ersten Programme zur automatischen Silbentrennung.

Linguistische Fragen stehen im Vordergrund bei der mechanischen Sprachübersetzung. Die ersten Ansätze, die aber nicht zu einer Maschine führten, machte in der Sowjetunion 1933 P. P. SMIRNOV-TROYANSKY. 1946 diskutierten W. WEAVER und A. D. BOOTH die Möglichkeiten der Durchführung mit einer digitalen Rechenanlage. Wort-für-Wort-Übersetzung untersuchten 1947 A. D. BOOTH und K. H. V. BRITTEN. Um 1954 waren in den USA, in der Sowjetunion, in Israel, in England und anderswo bereits viele Arbeiten im Gange. Die ungerechtfertigten Erwartungen der frühen 60er Jahre, die sich nicht erfüllten, haben zu Unrecht zu einem gewissen Nachlassen der Bemühungen geführt.

Zahlreiche weitere mathematische und nicht-mathematische Fragestellungen wurden seitdem unter der Bezeichnung „nicht-numerisches Rechnen" behandelt. Ein augenfälliges Beispiel liefern viele Spiele, darunter das Schachspiel. Eine Maschine für das Schachspiel, die 1769 von WOLFGANG VON KEMPELEN, einem Hofsekretär MARIA THERESIAS gebaut wurde, dürfte auf einer Täuschung beruht haben. 1912 baute der Spanier L. TORRES Y QUEVEDO einen Automaten für das Endspiel König-Turm gegen König. Dazu waren nur sechs Regeln in eine Schaltung umzuwandeln. NORBERT

WIENER griff 1948 den Gedanken wieder auf, und im weiteren Verlauf wurden viele Schach-, Dame-, Go-, Mühle-, Nim-Programme[9] entworfen (STRACHEY 1952, SAMUEL 1956, NEWELL, SHAW, SIMON 1958, REMUS 1961). Bezeichnenderweise hat KONRAD ZUSE 1945 zur Erläuterung seines „Plankalküls" Schachzüge benutzt. Aber auch CH. BABBAGE war überzeugt, seine „*Analytical Engine*" könnte Schach spielen, würde sie nur erst einmal laufen. Die grundlegende Theorie für maschinelles Schachspiel gab übrigens 1950 C. E. SHANNON.

In diese Gruppe gehören auch Programme für mathematische Beweise. Zu unterscheiden ist generell zwischen der Durchführung der Beweise und dem Finden der Beweise, in Parallele zur Durchführung einer Schachproblem-Lösung (Nachprüfung auf korrekte Anwendung der Regeln) und dem Finden einer solchen. Für das Auffinden scheidet Durchmustern, selbst wenn die Menge aller Möglichkeiten endlich ist, aus: Beim Schachspiel wären etwa 10^{200} Spiele zu überprüfen. Man sucht daher plausible, heuristische Regeln für das Finden aufzustellen: Für geometrische Theoreme H. GELERNTER und N. ROCHESTER 1958, für den Prädikatenkalkül erster Stufe P. C. GILMORE 1959, D. PRAWITZ 1960, M. DAVIS ab 1960 und insbesondere J. A. ROBINSON mit dem ‚Resolventenprinzip'. Diese Ansätze gehen auf J. HERBRAND 1930 und TH. SKOLEM 1920 zurück. Für die Prädikatenlogik erster Stufe hatte schon 1933 G. GENTZEN einen (anderen) Beweiskalkül gegeben, auf dem HAO WANG 1960 aufbaute.

Einer landläufigen Tendenz zur Verflachung der Ausdrucksweise folgend, wurde insbesondere in den USA auch der Ausdruck „künstliche Intelligenz" geprägt. ZUSE spricht schon in einer Tagebuchnotiz vom 20. 6. 1937 vom „mechanischen Gehirn", das imstande sein müßte, „sämtliche Denkaufgaben zu lösen, die von Mechanismen erfaßbar sind". Soweit sich die heuristischen Ansätze in Abhängigkeit vom Erfolg selbsttätig verbessern, spricht man auch vom „Lernen". Erstmals hat 1952 A. G. OETTINGER für die EDSAC ein Lernprogramm für einen einfachen Registriervorgang geschrieben. Der Gedanke, alle Weisheit mechanisch herleiten zu können, fand stets Bewunderer, aber auch Kritiker. Schon FRANCIS BACON nannte die *ars magna* des RAMÓN LULL *methodus imposturae*, und JONATHAN SWIFT karikierte (1726) in „*Gulliver's Travels*" eine Maschine, die durch Würfeln Texte entstehen ließ: "By this contrivance, the most ignorant person may write books ... without the least assistance from genius or study." Von ÉMILE BOREL stammt das Bild von einer Schreibstube der Affen, das auch NORBERT WIENER aufgreift.

---

[9] NIMROD, eine von FERRANTI gebaute Spezialmaschine, besiegte 1951 den damaligen Bundeswirtschaftsminister ERHARDT.

E.2 Geschichte des Rechnens mit Ziffern und Symbolen

E.2.2.3 *Das logische Rechnen*

> "We must beware of needless innovations,
> especially when guided by logic".
> Sir WINSTON CHURCHILL

Das logische Rechnen im engeren Sinn zu mechanisieren, ist ebenfalls ein uraltes Bemühen. RAMÓN LULL gab schon ein graphisches Verfahren für logische Kombinationen an, dessen Wert von ATHANASIUS KIRCHER hervorgehoben wurde und dessen Idee den jungen LEIBNIZ faszinierte. LEIBNIZ hat 1672–1676 Ansätze für einen logischen Kalkül skizziert, er wollte einen *calculus ratiocinator*, eine *machina ratiocinatrix*.

Mit Diagrammen zur Erklärung und Durchführung logischer Operationen beschäftigten sich auch EULER und der Engländer JOHN VENN 1880.

Einen entscheidenden Schritt bringt mit der Algebraisierung der Logik GEORGE BOOLE 1847, gefolgt von AUGUSTE DE MORGAN. CHARLES STANHOPE (1777), W. S. JEVONS (1870) und ALLAN MARQUARD (1883) waren die ersten, die mechanische logische Maschinen bauten. CHARLES S. PEIRCE schlug 1885 eine elektrische Lösung vor. Mit modernen Mitteln bauten als erste W. BURKHART und TH. A. KALIN 1947 eine logische Maschine. Eine Lösung für klammerfreie Ausdrücke (polnische Notation) zeigte erstmals 1950 H. ANGSTL (Formelrechner STANISLAUS). Zahlreiche weitere Maschinen waren mit Relais und später mit elektronischen Schaltungen aufgebaut.

Relaisschaltungen hatte schon 1938 SHANNON untersucht und dabei die Parallele mit dem Aussagenkalkül aufgezeigt. Frühe Ansätze zu einer Schalttheorie in Rußland von ERENFEST (1910) und SHESTAKOV (1934), in Österreich von BODA (1897) und HANSI PIESCH (1939), in Deutschland von EDLER (1905) und LISCHKE (1911), in Japan von NAKASIMA und HANZAWA (1936) erfolgten weitgehend unabhängig. Auch ZUSE hatte sich damit beschäftigt. Die systematische Vereinfachung von Schaltfunktionen und Aussageformen behandelten 1952 E. W. VEITCH, W. V. QUINE, 1953 M. KARNAUGH. Als erste scheinen W. MAYS und D. G. PRINZ (1950) und W. R. ABBOTT (1951) eine digitale Rechenanlage zur Durchführung logischer Verknüpfungen benützt zu haben. 1954 hat R. S. LEDLEY eine systematische Behandlung gegeben.

E.3 Geschichte des Signalwesens

E.3.1 Nachrichtenübertragung

Aus dem Altertum ist bekannt, daß POLYBIUS lehrte, Nachrichten zu übermitteln durch Anordnung von einer bis fünf Fackeln in beiden Händen. Die Verwandtschaft zu Gestensprachen, die mit den Fingern gesprochen werden (1. Kap., Abb. 1) fällt auf. Feuersignale haben jedenfalls zu allen Zeiten als Alarmzeichen gedient, die Kerze im Fenster hat schon manchen Weg gewiesen. Moderne Züge nimmt das Signalwesen an mit dem optischen Telegraphen von CLAUDE CHAPPE (1791). Es handelte sich um Schwenkflügel (Semaphore), die verschiedener Stellungen fähig waren. Die erste kommerzielle Linie Paris–Lille wurde 1794 eingerichtet. In der Napoleonischen Zeit bestand ein wohlfunktionierendes Nachrichtensystem durch optische Telegraphen in Europa; die einzelnen Relaisstationen waren etwa 10 km entfernt, meist auf Türmen. Ein Zeichen lief in einer Viertelstunde über 1000 km.

Die frühen Ansätze zur Benutzung elektrischer Phänomene verwandten eine Leitung für jedes Zeichen, also einen 1-aus-n-Code. Bald fanden jedoch binäre und ternäre Codes, die schon für Blinksignale verwendet worden waren, auch hier Eingang, so in dem Nadeltelegraphen von SCHILLING (um 1832) und dem der Göttinger Professoren GAUSS und WEBER (1833). Der elektrische Nadeltelegraph fand bald mit dem aufkommenden Eisenbahnverkehr Verwendung, so etwa 1843 auf der Strecke Aachen–Ronheide ein 5-Nadel-Telegraph, den die Engländer COOKE und WHEATSTONE 1837 erfunden hatten.

Einschneidender war jedoch der Einfluß, den SAMUEL MORSE mit der Erfindung des Morsetelegraphen und dem Gebrauch des Morsealphabets ausübte. Übrigens benutzte MORSE zunächst (1837) zur Übermittlung nur Ziffern, aus denen nach einem Codebuch Wörter gebildet wurden. Um 1840 führte er, um die Batterien zu schonen, einen von A. BAIN stammenden Code mit wechselnder Wortlänge ein – auch GAUSS und WEBER sowie STEINHEIL (1837) hatten einen solchen benutzt. Das heutige Morsealphabet wurde erst 1851 auf Vorschlag von C. GERKE vom Deutsch-Österreichischen Telegraphenverein angenommen und erhielt 1865 im Internationalen Telegraphenverein Geltung. 1841 baute WHEATSTONE einen lochstreifengesteuerten Telegraphensender, der eine echt binäre Darstellung der Morsezeichen benutzte. Der 5-Bit-Code, den schon FRANCIS BACON benutzt hatte (siehe 1. Kap., Abb. 29), kam erst wieder zum Zug im Drucktelegraphen von BAUDOT 1874. Darauf aufbauend, wird 1887 der Fünf-Spur-Lochstreifen von CARPENTER eingeführt. Der CCIT-2 Code wurde 1929 international genormt.

Kommerzielle Telegraphen-Codebücher, vor allem zur Senkung der Telegrammkosten, werden erstmals von MORSES Partner FRANCIS O. J. SMITH

1845 eingeführt und sodann in Vielzahl gebraucht. Die ersten Transatlantik-kabel wurden 1866 gelegt. Der Fernsprecher von PHILIPP REIS 1861 machte dann die Nachrichtenübertragung vom Geschick des Signalkundigen unab-hängig, zu einer reinen Sache der Geduld. Wo jedoch elektrische Leitungen nicht benutzt werden konnten, z. B. auf offener See, waren weiterhin optische Signale notwendig. Aufbauend auf einem Schiffs-Signalbuch, das der Admi-ral ADAM RICHARD KEMPENFELDT im amerikanischen Unabhängigkeits-krieg verwendete, entstand 1817 durch Captain FREDERICK MARRYAT der internationale Flaggencode. 1897 brachte MARCONI mit der Einführung der drahtlosen Telegraphie (Funken-Sender) die Befreiung von den Leitungen. Später wurde auch drahtlose Telephonie möglich. Mit dem drahtlosen Fern-sehen (um 1935) schließt vorläufig die Entwicklung der Nachrichtenübertra-gungsgeräte ab[10]. Noch immer verwendet die Eisenbahn optische Signale (Semaphore und Lichtsignale); mit der Einführung der Linienleiter-Zug-beeinflussung bricht auch hier eine neue Epoche an.

E.3.2 Das Prinzip der Binärcodierung

Das Prinzip der Codierung, der Verschlüsselung (im Gegensatz zur einfa-chen Chiffrierung, Verzifferung) wandte erstmals (vgl. oben) POLYBIUS an, als er fünfundzwanzig Buchstaben durch fünfundzwanzig Paare von fünf Zif-fern darstellte. Das Verfahren fand im Mittelalter zu kryptographischen Zwecken reiche Anwendung.

FRANCIS BACON erkannte erstmals, daß zwei Ziffern genügten (vgl. 1. Kap., S. 30) und führte damit (zu kryptographischen Zwecken, nämlich für eine maskierte Geheimschrift) das Prinzip der binären Codierung ein. LEIB-NIZ machte nicht nur in der *binaria arithmetica*, sondern auch zu philosophi-schen Zwecken davon Gebrauch. Die weitere Verwendung beim Rechnen so-wie bei Telegraphen und Fernschreibern (CHUDY 1787, BAUDOT 1874) wurde schon erwähnt.

Zur Speicherung größerer Zahlenmengen findet das Binärprinzip erstmals 1889 Anwendung in den Lochkarten des Amerikaners HERMANN HOLLE-RITH (1860–1929), die zu Volkszählungszwecken eingeführt wurden. Auch der Norweger BULL und die Amerikaner POWERS, GORE und PEIRCE sowie STUIVENBERG in Holland beschäftigten sich mit den technischen Problemen der Lochkartenmaschinen. 1931 werden alphanumerische Lochkartenma-schinen eingeführt.

Im Fernschreibwesen tritt ab 1841 (WHEATSTONE) der gelochte Papier-streifen auf. Er war für mechanische Klaviere und Musikautomaten schon zu

---

[10] Geruchsorgeln schlug PALMSTRÖM vor. Ob sie drahtlos sein sollen, ist bei CHRISTIAN MORGENSTERN nicht angegeben.

Beginn des 19. Jahrhunderts benutzt worden und geht zurück auf die Steuerung von Webstühlen (1801) durch JOSEPH MARIE JAQUARD, aufbauend auf
J. DE VAUCANSON (1741) sowie FALCON (um 1728) und BOUCHON (1725).
So unglaublich es heute erscheinen mag – zur Ansteuerung des Speichers benutzte BABBAGE noch einen 1-aus-n-Code. ZUSE verwendete wohl erstmals
eine Wählpyramide, in konsequenter Verfolgung des Binärprinzips.

E.3.3 Codierungs- und Informationstheorie, Prädiktionstheorie

Relativ spät erst entwickelte sich eine Theorie der Codierung. Im Vordergrund standen zunächst Fragen der Konstruktion von (binären) Codes mit
technisch relevanten besonderen Eigenschaften: Kettencodes (1889) durch
BAUDOT, einschrittige Codes durch BAUDOT (1874) und GRAY (1953), einschrittige Kettencodes durch TOOTILL (1959). Die Aufgabe der Sicherung
von Telegraphencodes gegen Störungen löste (1937) erstmals VAN DUUREN
durch Verwendung eines speziellen 7-Bit-Codes, eines 3-aus-7-Codes, nachdem die einfache Paritätsprüfung sich bei Funkstrecken als nicht ausreichend
herausgestellt hatte. RICHARD HAMMING gab dann erstmals 1950 einen
Code an, der auch die Korrektur gewisser Fehler erlaubte. Bei kommerziellen
Codes war schon um 1880 ein „2-Buchstaben-Abstand" gebräuchlich geworden und um 1920 auch eine Sicherung gegen Vertauschung von zwei benach-
barten Buchstaben.

Eine wesentlich neue Richtung brachte C. E. SHANNON ins Spiel. Von
Untersuchungen im 2. Weltkrieg über kryptographische Sicherheit ausgehend
(publiziert 1949), führte er die auf rein statistischen Annahmen über die
Nachrichtenquelle basierende (Entscheidungs-) Informationstheorie ein
(1948). Eine völlig zufällige Folge von Zeichen überträgt demnach keine Information. Der Zusammenhang mit der Kryptologie bestand darin, daß stati-
stische Gesetzmäßigkeiten in einer Nachricht oder in einem Schlüssel zum
Brechen der Verschlüsselung herangezogen werden können und daß ein „individueller Schlüssel" keine Information enthält. SHANNON gab in einer
Reihe epochaler Arbeiten auch an, wieviel Information im Beisein von Störungen übertragen werden kann.

Damit berührte er sich fast mit den Arbeiten von NORBERT WIENER, der
(1948) die Beseitigung von Störungen, die bestimmten statistischen Gesetzmäßigkeiten unterliegen („Glättung") und sogar die Vorhersage von Signal-
verläufen („Prädiktion") untersucht hatte. In diese Richtung gehende Ergebnisse hatte unabhängig auch der sowjetische Mathematiker KOLMOGOROFF
gefunden. WIENER faßte seine frappierenden Ergebnisse und die von SHAN-
NON, vor dem Hintergrund der raschen Entwicklung der elektronischen Rechenanlagen und mit oberflächlichen Deutungen der neurophysiologischen

Arbeiten von McCulloch und Pitts (1943) verziert, zu einer Überwissenschaft, der „Kybernetik", zusammen („Control and Communication in the Animal and the Machine", 1949).

E.3.4 Regelung

Signale statt zur Mitteilung an andere Menschen zur Steuerung von Mechanismen zu verwenden, gehört zu den allerersten Leistungen jeglicher Technik. Die Rückmeldung durch Signale über die erzielte Wirkung von Signalen war zunächst ein naheliegender Schritt zur Überwachung. Wenn aus dem rückgeführten Signal jedoch mechanisch ein neues Steuerungssignal abgeleitet wird, das beispielsweise Abweichungen von einer Soll-Lage korrigieren soll, entsteht das neuartige Prinzip der **Rückkopplung**, der Regelung durch einen geschlossenen Signalkreislauf. Zuerst von James Watt zur Drehzahlregelung von Dampfmaschinen benutzt, wurde es bald auf pneumatische, hydraulische und elektrische Regelungsvorgänge ausgedehnt. Die Untersuchung der Stabilität von Regelkreisen beginnt mit dem Mechaniker Routh und dem Mathematiker Hurwitz, fortgesetzt von dem Nachrichtentechniker Nyquist.

Richard Cauer, der bedeutendste Theoretiker der linearen Schaltungen, erkannte den Zusammenhang von Stabilität und von Passivität von elektrischen Netzwerken und die Rolle des physikalischen Kausalprinzips in der Theorie der Signalübermittlung. Norbert Wiener gab diesen Überlegungen einen krönenden Abschluß, in dem Wahrscheinlichkeitstheorie, Fouriertransformation und Passivitätsbedingung eine theoretische Synthese erfahren. C. E. Shannon trug mit dem Abtasttheorem (1. Kap., S. 36) zur Verbindung der Codierungstheorie mit der Theorie kontinuierlicher Signale bei. Das Vorkommen von Rückkopplung in biologischen Systemen fand erstmals der Physiologe R. Wagner (1925), 1933 führte R. Frisch die Diskussion volkswirtschaftlicher Regelkreise ein.

E.4 Automaten und Algorithmen

> „Denn es ist ausgezeichneter Menschen unwürdig, gleich Sklaven Stunden zu verlieren mit Berechnungen."
>
> Leibniz

Die Befreiung des Menschen von der Last gleichförmiger, ermüdender geistiger Tätigkeit ist die stärkste Triebfeder der Entwicklung der Informatik.

E.4.1 Das Automatenprinzip

Marionetten, mechanische Spielzeuge, bewegliche Masken, auch Zähler und Meßgeräte sind die Vorläufer der Automaten, der „sich selbst bewegenden". Wasseruhren, astronomische Räderwerke (ein Exemplar aus dem Jahre 82 v. Chr. wurde von der Insel Antikythera geborgen) des Altertums sind frühe Beispiele von Automaten. PHILON von Byzanz konstruierte im ersten Jahrhundert v. Chr. mechanisch bewegte Theater. HERON baute um 100 n. Chr. zahlreiche Automaten. Die Entwicklung der Uhrwerke – um 1500 wurde die Berner „Zytglogge" in Betrieb genommen – gab in der Renaissance dem Bau von Automaten großen Auftrieb. Bis in das Rokoko hinein werden die Figuren immer mehr verfeinert: durch PIERRE GAUTIER, JAMES UPJOHN, durch JAQUES DE VAUCANSON, der 1738 einen Flötenspieler und eine mechanische Ente vorführt, LUDWIG KNAUS in Wien, der 1760 einen Schreibautomaten konstruiert, HENRI-LOUIS JAQUET-DROZ, der um 1774 einen Zeichner, einen Schreiber, eine Klavierspielerin vorführt. Das 19. Jahrhundert sieht dann die „Androiden" («L'homme machine», LAMETTRIE 1748) in der Literatur eine Rolle spielen: E. T. A. HOFFMANNs *Olympia* und *Kater Murr*, JEAN PAULS *Maschinenmann*, *Coppélia* im Ballett von DELIBES, schließlich die Nachzügler zu Beginn des 20. Jahrhunderts: KAREL ČAPEKS *Robot* und MEYRINKS *Golem*.

E.4.2 Programmsteuerung

> "The Analytical Engine weaves algebraical patterns."
> ADA AUGUSTA COUNTESS OF LOVELACE, 1843

Steuerung von Fabrikationsvorgängen mittels Lochstreifen wurde schon in E.3.2 erwähnt. Die Möglichkeiten, die über eine einfache periodische Wiederholung hinausgehen, erkannte erstmals CHARLES BABBAGE mit der „*Analytical Engine*", deren Entwurf von 1833 eine Steuerung in Abhängigkeit vom jeweiligen Rechenergebnis, also ein Leitwerk vorsieht[11]. Dazu sollte ein Rechenwerk, ein Speicher, ein Eingabewerk und ein Druckwerk kommen. Sein Sohn H. P. BABBAGE baute einzelne Teile so weit fertig, daß er eine Tafel der Vielfachen von π berechnen konnte. Über die Überlegungen zur Programmierung, die die Herzogin LOVELACE, eine Schülerin BABBAGES anstellte, wissen wir durch die Aufzeichnung des Turiner Offiziers MENABREA Bescheid. Klar erkannte Lady LOVELACE, daß BABBAGES Maschine "does not occupy common ground with mere 'calculating machines'. It holds a position

---

[11] BABBAGE sagte, er lasse die Maschine „bite its own tail".

wholly its own ... in enabling mechanisms to combine together *general* symbols". PERCY E. LUDGATE ging (1909) über die Überlegungen von BABBAGE hinaus. Er erkannte die Bedeutung der bedingten Sprünge und führte schon Drei-Adreß-Befehle ein. In den Lochkarten-Tabelliermaschinen (1936: Type D11 der Deutschen Hollerith) und Fakturiermaschinen, sowie in der mit einer Rechenmaschine verbundenen Schreibmaschine von TORRES Y QUEVEDO 1910 fanden sich demgegenüber nur verkümmerte Ansätze. Auch COUFFIGNAL kam (1938) über einen Ansatz zur Programmsteuerung nicht hinaus.

Auf seinen seit 1934 laufenden Entwicklungen aufbauend, konnte K. ZUSE 1941 mit der Z3, die 25 000 RM kostete, die erste funktionsfähige programmgesteuerte Rechenanlage fertigstellen. 1944 nahm die US-Regierung den von H. H. AIKEN gebauten *Mark I Computer* in Betrieb. 1942 schon wurde in den Bell Telephone Laboratories ein Relaisrechner, der von GEORGE STIBITZ entworfen war, in Betrieb genommen. Die erste mit Röhren arbeitende Rechenanlage ENIAC von J. P. ECKERT und J. W. MAUCHLY, 1943 begonnen, wurde 1946 eingesetzt. Diese Geräte erreichten nicht die Universalität des ZUSEschen Entwurfs. Erst JOHN VON NEUMANN mit seinem Entwurf der „Princeton-Maschine" von 1946–1948 brachte den vollständigen Durchbruch zur universellen Rechenmaschine. Die zugrundeliegende Idee der speicherprogrammierten Rechenanlage, von J. VON NEUMANN in Zusammenarbeit mit J. W. MAUCHLY und J. P. ECKERT am 30. Juni 1945 zuerst schriftlich niedergelegt, wurde von MAURICE WILKES übernommen, der im Mai 1949 mit der EDSAC die erste solche Anlage in Betrieb nahm.

MAUCHLY, ECKERT und GOLDSTINE führten 1944 auch das Serienprinzip – die Verwendung eines einstelligen Addierwerks, um nacheinander alle Stellen zu addieren – ein. H. BILLING und A. D. BOOTH erkannten die Vorteile dieses Prinzips in Verbindung mit einem rotierenden Speicher.

E.4.3 Algorithmen

Das Wort Algorithmus geht auf AL CHWARIZMI (um 820) zurück, der die indische Zahlschreibweise mittels der „arabischen" Ziffern und das Rechnen damit im Abendland verbreiten half. Der Gegensatz zwischen „Abacisten" und „Algorithmikern" beherrschte noch das 16. Jahrhundert. Noch LEIBNIZ verwendet „Algorithmus" in diesem Sinn: „der Algorithmus der Multiplikation". Später wird der Terminus allgemeiner gebraucht für ein „nach festen Regeln ablaufendes Spiel mit Zeichen", so z. B. im algebraischen Bereich für das EUKLIDsche Verfahren zur Bestimmung des größten gemeinsamen Teilers oder für den „q-d-Algorithmus" von RUTISHAUSER, hauptsächlich aber in jüngster Zeit im Bereich der Logik.

Die Geschichte der Algorithmen ist fast eine Wiederholung des Rechnens mit Symbolen. Schon RAMÓN LULL strebte mit der Idee der *ars magna* nach einem universellen Verfahren zur Auffindung „aller Wahrheiten". LEIBNIZ bemühte sich, ohne greifbaren Erfolg, um ein vollständiges Regelsystem. Auch über Entscheidbarkeit und Berechenbarkeit machte er sich Gedanken. Die diesbezüglichen Arbeiten blieben bis 1900 unveröffentlicht. Die Wende kam mit der **Formalisierung**, der Abwendung von der (inhärent unscharfen) natürlichen Sprache und der Hinwendung zu symbolischen Sprachen für die Beschreibung von Algorithmen und ihrer Objekte. G. FREGE mit seiner „Begriffsschrift" (1879) und B. RUSSELL ('*Principia mathematica*' 1910–1913, mit WHITEHEAD) sowie G. PEANO waren hierfür führend. Die großen, theoretisch wichtigen Fragen, etwa nach der Vollständigkeit, beantwortete GÖDEL 1930. Das Entscheidungsproblem, das in Einzelfällen (Wortproblem bei endlich erzeugten Gruppen: von DYCK 1882, THUE 1914) einer algorithmischen Lösung trotzte, erzwang dann präzise Definitionen des Begriffs Algorithmus, wobei die Versuche mittels des Gleichungskalküls (HERBRAND 1931, GÖDEL 1934, KLEENE 1936), der Turing-Maschine (TURING 1937), der POSTschen (POST 1936) und MARKOVschen (MARKOV 1947, 1954) Algorithmen, dem Lambda-Kalkül (CHURCH 1936), der kombinatorischen Definierbarkeit (ROSSER 1935) sich nachträglich untereinander und mit einer Klasse zahlentheoretischer Funktionen, den partiell-rekursiven Funktionen, als gleichwertig erwiesen (CHURCHsche These).

Mit der Turing-Maschine[12] war ein Algorithmenbegriff gegeben, der eine maschinelle Deutung zuließ. Die unter dem Einfluß TURINGs in England gebaute Rechenanlage ACE (fertig 1950) war zusammen mit den nach den Plänen J. VON NEUMANNs ab 1951 in den USA und anderswo in Betrieb genommenen Anlagen die erste universelle Rechenmaschine, die den Rahmen der Berechenbarkeit voll ausfüllte. Gewisse Züge der TURINGschen Maschine weisen auf BABBAGE zurück.

E.4.4 Algorithmische Sprachen

Nicht nur theoretisch waren die formalisierten Beschreibungsmittel von Algorithmen, die algorithmischen Sprachen, bedeutsam. Durch RUTISHAUSER (1951) angestoßen, wurden „algorithmische Sprachen" (den Terminus führte BOTTENBRUCH 1958 ein) zur Verwendung als Programmiersprachen für Rechenanlagen entwickelt. Zunächst spielten Fragen der Notation eine Rolle (LJAPUNOV 1957), mehr und mehr aber schälte sich die Problematik,

---

[12] Für TURING und für den angestrebten Zweck war es nicht notwendig, eine Maschine wirklich zu bauen. Doch wurden später Modelle gebaut, z. B. von HASENJÄGER.

begriffliche Grundlagen der Programmierung zu finden, heraus. Wesentliche Beiträge hierzu fanden sich in ALGOL 60 (1960), das auf einen Vorläufer von 1958 zurückgeht. Diese Entwicklung fand statt in Wechselbeziehung mit der Fortentwicklung der funktionellen Fähigkeiten der Rechenanlagen (symbolische Adresse von WILKES 1953, indirekte Adressierung von SCHECHER 1955) und unter dem Eindruck der Probleme der maschinellen Übersetzung von algorithmischen Sprachen in Maschinensprachen (RUTISHAUSER 1951, BAUER und SAMELSON 1957). RUTISHAUSER baute insbesondere auf dem ‚Plankalkül‘ von K. ZUSE (1945) auf, einer frühen Form einer algorithmischen Sprache, die zwar sehr maschinennah war, aber in einigen Zügen der Objektstruktur noch über das vom Numerischen her geprägte ALGOL 60 hinauswies. In dieser Richtung war mit den Listen von MCCARTHY (1959) und den Verbunden von HOARE (1966) der heutige Stand erreicht. Andere wesentliche Beiträge zu einem einheitlichen und vollständigen begrifflichen System der Programmierung oder, wie man es auch ausdrückt, zur Schaffung einer semantischen Basis, leisteten J. GREEN 1959 (Namenserzeugung), K. SAMELSON 1959 (Blockstruktur), N. WIRTH 1965 (Referenzkonzept). Allgemeine Fragen der Semantik behandelten MCCARTHY 1962, LANDIN 1964, STRACHEY 1964, FLOYD 1967, HOARE 1969, und beginnend 1962, A. VAN WIJNGAARDEN, dessen Untersuchungen über eine operative Semantik zu ALGOL 68 führten. Den Weg zu einer grundlegenden mathematischen Behandlung der Semantik öffnete 1970 D. SCOTT mit der Fixpunkttheorie, 1973 E. W. DIJKSTRA mit der Theorie der Prädikat-Transformationen, 1973 J. BACKUS mit Untersuchungen zur funktionalen Programmierung.

Formale Fragen der Äquivalenz von Programmabläufen behandelte erstmals Y. J. JANOV 1956, woran sich Arbeiten von A. P. ERSHOV zur Optimierung anschlossen. COOPER (1966), DARLINGTON und BURSTALL (1973), BAUER und Mitarbeiter (1974) untersuchten formale Methoden der Programmkonstruktion. Eine Arbeit von C. A. PETRI (1961) über asynchrone Schaltwerke erwies sich als bedeutsam für die Programmierung: Sie führte zur semantischen Definition simultaner Abläufe durch Petri-Netze.

E.4.5 Rekursivität

> „... daß dieser Wurm an Würmern litt,
> die wiederum an Würmern litten".
> JOACHIM RINGELNATZ

Wer je in einer Spiegelgalerie sich fortwährend gespiegelt hat, weiß intuitiv, was Rekursivität ist. Als Definitionsprinzip fand sie in die Mathematik Eingang. DAVID HILBERT hat 1890 eine rekursive Definition einer Kurve, die ein Quadrat ausfüllt, gegeben. Der Gebrauch rekursiv definierter Zahlfunktionen in der mathematischen Logik führte zum Eindringen der Rekursivität in die Programmiersprachen (LISP 1959, MCCARTHY). Jedoch sah schon RUTISHAUSERS Programmieranleitung für die ERMETH, 1958, die Möglichkeit rekursiven Gebrauchs von Rechenvorschriften vor. Die Frage der Speicherverteilung behandelte ausführlich E. W. DIJKSTRA 1960. A. A. GRAU und auch P. LUCAS sowie H. D. HUSKEY erkannten 1961, daß das Zerteilungsproblem in natürlicher Weise einer rekursiven Behandlung zugänglich ist. Für die Rekursivität als einem zentralen Prinzip der Informatik war ab 1960 der Weg geöffnet.

„Wer lange lebt, hat viel erfahren,
nichts Neues kann für ihn auf dieser
Welt geschehen."

GOETHE (Faust II, 2)

„Wer lange genug lebt, erfährt viel und
von allem auch das Gegenteil."

TALLEYRAND

Ergänzende Literatur

Allgemein

[01] DIN Norm 44300, Informationsverarbeitung: Begriffe (März 1972). Berlin: Beuth-Verlag

[02] KNUTH, D. E.: The Art of Computer Programming. Vol I-III. Reading, Mass.: Addison-Wesley 1968-1973

[03] BAUER, F. L., WÖSSNER, H.: Algorithmische Sprache und Programmentwicklung. 2. Aufl. Berlin-Heidelberg-New York-Tokyo: Springer 1984

[04] STEINBUCH, K., WEBER, W. (Hrsg.): Taschenbuch der Informatik Band I-III. Berlin-Heidelberg-New York: Springer 1974

[05] VAN WIJNGAARDEN, A., MAILLOUX, B. J., PECK, J. E. L., KOSTER, C. H. A., SINTZOFF, M., LINDSEY, C. H., MEERTENS, L. G. L. T., FISKER, R. G. (eds.): Revised Report on the Algorithmic Language ALGOL 68. Acta Informatica 5, 1-236 (1975)

[06] RUTISHAUSER, H.: Description of ALGOL 60. Berlin-Heidelberg-New York: Springer 1967

[07] LINDSEY, C. H., VAN DER MEULEN, S. G.: Informal Introduction to ALGOL 68 (Revised Edition). Amsterdam-New York-Oxford 1977

[08] WIRTH, N.: The Programming Language PASCAL. Acta Informatica 1, 35-63 (1971)

[09] JENSEN, K., WIRTH, N.: PASCAL User Manual and Report. 2nd ed. Berlin-Heidelberg-New York: Springer 1978

Fünftes Kapitel

[51] GRAU, A. A., HILL, U., LANGMAACK, H.: Translation of ALGOL 60. Handbook for Automatic Computation, Vol. Ib, 102-125, Berlin-Heidelberg-New York: Springer 1967

[52] DIJKSTRA, E. W.: An ALGOL 60 Translator for the X1. Annual Review in Automatic Programming 3, 329-345 (1963)

[53] RANDELL, B., RUSSELL, L. J.: ALGOL 60 Implementation. London-New York: Academic Press 1964

[54] AHO, A. V., ULLMAN, J. D.: Principles of Compiler Design. Reading, Ma.: Addison-Wesley 1977

[55] WAITE, W. M., GOOS, G.: Compiler Construction. New York-Berlin-Heidelberg-Tokyo: Springer 1983

Sechstes Kapitel

[61] DIN Norm 40700 Blatt 10, Schaltzeichen für Übersichtsschaltpläne (März 1966). Berlin: Beuth-Verlag
[62] SEEGMÜLLER, G.: Einführung in die Systemprogrammierung. Reihe Informatik, Bd. 11. Mannheim-Wien-Zürich: Bibliographisches Institut 1974
[63] LUCAS, P., WALK, K.: On the Formal Description of PL/I. Annual Review in Automatic Programming 6, 105–182 (1969)
[64] SCHORR, H., WAITE, W. M.: An Efficient Machine-Independent Procedure for Garbage Collection in Various List Structures. Comm. ACM 10, 501–506 (1967)
[65] WIRTH, N.: Algorithmen und Datenstrukturen. 3. Aufl. Stuttgart: Teubner 1983

Siebtes Kapitel

[71] SALOMAA, A. K.: Formale Sprachen. Berlin-Heidelberg-New York: Springer 1978
[72] HERMES, H.: Aufzählbarkeit, Entscheidbarkeit, Berechenbarkeit. 3. Aufl. Berlin-Heidelberg-New York: Springer 1978
[73] GINSBURG, S.: The Mathematical Theory of Context-Free Languages. New York: McGraw-Hill 1966
[74] SAMELSON, K., BAUER, F. L.: Sequentielle Formelübersetzung. Elektron. Rechenanlagen 1, 176–182 (1959)
[75] BAUER, F. L., SAMELSON, K.: Maschinelle Verarbeitung von Programmsprachen. In: HOFFMANN, W. (Hrsg.): Digitale Informationswandler. Braunschweig: Vieweg 1962, p. 227–268
[76] MAURER, H.: Theoretische Grundlagen der Programmiersprachen. Mannheim-Wien-Zürich: Bibliographisches Institut 1969
[77] LOECKX, J.: Algorithmentheorie. Berlin-Heidelberg-New York: Springer 1976
[78] HOTZ, G., CLAUS, V.: Automatentheorie und Formale Sprachen. III. Formale Sprachen. Mannheim-Wien-Zürich: Bibliographisches Institut 1972
[79] ASSER, G.: Einführung in die Mathematische Logik, 2 Bde. Leipzig: Teubner 1959, 1972
[80] DEUSSEN, P.: Halbgruppen und Automaten. Berlin-Heidelberg-New York: Springer 1971

Achtes Kapitel

[81] MCCARTHY, J.: Recursive Functions of Symbolic Expressions and their Computation by Machine. Comm. ACM 3, 184–195 (1960)
[82] GRIES, D.: The Science of Programming. New York: Springer 1981
[83] KLEENE, S. C.: Introduction to Metamathematics. New York: Van Nostrand 1952
[84] HOARE, C. A. R., WIRTH, N.: Axiomatic Definition of the Programming Language PASCAL. Acta Informatica 2, 335–355 (1973)
[85] HOARE, C. A. R.: An Axiomatic Basis for Computer Programming. Comm. ACM 12, 576–580, 583 (1969)
[86] FLOYD, R. W.: Assigning Meanings to Programs. Proc. of Symposia in Applied Mathematics of the Amer. Math. Soc. 19, 19–32 (1967)
[87] KANDZIA, P., LANGMAACK, H.: Informatik: Programmierung. Stuttgart: Teubner 1973

[88] SCOTT, D.: Lectures on a Mathematical Theory of Computation. In: BROY, M., SCHMIDT, G. (eds.): Theoretical Foundations of Programming Methodology. Dordrecht: Reidel 1982, p. 145–292

[89] VAN WIJNGAARDEN, A. (ed.), MAILLOUX, B. J., PECK, J. E. L., KOSTER, C. H. A.: Report on the Algorithmic Language ALGOL 68. Numer. Math. **14**, 79–218 (1969)

Anhang E

[E 1] DE BEAUCLAIR, W.: Rechnen mit Maschinen. Braunschweig: Vieweg 1968

[E 2] BOWDEN, B. V.: Faster than Thought. London: Pitman 1955

[E 3] ROSEN, S.: Electronic Computers: A Historical Survey. Comput. Surveys **1**, 7–36 (1969)

[E 4] BERKELEY, E. C.: Giant Brains or Machines that Think. New York: Wiley 1949

[E 5] HOFFMANN, W.: Entwicklungsbericht und Literaturzusammenstellung über Ziffern-Rechenautomaten. In: HOFFMANN, W. (Hrsg.): Digitale Informationswandler. Braunschweig: Vieweg 1962, p. 650–717

[E 6] GARDNER, M.: Logic Machines and Diagrams. London: McGraw-Hill 1958

[E 7] RANDELL, B.: The Origins of Digital Computers: Selected Papers. 3rd ed. Berlin-Heidelberg-New York: Springer 1982

Namen- und Sachverzeichnis
(ohne Anhang E)

Abarbeitung 17, 20
Abbildung 114, 130, 185, 270, 273
abgesetzt 275
Abkömmling 68, 139
Ablauf 14, 16, 18
Ablaufsprache 133, 165
Ableitung 132
-, Links- 196
-, Rechts- 174
Ableitungsgraph 168
abort 234
Abschnitt 3–5, 71
Abschnittsklammern 4, 5
Abstammungsbaum 66, 68
Abstiegsverfahren 195, 187–200
abzählbar 274
Addition 216–217
Adjunktion (von Hilfszeichen) 141, 143, 151, 160–162
Adresse (absolute) 11, 12, 29, 44, 73, 88
-, Bezugs- 84, 88, 109, 110
-, relative 12, 16, 27
Adreßraum 10, 12, 27
Änderung, selektive 41, 44, 50, 79, 98
Äquivalenz (Datenstrukturen) 212
-, semantische 227
Äquivalenzklasse 121, 123–124, 130, 134, 251
Äquivalenzrelation 114, 120–121, 123, 135, 136
akustisch (Nachrichtenübertragung) 21
akzeptieren 132, 185
Algebra 133
-, Σ- 249
-, triviale 250
ALGOL 60 206, 213, 222
ALGOL 68 205, 210, 211, 226
Algorithmus 2, 63, 246
Alias-Verbot 84, 99

Allrelation 115
Alphabet 45
-, binäres 93
Alternative 220
Anfang 7
Anfangsknoten 182
Anfangszustand 93, 182, 183
Anreicherung, operative 48–50
Antinomie, Russelsche 113
antisymmetrisch 114, 118, 120, 126
Anweisung 4, 227
-, bedingte 4, 226, 233
-, bewachte 4, 229
-, leere 231
applikativ 214, 226, 235, 242, 244, 266
Approximation 245
ARDEN, B. 158
Ardens rule 158, 164
Argumentbereich 243, 269
Ariadnefaden 178, 201
Artentest 57
Artenvereinbarung 51, 56, 63
Assoziativgesetz 69–70, 159
asymmetrisch 120, 123, 126
Attribut 63
Aufbau (von Termen) 64, 71
Auflösungsvermögen 277, 278
Aufruf 17, 18, 20, 20–28, 74, 222, 242
-, schlichter 242
Aufrufgraph 23, 24
Aufrufpfeil 20–28
Aufschreibung, lineare 17, 63, 176, 213, 214
Aufspaltung 229
Aufstiegsverfahren 195
Aufweisung (einer Menge) 57, 270
- (eines Sprachschatzes) 154, 209
aufzählbar, rekursiv 50, 202
Ausblenden 46, 69

Ausdruck, arithmetischer 147, 156,
165-166, 178-180, 206-209, 243
-, regulärer 162-166
Ausgabe, verständliche 276-281
Ausgabegerät 29
Aussage 229, 270
Aussagenlogik 133
Aussuchen 46, 69
Auswahl 128, 138, 221, 270
-, strikte 221
Auswahloperator 128, 270
Ausweitung 46, 47, 50, 64
Auswertung (von Termen) 64, 71, 224,
266
-, gestaffelte 220
-, träge 75, 76
-, verzögerte 103, 222
Automat 93
-, endlicher 188-189, 200
Automatendiagramm, endliches 184,
188-189
Axiom 132, 147, 165, 177, 211
azyklisch 123, 126, 168, 171, 175, 193,
197, 201, 202

backtracking 178, 201
BACKUS, J. 155
Backus normal form 155
Backus-Notation 155
-, erweiterte 158
Backus-Regel, kompakte 162, 209
Backus-Regelsystem 156, 197-200,
209
Band 41, 45, 82
BAR-HILLEL, Y. (1915-1975) 148, 201
BARTON, R. S. 29
Basis 12, 16, 27
Basisadresse 12, 16, 27
Basiszeichen 140
BAUER, F. L. 176, 213
Baum, allgemeiner beblätterter 61-62,
64, 69-70, 81, 104, 106-109, 212, 259
-, - bezeichneter 63
-, bezeichneter, mit Rückführungen 92
-, dyadischer syn. Binärbaum 60, 61,
92, 109, 159
-, leerer 69
Baumgrammatik 133, 134
Bedeutungsstruktur 213
bedeutungstreu 213
beidseitig linear 149

Belegleser 32, 33, 34, 38, 284-285, 286
Belegung (Parameter) 222
berechenbar 2, 252
Berechnung 4, 64, 71, 74
Berechnungsregel syn. Ersetzungsregel
223, 224, 246
BERKELEY, E. C. 1
BERKLING, K. J. 226
Besetzung 78, 79, 89
-, nachträgliche 104
Beweis 132, 133
Bezeichner syn. Identifikator 3, 8, 58,
165, 215, 221
Bezeichnung, frei wählbare 3, 16, 73,
215
-, operative 64, 215
-, vereinbarte 8
Bezugsobjekt 79, 83, 84, 88
Bezugsperson 53, 58
Bezugspfeil 73
Bezugsziel 83, 85
bijektiv 269
Bild 270
Bildmenge 270
Bildprogramm 281, 283
Bildschirmgeräte 280-281
Bildwiederholspeicher 280, 283
binär (Codierung) 29
Binärbaum, beblätterter 60, 63, 64, 70,
74, 81, 84, 104-106, 109, 211, 247, 251,
254, 259
-, bezeichneter 61, 81, 92, 98, 104, 211
-, vollständiger 112
Binärwort 11, 33, 36, 45
Bindung 3, 221
Bindungsbereich 3, 5, 8, 14
Bindungsraum 8-10, 20-23, 27
Bit 30, 33
Blatt (eines Baums) 61
Block 4-8, 17-28
- (bei Speichergeräten) 33, 39, 44, 45
-, sichtbarer 27-28
-, verdeckter 20, 27-28
Blockbasis 12, 16, 27
Blockeinteilung, feste 44, 45
Blocklücke 33, 39
Blocknummerung 6-8
Blockschachtelung 5, 10
Blockschachtelungstiefe 6-8, 16, 17, 18,
20, 27
Blockstruktur 3, 5-8, 17-28, 113

Blockstrukturbaum, dynamischer 24-26, 27
-, statischer 7, 11, 20, 24
Blockzählnummer 5-8, 17
Blöcke wechselnden Umfangs 39-43
BNF 155
BOLZANO, B. (1781-1848) 75, 274
Boolesche Algebra 48, 133
bootstrapping 247
bottom-up-Verfahren 195
Brechen (einer Rekursion) 161, 162
BRINCH HANSEN, P. 229
british museum method 155
BROY, M. 254, 266, 267
Buch 44, 45, 51
BÜCHI, J. R. (1924-1984) 186

call by expression 222-223
- by reference 232
- by value 222-223
CANTOR, D. G. 175
CANTOR, G. (1845-1918) 113
CHOMSKY, N. 132, 142, 145, 202
Chomsky-Grammatik 140-155, 191, 201, 202
Chomsky-1-Grammatik 143, 148
Chomsky-2-Grammatik 144, 152, 153
Chomsky-3-Grammatik 150, 164
Chomsky-Normalform 152
CHURCH, A. 1, 130
Church-Rosser-Eigenschaft 130-131
CMC7-Schrift 285, 286
Codierung 211
COUFFIGNAL, L. 113
COXETER, H. S. M. 253
CURRY, H. B. 217

Datenendgeräte 275-287
Datenfluß 248
Datenorganisation 71-93
Datenstruktur 29-112, 113
-, lineare 211
-, rekursive 54, 58-63, 70
-, Wechsel der 54-55
Datenträger s. Schriftträger
Datentyp, abstrakter (algebraischer) 242, 247-267
Deck 46, 48, 49, 249, 259
DEDEKIND, R. (1831-1916) 274
Deduktion 132
deduktiv 194

deduzieren 132, 194
Definition, rekursive 57, 58
Definitionsbereich 218
denotational semantics 221, 242-243
DE REMER, F. L. 130
determiniert 128, 130, 137
deterministisch 175-176, 181, 186
Dezimalschreibweise 55
Diagonalverfahren 142
Diagramm 63, 68
DIDOT, F. A. (1730-1804) 287
DIJKSTRA, E. W. 229, 230
disjunkt (Blöcke) 5, 7, 10
- (Mengen) 121
Disjunktionsverträglichkeit 238
Diskriminationsoperation 57, 60, 211
Diskriminator 57, 59, 105, 211
Distributivgesetz 162, 217-218
Division, ganzzahlige 206, 217
DODGSON, CH. L. (1832-1898) 182, 200
double-ended queue 46
Drucker 32, 33, 34, 35, 38, 56, 276
dual 150, 158, 176
Dualbruchdarstellung 75, 76
Duplexbetrieb 33
Durchschnitt 115, 121, 122, 123
Durchstartbetrieb 32
dynamic scoping 18

E/A-Geräte 29, 30-33, 36-45, 56
-, langsame 32, 33
EAN-Code 285
Ecke syn. Knoten 114, 125
E13B-Schrift 285, 286
effektiv 129
Effizienz 202-204, 256-257
EICKEL, J. 171
Einbau, offener 17-19
eindeutig 171-177, 179, 181, 192-193, 202
Eindeutigkeitskriterium 174, 192, 194
eineindeutig 269
einengen 137
Eingabegerät 29
Eingrenzung 158, 162
Einheften 40
Einkopieren 17-19
einseitig linear 150
- unbeschränkt 37, 39, 44
Einsetzungsprinzip 222

Einsrelation 115, 117
1-Tupel 54
Einzelzeichen-Regel 151, 152, 188
Element, Fang- 116
-, größtes 118
-, kleinstes 118
-, maximales 118
-, minimales 118
-, neutrales 116, 233, 249
Elimination (von Hilfszeichen) 152,
160-162
Endadresse 12
Ende belegter Speicher 16
Endknoten 182
endlich (Menge) 274
Endzustand 182, 183
Entscheidbarkeit 202
environment
erkennen 132
Erreichbarkeit 133
Ersetzung, gesteuerte 138-139, 223
Ersetzungsalgorithmus, nichtdetermini-
stischer 127, 133, 137
Ersetzungsregel syn. Berechnungsregel
223, 224, 246
Ersetzungsrelation 113, 127-128, 129
Ersetzungssystem syn. formales System
113, 129, 133-166, 215, 223, 254
-, determiniertes 130
-, kompatibles 133-134, 167, 215
ERSHOV, A. P. 213, 218
Erweiterung, strikte 219
erzeugen 132
Erzeugende 250
Erzeugungsprinzip 59, 71, 252
Erzwingung (einer Art) 89
eval-Operator 247
Exhaustion 50, 186, 201
Existenzquantor 128
Exponentialfunktion 244

Fächer 171
Fallunterscheidung 220
Fallunterscheidungs-Axiome 233-235
Fangelement 116
Fangzustand 186, 234, 239
Faser 130, 268, 270, 274
Fehlerzustand 186, 235
Feingrammatik 166
Feld (von indizierten Variablen) 8, 11,
29, 44, 45, 82, 88, 89, 110

- (von Speicherzellen) 11-12
- mit dynamisch errechneten
Indexgrenzen 3, 13-16, 17
Festplattenspeicher 31
file 40, 43
finite state machine 188
Fixpunkt 244-247
-, schwächster 245, 246
Flipflop 30, 34
FLOYD, R. W. 175, 210, 230, 242
Folge 45, 46, 47, 61, 62, 70, 82, 110,
247
Form, Variablen- 81, 84
Formale Sprache 113, 132, 143, 152
Formales System 113, 129, 133-166,
215, 223, 254
Formatierung 29, 38, 54
Formel, arithmetische syn.
arithmetischer Ausdruck 147, 156,
165-166, 178-180, 206-209, 243
Formelaufruf 222-223
Formelmanipulation 218
Formularmaschine 223
FORTRAN 155
FOSTER, J. M. 196
FRIEDMAN, D. P. 63, 252
Funktion 114, 268-274
-, charakteristische 274
-, inverse 269
-, mehrdeutige 183, 270
-, partielle 183, 243, 269
Funktionsdiagramm 272
funktional 183, 184, 242, 244
Funktionalgleichung 236, 244, 246
Funktionaliteration 236, 245, 246
funktionell 36
Funktionsparameter 222, 223

Gabelbild 64-66, 69, 70, 77
Gabelzinke 64
garbage collection 110
GARDNER, MARTIN 28
Gedächtnis 1
Geflecht 76, 77, 78, 90-93
-, kaskadenartiges 86
-, lineares 86
-, Zeiger- 85-87
Geheft 40-43, 44, 45, 51
Gemeinbenutzung 98
genealogisch 68
generieren 132

Gerüstelement 170-171
GINSBURG, S. 175, 176
Gleichbesetzungstabu 84
Gleichheit (von Zeigern) 90
Gleichheitsrelation 116
gleichlaufend 275
gleichmächtig 269, 274
Gleichung, semantische 243
-, syntaktische 262
GÖDEL, K. (1906-1978) 1, 50
Golem 1
Grammatik 132
-, azyklische 138, 171, 175, 193, 197,
  201, 202
-, deterministische 175-176, 181, 186
-, eindeutige 171-177, 179, 181, 192,
  197, 202
-, endliche 154-155
-, generative 132, 206
-, kontextfreie 144-150, 152, 153,
  155-156, 165, 166, 170, 174-176,
  189-200, 206, 211, 243
-, kontext-sensitive 141-144, 148, 166,
  180, 201, 202
-, LL(k)- 196-197
-, LR(k)- 193-194, 206
-, reduktive 132
-, reguläre 150-154, 155-156, 164, 166,
  174, 175, 181, 182-189, 195-196, 200,
  211
-, strikt wortlängenmonotone 144, 166
-, wortlängenmonotone 141, 166, 168,
  201
-, zweistufige 210
Graph, bipartiter 167, 248
-, gerichteter 21, 114, 124
-, leerer 114
-, schlingenfreier gerichteter 119
-, ungerichteter 114
-, vollständiger 114
Graphengrammatik 133, 134
Graphenterminologie 114
GRAU, A. A. 200
Grenzwert 245, 246
GRIES, D. 231, 242
Grobgrammatik 166, 180
Größe, lokale 3
-, vereinbarte 3, 4
Grundelement (von Geflechten) 90, 91
Grundgesetz 247
Grundoperation 247

Grundrechenstruktur 37, 39, 45, 60
Grundsorte, parametrische 45
Grundtyp 251, 254
Gruppe 133, 134, 248-249, 250, 253
Gruppoid 134, 159, 249, 250-251
Gültigkeitsbereich 3, 14

Halbduplexbetrieb 33
Halbgruppe 116, 134, 159
Halbgruppenhülle 135
Halbgruppenverknüpfungszeichen 135
Halbleiterspeicher 30, 34
Halde 110
Hasse-Diagramm 122, 123, 126
Haufen 73, 114, 255
Häufigkeitstabelle 256
Hauptprogramm 23, 25
Hauptspeicher 29, 30
HENDERSON, P. 252
HERMES, H. 2, 201
heterogen 248
hierarchisch (Typ) 251, 254
HILBERT, D. (1862-1943) 274
Hilfszeichen 140, 156, 160-162, 170,
  197, 206, 217
Hintergrundspeicher 29, 30-33, 36-45
HOARE, C. A. R. 156, 229, 230
HOMER (750-650 v. Chr.) 59
homogen 248
homolog 132, 140, 212, 248
homomorph 159
Homomorphismus 166, 251
HORAZ (65-8 v. Chr.) 257
HOTZ, G. 132, 171
Hülle, algebraische 134
-, Halbgruppen- 135, 137
-, reflexive 121
-, symmetrische 123
-, symmetrisch-transitiv-reflexive 124,
  131
-, transitive 122-123, 126
-, transitiv-reflexive 123
Hürde 167, 170, 171
HUET, G. 130, 131

idempotent 130
Identifikator syn. Bezeichner 3, 8, 58,
  165
Identität 130
Indexgrenzen, errechnete 13, 14
Indikation 87, 89

Infixschreibweise 114, 124, 126
Informatiker 2
initial (Rechenstruktur) 254, 258
initiales Element 132
initialisieren 89
injektiv 247, 269
Inkarnation 4, 18, 22, 26, 27, 89, 103
Inkarnationsnummer 4, 17
Inklusion 115
Inkrement 279
intelligence 1
Interpolation 276
Interpretation 221, 253
Invariante 238, 241, 242
invers 269
Invertierung (einer Matrix) 13, 38
involutorisch 117
irreduzibel 127, 129, 135, 178
irreflexiv 119, 120, 123
irreversibel 41
ISO 7-Bit-Code 36, 276
Isotonie 238
Iteration, funktionale 236, 245

Kalkül 226
Kamm 31
Kante, gerichtete 114
KANTOROVIC, L. V. 244
Kantorovic-Baum 61, 64–65, 68, 70, 108, 213, 214, 220, 222, 224, 226
Kapazität 35, 36
Kartenfolge 37
Kaskade, binäre 61
Kaskadenelement 92, 98
KELLER, R. M. 226
Keller 10, 40, 42, 45, 82, 110
Kellerautomat, deterministischer 193, 200–201, 206
–, Ein-Zustands- 191–193
–, nichtdeterministischer 192, 200
Kellerautomaten-Diagramm 191
Kellermaschine 226
Kellerprinzip 10
Kellerzustand, oberster 190
Kellerzustands-Übergang 189–191
Kern, erzeugbarer 253
Kernspeicher 30, 34
Kette 120
Kettendrucker 277
Klammersetzung 139
Klasse, grammatikalische 147

KLEENE, S. C. 1, 162, 185, 186, 244, 246
KNASTER, B. 244
Knoten syn. Ecke 114, 125
KNUTH, D. E. 47, 69, 71, 78, 132, 181, 194, 213
kohärent 177, 213
kollateral 228
Kommutativgesetz 217
kompatibel 134, 251
Komplement 115
Komplexitätstheorie 204
Komplexprodukt 164
Komplexsumme 164
Komponente 51, 75
Komposition syn. Zusammensetzung 116, 139
Konfiguration 36
konfluent 124, 129–131, 136, 180, 202
Kongruenzklasse 134, 135, 139, 251
Konjunktion, nichtstrikte symmetrische 221
–, sequentielle 220
–, strikte 219
Konjunktions-Verträglichkeit 238
Konkatenation syn. Verkettung 46, 94–98, 135, 162
–, beliebig-stellige 70
konkurrieren 229
Konstruktor 51, 52, 59
Konstruktoroperation 51, 52, 53, 60, 64, 76, 105, 107
Kontextbedingung 170, 178
kontextfrei 144–150, 152, 153
kontext-sensitiv 141–144, 148
Kontinuum 274
konvers 268
Kopieren 94, 95, 100, 102
Korrespondenz 114, 183, 185, 268–273
Korrespondenzproblem, Postsches 138, 201
kotieren 273
kreisfrei 123
Kreuzchentabelle 114–115, 117, 185, 272, 273
kryptäquivalent 255
Kryptologie 204
Kugelkopf 276

Länge 46
λ-frei 142, 144

Lambda-Kalkül 125, 133, 226
λ-Regel 144
Langzeitspeicher 29
Laufzeitspeicher 30
Lebensdauer 3, 14
Leerrelation 115
leftmost-innermost-Substitution 224, 246
leftmost-outermost-Substitution 224
Leitvariable syn. Zeigervariable 85, 87, 88–90, 91, 92, 93
Leitzelle 85
LENIN, WLADIMIR ILJITSCH (1870–1924) 206
Lesekopf 31, 40, 41
LEWIS II, P. M. 196
Lichtgriffel 283
LINDENMAYER, A. 139
Lindenmayer-System 139, 224
linear (Ordnung, Striktordnung) 120
link 71
Linksableitung 196
linkseindeutig 269
Linksfaser
linkslinear 150
Linksreduktion 174, 192
Linksrekursion 157
linkstotal 269
LISP 60, 222, 247
List 69
‚Liste' 69
Liste 71, 74–78
–, dyadische 92, 98
–, Einweg- 91–92, 93–98, 109
–, zusammenlaufende Einweg- 91, 92, 95
–, lineare 76
–, monadische 91–92
–, Ring- 91, 92
–, unendliche 75–78, 85, 91, 92, 98, 109
–, vergabelte 76–77
–, Zweiweg- 92, 93, 109
–, lineare Zweiweg- 98–104
Listenkomma 69
Listenkopf 98
LL(*k*)-Grammatik 196–197
Lochkarte 34, 36–38
Lochkartenleser 29, 32, 33, 34, 36–38
Lochkartenpuffer 38
Lochkartenstanzer 29, 32, 33, 34, 35, 36–38

Lochkartenstoß 34, 36–38
Lochstreifen 34, 36, 36–38
Lochstreifenleser 32, 33, 34, 38
Lochstreifenpuffer 38
Lochstreifenstanzer 32, 33, 34, 38
LOECKX, J. 138, 181
Logik, kombinatorische 133
lokal 3
– konfluent 131
LR-deterministisch 175, 181, 193–194, 197
LR(*k*)-Grammatik 193–194
LUCAS, P. 78, 200

Magnetband 33, 34, 39–44
Magnetbandkassettenspeicher 31, 33, 44
Magnetbandkeller 40
Magnetbandspeicher 29, 30, 32, 33, 34, 39–44
magnetisch (Speicherung) 30
Magnetkernspeicher 30, 34
Magnetkopf 32, 39
Magnetplattenspeicher 29, 31, 33, 34, 45
Magnetscheibenspeicher 30, 31, 33, 34, 44
Magnetschicht 31, 34
MAGÓ, G. A. 226
MANNA, Z. 224, 246
Markierungsbogen 282
Markierungsleser 284
MARKOV, A. A. 201
Markov-Algorithmus 133, 137, 138, 142, 201, 217
Maschine, abstrakte 2
maschinenintern 29
Massenspeicher 31
master-slave-Prinzip 228
Mathematiker 2
Matrixmultiplikation, binäre 116
MCCARTHY, J. 226, 247
MCCULLOCH, W. S. 1
Mediäval-Ziffern 286
Medium, Speicher- syn. Schriftträger 30, 32, 34, 36
Mehrdeutigkeit, inhärente 175
Mehrfachausnutzung 11, 13
Mehrfachkanten 114
mehrstufig (Tupelbildung) 53, 54
memory 1

Menge   113, 115, 207, 270, 274
-, gerichtete   129
-, reguläre   164
Mengenpotenzierung   274
metalinguistische Variable   140
Metazeichen   155, 156, 162
MEYRINK, GUSTAV (1868-1932)   1
Modell   250
Modelltheorie   254
Modul   38, 42, 43, 96-98, 112
MÖLLER, B.   221, 252
Momentaufnahme (des Bindungsraums)
   8-10, 20-23
Monitor   229
Monoid   116, 134, 249, 250
-, freies syn. Worthalbgruppe   135, 262
-, Regelgrammatik-   135
monomorph   253, 254, 257, 259
monoton   117, 134
MORRIS, J. H. jr.   252
Multiplikation   217
-, nichtstrikte   220
MYHILL, J.   186

Nachbedingung, stärkste   231
Nachbereich   269
Nachfolger eines Blocks,
-, dynamischer   22
-, statischer   22
Nachfolgerfunktion   139, 247
Nachklappern   94
Nachricht, digitale   275
Nadeldrucker   276, 279, 280
Nassi-Shneiderman-Diagramm   165, 242
NESS, S.   224, 246
NEUMANN, J. VON (1903-1957)   1
Netz   73, 123, 171
NEWELL, A.   71
NEWMAN, M. H. A.   131
Nichtdeterminismus, erratischer   221
-, bösartiger   221
-, exhaustiver   186, 201
nicht-verkürzend   141
nicht-verlängernd   141
NOETHER, EMMY (1882-1935)   125
Noethersch   124, 125-126, 127, 135,
   136, 144, 149, 178, 215
Normalform   64, 71, 75, 127, 128, 262
-, eindeutige   129, 130
Null   247
Nullrelation   115

0-Tupel   54, 59
Objekt, ausgezeichnetes   247
-, belangloses   46, 98
-, berechenbares unendliches   252
-, Bezugs-   79, 83, 84, 88
-, einfaches   78
-, endlich aufgebautes   59
-, Grund- syn. einfaches Objekt   64, 78,
   82
-, strukturiertes   78
-, zusammengesetztes   51, 76, 78, 82
OCR-Schriften   285, 287
offener Einbau   17-19
Ω   218, 235
Operation   45, 46, 247
-, hängende   94
-, lesende   53
-, nicht-strikte   219-221
-, schreibende   53
optisch (Nachrichtenübertragung)   29
Ordnungsrelation   114, 120, 121, 123,
   126

Paar   51, 211
Paardiagramm   271
Packen   11
Papier   33, 34, 38
parallel-innermost-Substitution   224, 246
Parameter, Eingabe-   97
-, formaler   8, 17
-, transienter   97, 199
Parameterübergabe   89, 221-223
partiell (Definiertheit)   218, 253, 267,
   269
- (Ordnung)   120
PASCAL   205, 206, 207, 210, 211, 214,
   222, 226
PASCAL, B. (1623-1662)   205
Peano-System   48, 247, 250
Pegel   10, 16, 27
Pegelvariable   112
PEPPER, P.   266
Periode   75
periphere Geräte   32, 33
Permutation   273
Petrinetz   107
Pfeil   114, 124
-, Produktions-   133
-, Reduktions-   133
Pfeildiagramm   114-115, 117, 124, 271,
   273

Pfeilweg 125
-, endlicher 125
-, geschlossener 125
Pfeilzyklus 125, 137–138, 144, 149, 178
Phonem 281
Phrasenstrukturgrammatik 140
PITTS, W. 1
Plattenturm 31, 34
Platz 167
plexel-Element 106–109
Plotter 276, 279
pointer 71
polymorph 253, 254–257
POST, E. L. 1, 2, 138, 201
Potenz 117
Potenzierung 206
Potenzmenge 114, 186, 193, 274
präalgorithmisch 128
Prädikat 40, 53, 229, 248
-, invariantes 236, 242
Prädikattransformation 230
Präzedenz-Grammatik 197
pragmatisch 214
Primar 147
Primzahl 129
Produkt 54, 162
-, kartesisches 54
Produktion, haltende 139
Produktionsregelsyn.Produktion 134,196
Produktionsrelation 132
produzieren 132
Programm, reguläres 165
-, syntaktisch korrektes 213, 215
Programmablauf 14, 16, 18
Programmablaufplan 156, 158, 159, 165, 167, 242
Programmanfangsadresse 12
Programmtext 17, 18, 22
Programmtransformation 247
Programmvariable syn. Variable 3, 4, 5, 43, 44, 45, 79, 83, 226, 263
Prozedur 3, 17, 17–28, 87, 199
-, rekursive 3, 17–20
prozedural 242, 243, 266
Prozedurvereinbarung 17
Prozeß 229
Prozeßkommunikation 229
Puffer 38, 45, 82
Puffervariable 42–43
Punkt (typographisch) 286, 287
Punktmengendiagramm 272

Quantelung 276
Quantorenverschiebung 119
Quasiordnungs-Relation 119–120, 123, 129
Quotientenstruktur syn. Quotientenalgebra 48, 254

RABIN, M. O. 185
Radiergummi und Bleistift 263
Randzeichen 180
Rasterdrucker 276, 278
Rasterung 276, 282
Rechenformular 71–72
Rechenstruktur 30, 37, 39, 40, 45–70, 214, 215, 221, 247, 253
Rechenvorschrift 17, 74, 87
-, rekursive 3, 4, 17–20, 223–225
rechtseindeutig 208
Rechtsfaser 268
rechtslinear 150
Rechtsreduktion 196, 199
Rechtsrekursion 157, 199
rechtstotal 269
record 51, 84, 105, 211
-, varianter 56, 105, 106
Reduktion 127, 129, 132
-, kanonische 174
-, Links- 174, 192
-, parallelisierte 174
-, Rechts- 196
Reduktionsgraph 168
Reduktionsmaschine 226
Reduktionsregel 134
Reduktionsrelation 132, 137, 144
Reduktionssystem, determiniertes 130
Reduktionsweg 128, 138, 167, 168, 173, 177, 223
reduktiv 132, 134, 194
reduzieren 132, 194
reference 71
Referenz 58, 71, 76, 77, 78, 79, 83, 84
Referenzstufe 88
reflexiv 114, 118–119, 120, 123, 124
Regel 134
-, beidseitig lineare 149
-, dyadische 152
-, einseitig lineare 150
-, kontextfreie 144
-, kontext-sensitive 141, 179
-, kritische 149, 183
-, λ- 144, 183

-, linkslineare 150
-, rechtslineare 150
-, terminale 144, 149
-, verallgemeinerte terminale 161, 162
- mit Varianten 155, 156, 158
Regelsystem 134, 135, 156, 183
reguläre Menge 164
Reihung 46, 47, 50, 259
Rekursion 244
-, kaskadenartige 63, 102
-, lineare 63, 94
-, repetitive 49, 94, 235
rekursiv aufzählbar 50, 202
Relation 113–133
-, definierende 134, 135
-, dyadische 114, 268
-, heterogene 114, 268
-, homogene 114
-, identische 116
-, konverse 117–118
-, zweistellige 114
Relationenalgebra 117
Relationenprodukt 116–117, 118
Relationenterminologie 114
Relationsmatrix, binäre 114, 117
Relativadresse 12, 16, 27
Replikationskreuz 158, 162
Replikationsstern 157–158, 159, 160, 161, 162, 209
Repräsentant 132
Reservierung (Speicherplatz-) 10, 13
Restwort 191, 199
reversibel 40
RIGUET, J. 118
RINGELNATZ, JOACHIM (BÖTTICHER, HANS) (1883–1934) 267
Ringkern, magnetischer 34
Ringliste 76
Ringtausch 83
RL-deterministisch 176, 193
Rollkugel 283
ROSSER, J. B. (1907–1989) 130
Rückführung 92, 158, 186, 207, 214
Rückkehr (aus einer Prozedur) 27–28
Rückspulen 33, 39, 40
rule of consequence 241
Rumpf 244
RUTISHAUSER, H. (1918–1970) 38, 155

Sackgasse 147, 148, 151, 176, 178, 180, 181, 190, 192, 195, 200, 202

SALOMAA, A. K. 164
SAMELSON, K. (1918–1980) 173, 213, 226
Sammlung 229
Satz (sentence) 132
Satzform 140, 178
Schachteldiagramm 68–69, 177
Schachtelung (von Blöcken) 5, 17
Schaffung (von Variablen) 88, 110
- (von Zeigern) 88, 110
Scheibe 34, 44, 45, 82
Scheibenspeicher 30, 31, 33, 34, 44
Schicht 273
Schiffchen 190
Schlange 37–38, 46, 47, 49, 81, 112, 249, 259
Schleife 242, 267
Schleifeninvariante 242
schlicht 242
SCHÖNFINKEL, M. 217
Schreibdichte 34
Schreibkopf 31, 40, 41
Schreibmaschine, elektrische 33, 55, 276
Schreibwerk 33, 276
Schriftteilung 286
Schriftträger syn. Speichermedium 30, 32, 34, 36
Schriftträgerspeicher 30
SCHRÖDER, E. 118
schwach äquivalent (Grammatik) 132, 185
- zusammenhängend 124
schwächer definiert 244
SCHWEPPE, E. J. 46
SCOTT, D. 185, 218, 246
SEEGMÜLLER, G. 69, 78
Seiteneffekt 38, 84, 94
selective updating 41, 82
Selektor 51, 59, 66, 82
Selektoroperation 52, 53, 60, 73, 79
Semantik 113, 205, 260–267
-, abstrakte 262
-, mathematische 242–247, 262
-, operative 133, 214–226, 242, 244, 262
-, Zustands- 226–242
Semaphor 229
Semikolon 233
Semi-Thue-Algorithmus 138, 178, 180, 188, 191, 216–217
Semi-Thue-Grammatik, reine 140, 217

Semi-Thue-System 135–138, 167, 201, 215

SENECA (4 v. Chr.–65 n. Chr.) 260

separiert 141

Sequentialisierung 228

Sequenz 45, 48, 49, 81, 98–104, 112, 248, 258–259

–, einelementige 99

–, leere 99

sharing 98

SHAW, J. C. 71

sichtbar (Block) 27–28

Sichtgeräte 280

Σ-Algebra 249

Σ-Homomorphismus 251

Σ-Term 250

Signatur 247

Signaturgraph 167, 248–249, 261

SIMON, H. A. 71

software 1

Sonderelement 218

Sorte 37, 39, 40, 44, 45, 46, 51, 247

–, definierte 45, 59

–, variierende 104

Speicher 1, 10, 17

–, adressierter 3, 44

–, linearer 3, 44, 80, 85, 88, 110–112

–, organisierter 30, 44, 52, 80–84, 85, 110–112, 222

–, wortorganisierter 11, 80, 85, 109

Speicherbereinigung 110

Speicherblock 8–11, 12

Speicherblockbaum 11, 27

Speicherdichte 36, 39

Speicherfeld 8

Speichergewicht 36, 39

Speichermedium syn. Schriftträger 30, 32, 34, 36

–, nicht wiederverwendbares 32, 36–38

–, wiederverwendbares 32, 36, 39–45

Speicherorganisation 29, 30, 71–112

Speicher(platz)reservierung 3, 10, 13, 14

Speicherung, dauerhafte 32

Speichervariable 38, 39, 80, 83, 84, 264

Speicherverteilung 3, 8, 20, 23, 27, 88

–, dynamische 3, 14–17, 27–28, 200

–, gestreute 10, 110

–, lückenlose 10, 110–112

–, pulsierende 8–11, 14

Speicherzelle 11, 29, 33, 80, 109, 110

Spezifikation 239–241

Sprachausgabe 281

Sprache, algorithmische 113, 133, 205, 206

–, formale 113, 132, 143, 152

–, natürliche 147

Sprachschatz 132, 143, 145, 152, 167, 177, 178, 185, 192, 197

Sprosse 34

Sprung 158, 159, 242

Spur 31, 34

Stammbaum 67, 68, 71

Standardbezeichnung 59, 63

Stapel 39–40, 46, 47, 48, 51, 59–60, 62, 63, 70, 81, 83, 93–98, 112, 249, 254–255, 259

–, geordnete 256

STAPLES, J. 130

stark normalisierend 125

– zusammenhängend 123, 124

Startelement 132

Startzustände 183

static scoping 17–19

statisch (Speicherbedarf) 12

– disjunkt (Blöcke) 5, 7, 10

STEARNS, R. 196

Sternoperation 162, 164, 166

storage 1

Strichcode 284–285

Strichzahl 215

strikt 218–219, 246

Striktordnungs-Relation 120, 121, 123, 126

strikt wortlängenmonoton 144, 150

Struktur, homogene 54, 62

–, syntaktische 113

strukturäquivalent 132, 141, 143, 152, 161, 162, 180, 183, 202, 212

Strukturbaum 167, 170–177, 189, 192, 213

Strukturfunktor 177

Strukturgrammatik 176–177, 211, 213, 261

Strukturgraph 167–177

Strukturklammern 176

Strukturschema 78–79, 82, 84

Strukturwort 176

Substitution 165–166

Substitutionsoperation 230, 264

Subtraktion 217

Summe 162

surjektiv 269
symmetrisch 114, 118, 120, 123, 124, 137
syntaktische Variable 140, 156, 206, 209
Syntax 113, 205-214, 260-262
-, abstrakte 213, 261
Syntax-Diagramm 156-162, 182, 207, 209, 212, 214
System, formales 133-166, 254
Systemprogrammierung 30, 63, 98, 104, 109

Tabellierung 43
taktil (Nachrichtenübertragung) 29
TARSKI, A. 244
Tastatur 33, 282
Teilbaum 69, 70
Teilberechnung 218
Teilkette 125
Teilmenge 274
Teilobjekt 71, 91
Teilstruktur 46-48, 59
Teilwort 167
Term 63-64, 68, 71, 81, 113, 129, 250
-, arithmetischer 147
-, berechenbarer unendlicher 252
Termalgebra 250-257
-, unendliche 252
Termersetzungsregeln 129
terminal (Rechenstruktur) 254
- (Regel) 144, 149, 150
Terminalzeichen 140, 165, 168, 243
terminieren 104, 127, 236, 238
Textersetzungsmaschine 215
THUE, A. (1863-1922) 135
Thue-System 137
top-down-Verfahren 195
total 120, 183, 218, 269
Trägermenge 247, 250
Transformationssystem 133
Transitionssystem, determiniertes 130
transitiv 114, 119-121, 122, 123, 124, 125
- erzeugen 122
Transporteinheit 33-34, 36
transzendent 76
TRÉVAUX, M. 178
Trommeldrucker 277
Trommelplotter 279
Trommelspeicher 31, 34, 45

Tupel syn. Verbund 51, 52-54, 71, 88, 90, 211
-, leeres 54
TURING, A. M. (1912-1954) 1, 131, 201
Turing-Maschine 201, 202
TURNER, D. A. 217, 226
Typ, abstrakter algebraischer 247
-, - (Daten-) 242, 247-267
-, skalarer 58
Typendrucker 276
Typenrad 276
Typ-Indikation 58
Typvereinbarung 51, 52, 56, 63
-, diskriminierende 56

überabzählbar 274
Überführungsfunktion 184, 193
Übergang 182
-, spontaner 183
Übergangsdiagramm 93, 182-187, 190-191
Übergangsoperation 106
Übergangstafel 182, 183
-, konverse 196
Überschreiben (von (Speicher-) Variablen) 39, 42, 80, 98
Übersetzerbau 193, 194, 205
Übertragungseinheit 33, 35-36
Übertragungsgeschwindigkeit 33, 35, 36
Umbesetzung, selektive 41, 44, 82-83, 84, 98
Umbezeichnung, konsistente 4, 8
umblättern 40-41
Umgebung 221, 243
Umkehrfunktion 269
unendlich (Menge) 274
union 56-57
Unterbereichtyp 48, 52
Unterblock 21
Unterfolge 46
Unterstruktur 48
Urbildfaser 270
Urbildmenge 270

VAN WIJNGAARDEN, A. 210
Variable, syn. Programmvariable 3, 4, 5, 43, 44, 45, 79, 83
-, anonyme 88
-, ,freie' 215, 217
-, indizierte 8, 82, 232, 242
-, Programm- 3, 43, 44, 45, 79, 83

-, Speicher- 38, 39, 80, 83
-, syntaktische 140, 156, 206, 209
Variable(nbezeichnung), errechnete 78, 79, 81
Variablenform 81, 84
Variablensatz 79, 80, 85, 88, 89, 90
-, geflechtbildender 91-93
-, geflechtbildender, reinrassiger 93, 109
-, leerer 85, 90
Variablenzeichen 140, 162
Variante (einer Sorte) 56, 62, 71, 104
- (einer Regel) 155, 162, 166
Variantenstrich 155
Vektorgenerator 280
Venusfliegenfalle 1
Verbund syn. Tupel 51, 85, 211
verdeckt (Block) 20, 27-28
Vereinbarung, kollektive 5
-, Gleichheits- 84
-, Variablen- 3, 5, 209
-, Zwischenergebnis- 3, 51, 71, 73
-, kollektive Zwischenergebnis- 76
-, rekursive Zwischenergebnis- 75
Vereinigung 115, 122
Verfeinerung 132, 141, 143, 151-152
Vergabelung, ausgeartete 69-70, 109
-, eingliedrige 69, 109
-, zweigliedrige 92, 109
VERGIL (70-17 v. Chr.) 127
Vergleich, lexikographischer 248
Vergißfunktor 159, 177
Verifikation, Programm- 239-241
verifizierbar 132
verkettet (Pfeile) 125
Verkettung, syn. Konkatenation 46, 94-98
Verkettungshalbgruppe 46
Verkettung, zweiseitige 98
Verknüpfung 134, 135, 249
verkürzend 144
verlängernd 144
Verschattung 4, 5, 8, 19
Verstümmeln (von Geflechten) 98
verträglich ·117, 238
Verweis 71
Verweiskette 26, 85
-, dynamische 26-27, 200
-, statische 26-27
Vokabular 135, 140
Vollsubstitution 224

von Neumann-Maschine 226
Vorbedingung, schwächste 230, 235
Vorbereich 269
Vorgänger eines Blocks, dynamischer 22
-, statischer 22
Vorgängerfunktion 139, 257
VUILLEMIN, J. 220, 224, 246

Wahrheitswerte 45, 48, 207, 210, 248
Wechselplattenspeicher 31
Weg 125
- unendlicher 127
-, unendlich fortgesetzter 125
Wertaufruf 222-223
Wertebereich 269
Widerspruch 250
Wiederholung, abweisende 158, 159
-, bedingte 4, 226
-, gezählte 4, 226
Wiederholungs-Axiom 235-238, 246
WIRSING, M. 254, 266, 267
WIRTH, N. 52, 156
WISE, D. S. 63, 252
wohlfundiert 127
Wort 47, 50, 112, 135, 159, 249, 259
-, leeres 135
-, voll geklammertes 176
Worthalbgruppe, syn. freies Monoid 135, 262
Wortlänge 33
wortlängenmonoton 141, 144
Wortmenge 113
Wortproblem 177, 189, 202
wp-Kalkül 230-242, 246
Wunder, ausgeschlossenes 238
Wurzel 92

X-Kategorie 171

Zahl 63
-, Dual- 202-204, 216
-, ganze 45, 46, 136, 139, 210
-, Liouvillesche 76
-, natürliche 48, 129, 134, 247, 250, 254
-, numerisch-komplexe 51, 63
-, numerisch-relle 45, 46, 210
-, rationale 76
-, Strich- 215
Zahlzeichen 250
Zeichen 113, 210

Zeichendrucker 276
Zeichenfolge 37, 39, 45, 59, 61, 63, 113, 133, 134, 135, 210, 226, 247-248, 251, 254
-, leere 248
-, unendliche 274
Zeichengenerator 276, 280
Zeichenlochkarte 284
Zeichenvorrat 37, 39, 135
Zeiger 58, 71, 83, 84-90, 190
-, leerer 85, 87, 90
-, varianter 104-108
Zeigergeflecht 85-87
Zeiger-Implementierung 93-112
Zeigersorte 87
Zeigervariable syn. Leitvariable 85, 87, 88-90, 91, 92, 93
Zeilenabstand 286
Zeilendrucker 277-279, 280
ZEMANEK, H. 1
Zerteilung 132, 138, 140, 168, 176, 213
Zerteilungsproblem 166, 177-200, 202,

Zugriffsstruktur 78, 80
Zugriffsverzögerung 31
Zugriffszeit 35, 36
Zurücksetzen um einen Block 39, 45
zusammenhängend 124
Zusammenhangskomponente 124, 130, 136
Zusammensetzung syn. Komposition 116, 139
Zusammensetzungsaxiom 232-233
ZUSE, K. 153
Zusicherung 84, 230
Zustand 182, 226
Zustandsgeschichte 262
Zustandskalkül 226-229
Zustandsmaschine, deterministische endliche 189
-, endliche 188, 200
Zustandssemantik 226-242
Zustands-Übergang 182-185
-, konverser 195-196
Zuweisung 4, 52, 79, 89, 226

-, zielbezogenes 194-200
Zettelmodell 73
Zielelement 132
Zielzustände 183
Zugriff 29, 30-36, 44
-, bewegter 31
-, direkter 30, 34
-, indirekter 31-33, 34
-, maschineller 37
-, rotierender 31, 33, 34, 45
-, sequentieller 31-33, 34, 39-44

Zwischenergebnis 3
Zwischenergebnisbezeichnung 3, 20, 71, 73, 79
Zwischenergebnisvereinbarung 3, 51, 71, 73, 222
-, kollektive 76
-, rekursive 75
Zykelzahl 254
Zyklus 125, 137-138, 144, 149, 178, 185, 201, 242
Zylinder 31

Syntaxdiagramme
für die im Buch verwendeten Varianten
von ALGOL 68 und PASCAL

identifier

unsigned integer

unsigned number

unsigned constant

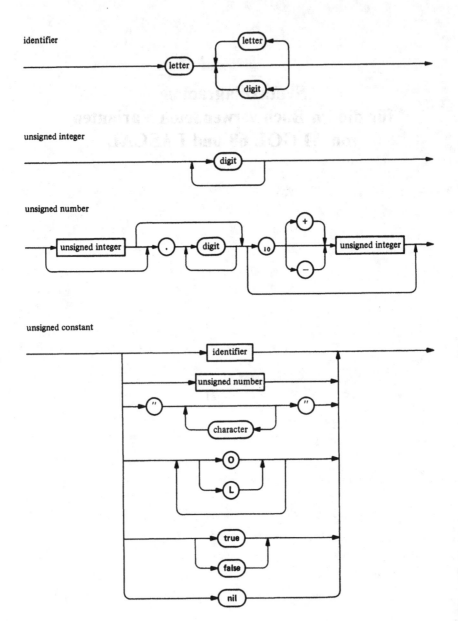

identifier

unsigned integer

unsigned number

unsigned constant

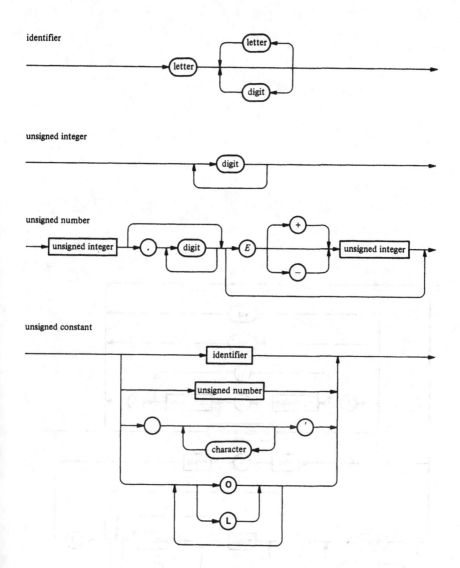

mode

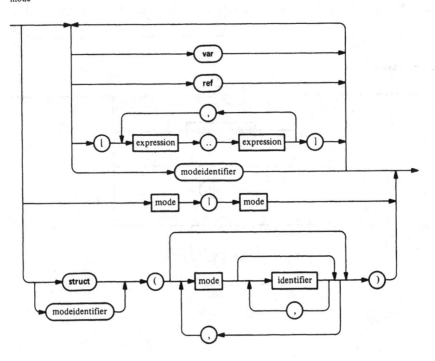

constant

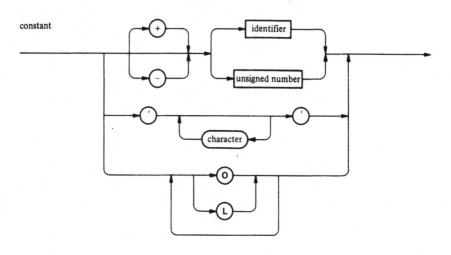

simple type

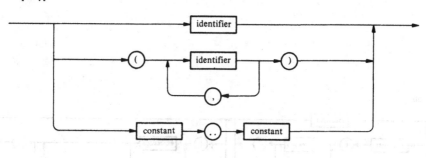

type

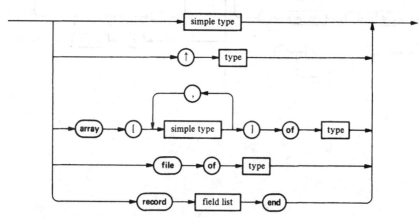

variable

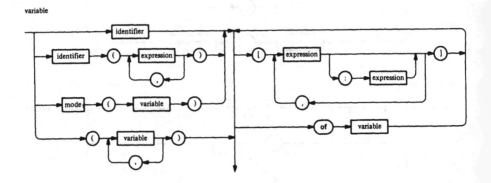

field list

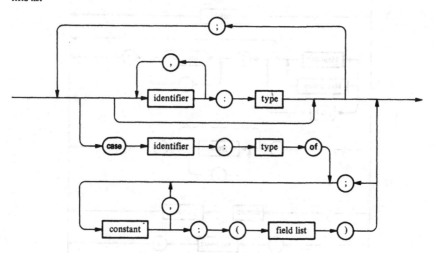

variable

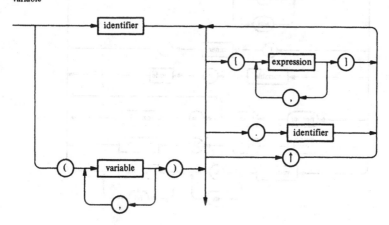

primary

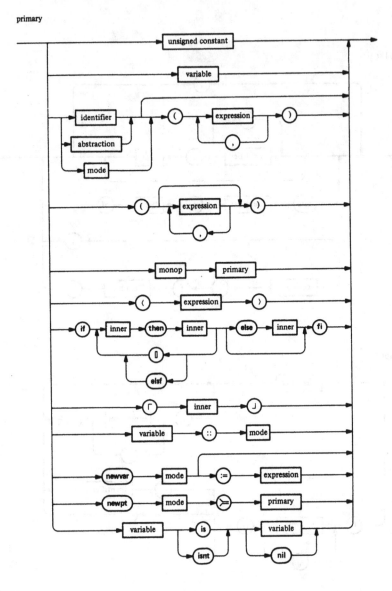

factor

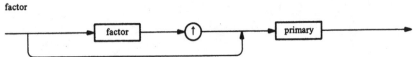

factor

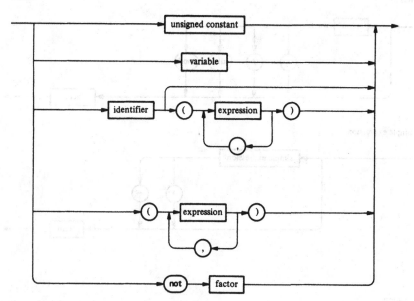

term

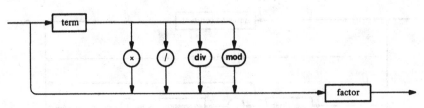

simple expression

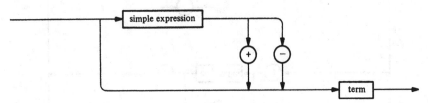

relation

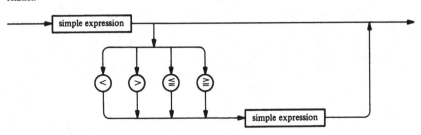

equation

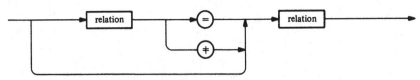

Boolean factor

term

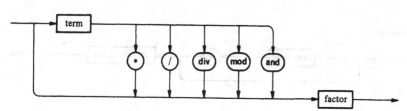

simple expression

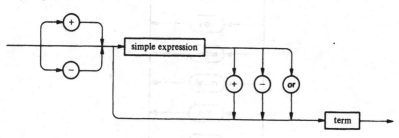

expression

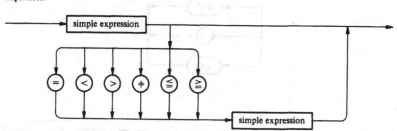

expression

monop

inner

abstraction

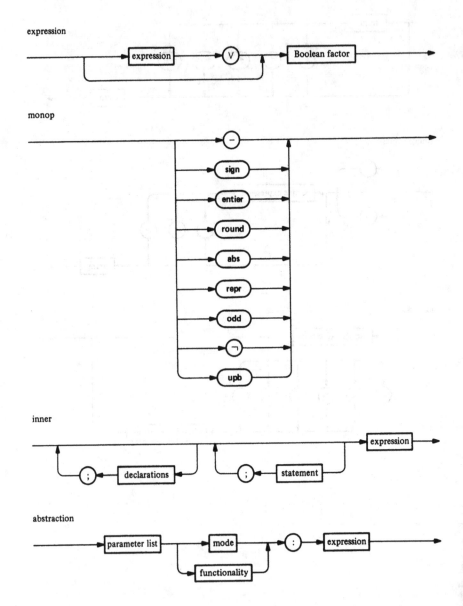

parameter list

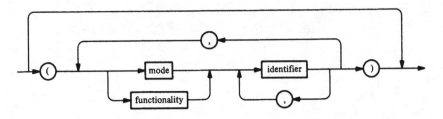

functionality

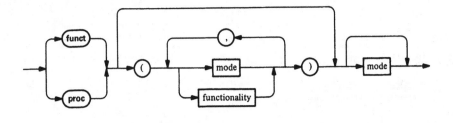

parameter list

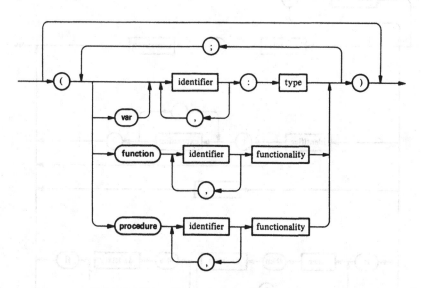

functionality

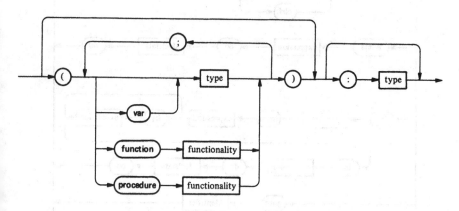

ALGOL-Notation

statement

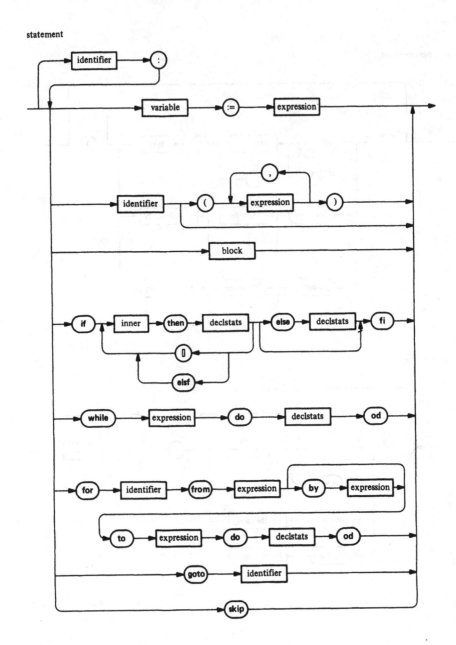

statement

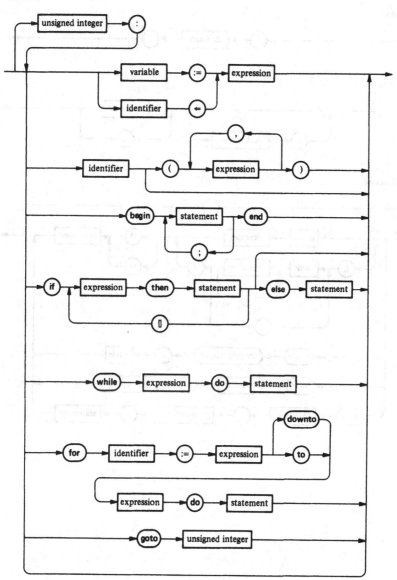

block

declstats

declarations

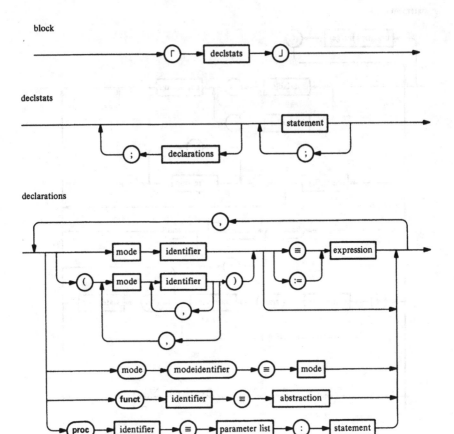

block

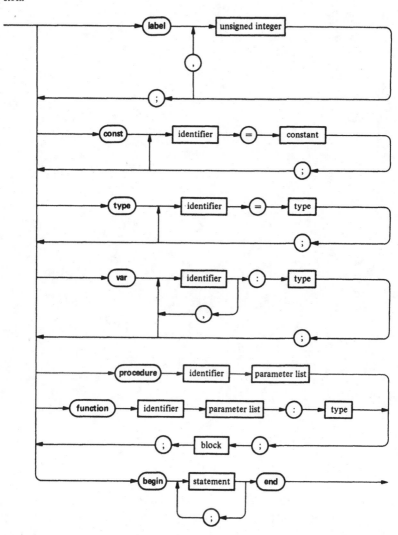

M. Mühlhäuser, A. Schill

Software Engineering für verteilte Anwendungen

Mechanismen und Werkzeuge

1992. XVIII, 402 S. 80 Abb.
Brosch. DM 78,– ISBN 3-540-55412-2

Gegenstand dieses Buches ist die Entwicklung komplexer verteilter Anwendungsprogramme. Das Buch richtet sich in erster Linie an Dozenten, Studenten und Wissenschaftler im Bereich des Software Engineering sowie an Softwareentwickler in der Praxis.

H. Bieri, F. Grimm

Datenstrukturen in APL2

Mit Anwendungen aus der Künstlichen Intelligenz

1992. X, 342 S. Brosch. DM 58,–
ISBN 3-540-55747-4

Das vorliegende Buch stellt die erste höhere Einführung in APL2 dar. Programmierer mit geringen Vorkenntnissen in APL oder APL2 werden anhand sorgfältig ausgewählter Beispiele Schritt für Schritt mit den Möglichkeiten der Sprache vertraut gemacht.

R. G. Henzler

Information und Dokumentation

Sammeln, Speichern und Wiedergewinnen von Fachinformation in Datenbanken

1992. XI, 291 S. Brosch DM 48,–
ISBN 3-540-55703-2

Dieses Lehrbuch behandelt traditionelle und moderne Formen der Informationsaufbereitung für Datenbanken und Wissensspeicher, die alle Aspekte der Dokumentationspraxis umfassen. Es gibt eine aktuelle Darstellung der für Recherchen und Informationsvermittlung wichtigen Dokumentationsszene und -technik.

Springer-Lehrbuch

Druck und Bindung: Ebner Ulm